名校工程

职教创新系列

中国职业教育

名校/名校长创新管理评析

特色德育卷

国家教育行政学院职业教育研究中心 组编

总 主 编◎邢 晖

本册主编◎张建林 姜 峻

西南师范大学出版社

全国百佳图书出版单位 国家一级出版社

图书在版编目（CIP）数据

中国职业教育名校/名校长创新管理评析·特色德育卷/张建林，姜峻主编 .—重庆：西南师范大学出版社，2012.10

（名师工程系列丛书）

ISBN 978-7-5621-5959-9

Ⅰ.①中… Ⅱ.①张…②姜… Ⅲ.①职业教育—德育—研究—中国 Ⅳ.①G71

中国版本图书馆 CIP 数据核字（2012）第 223873 号

名师工程系列丛书

编委会主任： 马　立　宋乃庆
总策划： 周安平
策　划： 李远毅　卢　旭　郑持军　郭德军

中国职业教育名校/名校长创新管理评析·特色德育卷
Zhongguo Zhiye Jiaoyu Mingxiao/Mingxiaozhang Chuangxin Guanli Pingxi · Tese Deyu Juan
张建林　姜　峻　主编

责任编辑： 钟小族　马春霞
封面设计： 大象设计
出版发行： 西南师范大学出版社
　　　　　　地址：重庆市北碚区天生路 1 号
　　　　　　邮编：400715　市场营销部电话：023-68868624
　　　　　　http：//www. xscbs. com
经　销： 新华书店
印　刷： 重庆升光电力印务有限公司
开　本： 787mm×1092mm　1/16
印　张： 25.25
字　数： 426 千字
版　次： 2012 年 10 月　第 1 版
印　次： 2012 年 10 月　第 1 次印刷
书　号： ISBN 978-7-5621-5959-9

定　价： 50.00 元

《名校工程》

职教创新系列编委会

前　　言

　　职业教育，关乎国计民生，影响发展大局，在推动经济结构调整和产业转型升级、促进劳动就业和文化进步、推进教育结构合理化和人的全面发展等方面，其职能价值不可替代；在培养技能型人才和高素质劳动大军、解决持证上岗就业、提供终身学习、改善畸轻畸重的教育偏失等方面，更是功不可没。特别是当今，中国进入全面建设小康社会和转变生产方式的关键期，进入工业化和城市化快速发展的攻坚期，进入人力资源强国建设和教育整体改革发展的深入期，职业教育面临更大的机遇和挑战，更加任重道远。我们没有理由忽视和漠视职业教育，必须把职业教育放在更加突出的位置。

　　职业学校，是现代学校的重要类型，也是我国职业教育的主要形式。中等职业学校，是现阶段我国职业教育的主体力量。如果说普通中小学和大学在改革创新和发展中百花开放，竞相争艳，那么职业院校特别是中等职业学校（含中专、职高、技校、成人中专等）更像一簇后发的奇葩，含羞怒放，光彩夺目。职业学校历经数年的攻坚克难，在困境中闪亮转身，在曲折中奋步前行，在负重中实现跨越，办学成就和特色凸显：高中阶段"半壁江山"的规模、面向人人"培养技能"的功能、开门办学"前店后厂"的特点、校企合作"工学交替"的模式；面向市场需求的专业设置、对接职业标准的课程安排、工作任务导向的教学实施、融入工业文明的学校文化、技能大赛产生的社会影响；职校校长"多能性"的角色、职校教师"双师型"的素质、社会能人请进课堂、职校学生"多证在手"；职业学校与国际接轨、与市场接轨、与企业接轨、与社会接轨，办得有声有色、有滋有味、可圈可点。我们没有理由不认真总结职校经验，大力宣传职校成果。

职业学校管理，是教育生产力的"软件"，是"无本万利"的关键元素，是学校提升水平、健康持续发展的重要保障。与普通学校相比，职业学校管理既有共性，也有个性，其研究价值在于本身区别于其他教育类型的特殊规律。比如，管理环境的外生性和多面性，管理思想的社会性和开放性，管理主体的多层性和多类性，管理对象的特殊性和交叉性，管理体制的复杂性和合作性，管理范围的广泛性和整体性，管理内容的多样性和职业性，管理方式的灵活性和多变性，管理过程的复杂性和综合性，管理目标的适切性和多层次性，这些都是由职业教育的特点和特殊规律所决定的。

职业学校校长是职业学校的灵魂，一个好校长在某种意义上就是一所好学校。校长使命和学校管理是两个角度一个命题，也可以说是学校生存发展的动力和关键。与普通学校相比，职业学校的校长管理有独特的要求：思想更加开放、活动更加多样、体制更加复杂、模式更加灵活。但是迄今，无论是对学校管理工作的研究，还是对职校校长思想的挖掘，都显得比较单薄和分散，管理案例的搜集和研究还不多见，与"中等职业教育占据高中阶段半壁江山"的发展规模很不相称，与职业教育管理的多姿多彩和职校校长"多面能人"的类型特色很不相符，我们没有理由不更多地搭建一些平台，更多地聚焦职业学校管理，更多地关注一些"不一般"的职校校长。

本丛书是职校管理或校长管理案例研究的一次初步性尝试，也是2010年以来全国中职校长改革创新研究班的一个延展性成果。正是基于上述考虑，由国家教育行政学院职教研究中心牵头组编，全国各地中等职业学校（几乎均为国家级重点校）踊跃参与，形成这套《中国职业教育名校/名校长创新管理评析》系列丛书。其整体构思是：中等职教是主体，职校校长是主角，学校管理是主题，10个管理板块是重点；单块成册，集合成套，既独立，又关联，亦分亦合。丛书共10卷，分别为学校管理卷、特色德育卷、教学研究卷、师资建设卷、课程改革卷、就业指导卷、特色专业卷、校企合作卷、实训基地建设卷、农村职教特色卷。

丛书各卷的呈现思路大体一致，包含"名校/名校长简介—核心思想—实践应用—拓展反思—专家评析"等主要环节；每一卷分别聚焦一个主题，精选和荟萃十几篇有特色、有创新、有影响的典型院校管理案例，旨在提炼每一所学校的成功模式，展现不同类型校长相同或个性化的行动与思考，总结其改革和创新经验，对他校和他人提供启示和借鉴；同时，由业界专家和学者精心撰写了言简意赅、画龙点睛的点评，力求对学校进一步发展提供指导和启迪。另外，丛书在内容取舍和体例安排方面，既保证了内容的可读性，又力争能够体现观点的广度、分析的深度。

在丛书编写中对几个关系的认识和处理，有必要做些说明。一是绝对与相对的关系。好学校或称名校，好校长或称名校长，是具有一定内涵的相对概念，并非也不可能是绝对的。相对于1.36万职业学校和成千上万的校长来说，国家级重点校或省级重点校、改革创新示范校及其校长，称其为名校和名校长（有些校长确有相关的标志性的荣誉称号）并不为过，当然这种判断要动态地、辩证地看。二是共性与个性的关系。同是职业学校，办学和管理上必然有共性。但千校千面，各有特长，大家不同，大家都好，我们更侧重其个性化的特色。三是继承与发展的关系。任何一所学校都不可能割断历史，任何一位校长也不可能终身任职，过去、现在和未来，本书更立足于现实，基于眼前再看过往和明天。四是校长与学校的关系。本书实际上是两条主线，亦明亦暗，有些是以学校为明线，有些是以校长为明线，但主题都是管理创新。五是主观与客观的关系。本丛书力求事实可靠，素材准确，分析客观，但各卷各篇案例大多由学校自己撰稿，难免带有主观色彩；专家点评也多是基于案例文稿，如有不妥，敬请批评指正。

希望这套丛书能够发挥积极有效的作用。对于人们认识理解职业教育的地位和功能、探求把握职业教育管理和发展规律、深化拓展职业教育各项工作和管理改革创新，对于激发振奋校长群体和职教人的斗志精神、引领提升中职校长领导力和管理水平、展示讴歌职业学校的风貌风采，对于建设具有中国特色的职业教育，促进世界上最大规模的职业教育又好又快发展，如果对读者能够从某个点上有所裨益和帮助，我们就聊以欣慰和知足。

最后，向参与本丛书规划、创作、点评审稿的领导、专家学者，向提供案例材料的学校、校长，以及编写人员一并表示衷心的感谢！

编　者

2012 年 6 月

于国家教育行政学院

目 录

Contents

目 录
C o n t e n t s

以学生为本，从细微处入手，抓好德育建设

——浙江省金华市第一中等职业学校

名校／名校长简介

张建林，男，1963 年 9 月出生，浙江金华人，中共党员。张建林同志 1981 年参加工作，1985 年 7 月毕业于金华农校畜牧兽医专业，2006 年获得北京师范大学教育管理专业本科学历。1993 年任金华县九峰职校副校长，1998 年开始任金华县（现为婺城区）九峰职校校长，为金华市婺城区名校长，2007 年至今任金华市第一中等职业学校校长，获得"浙江省中小学优秀青年教师""金华市先进教育工作者""金华县百名优秀青年教师"等荣誉称号。

到金华市第一中等职业学校后，张建林同志大胆创新，开拓前进，大大改变了学校面貌。他长期兼课，深入教学第一线，了解职校学生和课堂动态，思考和探索教育教学管理和学校改革创新的问题。他重视教育政策法规和教育教学理论的学习研究，积极参与教育科研，从事教科研课题研究，撰写教育论文，并取得许多成果。2000 年，他的论文《中学生违法犯罪的原因剖析和预防对策》获全国中小学养成教育专题研讨会论文评比一等奖；2003 年，《中职校园文化建设向纵深推进的研究与探索》获婺城区职教论文竞赛一等奖；2004 年，他参与并主持的课题《关注心理，促进发展——"走班制"心理辅导研究与实践》获浙江省职业教育教学科研成果一等奖；2005 年，他主持课题"信息技术与农村职校管理整合的探索与研究"，开展学校教育信息化工作研究，学校成功申报金华市"教育信息化示范学校"；论文《做强农民科技培训，提高服务"三农"能力》发表于《中国农村教育》。

在办学过程中，学校强调全过程、全方位育人，树立齐抓共管的育人机制，秉承"德育为先，技能为本，创新为纲，服务为旨"的理念，建立环境育人、文化育人、专业育人的"三育人"机制，培养学生自尊、自爱、自强、自信的品格，促进学生全面发展。

核心管理思想

　　张建林同志历来主张学校工作应根据以人为本的原则展开，践行成才先成人的理念，教师应该抓住学生的一些特点，对他们进行有针对性的思想品德教育，为他们今后走向社会成为有用之才打下基础。所以在他提出的"德育引领人生，市场引领创新，实践引领才干"的办学思想中，第一句就强调德育的重要性；在学校"德育为先，技能为本，创新为纲，服务为旨"的办学理念中，第一句也是有关德育的内容；在制订学校工作方针时，把为学生提供优质服务作为学校一切工作的出发点，让每一位学生都享受良好的教育服务，使每一位学生的全面素质和个性特长和谐发展，以显著的办学效果使家长满意，让社会满意，一切服务于企业和社会，使每一位学生都能成人成才。

　　张建林同志也十分注重德育工作全员化，强调全过程、全方位育人，建立齐抓共管的育人机制。在他的领导下，学校通过校园网、班级网页、黑板报、校园广播、橱窗等载体实行环境育人；利用课堂教学、选修课和文化讲座进行民族美德和传统教育，有目的地开展独具学校特色的校园文化活动，塑造学生的文化个性；同时

学校开展爱的教育

营造富有特色的专业文化氛围进行专业育人。他认为，从一定意义上来讲，专业文化可以看成是"影子学校"，学校不仅要重视专业外延的拓展，更要重视专业内在品质的培育。重视专业文化建设，就是重视专业内涵的培育，发展底蕴深厚的专业文化，着力营造富有特色的专业文化氛围。通过"三育人"机制，培养学生自尊、自爱、自强、自信的品格，诚实守信、勤奋敬业、积极进取、敢为人先的优秀品质，卓越的胆识，敏锐的判断力，坚强的

意志，豁达的胸襟，积极健康的情绪以及合作精神和团队意识。

张建林同志还十分重视德育方法的创新，在校内推进"四导法"，即"思想引导、心理疏导、生活指导、学力辅导"。思想引导，即尝试整合各学科教育、课外活动教育、社会实践教育、家庭教育、心理健康教育、生命教育等德育途径，从爱学校、爱家乡、爱祖国、爱自己四个层面出发，构建以"爱"为主题的道德教育的内容框架。心理疏导，即加强心理辅导室建设，配置足够的专兼职心理辅导教师，及时化解学生的心理问题，培养学生良好的心理品质。生活指导，即以中学生守则和行为规范为标准，培养学生遵规守纪、文明生活的行为习惯；以做好值周工作为抓手，培养学生树立高度的责任感和良好的服务意识；在7S管理和学生德育学分管理的基础上，全面引入企业管理制度，让学生体验和掌握现代企业的管理体制，培养真正能适应社会、融入社会、全面发展的合格人才。学力辅导，即根据职校的特点，把全面培养和提高学生的学习能力作为学校的重要工作来抓。通过建立自主学习的课堂环境，激发学生自主学习的兴趣，把学习的主动权交给学生，让学生参与自主学习的实践活动；通过精心设计教学，诱发学生的自主探索欲；通过联系解题实践，发展学生的自主探索能力。

实践应用

在上述德育管理思想的指导下，学校在社会上的口碑和整体形象明显提升。学生违纪率一年比一年低，学生流失率明显降低，重大安全事故率为零，校风校貌有很大的改观，顺利通过市文明单位、浙江省健康促进金牌学校、平安校园的复评验收，还被评为省"五五"普法先进学校、第二届和谐校园等，赢得学生、社会的广泛赞誉。

学校把德育渗透到日常的教育教学管理中，每一个教师都是德育导师，教会学生做事的同时，更教会学生怎样做人，这成了学校成长发展的重要经验，也产生了许许多多生动的育人故事。

学校把德育工作放在核心地位，树立"以学生为本"的理念，把培养学生的主体意识、促进学生的全面发展的思想贯穿于德育工作的全过程。

1. 呼唤责任心，建好班集体

人是很容易被暗示的，也容易跟风。如果一个人开了个坏头，并且还没有人指出这是错误的，那么紧接着别的人也会纷纷效仿，那么错误就会变成

所谓的正确。学校把"学校无小事，事事有教育；做好每一件小事，争当优秀班集体"作为每个班的奋斗目标，在一点一滴的小事中，呼唤责任心，培养责任感。

有一个烹饪班，清一色的男生，卫生值日工作成了大难题，班主任把值日生找来谈话，他们相互扯皮，推卸责任。为了培养每个学生承担责任的能力，班主任根据学校提出的班级奋斗目标制订了一个简单的值日生安排计划：一人一岗，每天分三个岗位，一个负责公共场地，一个扫教室、拖地、倒垃圾，另一个是擦黑板讲桌，三条线轮流，保证公平。当时宣布时，学生都说不行，怕一个人忙不过来，班主任进一步跟他们说明，所确定的是该岗位的责任人，大家在工作中可以发扬互助的精神，轮到甲的时候，甲可以请乙、丙等帮助，轮到乙、丙值日时甲再帮忙，但是不管有多少人来帮忙，结果的好差只能由值日生承担。没想到这个方法还真管用，这样一来，每个学生都产生了很强的责任心。有的学生可以早上很早起床，甚至不吃饭去做值日，也有的学生平时与同学关系好，轮到他值日的时候会有好几个同学来帮他。班级的卫生基本不被扣分。一段时间后，学生改变了以往的劳动态度，还提高了搞卫生的技能，同时养成了较好的卫生习惯。学校有个老师曾经问班级中的一位学生："你在学校两年，最大的收获是什么？"他居然回答说："我学会了扫地，并懂得了互帮互助。"多么实在的回答，让人欣慰，也让人感慨。

要培养学生的责任心，教师首先自己要有责任心，要本着对每一个学生负责任的态度，找准教育的突破口，使学生明确自己的职责和义务，努力做好每一件事情。教师"把一个信念播种下去，收获的将是一个行为"。教师在活动中"呼唤责任心，培养责任感"，把学生培养成为具有强烈责任心的人，通过每一件小事中去培养，为的是将来达到"没有教育的教育"，形成学生自我教育。

2. 杜绝牢骚，狠抓班风建设

班风建设，是德育工作的一个重要方面，是班级管理的重头戏。良好的班风对学生优秀品质的形成，人格个性的健全完善以及其他方面的提高，都具有不可估量的作用。因此，班主任要狠抓班风建设。

牢骚是人在自身需要不能满足时的一种反应方式或宣泄方式，是人心理的一种

禁毒教育

自我防御机制，是心理不平衡时的一种情绪状态，带有气愤抱怨等负面情绪色彩。情绪具有感染性，个别成员的牢骚还会影响群体凝聚力。群体中的牢骚犹如行车车胎"慢泄气"，车虽不会瞬间倾覆，但"慢泄气"会导致车速减慢，偏离方向乃至酿成事故。所以学生如果牢骚满腹，就会严重阻碍班风建设。

有一个财会专业班级，女生占大多数，心眼儿都比较小，容易斤斤计较。有一段时间学生们在私底下闹意见：班级的纪律委员管得太严，上课时发现讲话和吃东西等违纪行为就要记下来。特别有一小部分自我约束力弱的，牢骚更多，有了情绪，部分学生就不服管理，这样整个班级就有些浮躁。发现问题后，班主任做了以下工作：

第一步，找自我约束力强的学生沟通，探讨管得严是好事还是坏事，得到的回答是肯定的。

第二步，找自我约束力一般的沟通，探讨她们对纪律委员管得严有意见是出于公心还是私心，讨论的结果认为，公是为了班级气氛的和谐，私是怕被记下名字而扣德育学分。

第三步，找自我管理能力较弱的、对纪律委员最不满意的沟通，心平气和地剖析她们的真正想法：是不喜欢纪律委员的管理，还是不喜欢被班规校纪约束？如是不服她的管理，那可以推荐更理想的人担任这个职务，如是烦校规班纪的管理，那问题就严重了。同时，班主任提醒学生，对那些为了追求自己所谓的"自由"、扰乱班级管理的，发现一例，处理一例。

第四步，针对这件事开了一次班会，先让以上三类学生的代表发言，之后由班主任进行总结，强调班级氛围的重要性，开导学生怎样做才是为班级好、为自己好。同时，班主任教育学生，对班级的管理有意见可以，但如何提、向谁提很重要，可以真诚地找当事人交流，如果得不到理想的结果，再向有能力解决问题的班主任反映。反之，在同学们面前闹意见，发牢骚，问题不仅得不到解决，相反会破坏同学关系，破坏班级的正气，影响班风的建设。

经过这件事后，学生之间更团结了，班级气氛更好了。

3. 让微笑改变生活

班主任工作是一门艺术。作为班主任，平时难免会遇到一些很头痛的事，这些事有时还会影响到生活。怎么处理这些难事，不同的班主任，有不同的方式方法。有和风细雨式的，有雷厉风行式的，有轻言细语式的，有狂

风怒吼式的，当然，根据不同的场合、不同的学生，同一个老师也会采取不同的处理方式，但学会微笑，也许会改变你的生活。

某数控专业的班级里有位学生金某，脾气急躁，处理问题方式简单粗暴，不擅长处理与同学的关系。开学两个星期，他就同多名同学发生冲突：两次把同学的头打破，四次把同学的头打出了包，一次与同学打架被别人打伤头部，造成人际关系紧张，班里大部分同学都不愿意与他交往。但也有几个"问题"学生认为金某很威风，他们蠢蠢欲动，想效仿他。关于金某打架的问题，班主任尝试过很多的办法。他第一次因琐事与同学打架，班主任耐心帮他分析他的错误，让他换位思考，写认识报告书。当天管用，第二天，班长、安全委员来报告金某又与张姓同学打了起来。班主任找来当事人金与张。

……

师：怎么回事？

张：金某向我借橡皮擦，我当时正在用（字写错了），没立即借给他，他就一拳打来。

师（问金）：是这样的吗？

金：谁叫他不给我。

张：这时我没还手，生气地说"你这人是借东西还是抢东西，不借"。他又一拳打来，之后我们就打起来了。

师：金某，是这样的吗？

金某沉默不语。

……

金某与同学发生矛盾冲突没有前奏（争吵，谩骂），他处理与自己有不同看法的人（看不顺眼的人）的方式就是打，在他的逻辑中，谁打架厉害谁就是对的。事后经老师开导他能意识到自己的冲动是不对的，但关键时刻总是控制不了自己，面对矛盾冲突不假思索，直接动用拳头，这种处理问题的方式似乎已经是他的习惯了。一方面，班级里同学关系紧张；另一方面，班里已有几个调皮鬼跟在金某身后，解决金某的问题成了班级的首要问题。

于是班主任联系他初中的老师了解情况，得知他初中就有这种做法。班主任还得知他爸爸年轻的时候在村里也喜欢打架，他从小耳濡目染也就学会了。每次请家长来校协助配合教育，他的家长的家教方式基本也是拳头教育。班主任一直在寻找突破口，有一次这位班主任同张校长说起这个孩子，张校长说："改变一种习惯是很难的，你是否可以试着培养他的另一种习惯来替代它？比如说微笑，让笑容改变他的生活。"班主任就开始着手营造一个有笑声的班级氛围，上网搜索笑的功用，主持开一次以笑为主题的班会，组织学生学习笑的知识，引导学生选读关于笑的文章，安排早读课前三分钟为笑的时间，组织学生读幽默笑话故事，表演笑话小品，编写有关笑的顺口溜，开展一系列关于"笑"的活动。教师通过这一系列活动，让学生知道笑可以使肌肉放松，可以消除紧张情绪，可以驱散愁闷等，有助于克服羞怯情绪，有助于增加人与人之间的交流和友谊。活动远比说教的效果好，班级里传出了久违的笑声，学生也活泼起来。金某好长一段时间没与同学打架了。金某在周记中写道："当一个人面带微笑地看着我时，我伸出的拳头又缩回来了。我被同学们感染了！"

一个学期的"微笑行动"以后，金某打架的习惯基本改掉了，学会了对别的同学微笑。

你的笑容就是你的信使，你的笑容能照亮所有看到它的人。教师需要营造一个愉快的环境，经常微笑着对待学生，或许能改变学生的某些行为方式，同时影响他们的思想，从而也改变教师自己的生活。

4. 使人尽其才

职业学校的学生大多是中考失利者。学习成绩不好，但不代表他们一无是处，很多学生都有特长。若能根据其个性特点，尽量发挥其特长，不仅会激发他们自身的一些潜力和创造力，为他们的未来勾勒出美好的蓝图，而且他们的自我约束能力也会随之提高。

生命教育宣传画

宾旅专业的一个班中有个女生，长得小巧玲珑，身高只有 1.55 米。这样的身高条件在宾旅专业基本没有优势，但是这个女孩子不仅字写得漂亮，而且有一定的美工基础，老师发现这个学生的特长以后，就经常给她表现的机会，并对她委以重任。

刚开始，班主任先把出班级黑板报的任务交给她，她做得很漂亮，每一期都能精心设计，而且在学校频频获奖。班主任又让她负责班级的橱窗，以旅游为主题，经常更换。老师还向她传授自己在大学里编系报的经验，鼓励

她编班级报纸，建议她去请校长题词。这个在初中时默默无闻的女孩子，在这里找到了施展才华的舞台。

这位女同学刚进校时的表现不太好，经常会有违反纪律的情况出现，而且对班主任的管理有一定的逆反情绪，但自从有了施展才能的舞台后，她找到了努力的方向。她在和老师的交流和沟通中，增进师生之间的感情，和班主任成了无话不谈的好朋友。原先她总是喜欢和老师唱反调，并且还带动一小部分同学抵触老师的管理，后来她却不仅变成了班级管理的中坚力量，而且为班级赢得了很多荣誉，她们班成了学校最优秀的班级。毕业时她听从班主任的提议去了上海戏剧学院学化妆。学成归来后，她先是在金华经典摄影继续跟着师傅学习，两年后，成为金华国泰影楼的首席化妆师，真正成为行业的专家能手。

《淮南子·兵略训》："若乃人尽其才，悉用其力。"作为职校的老师，要根据学生的个性发展其特长，适时地予以引导和鼓励，让他们成为有用之才。

我们从德育学分制开始，抓学生的日常行为规范，通过校园文化建设、专业文化建设等，塑造学生的文化个性，把教会学生做人作为德育工作的重要目标。

5. 从实施德育学分制出发，提升德育工作的实效性

德育学分制是用学分来反映学校德育的要求和评价学生的思想道德、行为规范的一种德育管理制度，以常规分评价为依据，将德育的过程和结果量化，通过综合考评学生的仪容仪表、出勤、文明卫生、体育锻炼和社会实践活动参与情况来实施，达到规定的德育学分是学生毕业的必备条件之一。德育学分制由学生会、专任教师、班主任、班长共同实施。班长负责"考评记事本"的记录，班长和班主任一起负责学分登录，政教处负责全校学生的学分统计、核对。学校专门成立考评监督小组，对考评进行监督和解释；政教处组织成立考评工作小组，由政教处主任任组长，负责宣传、动员、辅导考评的实施；班级成立监督委员会，对评分工作进行监督。考核细则输入"成绩管理系统"，通过校园网可以查到。在实施过程中，有两点是学校努力避免的：（1）不以扣分代替教育过程；（2）学分量的评价要和学生质的评价相结合。

实施德育学分制的基本方法：（1）德育学分采用加减分的方法，违反校纪校规等行为要被减去相应的德育分，同样，学生可通过其他途径（如参加

公益劳动等）来获取加分。（2）每学年德育总分为 100 分，每学期 50 分。学年德育学分 60 分为及格，不足 60 分认定为不及格，德育学分作为升留级的依据。（3）三年累计获得德育学分 180 分以上方可毕业，不足 180 分的需通过一定途径，如完成公益劳动等申请学分，修满 180 分方准予毕业。

小 A 是一个很有个性的男孩，人长得也帅，但受如今一些不健康的审美观的影响，他留着长发，并染得黄黄的，有时还抽烟，上课也常睡觉，老师找他谈了很多次，甚至给他警告处分，但收效甚微。后来班主任对他说，"你不改，行，我就按德育学分制的规定来扣你的分，看一学期下来你的德育分还有几分。"班主任按德育学分制的奖惩规则进行加分减分，每周在公告栏里公布每个学生的分数情况，开始小 A 还不当回事，但几周下来，他的扣分是全班最多的。这下他急了，因为他很爱面子，特别是在女生面前，他现在觉得有点抬不起头来了，而且担心真扣到一定的分数毕不了业。所以不用班主任多说，一个月以后，他主动去把头发理了，上课也不睡觉了，甚至主动找事做，希望班主任能给他加分。半个学期下来，小 A 基本不被扣分了。同时，班主任适时地给他表扬，并委以重任，让他负责班级中午读报课的工作，他找资料，找新闻，忙得不亦乐乎，一学期下来，小 A 跟刚进校时相比，简直像换了个人似的，大家都说他变了。

德育学分制把口头的说教变成了行为教育，有利于学生的自我管理、自我约束。学校实施德育学分制以来，学生的行为规范有了明显的提高，学生的主观能动性得以充分发挥，个性得以发展，德育的实效性明显提高。

6. 引进企业文化，塑造专业学习氛围

职业学校就像企业一样，也要学会经营，要能预见市场发展的趋势，洞察市场现象的本质，让质量产生效益，形成品牌，用品牌争取政府投资，谋求发展。从"商品"角度考虑，提高"商品"的质量，以质量取胜；从"企业"经营的角度考虑，丰富办学层次，拓展多种形式的办学路子，探索工学结合模式，形成中职教育与高职教育并举，学历教育与非学历教育结合，各种岗位技能培训、校企合作和灵活办学方式为补充的办学新格局；从市场意识中的"广泛获取信息"考虑，学校聘请专家委员会，让专家提供最新、最权威的信息。一个班级集体好比一个股份企业，教师和学生都是股东。如何借鉴企业经营运作的成功之道来经营班级？班级文化建设是提高学校德育实效性的重要举措之一。借鉴企业文化的定义，班级文化可以这样界定：它是班级所有成员所共有的观念、价值取向以及行为等的外在表现形式，是班级管理的观念、制度、关系和环境等构成的文化氛围以及班级个性的体现，这种文化，是班级所有任课老师与学生共建的文化，是班级集体中逐步形成的共同遵守和信仰的规范，是班级所有成员所信奉的主要价值观，是通过班级内的布置传达的感觉或气氛，是具有班级特色的精神财富和物质形态。这种文化，是渗透在班级一切活动之中的东西，能将班级内各种力量统一于共同的指导思想，汇聚到共同的方向。它是有血有肉有生命力的一份"心灵契约"，能唤起班级内每个成员无限的热情和冲动。

以一个电子商务专业班为例，在日常的教学和班级德育管理中，教师有意识地引导学生提前了解优秀企业的文化，如着重宣传淘宝网、阿里巴巴、中国服装网、中国化妆品网、5173网等行业知名电子商务企业的经营理念和管理规范，宣传优秀企业和优秀员工的先进事迹，介绍这些单位招聘的基本要求，让学生感受企业文

廉政文化进校园

化的气息，更多地了解社会，了解企业，树立正确的职业观，拓展班级文化建设的内容和视野。教师还在教室挂了横幅，写上专业特色格言"学诚信营销，塑商务品质"，还有阿里巴巴CEO马云的名言"今天很残酷，明天更残酷，后天很美好"。学生每天耳濡目染，受到电子商务经营理念的熏陶。学校严格管理学生，以企业的作息时间、劳动纪律观念、站姿、坐姿和业务素质等要求规范学生的在校行为，以就业为导向，突出以职业资格标准为参照的技能训练。各班每学期举行班内网站营销策划设计比赛、创新创业计划书比赛、校内网货大比拼等，激发学生的专业学习兴趣，提高学生对未来职业的认识。在这些过程中，班主任充当学生的职业生涯顾问、团队领导等角色，实现学生职业素质的培养，与企业需求对接，使学生的职业素养得到更大的提升。

7. 寻找"闪光点"，给失败以掌声

一把钥匙开一把锁。每一个后进生的实际情况是不同的，必然要求班主任深入了解、弄清学生的行为、习惯、爱好及其后进的原因，从而确定行之有效的对策，因材施教，正确引导。因此，班主任要以爱心为媒，用关爱唤起学生的自信心、进取心，使之改正缺点，然后引导并激励学生努力学习。

某生上课要么打扰他人，要么情绪低落，下课胡乱打闹，与同学经常闹矛盾，同学都嫌弃他，他不做作业，各门功课测试不及格……总之，他是个有名的"捣蛋鬼"，让人很头痛。于是，班主任找他谈话，希望他遵守各项规章制度，以学习为重，自我调节，自我改进，做一名合格的学生。但老师经过几次努力后发现，他只在口头上答应，行动上却毫无改进。怎么办呢？班主任首先设法接近他，试图与他消除隔阂、拉近关系。经过观察，班主任发现他喜欢打篮球。打篮球不正是班主任擅长的吗？于是，到了课外活动时间，班主任就约他打篮球，给他讲打篮球的技巧，通过几次的接触，与他慢慢交上了朋友，但他的行为并无多大改进。后来，班主任便加强攻势：一边与他打篮球一边与他交流讨论生活，进而讨论学习。班主任不动声色地教他遵守纪律，尊敬师长，团结同学，努力学习，做一名好学生。班主任在路上遇到他，会有意识地先向他问好，只要他的学习有一点进步就及时给予表扬、激励……这使他处处感到老师关心他，信赖他。经过班主任半学期的努力，他上课开始认真起来，作业也能按时上交了，与同学之间的关系也改善了。班主任抓住这一良好势头不断巩固，试着让他当值日班委。午休、晚自习课，他不仅自己遵守纪律，还管起那些不遵守纪律的同学。

每一个成长的孩子都渴望被父母肯定、被老师肯定。实践证明，只要教师尽力去发现学生的闪光点，能针对孩子的优点去夸奖他、肯定他，他必然会变得更好。

在一个数控专业班里，有这样几个男生，他们上课常常无精打采，从来不做作业，还时有迟到、缺课、打架、与老师顶撞等不良行为，但他们都很喜欢打篮球。一进入四月份，这几个人就开始活跃起来，兴奋异常，同时在老师和同学面前讲话的声音也高起来了，因为校篮球赛即将开幕，接下来的一段时间将是他们表现露脸的时候了。充裕的训练时间，到位的后勤保障，同学的加油以及赛前的火力侦察，使这几个篮球队员自信心十足，甚至有些自大。开始也确实比较顺利，但到了关键的一战——胜者直接晋升四强，输者则需复活赛胜出才有可能争夺五、六名，因对手为彼此十分熟悉的隔壁兄弟班，这几个队员过分自信，在比赛中失手输了。比赛结束后，这几个队员没有像往常那样高调喊叫，一个个耷拉着脑袋，默默地收拾着自己的衣物。趁队员们还在收拾的工夫，班主任要求其他同学先回班集中。班主任站在讲台上看着底下无语的同学说："球赛输了，我跟大家一样心里很难过，队员们可能比我们更不好受，事已至此，不能重来，别的先不说，老师只要求大

家在队员们进教室时能像胜利时一样给他们以热烈的掌声。"等队员们一个个低着头磨蹭着出现在教室门口时，班主任带头鼓起了掌，全班随之响起了越来越热烈的掌声，队员们惊讶了。当班主任命令他们抬头挺胸进教室时，这些男生眼含热泪。事后，班主任召集队员们开了总结分析会，大家士气很高，誓言拿下复活赛。随后经过拼搏，班级最终取得第五名。经过此番历练，学生似乎成熟许多，这几个男生也一改往日的精神面貌，无论是上课还是平时都表现良好。人生需要掌声，掌声也许比金钱更重要。它似一阵温暖的春风吹拂着学生的心田，似一缕和煦的阳光照耀着学生的灵魂。掌声可以给人以热情，给人以勇气，给人以力量，给人以鼓励。班级生活中不应缺少掌声。

教师经常会讨厌不遵守纪律的学生，不喜欢学习成绩差的学生，疏远品行不好的学生，冷眼相待给班级抹黑的学生，但教师更应该想想那些调皮学生的真诚、那些成绩差的学生的勤劳，想想那些学生品行不好的原因，找到他们的优点和闪光点，给他们以宽容，给他们以掌声，或许就能改变一个学生的命运。

学校通过"思想引导，心理疏导，生活指导，学力辅导"构建以"爱"为主题的道德教育内容框架，及时化解学生的心理障碍，培养学生良好的心理品质，诱发学生的自主探索欲，发展学生的自主探索能力。

8. 掏出真心，让爱成为巨大的教育力量

班主任是班集体的组织者、教育者和领导者，是学校领导实施教育教学工作的得力助手，是学生、家长、科任教师之间的桥梁，在学校工作中具有重要的作用。苏霍姆林斯基曾说过，热爱孩子是教师生活中最主要的东西。

首先，爱就是了解。爱学生就要了解学生，包括对学生的身体状况、家庭情况、知识基础、学习成绩、兴趣爱好、性格气质、交友情况、喜怒哀乐等方面的了解。了解学生的内心世界，让学生从生活中学习，从鼓励中学会自信，从宽容中学会耐心，从赞美中学会感激，从接纳中学会自爱，从赏识中学会行动，从分享中学会感激，从关心中学会尊重……

其次，爱就是关怀。师爱是教育的"润滑剂"，是进行教育的必要条件。当教师全身心地爱护、关心、帮助学生，做学生的贴心人时，师爱就成了一种巨大的教育力量。正因为有了师爱，教师才能赢得学生的信赖，学生才乐于接受教育，教育才能收到良好的效果。"偏爱"后进生、"严爱"优等生、"博爱"中等生，做到一视同仁。

再次，爱就是责任。家长把子女送到学校来学习，学校把整个班级交托给班主任，班主任就有责任带好这个班级。爱学生也要严格要求学生，对学生不娇惯、不溺爱，对学生的缺点错误不纵容、不姑息、不放任。师爱既蕴涵着强烈的情感，又表现出深刻的理智，不仅着眼于学生目前的得失和苦乐，更注重学生的未来的发展。金无足赤，人无完人，再好的学生难免也有不足之处，再差的学生身上也有优点。及时捕捉学生的闪光点进行因势利导，使他们产生积极的情感，从而以点带面促使学生全面进步，这是班主任工作的至关重要的一环。

一位男同学父母离异，他母亲靠收废品供他读书。他学习成绩很不错，但在同学面前总是抬不起头，感到很自卑。班主任了解情况后，经常找他谈心，隔三差五买些水果或衣物送给他，私下在班里发动同学都来关心他、照顾他，让他感到集体的温暖。高三时，他可以参加高职考试，但考虑到家境，他准备放弃。班主任把他找来，对他说："你去考，读大学的费用我来承担。"他含泪点头。后来，他考上了大学，但拒绝了班主任的资助。他在信中这样说："老师，三年的职高生涯，你就像父亲一样无微不至地关怀着我，更像兄长一样推心置腹地开导着我，使我学到了知识，最重要的是学到了做人的道理。谢谢你，老师！"

冰心曾经说过："爱在左，情在右，在生命的两旁，随时撒种随时开花，将这一径长途，点缀得花香弥漫，使得穿花拂叶的行人，踏着荆棘，不觉痛苦，有泪可挥，不觉得悲凉。"

9. 磨砺出人才

创业是职校生的一个永恒主题。创业是一份责任，意味着艰辛，也会取得成果。职校生要改变传统的被动的就业观念，多一份创业意识，对创业要有深刻的感性和理性认识，根据社会需要构建创业品质。职校生既要通过社会实践活动等形式亲身感受创业，又要善于借鉴优秀毕业生的创业经验，更要抓住创业的本质特征，开创自己的一片天地。

某届数控专业有这么一批毕业生：学校向本市某企业推荐了这批学生，他们刚去不到两个星期，许多同学就纷纷打道回府，理由是那里工作太辛苦了。校方对此进行了调查，未发现虐待员工等违反劳动法的问题，只是企业还在初创期，吃住、工作条件确实不太好。尽管校方对学生做了不少工作，但不少学生都说吃不了这种苦，还是要回去。有些家长出于心疼孩子的原因也不愿意让孩子去。校长得知这事后，不无感慨地说："我们这批学生

在社会竞争中败北，不是输在文化素质上，而是输在思想素质和心理素质上。"

　　现在，学校非常重视素质教育，认为素质并非与生俱来，尤其是吃苦耐劳、意志坚定的心理素质是在特殊环境中磨炼出来的。"宝剑锋从磨砺出，梅花香自苦寒来"，"生于忧患，死于安乐"，对于一个人、一个民族都一样。怕苦怕累，好逸恶劳，干了几天活儿就喊累，手上磨出一点血泡就叫疼，遇到一点困难就打退堂鼓的人，即使有较高的文化，又有哪个地方会欢迎呢？

校技能运动会

　　创业就是磨炼学生意志的一种好办法。学校专门创办了学生创业园，激发学生的创新精神与创造活力。以"学校引导，学生商业运作"的模式给学生提供社会实践和参与创业的机会，使学生积累相关经验和社会资源，以实现将来自主创业。通过学生"自建团队，自找货源，自主经营，自负盈亏，自备电脑"的经营模式，让学生根据专业所学，得到实践锻炼，全面提高团结协作能力和创新能力。另外，学校还组织学生参加一些"吃苦"的训练，如让学生只带少量的食物和水，在荒郊野外徒步行走一天，以培养学生对恶劣环境的忍耐力。学校还专门开设职业指导课，对学生进行就业指导，以提高学生的心理素质。

反思拓展

　　山东大学的校长徐显明认为，没有道德的教育是一种罪恶。这个观点适合教育的所有领域。由于各种因素的影响，进入职业学校的学生，基础知识水平高低不齐，道德品质参差不一，行为意识混沌不明，除了文化课成绩普遍较差外，他们的心理素质、法制观念、自控能力等都相对较弱，他们在初中甚至小学时就处于被忽视、被冷落的地位。每一个学生都愿意成为受欢迎的人，他们没有成功，原因当然是多方面的，既有家庭、学校教育的缺失，也有学生自身的生理、心理方面存在的问题，还有社会环境的影响。职业学校的教师要承担起教育这些学生的任务，教他们文化知识，教他们专业技能，教他们选择职业，教他们学会主动适应社会，更要教会他们怎样做人。德育工作就是要担负起这一重任，使每一位学生以服务社会为荣，以服务社会为己任。结合前面的实践案例，我们认为，德育应该由以下这些元素构成：

（1）接纳。来职高就读的学生大多有些"问题"，可能是心理方面的，也可能是行为习惯方面的，或者二者都有，作为教师的我们首先要接纳每一个学生，包括学生的个性特征、不同的见解以及他的问题和缺点，理解、宽容、善待每一个学生，做一个"接纳型"的老师；然后要"诊断好"这些学生的问题所在，对"症"下药，怀着一颗宽容的心，耐心细致地做思想教育工作，切不可操之过急。我们期望他们在短时间内就能改掉几年甚至是十几年养成的坏习惯是不现实的。唯有宽容，耐心等待，才能使学生慢慢改掉身上的缺点。接纳每一名学生，对每一名学生实施有针对性的教育，是师德内涵中最基础的素养。教师接纳学生，反过来也会使学生学会接纳，接纳老师，接纳父母，接纳自己的同伴。

（2）沟通。教育重在师生间相互信赖，信赖取决于民主平等的沟通。事实上，当学生随意在教师面前展现喜怒哀乐的时候，当学生主动向教师说悄悄话的时候，教育就真的成功了。教师一旦打开了学生的心结，所有的问题将不是问题。让学生体会到被理解，被尊重，才能建立起和谐、友爱的师生关系，学生才能"亲其师，信其道"，进而"乐其道，学其道"。看到学生因年轻气盛而犯错误，不能简单地批评指责，而是要找准突破口，和他们交心。绝不能只看到他们的"窄"，而是要告诉他们怎么才能更"宽"。教师从学生的想法中找到突破口，更有效地帮助他们改变错误认知，让他们自觉、主动地沿着老师指出的方向前进，这是教育的最高境界。

（3）引导。教师最重要的责任和任务就是要引导学生看到自己潜在的、尚未发展起来的长处和优点，使学生树立自信心。多从正面引导学生，即使学生有做得不好的地方，教师也要善于发现他们身上的闪光点，鼓励他们不放弃，指导他们解决问题。德国教育家第斯多惠曾明确指出："教学的艺术不在于传授的本领，而在于激励、

学校在开展文明礼仪培训

唤醒、鼓舞。"即使学生有什么过失，教师也要善于从正面去寻找其"闪光点"，让"闪光点"照亮其"暗点"，而不能把学生的错误说成一团漆黑，使学生在黑暗中看不到光明。因此，教师要善于引导，使学生自己领悟到自己的错误而自行改之，从而达到批评的目的。

（4）表扬。会表扬的老师才能称得上是好老师。每个人在潜意识里都有一个愿望，就是希望别人关心自己、赞美自己。教师一句激励的话，一个赞美的眼神，一个鼓励的手势……往往能产生意想不到的效果。教师对学生小小的成功、点滴的优点给予赞美，可以强化学生的成功体验，满足学生的成就感，进而培养其自信心，促进其良好心理品质的形成和发展，有助于建立和谐的师生关系，营造奋发向上的班级氛围。实践证明，即使是最难对付的学生，如果教师表扬他，他也会静听教师的教诲。当教师发现学生在某一时刻表现特别好时，要毫不吝啬地在全班表扬他，而且要学会用放大镜看他们的优点。一句表扬的话甚至可能改变一个学生的一生。

（5）微笑。微笑的力量是巨大的，教师每天以微笑的姿态出现在学生面前，像阳光雨露一样滋润学生的心田，让学生受到积极乐观的情感熏陶。正如前面那一则案例中经常打架的男生说的："当一个人面带微笑地看着我，我伸出的拳头又缩回来了。"当教师带着一颗宽容的心，并且面带微笑地与学生交流他们在学习中遇到的困难，去感受他们在生活中遇到挫折时的心情，去体会他们在成长过程中经历的波折，一定会走进学生的心灵深处，产生意想不到的教育效果。俗话说："于细微之处见真情。"学生往往能从细节中感受到教师真诚而深厚的爱。幸福的诠释是微笑，快乐的意义是微笑，温暖的真谛是微笑，挫折的鼓励是微笑，坚强的象征仍然是微笑！

（6）爱心。没有爱，就没有教育。教师心里充满了对学生的爱，不计个人得失，那么，不管是怎样的学生，都能教好，都能培养成有用之才。爱是教育好学生的前提。教师只有对学生倾注真诚的爱，学生才会"亲其师而信其道"，自觉愉快地接受教师的教诲，接受教师传授的知识，在这种情感的氛围中取得进步、体验快乐。教师要用爱心抚慰他们的心灵，以诚心赢得他们的信任，以耐心期待他们的转化。如果你讨厌学生，那么你的教育在还没有开始时实质上就已经结束了。学生特别渴求和珍惜教师的关爱，只有师生间建立起真挚的情感，才会产生神奇的教育效果，才会使学生自觉地尊重教师的劳动，愿意接近教师，希望与教师合作，向教师袒露自己的思想。因此，教师应该对学生倾注热情和爱心，给学生亲切感、安全感，成为学生学习上的同路人、思想上的引路人、生活上的贴心人，真正成为学生的良师益友。

教育的细节是教育的生命。没有健康、丰富的细节教育，德育是不可能持续发展的，也不能培养出真正的人。俗话说，一把钥匙开一把锁。每个学生都有不同的个性，对不同的学生要采取不同的教育方法，德育工作在一个良好的大环境下还需要根据不同学生的特点来分别对待，但德育工作离不开上面所述的几大元素。一个成功的教师，要依靠自己的高尚品德和智慧，依靠自己的感召力、吸引力，来对学生进行培养、训练、陶冶、感染、示范，将他们凝聚在一起，以达到教育之目的。

专家点评

"以学生为本"的德育需要贴近学生。从细微处入手，往往能取得意想不到的效果。注重细节是金华一职德育工作的特色，"德育引领人生"细节渗透于全校的德育工作之中。

做好每一件小事，争当优秀班集体，是每个班的奋斗目标。学生在创建优秀班集体的过程中，虽然只是在做好一件件小事，却在经常、不断地做小事的过程中培养了职业素养中最被用人单位看重的品质——责任感。卫生值日是小事，通过岗位明确、责任落实的轮岗，不但使学生的劳动态度得以改变，而且使他的责任感、团队精神、互助协作等品质也得到了提升。

在"学会笑"上做大文章，开展"笑行动"计划，召开以"笑"为主题的班会，不但改变了习惯动手打人的学生，也让"笑"成为众多学生的追求和习惯。而微笑不但是以人为服务对象的从业者必备的职业素养，而且是所有"职业人"人际关系中最好的润滑剂。

发现"捣蛋鬼"的闪光点，并从闪光点入手触及学生心灵，通过激励引导学生健康发展，这些都需要德育工作艺术。自卑、自弃而在行为上放纵自己的中职学生为数不少，但每个人都有自己的长处，再"捣蛋"的学生内心深处都有渴望成功的企盼。能否发现学生身上的闪光点，能否善于点燃学生心中的上进火苗，是考量德育工作者水平的重要指标。

能"给失败以掌声"，是提升学生经受挫折能力的有效手段。人的一生很难一帆风顺，总要历经大大小小的失败。许多中职学生是在失败的阴影中长大的，他们不善于以"失败是成功之母"激励自己迈好下一步。在失败中

奋起，是中职学生赢得成功未来必须过的"关口"，是职教德育工作者必须面对的课题。

德育工作需要抓住细节。张建林校长不但长期兼课，深入一线，而且秉承"教育的细节是教育的生命"，为教师做出了表率。从细微处入手的德育，需要学校德育工作大环境的保证。金华一职注重德育工作全员化，强调全过程、全方位育人，引进企业文化，在7S和德育学分管理的基础上，抓学生的日常行为规范，通过校园文化建设、专业文化建设塑造学生的文化个性，加强思想引导、心理疏导、生活指导、学力辅导，为细微德育创造了条件。

（点评：蒋乃平　杜爱玲）

以培养理想、信念、责任、意志为核心开展德育工作

——江苏省南京金陵中等专业学校

名校／名校长简介

坐落在紫金山南麓的南京金陵中等专业学校(原金陵职业教育中心),是国家级重点中等职业学校、全国百强中等职业学校、江苏省四星级中等专业学校、省高水平示范性中等职业学校、全国中等职业学校德育工作先进集体、江苏省中等职业学校德育工作先进单位、江苏省德育特色学校、江苏省首批"和谐校园"。

学校有五年一贯制高职和三年制中专,设有汽车技术、信息技术、现代服务三大专业群。多媒体技术应用专业是省级示范专业,有与印度合作的NI-IT软件设计专业,2003年,与南理工科技园数码艺术中心合作设立数码影视专业,与永创教育联盟合作设立电脑美术与动漫专业。现代服务专业,有省级示范专业——市场营销专业、与宝马集团合作的汽车商务专业、形象设计专业。

学校不断探索新形势下加强和改进职校生思想道德建设的新方法、新途径,努力开创职校德育工作新局面,引导学生树立远大理想、秉承坚定信念、承担光荣责任、磨炼坚强意志,真正做到全员育人、全面育人、全程育人。在此过程中,学校涌现出一

大批优秀学生，有被市教育局誉为"见义勇为好少年"的朱石冰，有在校光荣入党的王星星，有成为"南京大中学生校园文化十大新星"的朱静静，有受到各大媒体赞誉的"拾金不昧好少年"晏庆敏、刘芸芸等。

学校学生因综合素质高、技能好普遍受到用人单位欢迎，近六年学生就业率均达97%。学校将坚持自己的办学特色，力求为社会培养更多的高素质技能型人才，为经济社会全面协调发展作出贡献。

核心管理思想

坐落在风景秀丽的钟山脚下的南京金陵中等专业学校，深受这千古名山熏陶，学校德育工作逐渐形成了以理想、信念、责任、意志为核心的理念，通过开展两个入门教育——"职业门""军队门"，三个文明教育——"语言文明""走路文明""举止文明"，四位一体教育——"将必备的理论知识、过硬的专业技能、良好的行为习惯、牢固的职业素养融为一体，渗透到教学过程中"，"五名"工程教育——"读名书""赏名画""吟名诗""唱名歌""交名人"，成为富有特色的职业学校。

林木青翠，四季常青，诸峰环峙，钟山之秀让人陶醉，然"重构理想"更让人心醉。"理想是石，敲出星星之火；理想是火，点燃熄灭的灯；理想是灯，照亮夜行的路；理想是路，引你走到黎明。"一个没有理想的人是没有生命力的人，一个没有理想的民族也是没有生命力的民族。学校深知当前学校教育最令人担忧的并不是学生的成绩，而是学生的精神状态。学生普遍存在急功近利的思想，他们的理想往往是一种大而无当、泛而无具的泛想，无法通过具体行动达成；是一种只有想法而不付诸行动的空想，没有足够的动力；是一种把过程、手段或功利性目标误为人生目标的歧想，没有能使自己产生持久的奋斗热情。学校通过引导和教育，让学生摒弃不切实际的理想，同时唤醒他们的独立意识，使他们认真筹划自己的未来，成为拥有真正理想的人。

信念，是成功的起点，是建构人生大厦的坚强支柱。对一个有志者来说，信念是立身的法宝。学校深信信念并不复杂，更非深不可测。学校就是要把信念这团永不熄灭的火焰植入学生心中，用信念指引人、浸润人、培育人，使每一个学生都树立起人生信念。也许，现在他们还没有找到学习的窍门；也许，当前他们身上的缺点不少，并不受人欢迎，但是，只要他们坚定信念，相信自己，终有一天他们会让成功成为现实。坚定的信念就像一朵永不凋谢的玫瑰花，永远在心头绽放。

"人生所有的履历都必须排在勇于负责的精神之后。"是的,一个人不论多么有能力,如果他没有责任心,没有敢于承担责任的精神,最终也会一事无成。学校就是要培养对自己、对他人、对国家负责任的人,办对学生、对教师、对社会负责任的教育,让所有师生心怀"责任"到学校,肩担"责任"出校门。学校通过制订岗位责任、开展系列活动,促使教师时刻牢记自己的责任,引导学生勇敢扛起肩上的责任,使师生员工都清楚自己的责任,都勇于承担自己的责任,全校形成了人人"心中牢记责任,口里常讲责任,行动必负责任"的氛围。

"拥有意志,一个民族只会输在一时;没有意志,一个民族将会衰于一世。"在人生的旅途中,不可能总是一帆风顺、事遂人愿,但有的人迎难而上成为生活的强者,创造出常人难以创造的奇迹,靠的就是意志。当前在和平环境成长起来的学生经受的磨难较少,意志薄弱,抗压、抗挫折能力较弱。然而,做生活的强者,在竞争

阳光健身跑操活动

中生存、前进、发展,是时代对青年一代的期望和要求。学校认为"意志"对于学生的成长具有不可替代的特殊作用,利用实效性的教育淬炼学生的意志,培养他们吃苦耐劳的精神,增强他们战胜困难的勇气,让"别人或已放弃,自己还在坚持;别人或已退却,自己依然向前"成为每位学生的行动准则。

实践应用

南京金陵中等专业学校建校历史悠久,源远流长。学校坐落于紫金山南麓,逐渐形成了以"理想、信念、责任、意志"为核心的德育文化,开创了德育工作新篇章。

一、理想篇

和普通高中学生不同,对于"你的理想是什么"这样的问题,学校的不少学生颇为坦诚:"我想赚大钱,过上好生活。""我就想好好学习,父母供

我上学不容易，我想回报他们。"虽然学生盼望改善生活、回报父母的理想显得比较简单，但是这恰恰是他们最本质的想法，其中蕴涵的教育资源颇为丰富。学校的理想教育就是引导学生立足自身，因势利导，形成远大的理想。

形成远大的理想首先需要明确的目标，只有了解自己，才能规划未来。为适应市场要求，学校引导学生增强对专业的感性认识，了解专业的基本情况、行业发展概况，确立职业理想，明确奋斗目标，参与社会实践，提高综合职业能力。从 2008 年开始，学校通过积极开设专业入门课，整合教育资源，优化课堂效率，使学校的理想教育开创了新局面。入门课的教育分为四个阶段，即了解所从事职业的过去、现在和未来；了解该行业的人，主要指人的素质、技能素质、合作意识等；亲身感受企业及员工的现状和规章制度等；制订长远的职业规划，这一规划除在校期间外，还应该有实习阶段的和就业阶段的规划。如学校信息技术专业部通过"认识新环境""企业参观""人文素养讲座""专业调研"四个模块的入门课教育，让学生通过明了"我以后能去哪里、我以后能做什么、我的榜样是谁"这三个问题，做好人生规划。

形成远大的理想更需要健康有益、和谐向上的优秀文化支撑。学校提出要把校园建设为以"读名书、赏名画、吟名诗、唱名歌、交名人"为核心的"书香校园"。

学生的健康成长在很大程度上受到生活环境的影响，优化阅读环境、让校园弥漫书香是学校的追求。"书香校园"的建设首先是因地制宜，努力营造"书香"氛围。于是，学校广场上书籍状的风帆雕塑高高耸立，象征着学生们在知识海洋中乘风破浪；楼道中，《五牛图》《千里江山图》《清明上河图》等名画分布其中，彰显学校的人文底蕴；各楼层，"业精于勤荒于嬉，行成于思毁于随""两句三年得，一吟双泪流"等诗词随处可见，开启学生心智；阅览角，"我之推荐""必读书目"等一目了然，供学生参考；午间休息时，《天路》《我的祖国》等歌曲全校播放，陶冶学生的情操。校园里处处弥漫着书香。

图书馆藏书再多，学生不去看，也是无用。因此，学校工作的重点不仅是投入资金购买更多书籍，而是想办法拉近书籍和学生的距离，方便学生阅读。学校认为，建立三级阅读体系是个比较好的方法。在原有图书馆的基础上，学校新增了校园数字图书馆，这样学生随时都可以通过网络进行阅读，而且数字书籍更新周期短，同一时间借阅量没有限制。学校图书馆和数字图书馆是学生阅读的主阵地，是学生获得知识的主渠道。学校又要求图书馆每周都推出推荐书目，把一本本各具特色的书籍介绍给学生，引导学生阅读符合年龄特点、寓教于乐的经典名著、科普著作以及专业刊物。学校住校学生较多，周六周日休息时间较为充裕，为此，学校修改图书馆开放时间，让图书馆在晚自习时间、周六日都正常开放，最大限度满足学生的借阅需求。专业部图书阅览角则是学校的第二级阅览体系，这里主要是和时效接触紧密的报纸杂志，虽然数目不多，但很有针对性，一般根据专业文化的特点定期放置一些相关的阅读书籍和材料。如汽车技术专业部阅览角的《世界汽车》《汽车周刊》《汽车杂志》《汽车与驾驶维修》等都是抢手货，往往一摆上阅读架，就被学生借走。各个班级的"小小图书角"则是学校三级阅览体系中最基层的一级，这里堆满了学生们自己从家里带来的好书，在这里，学生们几乎不受时空限制，只要有时间、有兴趣，可随手阅读、交流。三级阅览体系培养了学生良好的阅读习惯。

同时，学校积极组织开展了丰富多彩的读书活动。如"我和经典有个约会"演讲活动中，学生或品读鲁迅、张爱玲、沈从文，或讨论"功盖三分国，名成八阵图""我的整个生命和全部精力，都献给了世界上最壮丽的事业——为人类的解放而斗争"等名句，演讲之后还有评论环节，其他学生讨论演讲者的演讲优缺点。这一品一论之间，学生之间的交流增多了，学生的视野开拓了，课外知识丰富了。别致的活动内容，新颖的活动形式，提高了学生的积极性。又如经典诗词大赛，由学校语文组教师担任评委，各专业部组成参赛队，大赛以先秦至明清时期的古典诗、词、赋、曲以及优秀散文为基本内容，设有观众背诵、方阵接龙背诵、点将背诵、抢答背诵、挑战背诵等环节。学生或吟或诵，或"把酒问青天"，试问"明月几时有"，或低回咏叹"月上柳梢头，人约黄昏后"，气氛热烈，高潮迭起。师生共享诗歌盛宴，齐聚古典狂欢节。

理想让全校师生充满力量，共建充满活力的文化校园。

二、信念篇

每次看到刚入校的学生，我们都有种感觉，很多孩子的头是低着的。谈起为什么低着头，学生们情绪低落，"老师从来没有表扬过我""我妈说我没用""我中考没有考好，上不了高中"，他们感觉生活没有希望。这样的现象

几乎每年都在发生，职业学校的学生存在不同程度的自卑心理。相当多的职校学生是低着头进入学校的，如何采用有效的教育方法和手段，帮助这些长期生活在挫折与失败阴影中的学生重新拥有胜利信念，走上成人、成才的道路，是职业教育最需要解决的现实难题。面对这一难题，学校想过很多办法，但收效不大。这时，一个现象引起了学校的注意。每年到了推荐实习阶段，学生们都要制作简历。每到这个时候，获得过"奖学金""三创学生""优秀学生干部"的学生就很高兴，奖状一大沓，而有些学生则很难过，几乎没有什么奖状可以放在简历中。学校领导在思考：路子能不能变一变，如何引导学生体验成功？

每一个学生都是"三创学生""优秀学生干部"，这显然不可能，引导学生体验成功的载体显然要更广泛些，更易于学生参与些。"这个载体到底该是什么"这个问题困扰了我们好久。不久，教育部职成司的《关于组织全国中等职业学校开展"文明风采"竞赛活动的通知》引起了学校领导的注意，其中"职业生涯规划"设计比赛的目的是通过组织学生参加职业生涯设计活动，开展职业生涯规划比赛，使学生强化职业意识、职业理想、职业道德，引导学生树立"成功者"的心态，产生提高自身素质的动力。学校领导对此大为赞赏，因为对大部分学生来说，就是校级比赛也难有机会参赛，更别说国家级的比赛了，参加国家级的比赛本身就是一种成功。况且比赛项目还能引导学生设计职业规划，树立"成功者"的心态，为将来的成功打下基础。这个活动正是我们寻找的理想载体。

学校决定组织学生参赛，可没想到，学生和老师对于这个决定都不怎么热心，好长时间都没什么动静。学校领导找来学生和老师一探究竟。学生们一副畏难表情："国家级的比赛，我哪行呀！""我不行，写了也白写，白花工夫！""从小我就没赢过比赛，我去参加不是出丑吗？"老师们一副不以为然的神情："这些学生哪成呀，写出来的东西都不能看。""这是国家级比赛，我们可别白花工夫！""我都没参加过国家级比赛，学生哪成啊！"老师们似乎都认为学校不切实际，好高骛远，我们却不甘心，这么好的机会绝不能就这样眼睁睁地放弃。但我们也知道，如果运用学校行政命令去强行推行，压着老师和学生去做是可以，但是强扭的瓜不甜，这项活动的效果将大打折扣。校领导认为，只有把事实摆在学生面前，用事实证明此事可行，才是最好的方法。学校向全校学生介绍了这项比赛，并进行了动员工作。一番宣传后，有五位学生表示愿意试试，人数虽然不多，但总算是一个好的开始。学校几个德育干部分工对学生进行一对一全程辅导，从引导学生分析自身条件、确定职业目标、规划发展阶段、制订实现措施这四个步骤入手，使学生从职业的角度了解自己、了解社会，遵循所学专业对应职业群的发展规律和变化趋势，实事求是地确定目标、落实措施。学生们的语言组织表达能力还真需要加强，几个作品都是我们指导学生修改了好几遍，持续了两个多月才算完工。看着学生们虽然带着几分幼稚，但经过认真思考的作品，我们很欣慰。学生们第一次对未来有了思考，也因为有了思考而充满信心。我们想，就算是最后没能获奖也是值得的，学生们不是向着成功迈出了坚实的一步吗？苍天不负有心人，几个月后喜讯传来，三位同学获得全国二等奖，两位同学获得全国三等奖，参赛学生全部获奖。这消息一下子在学校里炸了锅。"我们也能在全国获奖，不是做梦吧！"几位参赛学生对这个结果都有些不敢相信，更别提其他学生了。这几位学生的精神状态一下就不一样了，因为获得全国奖项给他们带来的是一种"我可以，我能行"的肯定，他们学习、做事越来越有自信，好像变了个人似的，重新拥有了胜利的信心。

有了这个生动的例子，老师学生参赛的热情一下子被激发了，毕竟谁都渴望成功，谁都渴望获得肯定，谁都渴望拥有自信。从 2004 年至 2010 年，全国"文明风采"大赛先后举办了 7 届，由原先教育部职成司主办发展到由教育部、中央文明办、共青团中央、中华职业教育社四部门联合主办，由首届的三个项目发展到如今的五类十个项目，影响面越来越大。与此相应，我校的"文明风采"参赛工作也与时俱进，从指导教师的单打独奏到成立专门的参赛委员会；从首届的 5 篇参赛作品发展到如今的 400 多篇参赛作品，从最初的只有 5 篇作品获奖到现在累计有全国等次的 105 个一等奖、159 个二等奖、151 个三等奖及几百个江苏省一、二、三等奖；学校也从默默无闻到连续六年获全国优秀组织奖，2008 年还获得组织工作特等奖，姜峻校长作为参赛学校突出代表在全国表彰会议上发言，这在全国也不多。但学校更看重的是，学生通过参加比赛重新树立了获胜的信念，燃起了久违的奋斗热情。

"文明风采"大赛培养学生的文明礼仪素养，使学生树立良好的行为

学生在"文明风采"颁奖大会上

习惯，让学生享受过程、重拾信念、走向成功。正如第七届"文明风采"大赛 flash 项目获奖者王晓千同学所说："我在 flash 项目中虽然只获得省三等奖，但仍然非常高兴。因为通过参赛，我对计算机绘图技术有了更深入了解，激发了专业学习热情，奠定了一定的技能基础，从而在 2010 年南京市计算机技能比赛中获得一等奖。参赛的过程就是在为更大的成功做准备。"

信念让每位师生充满力量，共建团结向上的和谐校园。

三、责任篇

南京郎驰集团人力资源部江主任说："你们学校学生的吃苦精神还有待加强。我们汽修行业待遇特点就是前低后高，刚刚上岗要跟着师傅学，没有工时费，待遇自然低。等到可以单干了，越熟练工时越多，待遇就自然提高了。这个过程一般需要两到三年。你们学生有的不能咬牙坚持两到三年，缺乏一种吃苦的精神。"南京金鹰国际购物中心人事部陈主任说："你们的学生有时会把自己的情绪带到工作中，不能时时刻刻以微笑面对顾客。"

这些反馈促使学校德育工作者反思：学生学习技能固然重要，但更重要的是成为一个有责任的人。康德说过："每一个在道德上有价值的人，都要有所承担，不负任何责任的东西，不是人而是物件。"人和物件最本质的区别就是是否具有责任心。

要想让学生成为有责任心的人，全体教师要先成为有责任心的人，起到引领的作用。教育是一个培养人的系统工程。随着社会的进步和人们受教育程度的提高，"以人为本"的教育理念在不断得到落实，但由于影响教育的因素十分复杂，育人工作依然任重而道远。如教师观念上存在一定的误区，尽管总是说"人人都是德育工作者"，却又无意中把育人的责任封闭在"德育校长——德育主任——班主任"这样一个狭小的圈子里，而其他的教师都游离于这个组织之外。针对这种情况，学校积极推进全员育人模式，让每位教职员工都担负起自身的责任，成为一位有责任的人。首先，课堂不仅是传授知识的地方、更是德育主阵地，每个教师必须坚守自己的岗位。教师在课堂上不仅仅要进行教学，更要进行管理。教师对学生在课堂上的不当举动必须当场指出、当场制止，并视其情况进行相关教育。教师教学技能再强，如果主动放弃育人的职责就是不称职，这是学校教师们的共识。其次，教师们都积极参与学校日常活动，发挥言传身教的作用。在每天的课间活动时间，操场上不仅仅有学生的身影，教师也参与各项活动，师生一同做广播操。这项工作在开展时确实有些难度，如有些教师课间需要做上课准备、有些教师年纪大了做操有困难等，但学校领导认为困难可以克服，这个教育平台不能放弃。学生的广播操动作比较快，教师跟不上没关系，学校就请体育组教师根据节奏重编一套教师广播操，同一种节奏两种做法。教师积极性不高没关系，学校领导就每天参与课间活动，起好带头作用。很多次正巧遇上验收、汇报等活动，学校领导都提议暂停会议，邀请参会领导一起做操，享受和学生一起活动的乐趣。再次，学校积极鼓励教师发挥自身特长，承担更多的责任，做好表率。如语文组教师擅长语言文字工作，在学生各类征文活动中就应当承担指导工作；艺术组教师颇有艺术功底，在学生文艺会演时就应当从事组织排练工作；德育组教师理论知识扎实，在党的知识宣传工作上就应充当讲解员；专业技术组教师动手能力强，在学生创新大赛的作品制作上就应当充当导师等。学校的各种工作的完成既需要全体教师的辛勤努力，更需要教师发挥自身特长。最后，推行首遇责任制——所有教职员工都是首遇责任人。所有教师在校内外遇到学生权益受侵犯需要帮助或学生违纪需要制止的情况时，都有责任及时处理，不能处理的要及时上报。就是谁发现，谁教育；谁发现，谁处理；谁发现，谁负责；谁发现，谁报告。这项制度制订容易，执行起来有难度。这是一项发展性工作，需要不断推进。

要想让学生成为有责任心的人，更需要学校尽可能多地为学生提供感受责任、践行责任的机会。教育是知、情、意、行的过程，学生不能只停留在道德认识上，更要在实践中体验。学校围绕"责任教育"打造了多个工程，让学生在活动中获得教育。如以身心健康为立足点，强化健康责任意识的"阳光工

学生在举办爱心义卖活动

程"；以树立形象为立足点，强化形象责任意识的"靓丽工程"；以明理知恩为立足点，强化家庭责任意识的"感恩工程"；以爱岗敬业为立足点，强化职业责任意识的"敬业工程"；以爱校爱国为立足点，强化民族责任意识的"忠心工程"；以氛围熏陶为立足点，强化环境责任意识的"美化工程"。在这些活动中，学生养成自尊、自爱、自强、自重、自立的品行，学会对自己负责，对家庭负责，对集体负责，对社会负责。学校毕业生范伟的成功就离不开"责任"二字。毕业后创办装饰设计公司的范伟，有次接到了一项制作

10 张效果图的业务，期限为四天。在洽谈业务时，他没仔细看要求，等到绘制时才发现这几张效果图非常复杂，难度很大。四天时间过去了，他勉强完成了任务，但感觉没做好，他觉得要对顾客负责，不能草草了事。于是他带着效果图找到了客户，向客户道歉，且说明此次效果图分文不收，只请客户再给他三天时间，让他的公司重新制作。客户看他态度诚恳，于是答应让他再试一下。经过三天的努力，他的公司终于重新制作出 10 张高质量的效果图。看到效果图后，客户非常满意，非要给范伟一万元酬劳，被范伟谢绝后把更多的工作交予范伟完成，范伟的公司也借此发展起来。

责任让每位师生充满力量，共建和谐美丽的校园。

四、意志篇

有位学生迷上了网络游戏，多次旷课去网吧。家长和老师都进行了教育，学生也当面认了错，明白了痴迷网络游戏的危害。可是，他就是控制不住自己，总想去玩一会儿，哪怕只有十分钟。"老师，我该怎么办？"他这样问。

"这个单位离我家太远了，回家不方便"，"这个企业轮休，周六周日不休息"，"这个公司忙得要死，我受不了"，每年实习推荐时，总有那么一些学生提出各种理由换单位，这部分学生即使到了理想的单位实习后，最终被单位留用的也往往不多。

很明显，这些学生面对困难缺乏一种迎难而上的品质，缺乏一种坚持到底的精神。"世上无难事，只怕有心人""只要功夫深，铁杵磨成针"，这些道理学生都懂，可是做到的并不多。我们想在学校的教育中突出意志教育，让每位学生在活动中锤炼自己。意志教育并不同于一般教育，它是一个渐进性的教育，需要具备长效性，参与的广泛性，易行性等特性。大家集思广益后，觉得可在午餐时间段做文章。2010 年，学校决定改良相关形式，扬长避短，全力打造"午间静校"品牌活动，将"午间静校"活动和意志教育结合起来，以"午间静校"为切入口，以活动促行，以活动冶情，推进意志教育。

"午间静校"活动的核心内容为学生统一就餐和统一午休：统一就餐时间为 12 点至 12 点 30 分，班级安排值日生领取全班的饭盒，进行分发，随后全班统一就餐，学生在整个过程中要保持安静。学生统一就餐时要做到"四统一"：就餐品种统一、就餐时间统一、就餐方式统一、就餐纪律统一；

统一午休时间为下午 1 点至下午 1 点 20 分，各班学生回到各自教室，统一在各自座位上进行午休。

"罗马不是一天就建立起来的"，要想达到教育效果，必须重视每一个教育环节。对于"午间静校"活动，首先是制订规范，统一要求。没有规范也就没有标准，没有标准，教育工作就只能各吹各的号，各唱各的调，形不成合力。在实地调研、科学试验的基础上，学校制订了一系列规范。规范主要包话：一是"音乐指挥无口号"，即学生统一就餐和统一午休均由音乐变换进行调控，做到一切听音乐指挥；二是"建制保持全程在"，即学生在教室就餐及午休均保持班级建制，全程全体参与；三是"安静进行纪律守"，即学生在活动中要保持安静，一切按照规范来，遵守纪律；四是"天天到位坚持久"，此项活动进行一天两天容易，长久开展确实有难度，但是越有难度越要坚持。其次是宣传到位，培训全面。只有了解"为什么"，才会思考"怎么做"，才能知道"做什么"。学校对学生们说："一个合格的职业人，不仅需要知识，需要技能，更需要一种意志。参与活动，就是一种锻炼。"学校对家长说："学校的目的不是赚钱，而是为了把教育渗透到活动中，培养学生更好适应社会要求的能力。"学校又对教师说："不要认为这就是简单地吃个

学生在午间集体午休

午饭，要把它作为教育学生的平台。出现浪费情况怎么办？出现不愿就餐的情况怎么办？就看你怎么挖掘有利因素，达成教育目的。"再次是量化管理，竞争激励。"员工不会做你认为重要的事，只会做你检查的事"这个管理观点，在学校也同样适用。量化的目的不是以分数定高下，而是为更好地帮助各班级发现差距，迎头赶上。学校组成校领导、中层干部、教师的评分组，对全校活动进行检阅评分，充分调动了各班的积极性，培养了学生的集体荣誉感，有效促进了活动质量的提高。评分计入班级综合考核中，这使得各班级对活动非常重视。

在"午间静校"活动中，学校坚持突出三个特性：一是全员性。"在活动中育人"并不只是一句口号，这项活动不仅仅学生参加，班主任参加，校领导、校中层干部、食堂人员都要参加，身体力行，给学生做出榜样。二是规范性。无规矩，不成方圆，做任何事情都需要讲究规范。活动让学生体会

到规范的重要性，把遵守规范的好习惯带入职场。三是整体性。一个人做得好固然不错，但是，只有一个班、一个专业部乃至一个学校都做得好才是真的好。

"午间静校"活动开展以来，取得了很多成果。如学生的午餐变得品种多样，营养丰富。学生的午间休息得到保证，紧张的学习压力得到缓解，从而使他们有更多的精力投入学习中。学生的积极性、自觉性、集体荣誉感和竞争协作意识明显增强。学生上课专心、活动有序、集会安静、听从指挥、文明有礼，并渐渐形成习惯，家长及社会对学校的美誉度不断提升。但学校最为看重的是学生的意志得到了锤炼，"轻易不言败"等渐渐成为学生们的座右铭。

2011 年冬天，学校领导接到一个企业老总的电话："谢谢学校给我们企业送来的好员工。"原来学校的一位实习学生在大雪封路、交通不便的情况下，凌晨 3 点就步行出发，深一脚浅一脚步行四个多小时，赶在了 8 点上班前来到了单位，和往常一样准时工作。这和企业里的一部分正式员工迟到、请假形成鲜明对比，难怪企业老总赞不绝口。这也许就是意志的魔力吧，这让我们倍感欣慰。

意志让每位师生充满力量，共建和谐美丽的校园。

理想、信念、责任、意志等品质就像一团火，在师生心中燃烧，使师生充满力量，共同打造第一流的职业名校。

反思拓展

学校坚持"德育为首"的办学理念，不断发展丰富以"理想、信念、责任、意志"为核心的校园文化内涵，从学生的实际出发，从学生的需要出发，从学生的发展出发，实施特色德育，创新德育机制，拓展德育途径，规范德育评价，培育"三创"新人，开创职校德育工作的新局面。

一、创新德育管理机制，构建德育管理网络

学校一贯重视德育管理队伍的建设，以抓学习提高干部的思想觉悟、理论水平和管理能力；以抓考核促进干部勤奋向上，廉洁自律。学校努力创造促进干部成长的氛围，有力地调动了中层干部提升自我管理水平和能力的积极性。2009 年以来，学校推进了二级管理体制，管理工作重心下移，学生处

做好服务、指导、督促等工作，通过双周德育主任例会统筹、协调各项德育工作，做到思想统一、行动统一、管理统一、目标统一，为各专业部开展德育活动做好服务和指导工作。专业部细致落实学校精神，勇于创新，发挥能动性，逐渐完善管理制度，通过德育工作例会、值勤护导例会、班主任例会、班长例会等一系列的例会制度以及具有专业特色的主题活动，真正做到全员育人、全面育人、全程育人。

目前学校已经构建成由德育干部、班主任、任课教师、学生干部等组成的发散德育管理网络，通过目标分解、机制创新，实现了德育管理的科学化、网络化和系统化，为系统、有效地推进全校德育工作和整体育人目标的实现提供了组织保障。

二、创新德育管理制度，推进德育评价机制

德育是一项复杂的系统工程，要把德育工作落到实处，就必须与时俱进，推陈出新，建立健全德育管理的各项规章制度，构建一个全员参与、全程管理、全面渗透的德育工作新格局。为此，学校除了完善《金陵中专学生手册》之外，还相继出台了《学生工作处岗位职责》《金陵职教中心班主任岗位职责》《学生宿舍管理人员工作职责》等，并将责任明确到人。

学校树立全员育人的理念，实施"首遇责任制"，摒弃了"德育是学生管理部门的事，教育学生是班主任的事"的狭隘思想。学校用"请进来""走出去"的方法，让班级德育活动课成为全员育人的阵地，要求任课教师参与班级德育活动，使其有更多机会与学生交流，了解班级德育工作的情况，把思想道德教育融入学生专业学

教学楼文化布置

习中、渗透到教学、实习和社会实践的各个环节。

在实施德育管理的过程中，构建科学合理的考核评价机制是整个德育管理的关键，关系德育全局的成败，包括对学校管理队伍、德育管理主体（学生）以及整个德育管理体系的评价。学校采取了学校考核和专业部考核相结合的办法，先后出台了《金陵中专班主任工作考核和津贴发放办法》《金陵中专优秀班主任评选办法》《金陵中专优秀班集体评选办法》《金陵中专规范

化宿舍评比标准》等。

各专业部加强了对班级的常规检查和巡视力度，每周检查巡视各班学生的仪容仪表、考勤情况，早自习情况，班级德育活动课情况等，及时把检查情况反馈给班主任，督促学生进行整改。

学校注重健全学生管理制度，通过班主任例会、班长例会、心理委员例会、安全委员例会、学生干部例会及班主任培训等加强德育队伍建设，定期对德育常规工作进行检查评比，每月有卫生流动红旗、广播操流动红旗、文明礼仪流动红旗的评比，学年有优秀班集体和"三创"优秀学生、优秀学生干部及"班级之星"的评比。

三、创新德育管理途径，实施德育特色内容

学校针对职校学生的身心发展特点，不断探索新形势下加强和改进未成年人思想道德建设的新方法、新途径，在创新上做文章，在实效上下工夫，努力形成以理想、信念、责任、意志为核心理念的特色德育体系，努力开创职校德育工作新局面。

（一）创新特色活动，打造职场化校园

（1）入门教育——认识职业，懂得专业，规划人生。新生入学后，每个专业部根据专业特点，对学生进行专业入门教育：引导学生了解所从事职业的过去、现在和未来，了解该行业所需要人员的社会素质、技能素质，亲身感受企业的现状、员工的现状和规章制度，进行职业生涯规划。

（2）文明风采——育人为本，赛育结合，重树信心。学校积极组织学生参加全国中等职业学校"文明风采"竞赛，把参加"文明风采"竞赛作为学校德育工作考核的重要组成部分。多年来，我校近千名学生获得"文明风采"竞赛的各类奖项，近百名获"文明风采"竞赛全国一等奖。这些中考失利的学生，通过自己的努力，也能获得全国比赛大奖，他们重新找回了自信，激发了内在的潜能。"文明风采"竞赛对培养中职生"成功者"的心态，提高自身素质，拓展专业技能发挥了极其重要的作用。

（3）近几年学校有计划、有系统地开展"读名书、赏名画、吟名诗、唱名歌、交名人""五名"工程系列活动，引导学生广泛接触健康有益、和谐向上的优秀文化。

（4）创业实践，使学生学以致用。学校整合专业资源，开辟出专门场地，对学生进行公开"招标"，专业部安排专门教师对"中标"学生进行创

业指导，让有创业条件和创业潜能的学生先进行实践，积累经验，逐步深化创业教育。目前学校有金职影视工作室、金宝通汽车服务中心等学生创业实践经济实体。

（二）投入真情实感，营造充满爱的校园氛围

（1）珍惜生命，关爱自己。学校编纂的《生命礼赞》被评为江苏省十佳德育校本教材。通过学习，学生认识到生命的意义，明了生命的责任，懂得珍惜生命。此外，学校积极开展感恩教育，使学生立志成才，报效祖国。

（2）阳光助学，关爱他人。爱心助学活动是校团委的一项重要工作。每年，学校通过开展校园爱心义卖活动，筹集爱心资金，并将资金全部用于校内勤工助学岗；学生处、教务处认真落实中职生助学金发放工作和高职生国家励志奖学金、国家助学金工作；学校也积极联系企业，使企业加大资助学生的力度。与此同时，学校加强对贫困学生的思想教育，组建"志愿者服务队"，让受助学生参加学校的义务劳动，在活动中学会感恩。

（三）注重养成教育，打造富有文化魅力的校园

（1）严抓常规教育，注重养成教育。学校注重学生日常行为习惯的养成教育，致力于帮助学生提升个人整体素养。学校在假期召开教育教学研讨会，全体教师群策群力，商议下一个阶段的德育着力点。全校教师齐心协力，上下齐抓共管，形成合力，较快达到了预期目标。例如，学校以"阳光健身"活动为抓手，通过强化早操管理培养学生的组织纪律性、集体荣誉感。在此基础上，学校又提出午间静校和集中就餐的要求，进一步培养学生的纪律性和集体意识。

（2）创设德育活动课，注重教育实效。学校在加强和改进学校层面的德育工作的同时，注重班级层面的德育工作。除班会课外，各班每周还有一节德育活动课。学校遵循贴近实际、贴近生活、贴近学生的德育工作原则，不断修改完善德育活动课体系，从学生的实际出发，分阶段实施，确立了每个学期的德育活动内容。班级德育活动课以班主任为主导，以学生为主体，也可邀请任课教师、企业人士和家长共同参与。这种德育方式受到学生的欢迎，并获得较好的教育效果。

（3）常抓不懈法纪安全教育。学校多途径、多渠道开展法纪安全教育，增强学生的法律意识。每周三班级进行"法制早自习"，每周五全校进行"每周说法"。学校每学期定期帮教后进学生，举办受处分学生"学法培训

班"，定期邀请法制副校长、警官到校举办法制讲座。此外，学校还每年进行消防灭火和疏散演练。

四、反思

（一）德育工作需注重实效

学校一直都要求学生爱党、爱国，可很多学生连感谢父母都不知道，又如何能真正把家乡、祖国放在心中。针对这一现状，学校的德育工作从具体的生活细节入手，落实在让学生平时和同学、老师见面问好，在吃饭时给父母亲手盛碗饭，在节假日帮助社区做些力所能及工作，走上街头帮助清洁环境等方面。如果不重视德育工作的实效，不把德育工作细化，我们的德育工作就避免不了"一讲就通，一做就空"。

（二）德育工作需全员参与

对于学校来说，德育工作就应该是全体教职工的事；对于整个社会来说，德育工作就应该是政府、家庭、学校的事。从某种意义上来说，学校德育工作的成功有赖于全体教师的参与，学生处、专业部、班主任、任课教师要各有分工，目标明确，一致向前。学校还充分利用社会、家长各方面的教育资源，形成教育合力，最终取得显著的德育成果。

水无定势，教无定法。在新形势下，学校必须本着"一切为了学生，为了一切学生"的教育理念，积极探索新的育人思想，大胆创新，勇于实践，不断提高德育工作的实效，全面提升学生的综合素养，为社会培养合格的劳动者。

专家点评

坐落在风景秀丽的钟山脚下的南京金陵中等专业学校形成了颇具职教特色的校园文化。

校园文化的核心是理想、信念、责任、意志。这四个词很常见，是众多德育工作者常挂在嘴边的八个字，而该校却赋予这八个字鲜明的职教德育特色。

点燃熄灭的理想之灯无疑是职教德育工作者的神圣职责。金陵同仁从学生最初的朴素追求中挖掘教育资源。他们通过专业入门课让学生了解所学专业对应的职业，了解从业者应具备的职业素养，感受企业的规章制度，明白"我以后能去哪里""我以后能做什么""我的榜样是谁"，并做好职业生涯规划；通过建立学校、专业、班级三级阅读体系，拉近书籍和学生的距离；通过开展"读名书、赏名画、吟名诗、唱名歌、交名人"为核心的"书香校园"活动，引导学生在赏画、品读、吟诗、演讲、唱歌、跳舞、手工等活动中陶冶情操，升华理想。

让"低着头"走进职校的学生昂首挺胸地走向社会，是职校德育最现实、最需要解决的问题。金陵同仁为让学生体验成功，组织了许多贴近学生的比赛，让每一个学生都有展现自己的机会。金陵中专从 2004 年参加第一届全国中等职业学校"文明风采"竞赛开始至今，连年获得优秀组织奖，已有上千名学生在这个"重在参与、重在过程、重在激励"的竞赛中获奖，成功的信念让每位师生充满力量。

责任心是职业素养的重要内涵，在职校德育过程中必须充分重视。为了推进全员育人，让每位教职员工都尽职尽责，成为学生的表率，学校不但让全体干部、教师与学生一起做操、跑步，从身边"小事"做起，而且推行了首遇责任制。强调责任心的校园文化，已通过毕业生得到了用人单位的肯定。

缺乏坚持到底的意志，是影响职校生成才的重要因素。金陵同仁从学生在校内和在用人单位试用的表现中发现了问题。学校利用午休开展规范就餐和统一午休的"午间静校"活动，磨炼学生的意志。

因为来自于学生实际，着眼于学生发展，扎根于"人心"，所以学校的德育工作才能攀登高峰，才能让健康的心灵之花满园盛开、鲜艳夺目。

（点评：蒋乃平　杜爱玲）

提升德育理念，创新育人方略
——福建化工学校

名校／名校长简介

庄铭星，男，1964 年生，硕士研究生，中共党员，现任福建化工学校校长兼党委书记，高级讲师，厦门市集美区人大代表，全国化工职教学会中职经济管理教学委员会主任，中国职教学会体育与健康研究会副主任，福建省职教学会化工环保教学委员会理事长，福建省职教学会德育教学委员会副理事长，福建省国家级重点中专评估专家，福建省中职学校高级职称评审委员会专家，厦门市名师讲学团成员等。

庄铭星同志从事 20 多年的职业教育与管理，积累了较为丰富的经验，在国家级刊物上发表论文 20 多篇，主编出版《做人，做事，成才，发展》等多本书籍，开展的全国教育科学"十五"重点课题《以就业为导向职业教育课程和教材改革的研究与实践》的子课题《中等职业学校德育教学改革的研究》获评中国职业技术教育学会二等奖，经常接受邀请到省内外作专题报告，曾公派到欧洲和澳大利亚学习培训。他获得的主要荣誉有：全国德育工作先进个人、中国化工职业院校优秀校长、福建省首届职业院校优秀校长、福建省未成年人保护工作先进个人、厦门市五一劳动奖章获得者、厦门市教育系统突出贡献奖、厦门市优秀教育工作者等。

在庄校长的领导下，学校的德育工作创新思路，创建新的改革方案，确立新的落实途径，形成"三维生态德育系统"，促进企业文化与校园文化的有机融合，在"一个战略，两个基本，三个坚持，四个结合，五个工程，六个育人"的德育体系中推进各项工作，提升学生的综合素质。

核心管理思想

福建化工学校是具有五十多年办学历史的首批国家中等职业教育改革发展示范学校、国家级重点中专。庄铭星校长结合学校的实际情况，以科学发展观为指导，坚持"育人为本，德育为先"，创造性地提出了许多先进的办学理念，如"建特色校，创示范校，办品牌校"的办学目标，"励志，诚信，勤朴，创新"的校训，"一年成人，两年成型，三年成才"的培养理念，"因材施教，充实基础，强化专业，重视实际，培养能力，激励创新，以展个性，讲究综合，提高素质"的教学目标等，使育人工作取得可喜的成绩。

（1）创新德育工作思路。学校努力改革培养模式，实施"一个战略，两个基本，三个坚持，四个结合，五个工程，六个育人"的德育工作体系。"一个战略"就是全员德育战略；"两个基本"就是抓学生的基本素质培养和文明建设；"三个坚持"就是坚持从学生实际出发，坚持主动引导，坚持以正面教育、积极鼓励为主；"四个结合"就是结合入学教育，结合专业培

学生获得 2009 年全国
技能大赛单片机项目一等奖

养，结合活动载体，结合就业需要；"五个工程"就是班主任例会工程、日常班会工程、主题活动工程、升旗仪式工程、早操工程；"六个育人"就是管理育人、教书育人、服务育人、环境育人、技能育人、文化育人。

（2）创建德育改革方案。为全面落实提高学生的综合素质的任务，教学计划增加了德育模块，突出、强化德育实训课；引入学分制，建立重修制度，从粗放、定性的教育管理模式变为规范、定量的教育管理模式，提升德育工作与学生管理的层次；利用校园网络，建立学生德育实训课程数字平台，班主任可根据情况及时对学生进行鼓励或批评教育。

（3）确立德育途径。确立爱国、爱校和爱他人的"三爱教育"，加强爱国主义教育、思想道德教育、法制安全教育和心理健康教育等，把社会主义荣辱观教育，学生文明行为习惯的养成教育，安全、纪律、法制教育和心理健康教育始终贯穿于学校德育工作和常规管理的全过程。坚持"每周五个一"工程，即每周召开一次的全体班主任工作例会、每周一的升旗仪式、每周一次的班级会议、每周一次的校领导国旗下讲话、每周一次的主题班团会。

（4）创设"三维生态德育系统"。创建学校、家庭、社会三位一体的"三维生态德育系统"，实现德育资源的互动。积极开展"三项主题活动"，班主任、职能部门与家长建立长效联系机制，实行家访制度，邀请走读生家长参加"家校互动会"，搭建家校沟通的平台，为家长提供丰富完整的家教知识，使他们切实提高教育能力，共同教育好学生。

（5）推进企业文化与校园文化的有机融合。建设校园企业文化走廊、班级企业文化一角以及教室企业文化场景等，使学生能尽快地熟悉职场。开展丰富多彩的活动，每学年举办一次文化艺术节、技能节、就业节、新生才华展示节、校园运动节等，鼓励学生全员参加。

实践应用

《国家中长期教育改革和发展规划纲要（2010—2020）》指出："坚持德育为先，立德树人，把社会主义核心价值体系融入国民教育全过程。……创新德育形式，丰富德育内容，不断提高德育工作的吸引力和感染力，增强德育工作的针对性和实效性。"职业教育要努力培养、造就数以亿计的高素质劳动者，使我国从人力资源大国向人力资源强国迈进，必须深入探索职业教育的德育工作，创新育人管理方略。

韩愈《师说》云："师者，所以传道受业解惑也。"传道是教学生学做人，授业是教学生学本事，解惑是教学生学生存，解惑尤为重要。在当前竞争激烈的时代，中等职业学校学生面临的问题比以往任何时候都多。因此，教育工作者必须以创新的意识来研究、探讨学校的德育工作，使培养的学生达到专业合格、身体合格、心理合格、品德合格，这样才无愧于教师这个光辉和神圣的职业，无愧于国家、社会、家长对我们的重托。

一、拓展思路，深化"三爱"教育

《中等职业教育改革创新行动计划》指出，要"遵循中等职业学校学生身心发展的特点和规律，拓展德育途径，丰富德育内容，创新德育载体，改进德育工作的方式、方法，增强德育工作的针对性、实效性、时代性和吸引力"。要使德育工作的开展符合现代职业教育的要求，以实现推动经济发展、促进就业、改善民生、

校园文化活动展现爱校教育

推动社会进步的目标，领导重视是德育工作得以开展的基础，拓展思路是德育工作取得实效的保障。学校高度重视德育工作，坚持认真谋划、集思广益、开拓创新、深入实践，确定"育人为本，德育为先，创新理念，文化先导，立足校情，注重实效"的原则，寓德育于具体的工作中，为技能型人才的培养提供良好的育人环境。

在课题《中等职业学校德育教学改革的研究》的研究中，学校分别从学生的基本道德观念、社会道德观念等方面调查学生的道德法纪素质，结果显示：在基本道德观念方面，绝大多数学生有着统一的、符合社会规范的道德观念，如对父母养育之恩的感激、对教师育人工作的尊重、对与人为善的交往原则及乐于助人的精神的认同，与我们社会的主流道德品质相吻合，体现了中职学生的风采。在社会道德方面，学生则更多地体现出个体间的差异，如在集体荣誉与个人利益冲突时的选择上，只有不到半数的学生愿意牺牲个人利益，而更多人选择考虑是否值得放弃或者不愿放弃个人利益；看到身边的同学乱扔垃圾时，只有不到三成的学生会进行制止，而约七成的同学选择自己捡起垃圾放入垃圾箱；对于在公交车上遇到老、弱、病、残，约六成学生会主动让座，其余学生则选择观望或者干脆假装没看见。我们通过研究得到启示：中职学校德育改革的重点可以放在如何帮助学生形成良好的社会道德观念上，既能帮助学生培养良好的日常习惯，在某种程度上又能减轻管理压力，并为学生将来走上工作岗位奠定坚实的基础。因此，我们尝试将"三爱教育"融入日常的德育实践中。

（1）爱国教育。"八荣八耻"思想为青少年思想道德建设树立了新标杆，

对青少年树立正确的价值观提出了具体要求。学校德育工作在贯彻"八荣八耻"思想的过程中，应注重"细节"，突现"三贴近原则"，将"八荣八耻"落实在学生的日常生活、学习中。热爱祖国是一个人的基本情操，是一种精神，而要培养学生的爱国情感，就应该使学生的爱国之情落实到日常行为规范和礼仪常规中去。90后的学生，成长于经济发展、国泰民安的时期，对于国家的繁荣富强、和谐稳定来之不易的认识可能比较淡泊，因此，在经济全球化、信息化时代，加强爱国主义教育显得尤为重要。福建化工学校依据《爱国主义教育实施纲要》的要求，结合中职学生的特点，立足学校的实际，把"三爱"教育的基本内容和要求渗透到学校的教育教学之中，使之进教材、进课堂、进头脑，突出改革开放以来经济、社会发展的新成就，借助校园文化建设载体，以形象、直观和生动的内容，使教育活动与爱国主义教育有机融合在一起。

周秋萍是福建化工学校2003级计算机专业的学生，2006年毕业后当了兵并考上廊坊武警指挥学院，现为四川武警某师一级士官。汶川地震发生后，身体并不强壮的周秋萍深知军人的责任与义务，和战友们一起徒步行军百公里，率先进入汶川抢险阵地，成为首批进入震中的7名女兵之一，为抗震救灾奉献了青春和热血，先后获得全国妇联"三八红旗手"、全国抗震救灾英模等荣誉称号。我校在爱国主义教育活动中，善于运用这一优秀教育载体，利用50周年校庆之机，邀请周秋萍返校作专场事迹报告，亲身讲述抗震救灾中可歌可泣的故事，学生深受感动，增强了爱国主义情感。

（2）爱校教育。在爱校教育方面，应该着重强调爱惜学校的公共财物、遵守学校的规章制度、尊重老师的辛勤劳动、珍惜同学的深情厚谊、付出自己的艰辛努力、取得优异的学业成绩等方面。学校是每个学生学习、生活的地方，知识需要在这里积累，心智需要在这里开启，品德需要在这里修养，能力需要在这里提高，身体需要在这里锻炼，美好青春需要在这里度过，理想需要在这里实现。学校是学生人生道路上的重要驿站，学生们可以从这里获得跋涉的给养，这里也是学生们理想起航的重要港湾，学生可以从这里获得前行的力量。所以，每个学生都要热爱自己的学校。在长期的职业教育实践中，特别是十多年的校长管理工作中，庄铭星校长认识到，一个学生的成长，在国家和谐稳定的前提下，主要与"三个一"密切相关，即"一个好家庭，一所好学校，一位好老师"。因此为了培养学生的爱校热情，学校着重让学生了解校史、校风、校训等，让学生理解"思源"的精神实质，帮助学生对学校的发展历程、办学思想、办学定位及管理理念有个全新的认识，让学生分享学校在教育教学改革、硬软件建设、校园文化建设、社团及文艺活动、合作办学等方面所取得的骄人业绩，特别是为学生的成长创造各种有利条件，增强学生对学校的归属感、认同感和自豪感。

活动舞台展现爱校教育。毛泽东曾经对青年人说："世界是你们的，也是我们的，但是归根到底是你们的。你们朝气蓬勃，正在兴旺时期，好像早上八九点钟的太阳，希望寄托在你们身上。"确实，青年人朝气蓬勃，学校要为学生的成长开展丰富多彩的校园文体生活，通过健康、高雅的文体艺术去陶冶学生的情操。当今时代，学生受到多元文化的影响较深，我们必须经常开展活动，通过活动促进学生全面发展，促进学生社会化，促使学生在社会化过程中个性化，充分发挥学生的特长，激发学生热爱学校的热情。

几年来，学校开展了丰富多彩的文体活动，如歌手比赛、大合唱比赛、演讲比赛、象棋围棋比赛、舞蹈比赛、技能大赛、球赛等，同时还开办了文学、法律、交规、美育、心理健康等讲座，使文体活动与德育工作有机结合起来，相得益彰。2010年10月11日晚，随着彩光灯的亮起，一场别开生面的以"爱国、爱校、爱他人"为主题的"三爱"教育活动在学校礼堂拉开序幕。2010级的新生各展才艺，优雅的古筝弹奏，婀娜多姿的舞蹈，声情并茂的诵读等，将"爱国、爱校、爱他人"的"三爱"精神展现得淋漓尽致，学生或深情，或肃穆，以当代青年学生最独特的方式倾诉对国家、学校、朋友的挚爱之情。

（3）爱他人教育。中等职业学校的德育工作对于学校坚持正确的办学方向、培养高素质劳动者和技能人才具有重要的保障作用。职业教育培养的人将是未来产业工人的主体，职业学校学生的素质直接关系到我国劳动大军的素质，关系到经济与社会建设。要确保我们培养出来的人拥护党、拥护社会主义、热爱祖国、热爱人民，

学生在义务献血

不仅会做事，而且会做人，不仅具有安身立命、服务社会的本领，而且要具有乐于奉献的品德。当前学生中，独生子女居多，"以我为中心"的思想在其脑海里烙印较深。改革开放以来，学校已改变了闭门办学的状况，过去那

种"两耳不闻窗外事，一心攻读教科书"的观念已远远适应不了当代社会的要求，学会感恩、学会共处、学会助人已经是时代所需。学校通过广泛开展"学雷锋"等系列活动，鼓励广大学生身体力行，理解雷锋精神的内涵，用青春和热情、知识和行动践行雷锋精神。

职校德育必须坚持"方向性与时代性相结合的原则，贴近实际、贴近生活、贴近未成年人的原则，知与行相统一的原则，教育与管理相结合的原则，解决思想问题与解决实际问题相结合的原则"。这就要求我们在具体的工作中必须立足实际。在一次偶然的教学活动中，对于"雷锋是谁"的问题，学生回答得五花八门，准确率不到50%，这出乎我们的意料。因此，我们就构思必须要在校园里建设一个开展雷锋精神教育的平台。

在学校的校园文化建设中，我们用纯白色大理石制作了三尊名人塑像，其中之一是"为人民服务"的典范雷锋，并将其特别安放在中心花园里，并把花园取名为"雷锋园"，使学生进入园中后能够受到教育。塑像教育着福建化工学校的每一个学子，潜移默化地影响着他们，使他们触景生情，因美生爱，从而热爱学校，热爱家乡，热爱祖国，热爱他人。

风声雨声读书声声声入耳，家事国事天下事事事关心。当代的青年学生除了要学好专业知识外，更应该多关心国家、学校、班级以及身边的每个人，这样社会才会更和谐，国家才会更富强。福建化工学校深入开展"爱国、爱校、爱他人"为主题的"三爱"教育，深化校园文化的内涵建设，引导学生树立正确的价值观，着重培养其良好的行为，通过校园文化的构建，最大限度地激发学生的潜能。

二、创新思路，推进"成长"教育

《关于加强和改进中等职业学校学生思想道德教育的意见》提出要"以珍爱生命、健全人格教育为重点，开展安全教育、预防艾滋病教育、毒品预防教育、环境教育、廉洁教育等专题教育，引导中职学生树立安全意识、环境意识、效率意识、廉洁意识"的教育活动。中职学校的学生，大多在15—18岁，处在世界观、人生观、价值观形成的关键时期，他们有志向，有朝气，思想活跃，但也正处于青春期，逆反心理较强，分辨是非能力较弱，心理承受力偏低，易受外界干扰，难免有偏激的行为。学生的这些特点告诫我们，开展珍爱生命的教育非常重要，这也是建设和谐社会的要求所在。

马斯洛的"需要层次"理论告诉我们，安居乐业属于"生理需要"的范畴，没有解决好"生理需要"谈何"和谐"。和谐发展的人只有在和谐的校园里才能孕育出来。如果把和谐的校园比做一棵参天大树，那么优美和谐的环境就是这棵大树的根本，良好融洽的校园人际关系就是它的枝叶，而蕴涵丰富的校园文化就是它的灵魂所在。因此，近几年来，学校针对教育界长期提倡的"教书育人，管理育人，服务育人"观念，创新性地增加了"环境育人，技能育人，文化育人"的内容，并把它们应用于学校的管理工作中。经过实践的反复检验，"六育人"正显现出独特的效应，在新时代的高素质人才的培养过程中发挥重要的作用。

近朱者赤，近墨者黑。环境能够影响甚至改变一个人，对正在成长中的学生的作用尤其突出。优美的校园环境有着春风化雨、润物无声的作用。如诗如画的校园风光，整齐光洁的道路，美观科学的教室布置等无不给学生以巨大的精神力量，故我们着力营造绿化、净化、美化的校园人文环境。学校东面邻海，校园内花木繁茂，绿草成茵，鲜花四季绽放，特别是金秋季节，丹桂飘香，沁人心脾。

学校努力把校园建设成为"花园式学校"，实现校园的美化、亮化、净化、绿化和文化。教室窗外令人沉醉的绿意，远处的碧波荡漾的大海，不仅能给人以美的享受，也能给人以智慧的启迪，让学生跨进校园所见的一切都是美，身心愉悦，思想驰骋。诗云："山光悦鸟性，潭影空人心。"我国古代的书院大多依山傍水，就是为了借山光以悦人性，假湖水以静心情。

学生到企业学习企业文化

语言是人类进步的阶梯。语言是人类重要的交际工具，是社会成员相互联系的桥梁和纽带，是相互沟通和表达思想的工具。语言是教师传道、授业、解惑的主要工具，是教师向学生传达信息的主要工具。苏霍姆林斯基认为："教师的言语是一种什么也代替不了的影响学生心灵的工具。教育的艺术首先包括说话的艺术，同人交流的艺术。"教学艺术的本质不在于传授，而在于激励、唤醒和鼓舞，教师能否正确使用语言激励，唤醒和鼓舞学生，不仅影响教学效果，而且影响着学生的心理健康。

近几年，学校从学生的健康成长出发，致力构建语言文化，让语言来激励学生成长。一踏进福建化工学校的校园，首先映入你眼帘的是主大门内左侧草坪上用"黄心梅"种出的"$2H_2+O_2=2H_2O$"化学反应方程式，这蕴涵着"流水不腐，户枢不蠹"之意，表明化工学校是一所具有特色的学校，水的流动也使学校生机盎然。环绕校园，分布在每个角落的"文化石"都篆刻着不同的励志名言，让每一块石头都能说话。走廊也是发挥语言"文化育人"作用的一个阵地，在图书馆的走廊展示着《劝学篇》《师说》、学生的画作和教师的摄影作品等。实验室里挂着"以能力为本位，以就业为导向"等标语，教室的走廊上挂着励志的名言警句。研究表明：孩子语言的发展和个性的成长来自对周围生活环境中语言样本的模仿，他们说话的口气、语言组织方式等都受到模仿样本风格的影响。学校通过构建校园语言文化促进学生健康成长。

无声润物三春雨，有心护花二月风。时代要求我们培养的学生必须是"思想品德社会放心，行为习惯文明规范，文化基础力争优秀，能力结构确保合格，身心健康全面发展"的人。因此，重视创新工作，借助校园文化建设为师生创设一个优美的自然环境、舒适的生活环境、健康的心理环境和勤奋学习的环境，融思想道德教育于校园文化建设之中，有效地发挥校园文化的育人作用，是学校可持续发展的内在动力。

三、企业文化进校园

校园文化是社会主义和谐文化的重要组成部分，是学校精神、学校秩序、学校环境和学校形象的集中体现，具有重要的育人功能。职业教育与其他教育的明显的区别就在于其坚持"以服务为宗旨、以就业为目标"，为企业输送具有良好职业素养的技能型人才，这就要求职校校园文化建设必须与企业文化紧密结合，将现代企业的价值观念、企业精神、企业道德以及团体意识、竞争意识、效率意识等渗透到校园文化建设中，让工业文化进校园，企业文化进课堂。中职德育任重道远，学校不但是学习文化知识的场所，更是育人的阵地。福建化工学校以校园文化建设为依托，在加强德育工作方面进行了一些探索，取得了一些成效。

古人云："人之力发自于心，心旺则事盛。"企业经营又何尝不是如此呢？企业文化的实质就是"以人为本"，就是使企业在经营中得员工之心，使员工心往一处想，劲往一处使。企业文化一旦被员工共同认可后，它就会成为一种凝聚力，使全体员工在企业的使命、战略目标、战略举措、沟通合作等方面达成共识，从而产生巨大的合力。着力打造校园文化，优化育人环境，必须促进工业文化进校园、企业文化进课堂，形成文明幽雅的物质环境、和谐融洽的人际关系、争创一流的文化传统、丰富多彩的课余生活、全员参与的民主管理、严谨求实的校风学风、充满内涵的工业场景，让校园文化润泽学校的发展，促进学生的成长。

开展活动是企业文化与校园文化结合的桥梁，学校每年除了组织一系列与学生成长相关的活动外，还参加教育部组织的全国"文明风采"大赛，为学生提供展示才华的平台。学校要求指导教师在作品制作过程中要带领学生到企业体验文化氛围。正确的方法带来良好的成绩，2009年、2010年，学校参加"文明风采"大赛均获得优异成绩，2009年荣获优秀组织奖和3个一等奖、5个二等奖、6个三等奖、4个四等奖。成绩的取得，是企业文化与校园文化结合的结果，也是学校着力加强素质教育的结果。

2008年，学校在省教育厅的支持下，组建成立了福建省化工职教集团。学校以此为平台，推动优秀企业文化和校园文化的交流与融合，以成立的"园博园班""帘语班""宝日龙班"和"宸鸿科技班"等为载体，将优秀企业文化引进校园，特别是"帘语班"的班风、班训、班服和班貌等都体现着鲜明的企业文化特点，渗透着企业的价值观、管理理念和行为准则。学校还组织体现企业文化的技能竞赛、文体竞赛，让学生在学习的过程中体验、领悟企业文化，培养适应企业的能力，更好地做好就业准备。同时，学校还组织有关师生到职教集团成员企业参观实践，使师生增进对企业的了解，感受企业文化，在了解企业的新技术、新工艺的同时，带回企业的文化，并渗透在日常的教学中。另外，企业派出技术骨干定期到学校开设专题讲座，颁发企业奖学金，与师生进行交流，宣传企业文化。校企合作办学搭建了校企文化交流的平台，形成了校企结合共育人才的局面。

学校与企业是有区别的，我们不能把整个企业搬进校园，但我们可以通过模拟、仿真，使企业文化在校园里展现，这主要通过教学场景的建设来完成，教学场景的设计对于培养学生的职业意识是至关重要的。教学场景要体现企业的文化特色，使企业文化与校园文化能够有机融合，相得益彰。学校针对学生喜动难静的特点，

雷锋园

结合企业真实的工作环境，将教室与实验室联为一体。学生先上课然后进入实验室听、看、仿，掌握相应的技能，从感性认识上升到理性认识，促进自身的成长。

教育部副部长鲁昕提出"把工业文化融入职业学校，做到产业文化进教育、工业文化进校园、企业文化进课堂"。职业学校要抓住职业教育发展的良好契机，继续推进企业文化与校园文化的有机融合，发挥二者共同育人的作用，以满足经济结构调整、产业发展方式转变和城乡一体化建设服务的需要，确保培养的学生符合时代进步的要求。

中等职业教育的重任在肩，我们必须抢抓机遇，总结经验，提高质量，继续推进中职学校德育的建设，努力培养更好、更强、更多的职业技术人才。魏书生说过："走入学生的心灵世界中去，就会发现那是一个广阔而又迷人的新天地，许多百思不得其解的教育难题，都会在那里找到答案。对学生细致入微的了解，使教师的教育工作如同有了源头活水，常做常新。学校像地，学生像种子，像苗；校领导、教师像农民，像园丁。"让我们共同在职业教育事业这片沃土上耕耘——长风破浪会有时，直挂云帆济沧海！

反思拓展

十年树木，百年树人。一个人的成长不可能一蹴而就，而是一项系统工程，福建化工学校在德育的实践与探索中虽然积累了一定的经验，但事物是发展变化的，我们要以变化的实际不断丰富德育工作的内容与方法。任何真理只有反复地实践，才能得到验证、巩固和发展。为继续推进学校的德育工作，我们还必须调查研究，查找不足，完善方案，实践修正。

一、对学校德育工作的反思

（1）德育目标应避免理想化。在对德育目标的认识上，某种程度上还存在着把德育目标定位在理想化的情境的问题，德育目标与学生的道德实际和认识水平有一定的差距，学生只能肤浅地理解它。这就不可避免地导致了德育内容与实际有些不符，容易使学生产生逆反心理，最终影响德育的实效性。

（2）德育内容应克服模式化。德育工作要适应新形势的需要，增加新的内容，广泛开展思想政治教育、品德教育、纪律教育、法制教育、心理健康

教育、成长教育与生命教育。在德育工作中，应注意加强心理健康教育，使学生不仅有良好的知识修养，也有良好的心理素质。同时，德育内容必须适应新形势、新情况，适当增加一些体现当代需要的内容，形成一个由多项内容构成的德育系统，为德育工作的有效实施奠定基础。

（3）德育方法应避免单一化。德育方法是完成德育任务、实施德育内容的手段。当前的德育内容缺乏针对性，方法单一，难以适应相应职业岗位对人才思想品德的要求。因此，必须从实际出发，采取多种方法对学生进行思想品德教育。

（4）德育活动应寻求多样化。当代学生所处的是一个开放、价值取向多元化的社会。学生行为规范的养成，既需要教师晓之以理，更需要品德践行，以实现由知到行的转化；学生良好人格的形成，既有赖于严格的要求和纪律的约束，更有赖于学生自身对道德理想的追求和坚持不懈的自律慎独。学生的道德成长往往需要从多渠道汲取营养，因此，我们要发挥教师示范、自然陶冶、校园文化、学科渗透等活动的德育功能。

二、改进与拓展

（1）进一步认识新形势下德育工作的重要性。教师应该充分认识到，今天的职校生就是未来国家的主人，是社会主义事业的建设者和接班人，他们是否受到良好教育和正确引导，直接关系到他们的健康成长，从长远看，则关系到社会主义现代化建设。目前的育人环境虽有不少有利方面，但也不乏不利之处。因此，必须坚持正确的办学方向，全面贯彻党的教育方针，把德育工作切实摆在教育工作的首位。

（2）改革德育方法，更新德育手段。一要坚持理论联系实际，理论和实践相结合。德育工作应将科学理论与社会实际、学生实际结合起来，运用鲜活的材料、典型的事例，有针对性和说服力地进行。二要坚持以人为本，做好情感疏导工作。德育工作应符合职校生身心特点和成长规律，做到动之以情，晓之以理，导之以行。要尊重、理解、关心、帮助、鼓励、信任学生，做他们的知心朋友，充分发挥其主观能动性。三是改进德育课教学方法及成绩评定方式。采用富有启发性的讲授法、谈话法、讨论法、演示法等灵活多样的方式方法，做到课堂教学与课外活动相结合，使德育课教学与其他学科教学相结合，特别是与学生专业实习和社会实践相结合，采取多种方法开展德育工作。

（3）调整和扩充德育内容。学校要顺应时代潮流，从提高学生基本觉悟和培养学生基本能力出发，坚持以爱国主义、集体主义和社会主义教育为主线，针对当前学生的实际，适时调整和补充教育内容，增加一些适合学生心理、生理和思想品德发展规律的内容。比如，根据用人单位要求，职业道德教育就要相应增加或加强爱岗敬业、诚实守信、团队精神、创新意识等内容。

（4）根据学生的心理特点和心理需求，开展德育工作。其一培养学生的社会责任感和奉献精神。学校坚持"每周五个一"工程，收到了良好的效果。同时，组织学生参加学雷锋、为灾区献爱心等社会公益活动，让学生以爱心回报社会，增强社会责任感。其二增强学生的自尊心和自信心。学校为学生提供能充分展示其才华的平台，依据不同的学生兴趣、爱好和特长，组织开展各种各样的活动，使学生在活动中受到重视和尊重，从而不断增强自信心。

（5）发挥学校、家庭、社会"三位一体"的德育功能。在学校、家庭、社会三个教育主渠道中，学校要充分发挥家庭、社会的教育作用，主动与家长、社区取得联系，形成学校、家庭、社会三结合的教育网络。学校要积极开展对家长的指导工作，帮助家长树立正确的教育观和人才观，用正确的方法教育子女。要积极争取社区组织对德育工作的支持和帮助，同时积极参与社区的精神文明建设，共同建设和维护良好的社区环境，共育"四有"新人。

三、需要注意的问题

第一，要优化德育队伍结构。一是要建立一支思想品德好，理论政策水平高，业务能力、组织能力、活动能力强的德育工作队伍，依靠教师的群体力量，寓德于教。二是要建立一支以专职人员为骨干、专兼职结合的德育队伍，使学校的德育工作有计划、有措施、有检查、有总结。三是要发挥班主任在德育工作中的主导作用，使班主任积极、主动地围绕育人的目标开展工作。四是要发挥社团、学生会的自我管理、自我教育作用。五是要发挥德育队伍的整体作用，要将学校的各种力量有机地结合起来，形成合力，共同开展德育工作。

第二，改进德育评价手段。一是要有一个合理的评价标准，根据时代要求、青年学生全面发展的需要等确定不同的标准。二是要有一个科学的评价方法，在对学生品德的定量定性评价过程中，应弄清楚哪部分品德因素适于定量评价，哪部分品德因素适于定性评价等，找到它们各自的适用范围。同时，要使整个德育目标具体化、系列化，对学生的品德结构进行分解，合理确定品德因素的质、量、度，提高德育评价的科学性，充分发挥评价的作用。

第三，加强德育督导检查。督导检查是推动德育管理工作顺利进行、增强工作实效的重要环节。学校督导检查要遵循平时检查与阶段性集中检查相结合、上级检查与自查相结合的原则，采用听汇报、看资料、开座谈会、举办德育实践活动等多种方法进行，并注重将检查、分析、指导紧密结合起来，全方位地督查学校德育工作的执行情况。

总之，孔子说："温故而知新，可以为师矣。"我们总结过去，是为了展望未来，相信有德育工作的相伴，学校的育人之路必将越走越宽广！

 专家点评

福建化工学校在"反思拓展"中提出了今后的德育工作要"四化"的努力方向，即德育目标应避免理想化、德育内容应克服模式化、德育方法应避免单一化、德育活动应寻求多样化。福建化工学校德育团队在庄铭星校长的领导下，已经为德育工作"四化"做了大量奠基性工作。

脱离实际的学校德育目标，好听而不中用。无论长远目标，还是近期目标，高不可攀、过于理想化的目标都很难发挥激励作用。

德育内容克服模式化，体现了德育内容的动态性。模式化地对待德育内容，既难以体现德育的时代性、针对性，也不符合《国家中长期教育改革和发展规划纲要（2010—2020年）》提出的"丰富德育内容"的要求。

德育方法是手段。能提高德育内容的吸引力、感染力的方法，有利于实现德育目标的方法，就是好方法。

德育活动是德育的重要载体，多样化的德育活动有助于提高德育工作的吸引力、感染力。福建化工学校每学年都举办文化艺术节、技能节、就业节、新生才华展示节、校园运动节以及其他丰富多彩的活动，展示了德育工作的活力。

从学校的校园文化建设案例中不难看出学校事事、处处有德育。福建化工学校的德育工作"四化"是一步一个脚印、踏踏实实走出来的。

（点评：蒋乃平　杜爱玲）

三级德育目标导航，推进德育生活化

——广东省韶关市曲江职业技术学校

名校／名校长简介

许重阳，中共党员，中学高级教师，担任多年高三生物教学和班主任工作，历任团委书记、副校长等，现任广东省韶关市曲江职业技术学校校长。

他一直奉行"低调做人，高调做事"的理念，在教育战线上奋斗了20年，以校为家，尽职尽责，努力探索教育教学改革之路。一个好校长造就一所好学校，2004年9月至2007年7月，他担任曲江二中校长，狠抓德育和教学质量，使这所生源较差的普通初中校风好转，教学质量逐年提高。2007年7月至今，他担任曲江职校校长，求真务实，积极进取，开拓创新。在他的带领下，曲江职校顺利通过国家级重点职校复评工作，被评为广东省安全文明校园、广东省依法治校示范校、广东省心理健康教育示范校，先后获得"韶关市中等职业学校学生技能竞赛组织奖""广东省中职学校'明理　勤学　成长'主题教育系列活动优秀组织奖"，成为粤北职业教育的一个品牌。

在开展德育工作的过程中，许校长带领全体师生员工积极参与实践活动，并在活动中确立了崇德、立德、厚德的三级德育目标，使德育生活化，焕发了道德教育的活力。

　　许校长很重视科研工作，其本人潜心教研，取得丰硕成果：在国家级核心期刊、省级期刊发表论文 5 篇，2 篇论文获得国家级奖，5 篇论文获得省级奖。许校长还主持了一项市级心理课题和两项省级德育课题。

核心管理思想

教育归根到底是为了人，为人的一生幸福服务，因此，学校依据陶行知的生活教育理论确定了校训——"求真知，做真人"，校风——"爱、信、严、勤、实、朴"，倡导"知识、能力、人格"三者健康和谐发展的育人理念，积极推行"大处着眼，小处着手""校园无小事，事事皆育人"的育人方针。结合时代特征和职校生在学识、人格上普遍有缺失的实际，遵循教育规律和市场运作规律，学校的德育工作以健全人格培养为基础，以"自爱、自信、自立、自强"为德育重点，构建了"崇德、立德、厚德"三级德育目标，积极开发和利用校内外的一切德育资源，开展全程全员育人，注重校园文化的构建。

1. 培养目标

既学会做人，又学会做事；既学会生存，又学会发展；既学会竞争，又学会合作；成长为具有诚信、敬业、合作等优良品质的技能型、应用型人才。

2. 三级德育目标

学校确立了"崇德、立德、厚德"三级德育目标管理模式。

第一层级：崇德（学习、体会阶段）。即围绕学校的教育宗旨、办学理念，有组织、有计划地让学生学习有关制度、守则、规范、法纪、传统美德、做人的道理，使学生崇尚优秀的道德品质，初步养成良好的行为习惯。

第二层级：立德（实践、训练阶段）。即在崇德的基础上进行德育实践活动。以身边的人、事等作为德育载体，推行德育生活化，形成"校园无小事，事事皆育人"的氛围，开展全程全员德育，让学生树立优秀的道德品质，打好做人根基。

第三层级：厚德（积累、形成阶段）。学生的优秀道德品质进一步内化，逐渐积累，学生树立正确的世界观、人生观、价值观。

以上三个层级形成了具有我校特色的序列化、细节化、生活化德育目标管理模式。

3. 德育生活化理论

在学校道德教育中，知性道德教育大行其道，认为"美德即知识"，这导致知行脱节相当严重，直接表现为：学生认为老师讲的大道理自己都知道，就是不知道在生活中怎么实践，课上学一套规范知识，课后还是我行我素。久而久之，这样的道德教育方式渐失生命力。

课程改革以后的德育大力提倡德育生活化的理念，即道德存在于生活中，生活是道德存在的基本形态，道德来源于生活，为了生活，道德教育要培养学生的高尚情感、坚强意志，而情感、意志和意愿的培养只有在现实生活中才能进行，真正有效的德育就是过道德的生活。陶行知曾说过："过什么生活便受什么教育；过健康的

在德育基地举办新生入学教育法制讲座

生活便受健康的教育……好生活是好教育；坏生活是坏教育；高尚的生活是高尚的教育；下流的生活是下流的教育。"

生活是德育的起点，也是德育最终要回归的地方。道德教育要随着生活的变化而变化，应随着生活的变化而不断呈现出新的特征。德育回到生活是指教育人过更加真、善、美的生活，过有理想、有追求的生活。

德育生活化意味着德育过程就是生活的过程。教育应该从受教育者的实际生活出发，关注人的现实生命的需要，让受教育者通过生活感受到道德的现实价值，提高其生活能力。

德育生活化意味着德育的根本目的是使受教育者通过养成高尚的道德人格而获得美好、和谐的生活。品德是在生活过程中形成的，同时又与生活相互促进，体现德育以生活为依归的特质。

德育生活化要求每一个教师学会从身边发生的事去寻找德育的内容。德育离现实并不远，相反，它就是生活本身。

德育生活化意味着教师应该关注学生的个性发展，要了解学生的成长背景和个性特点，了解学生个性的未来走向。

实践应用

一、实现蓝图的关键靠德育

十年前，面对"婚姻介绍所"与"坏学生集中营"的评价，曲江职校的管理者下定决心改变学校的面貌，立志创建在粤北首屈一指、在广东省排名靠前的职教名校。

如今，十年前创建粤北乃至广东省职教名校的理想早已成为现实，今天，师生都以在曲江职校工作和学习为荣。

那么，曲江职校蓝图的第一笔是如何画成的？

职校生普遍存在人格缺失、学业缺失、信心缺失的问题，通常被称为"双差生"。在普通高中扩招的形势下，职校的生源质量每况愈下。面对这么一大群"难以管教"的孩子，我们从哪里入手才是"上善"之举呢？

狠抓德育是曲江职校人的共识。

学校坚信"做事先学会做人"。职校生在学习方面存在问题，这导致他们信心不足；职校生行为习惯有偏差，待人接物能力很弱。

如何狠抓德育？曲江职校人仁者见仁，智者见智，各说各的理，分歧很大。

学习、讨论、思考、借鉴、论证、辩论……最终，根据职业学校的特点和现代企业用人的要求，学校提出"既学会做人，又学会做事，既学会生存，又学会发展，既学会竞争，又学会合作，成长为具有诚信、敬业、合作等优良品质的技能型、应用型人才"的培养目标。

实践告诉我们，制订目标、确立理念不容易，而要落实那些"看上去很美"的目标、制度、理念更不容易。

如何落实学校的培养目标呢？运用怎样的教育手段、教育形式和教育方法使"看上去很美"的目标变成"真的很美"呢？关键靠谁呢？

不能仅靠学校领导，也不能仅靠学生家长，学校能够依靠的是全体教职工。把全体教职工的潜能激发出来，让大家围绕共同的目标努力奋斗，树立现代职业教育观念，掌握职业教育规律和教育方法，认同学校的德育目标，随时随地自觉开展德育工作，自觉在平时的工作和生活中贯彻、渗透德育，真正做到在生活、工作中实施德育。"德育生活化"首次出现在教职工的意识里！

在达成共识之前，学校遇到过挫折，也走过弯路。

2000 年 1 月，当时仍然沿用"曲江职业高级中学"之称的学校合并了曲江成人中专，调入了一批教职工；2004 年 10 月，曲江县第三中学并入我校，我校又调入了一批原曲江三中的教职工。在短短的四年多时间里，

学校开展求职心理辅导

学校的教职工队伍就经历了两次大变动，如何把来自普通教育系统的教职工转变为真正的职业教育工作者，是当时面临的一个难题。

来自普教系统的教职工，对于职业教育很陌生，他们在思想观念上需要从以升学考试为中心转变为以培养现代杰出的技能人才为中心，为此，他们有过彷徨、困惑。

如何帮助新调入的教职工尽快成长？学校想了不少办法，最终确定了"一对一帮扶"的制度，即每一位"老"教职工带一个新调入的教职工，从备课上课到教育教学方法，从管理班级到与学生沟通交流，从学校的培养目标到职业教育的规律、特色等，"师傅"都给予"徒弟"细致的指导。"一对一帮扶"制度的效果立竿见影，来自普教系统的教职工很快融入了职校的校园文化中，转变了思想观念与教育理念，认同了我校"求真知，做真人"的校训，接纳了学校的培养目标和德育生活化的管理模式。

从这件事中，学校更加明确地认识到，一所学校的兴衰与学校教职工的素质高低紧密关联，尤其是在生源质量很差的职校狠抓德育，没有一支精干团结的教师队伍是不可能成功的。从 2004 年起，学校把培养名教师、名班主任当做学校的重点工程来抓，取得了明显的成效。短短六年时间，学校已经培养出了一名广东省特级教师、一名广东省名班主任、一名韶关市名校长、一名全国德育优秀工作者，这在经济落后的粤北地区，不能不说是一个奇迹。至于教师、班主任、学生参加各级各类的比赛获得的奖项更是不计其数。

从 2004 年到 2010 年的六年时间里，曲江职校狠抓教师队伍建设，积累了一套适应学校教育教学实际和职业教育发展规律的培养体系，并形成了自己的特色。

二、"垃圾事件"与"脚印风波"引发的思考

2000年7月，学校的在校生不过800人，到2003年9月，在校生突破1600人，在短短的三年中，在校生人数增长了1倍。学生人数的快速增长，带来了管理的难题，其中两个最令人头疼的问题是乱丢垃圾和满墙的脚印。针对此现象，当时的余国天校长（现任曲江区科教局局长）专门召开了校会，讨论如何看待校园的垃圾和脚印问题。余校长批评"一个脚印，污染全校的眼睛；丢下一片垃圾，就是丢掉自己的文明修养"，提出"捡起一片垃圾，纯洁一片心灵"和"让校园的墙壁雪白起来"的口号，并作出校园不设垃圾箱和谁的脚印谁清理的决定。

刚开始，我们也有点担心，校园不设垃圾筒，垃圾会不会满天飞？"谁的脚印谁清理"会不会成为空喊的口号？但实践证明，这种担心是多余的。从这件事中，我们明白了，只要给予足够的信任和尊重，即使是不被外人看好的职校生，也一定能够做到"上善若水"。

在这次大会后，每个班级结合本班的实际情况又开展了专项教育，教育的主题是表扬和鼓励学生自觉自律，传达学校和老师对学生的表现的肯定与赞扬，使学生进一步巩固不丢垃圾、不踩脚印、以校为家的认识。直到今天，曲江职校的校园见不到一个垃圾箱和一片垃圾。

从这件事中得到启发，经过认真谨慎的思考，以余国天校长为核心的管理团队在2004年9月的开学典礼上，向全校教职工明确提出"三级德育目标"和"德育生活化"的管理模式：

第一级目标——崇德。此阶段是理念引领的教育阶段，是最艰巨又是最关键的一个阶段，主要是引导学生注重道德文化修养，学习爱国守法、文明礼仪、职业道德、做人做事，提高良好的心理品质意识等，时间为一年。

学校还开展文明生、文明班、文明宿舍的评比活动，注重过程教育，提倡讲文明、树新风，以《曲江职业技术学校学生手册》的内容为向导，帮助学生养成良好的行为习惯。

第二级目标——立德。立人先立德，立德先立心，此阶段主要让学生学以致用，把学习到的道德知识运用到实践行动中，让道德意识内化到学生心灵，时间为半年至一年。此阶段除了继续开展"讲文明树新风"活动外，主要是开展各种活动让学生多体验，引导学生感悟，学会自悟。这是一个道德内化的过程。

第三级目标——厚德。此阶段主要是在第二级目标的践行过程中使学生的德育品行不断沉淀，不断地内化、深化、强化，形成良好的道德品质和良好的心理品质，打好做人的根基，时间为半年至一年。

当然，不同的学生，达成三级目标的时间可能会不同，如有的学生第一级目标用一个学期就可能达到，有的可能要一年甚至更长的时间，但只要在学生的心田播下文明、守德的种子，相信它迟早会发芽的。

"三级德育目标"和"德育生活化"如何实施呢？每一个阶段从哪里入手更有成效呢？2005年，当在校生人数突破3000人时，经过不断总结探索经验，学校找到了合适的实施策略：

（一）崇德——校园文化的熏陶教育

我们认为，要把一批又一批别人眼中的"双差生"变成合格的曲江职校学生，首先必须进行校园文化的熏陶教育，使学生在内心深处认同学校的文化理念和教育理念，真正形成"母校"的概念，发自内心地关心、热爱学校，真正成为学校的主人，自愿为学校的发展献计献策，自觉监督学校的教育教学管理，在外真正维护学校的形象和声誉，真正实现我们提出的"内强素质，外树形象"的理念。

学校重视培养学生的责任感、荣誉感和集体主义感，因为这是每一个合格的公民都必须具备的素质。

在新生入学第一周，学校重点让学生了解校园文化：第一步，召开校会，校长亲自主持第一次校会，结合学校"求真知，做真人"的校训，阐述"读书为了什么"和"职校生如何定位"的问题，为学生指明前进的方向，使学生对两年的职校生涯能够做出正确的规划；第二步，班主任带领学生参观学校，讲述校园人文景观的含义，使学生一入学就对校园文化形成良好的印象；第三步，发放《曲江职业技术学校学生手册》，班主任指导学生学习手册内容，使学生全面系统地了解学校的文化理念和教育理念；第四步，学生写入学心得体会，把入学一周的所见、所闻、所感形成文字，进一步加深对校园文化的理解。

新生入学第一个月，深入了解校园文化：熟悉校园的每一处风景，熟悉学校的教育教学管理制度，熟悉学校的团组织，熟悉第二课堂活动项目，熟悉学校每年要举办的大型活动，熟悉学校的推荐就业流程，熟悉与学校建立良好合作关系的企业的制度文化。

除此之外，学校有计划地组织学生观看各种教育片，如爱国主义教育片、法制教育片、金正昆教授主讲的"社交与礼仪"讲座录像、禁毒教育影片、安全教育影片等；开展心理教育活动、感恩教育活动等；邀请一些专家和派出所的干警到校开展专题讲座，如2007年邀请韶关大学的教授讲有关人生规划的讲座，2006年、2008年分别邀请了黄词瀚到校作《自信人生》《KISSBUS——百万年薪的摇篮》演讲等。

全体教职员工都自觉参与对学生的教育工作，以课堂教学为主，以师生交流为辅，每一位教师都能自觉践行"教师无小节，处处是楷模；教育无小事，事事皆育人"的原则。

（二）立德——塑造健康的生活方式

三级德育管理模式的着力点与实施阵地都是学生的学习和生活。如果说在"崇德"阶段，我们是通过春风化雨、润物无声的方式对学生进行潜移默化的影响，在学校生活里处处渗透德育的影响，那么，到了"立德"阶段，我们就通过倡导健康的生活方式使学生树立优秀的品德，打好做人的根基。

每年新生注册报名的时候，我们发现，穿奇装异服、留怪异发型、文身刺字、佩戴首饰的学生比比皆是。"要想让田地不长草，最好的办法是种上庄稼"，教育者面对有不良生活习惯的学生，最好是通过日常行为规范管理使学生形成健康的生活方式，自觉摒弃不良生活习惯。

心理学认为，人进入一个陌生的环境中时，会收敛性格以便更好地观察，然后作出相应的调整以更好地适应新环境。"第一印象"很重要。在每年的新生入学的第一天，学校给每位新生发放两套新校服（现在调整为四套），并且请来理发师帮学生免费理发，帮助学生在入学第一天改变旧形象，以崭新的面貌开始新的求学

学校在北区举行感恩演讲活动

生活。"良好的开端是成功的一半"，调教学生的良机就在新生刚入学的一个月内。

学校严抓学生考勤。不少新生刚入学时很不习惯，迟到者很多，几乎每一届新生入学的第一个月，每天的迟到人数都在一百以上。针对此种情况，学校每天安排值日教师到校门口值守，迟到者被请到专门的"训导室"进行校规校纪和守时教育。对于旷课者，班主任必定打电话与家长沟通，对于屡教不改的学生，班主任还要去家访，与家长共商教育方法。

在新生入学的第一个月里，班主任要电访每一位家长，详细掌握每一位学生在家的表现与平时的生活习惯，以便因材施教。

平时，班主任则通过"致家长的一封信"（现在改为"校讯通"）与学生家长保持信息互通，沟通交流教育学生的方式方法，家校保持密切沟通，随时掌握学生在校、在家的表现和变化。

经过一个月的入学纪律整顿，学生的仪容仪表、日常行为都符合中学生日常行为规范，基本形成健康的生活方式。

待学生基本适应学校生活、基本养成健康的生活习惯后，我们还通过丰富多彩的第二课堂活动和社团活动，为学生提供体验生活、感悟生活的机会和平台。

（三）厚德——源于生活又高于生活

艺术源于生活又高于生活，孔子也教育学生说："取乎其上，得乎其中；取乎其中，得乎其下；取乎其下，则无所得矣。"我们开展德育工作也是如此，既源于生活又高于生活。

我们在日常的学习生活中引导学生关注心灵、思想、道德、价值观等。现代的职校生，既要会做人做事，也要善于调节心理情绪；既要学会学习，学会生活，又要有独立思考的能力；既要学会合作、竞争，又要有忠于国家、善良仁义博爱的道德品质。

我们将日常清扫课室、宿舍、校园的活动与主题班会、师生交流、撰写日记、心灵游戏和心理健康教育课程等结合起来引导学生学会清扫心灵，把心灵中的怨恨、妒忌、暴躁、骄傲、贪婪、懒惰、郁闷等负面情绪及时清除，保持阳光、健康、积极进取的心理状态。2003年9月，学校开设"知心姐姐"信箱和"心理辅导室"；2005年9月，学校开设心理健康教育选修课程和"心灵之家"；2007年9月，开设全校性的心理健康教育课和大型的心理健康咨询中心"学生之家"，使学校的德育与心育紧密结合，大大提升了德育的成效。

我们通过引导学生认识校园的焦点问题和社会的热点问题，培养学生的独立思考能力，使其学会判断正确的思想、道德和价值观。如从每年的专业技能大赛优秀选手的获奖感言中，分析他们的成功之道；从每年优秀毕业生回校的报告中分析企业文化、职业道德对个人素质的要求。

三、隐形的德育，隐形的翅膀

2004 年，经国务院批准，曲江正式撤县并区，原来管辖 23 个乡镇的曲江县并入韶关市，成为曲江区，撤并后，曲江区辖管的乡镇只剩下 11 个。曲江区辖区人口减少一半，在职校招生仍然存在地方保护壁垒的情况下，人口减少对招生工作影响非常大。但就是在如此严峻的情况下，从 2004 年至今，曲江职校的招生人数在粤北一直遥遥领先。

与普通高中相比，职校的生源差，基本是普通高中挑剩的学生，是各初级中学的中下生，甚至不少是非常棘手的问题学生。

然而不少初中的校长、教师到曲江职校考察后，都发出这样的感慨："这么多难教育的学生到了你们的手里，怎么变化那么大？曾经萎靡不振的变得精神饱满，曾经自私冷漠的变得热情有礼，曾经自暴自弃的变得自信懂事，曾经迷茫无知的变得坚强明理，曾经四体不勤的变得吃苦耐劳，学校有什么'魔法'？"

学校在南区举行"创文"签名系列活动

许多家长也反映，孩子来了学校后，好像变了一个人似的，懂事了，勤快了。家长追问学校有什么"魔方"让孩子变得这么快、这么好。

许多用人单位招了曲江职校的学生后，都觉得曲江职校的学生会做人、有特长、能吃苦、肯学习，纷纷与学校订立长期用人合同。金融危机下，学校的学生推荐就业工作仍平稳顺利进行。用人单位也问学校有什么特别的培养"魔法"。

是的，我们可以骄傲地告诉家长、用人单位：学校的"德育生活化"模式成熟了，成功了，学校的"隐形德育"给学生插上了一双飞翔的翅膀。在实施德育的过程中，学校严格遵循学生身心健康发展和认知世界的规律，遵行"德育生活化"的教育理念，引导学生学会自我管理，培养自爱、自信、自立、自强的品质。

学校的德育目标是以健全人格培养为本位，构建"崇德、立德、厚德"三级德育目标，给学生一双进步和成才的"隐形翅膀"，让学生在脱离了学校的教育后，拥有自我教育的能力，仍然继续进步，从未经风霜的小树长成参天大树。

学校所说的"隐形德育",就是指德育生活化的成熟圆润阶段,能够真正做到润物无声、育人无痕:积极开发和利用校内外的一切德育资源,用全面发展的眼光开展全员全程德育,注重细节,注重过程,春风化雨,润物无声,通过一棵树摇动另一棵树、一朵云彩推动另一朵云彩。

简言之,隐形德育的三要素是教师、学生、活动。

（一）我们是这样打造班主任教师团队的

教师,尤其是班主任,是德育的身体力行者,班主任本身就是一本丰富的德育教科书,班主任的言行举止就是活动的教材。

如果说学校的德育工作成绩斐然,那么,这一切应该归功于学校打造了一支精干敬业的班主任团队。

1. 制度保障班主任的地位、福利

学校的内部管理手册对班主任的地位、待遇、福利、评优选模作出明确的规定。学校从制度上给予保障,任何进修、学习、晋升都优先考虑班主任,评选先进、模范、优秀都优先选择班主任,班主任一年的福利待遇比普通教师多一倍以上。学校提升班主任的地位和福利待遇,一可以留住优秀的班主任,二可以吸引年轻教师主动加入班主任团队。

在对班主任实施"倾斜"的制度的时候,学校也曾遭遇过阻力,一些科任教师和部门中层领导认为班主任福利待遇过高"难以彰显公平的原则"。

经过调查了解,学校发现,之所以出现质疑的声音,是因为学校对班主任工作的宣传力度不够,同事对班主任工作了解有限,德育工作仅仅是班主任和德育专干在做,未能真正实现全员全程德育。

针对这种情况,学校提出"人人争当班主任,人人都是德育专家"的口号和目标,邀请专家学者到学校讲课,对所有教师进行全员培训,让所有教师当副班主任,每位中层领导负责一个班的德育工作,让每一位同事都能参与班级的管理工作,都能体验到班主任工作的苦与乐。

经过以上的工作调整,如今再也没有人对"倾斜"于班主任的制度有异议了。

2. 学习制度保证班主任建设的先进性

为保证班主任能够胜任日益复杂的工作,学校对班主任有一套常规的学习制度:

（1）每学期两次学习沙龙活动,安排在期中和期末。主要的学习内容

有：一是交流各自班级出现的管理热点、难点、盲点问题，探讨解决实际问题的可行方法，互相出招解难；二是学习先进的德育理念和管理方法，一般由主管德育的副校长主持，班主任进行讨论，如果适合校情、学情，学校就借鉴采用，如果不适合，学校就不用；三是开展优秀班主任的经验交流，一般安排在期末，优秀班主任总结一学期的成功做法和先进经验。

（2）每月一次的班主任例会。主要交流一个月来学校、学生存在的新问题以及解决的对策，出现的新生事物、新气象。

（3）每年暑假组织班主任集体外出学习。在外出活动中，班主任放松了身心，增长了见识，陶冶了性情，增强了工作动力，增加了团队的凝聚力。

（4）赠书给班主任自学。学校免费赠送优秀书籍给班主任阅读，如《小故事大道理》《人性的弱点》《卓越的管理者》《遇见未知的自己》《不抱怨的世界》《有一种下午茶的淡香叫禅》等，每学期末要求班主任提交自学心得，对优秀的自学者予以奖励。

（5）请专家给班主任上课。学校坚持每学期请专家到校给班主任作一次报告，引导班主任学习教育学、心理学、班主任管理艺术、沟通交流的艺术等，为班主任的工作答疑解惑，提高班主任的管理艺术和与学生的沟通交流艺术。

3. "星级班主任"制度促进优秀班主任成长

"星级班主任"是曲江职校班主任的一种终身荣誉，分为一星、二星、三星、四星、五星五个级别，每个级别有对应的级别补贴、福利。每一个星级有相应的考核制度，连续担任班主任五年以上就有可能获得五星。对于达到五星级的班主任，无论是否继续担任，学校每年都有专门的奖励。"星级班主任"制度促进了优秀班主任的成长。

4. 一套比较科学的班主任业绩考核制度稳定班主任队伍

学校制订了一套比较科学的班主任业绩考核制度。这套制度主要以量化考核计算为主，依据工作量度与效果，参考班主任的工作态度、责任心等主观因素，学生整体表现、学生评价等客观因素，班主任担任的其他工作、在教科研方面取得的成绩等其他因素，对班主任进行比较公平、合理的奖励。这套制度较好地稳定了班主任团队。

5. 细节的关怀感动班主任团队

成功源于细节，打造和谐高效的班主任团队，也需要细节的关怀。比如，对于家有困难的班主任，领导主动关心，帮助其解决生活困难；对于家有幼小孩子的班主任，学校给予合情合理的"特殊照顾"，允许其提前下班接孩子放学；对于夫妻闹矛盾的班主任，领导主动上门帮助解决矛盾；对于年龄较大的未婚班主任，学校还会有意无意地给未婚的教师创造交流的机会；对于特别渴望上进的班主任，学校主动给他们创造进修学习的机会。这些细节的关怀，感动了班主任，凝聚了人心，增强了团队的向心力。

学校本着"隐形德育"的理念，打造一支敬业、合作、和谐的班主任团队，使德育工作达到事半功倍的效果。因为学校的所有理念、思想、观念、目标的落实，最终还是要靠老师，尤其是班主任去落实的，是班主任身体力行地影响、教育着学生；学校所有活动的开展，都需要班主任的引导、指挥、策划、实行。可以这样说，没有我们的班主任团队，就没有曲江职校成功的德育。

（二）我们是这样教育学生的

学生是教育的对象，德育工作成功，学生受益；德育工作失败，学生受损。所以，德育工作才显得如此重要。

生活处处有德育，离开了生活，德育只是一个名词而已。学校的德育工作秉承了陶行知先生的"教育即生活，生活即教育"的育人理念，把德育隐于学生的生活中，使学生在不知不觉中插上一双飞翔的翅膀。

1. 教师是鲜活的德育载体

学校要求所有的教师，特别是班主任，要成为活动的德育载体。也就是说，要求学生做到的，教师也应该做到。学校反复强调教师职业的特殊性，强调"学高为师，德高为范"的职业特征，强调"教师无小节，处处是楷模"的职业标准，对教师的高标准、严要求换来了今日职校生机勃勃的新面貌。

学校南区举办元旦会演

2. 校园是有形的德育阵地

学校的每幢大楼都以富有德育意义的名称命名，都发挥着育人的功能。校园的每一幢建筑物都贴有标语，学生一抬头一回首都能受到熏陶。

三幢教学楼分别命名为"崇德楼""立德楼""厚德楼"，把我校的三级德育目标昭示给全校师生；四幢学生公寓分别命名为"健""坤""谦"

"和"，寓意为"天行健，君子以自强不息，地势坤，君子以厚德载物"，教育学生为人处世要谦和，低调做人，高调做事。

北区校园的"如实石"，教育学生做人要像"如实石"一样朴实、厚重，切忌花哨、浮躁；南区校园的"上善若水石"，引导学生做一个像水一样坚韧柔软的人，发扬"上善若水"的风格。

随处可见的"成功源于细节""天下大事，必作于细；天下难事，必作于易""微笑是送给别人最好的礼物""及时道歉是化解人际冲突最好的灭火器""生气、愤怒是拿别人的错误来惩罚自己"等心理导语，使学生在校园的每一个角落都能接受德育的熏陶。

3. 校园生活是生动的德育舞台

有人说过："所有的少年儿童都是看着别人长大的。"发生在别人身上的事情是很有价值的德育资源。所以，学校注重开发校内德育资源。每一次比赛学生载誉归来、校园发生的好人好事、班级出现的新生事物、学生中出现的守纪模范，都是学校表扬、激励学生上进的好素材；校园中出现的每一次违纪，如墙上的脚印、花坛里折断的花枝、打架、赌博、作弊、玩网游旷课等现象，都是教育学生的反面教材。校园生活里的好事、坏事、表扬、批评都是德育的资源。

学校把学生身边人的表现、校园内的生活，看做是最重要的德育资源之一，引导学生自觉去辨别、思考、分析、体验、感悟，从而实现自我教育。

4. 社会生活是丰富的德育资源库

社会热点、难点问题，一直是学校教育学生的资源。学校利用班会课、早读课、升旗仪式、校会、专题教育等途径，开展各种教育。例如，金融危机来临时，学校告诉学生要学会做人、学会做事、掌握过硬的技术，只有这样，才能在金融危机下找到好工作；汶川大地震时，学校组织学生捐款、捐物，举行活动纪念逝者，为灾区人民祈福；北京奥运会时，学校教育学生从身边小事做起，为奥运会作贡献；"读书日"来了，学校告诉学生要多读书，读好书，通过知识改变命运，通过读书成就人生；母亲节来了，学校告诉学生要学会感恩，会感恩的人才能幸福；国际禁毒日来了，学校告诉学生要认识毒品的危害，认清 K 粉、摇头丸等毒品的真面目，远离毒品，珍惜生命……社会生活是取之不尽、用之不竭的德育资源库，丰富多彩的现实生活使学校的德育充满了时代感，具有更强的说服力。

（三）我们是这样在活动中为学生插上翅膀的

如果说在各种教育教学活动中渗透德育，是润物无声地给学生插上飞翔的翅膀，那么，校园内举行的丰富多彩的活动，就是旗帜鲜明地给学生插上腾飞的翅膀。

1. 社团活动培养特长

曲江职校有学生会、学生之家、读书会、动漫工堂、文学社、校报编辑部等社团组织，还有礼仪队、舞蹈队、篮球队、足球队、毽球队、乒乓球队、车工、钳工、焊工、财会、计算机、书法、唱歌等兴趣小组，这些社团组织每天下午第三节课定期开展活动。丰富多彩的第二课堂活动，使不少学生找到了施展才华的舞台，学生旺盛的精力也有了正常的宣泄渠道。当学生在校园中也能找到感兴趣的活动时，校园生活像一块巨大的磁铁紧紧地吸引着学生，外面的网吧、KTV 还能发挥威力吗？除此之外，利用课余时间培养学生的特长，扬长教育能够迅速增强学生的自信心。不少默默无闻的学生就是在第二课堂成果展示活动里一鸣惊人的。当这些学生体验到成功的喜悦时，他们内心的"自强自信"的种子就被激发起来，一个学生的成功激发另一个学生成功，不少人的生命轨迹就这样改变。

2. 校内竞赛检验能力

新生入学初要举行会操比赛、内务比赛，学校每年定期举行专业技能竞赛、文艺会演、校园运动会、演讲比赛、辩论赛、手抄报比赛、合唱比赛、校园十大歌手、第二课堂成果展示等文体竞赛，每学期评选"文明学生"，每月评选"文明班级""文明宿舍"，这些比赛检验了班级和个人的能力，对学生掌握专业技能、培养良好的行为习惯、学会为人处世起到了很大的作用。

3. 实践活动雕塑心灵

学校每学期都要举行各类主题的实践活动。如感恩教育的实践活动倡导学生给父母做顿饭，给师长写封感谢信，当面感谢帮助过自己的人，盘点在自己成长过程中受到的帮助；环保教育的实践活动倡导学生每年亲自栽下一棵树，每星期少开一天电脑、电视、空调，不用明信片，不买贺卡，节约纸张，记下见到的冒黑烟的汽车等；关爱他人的实践活动倡导学生主动关心身边的同学、父母、亲人、朋友，每天主动向他们问好，当身边人遇到困难时要主动伸出热情的双手；发现身边的真善美的实践活动要求学生写日记，记下每天看到的美言、美行、好人、好事，要求学生日行一善等。这些紧密联

系学生生活实际的主题实践活动，雕塑着学生的心灵，使他们热爱生活、关爱他人、积极向上、吃苦耐劳，培养了爱心、信心和责任心。

4. 校外活动展示风采

学校积极组织学生参加校外活动，给学生一个展示才华的机会。如每年组织学生参加韶关市"英东杯"文艺比赛，参加韶关市、曲江区的篮球比赛、毽球比赛、创业技能竞赛、少儿花会、小发明小创作竞赛及征文比赛、演讲比赛、辩论赛等。学校主动与外校、外单位举行联谊活动，组织学生参加人才招聘会、"迎亚运"火炬传递活动等。学校把每一次外出活动、外出比赛当做一场考验学生、展示风采的特别考试。这一场场校外的特别考试培养了学生的守纪、守时、讲文明、讲礼貌、讲卫生的意识，考验学生的文明沟通交流能力和团队合作能力。

四、尾声

德育工作从来"没有最好，只有更好"，德育工作从来是"像时间这条永恒的河流"一样永远不会停息。而生活这只"万花筒"不知何时会变出惊喜或惊心，只要生活还在继续，曲江职校的"德育生活化"就将继续；只要职业教育还在继续，曲江职校的"三级德育目标"就将继续。

就像朱镕基同志所说的："不管前面是地雷阵还是万丈深渊，我都将一往无前，义无反顾，鞠躬尽瘁，死而后已。"——不管未来等待我们的是什么，我们都将全力以赴，不辱使命！

反思拓展

学校在三级德育目标和德育生活化的确立和实施过程中，自始至终坚持了"用心至上，学生为本；执行到位，坚持不懈"的原则。

一、用心至上，学生为本

世上无难事，只怕有心人。要做好职业学校的德育工作，"用心"二字乃是关键：全心全意、全力以赴、呕心沥血、废寝忘食、推陈出新、与时俱进地实施德育工作，改进德育方法——这是"用心"；一丝不苟、精益求精、细致入微地面对每一天的教育教学工作，不断提升中层干部和教职工的执行力，不抛弃、不放弃任何一个犯错的学生——这是"用心"。总结学校成功的德育，无他，唯有用心而已。因为用心，才会努力思考钻研；因为用心，遇到任何问题才会想方设法去解决；因为用心，才会不断学习，取人之长，补己之短；因为用心，所以才会不抛弃、不放弃每一位学生；因为用心，无论多苦多难都会勇敢地坚持下去；因为用心，才能守得云开见月明；因为用心，才永远充满希望和活力，永远充满工作的激情和力量。

回顾学校十年来从提出"三级德育目标"和"德育生活化"的设想，到论证其可行性，到小规模实施，到现在的全面实施贯彻，每走一步，无不凝聚着学校领导班子的集体智慧和全体教职工的心血；每走一步，无不是用心思考、充分认证、谨慎实施；每走一步，无不是小心翼翼、如履薄冰、如临深渊；每走一步，无不是向着培养"杰出的技能型、应用型人才"的目标前进，无不是本着"教育好一个学生，造福一个家庭；办好一所学校，造福一方社会"的理念前进。概而言之，我们的"用心"体现在以下四个方面：

（一）时刻谨记人才为本

在办学过程中，我们时刻谨记人才为本，尊重团结全体教职工，努力激发全体教职工的潜能，凝聚全体教职工的集体智慧。建设一支精干敬业、团结进取、富有责任感的教师团队，是学校工作的重心。我们一直坚信，没有一支杰出的人才队伍，就不会有学校的蓬勃发展，更不会有学校的光明未来。

一是创造机会吸引外地人才加盟本校。争取上级部门对学校的政策倾斜，提高职校教师的待遇；争取上级财政部门的支持，加强学校的软硬件基础建设；加强校园建设和教师住房建设，努力为教师提供良好的工作和生活环境；加强教职工的精神文明建设，丰富教职工的业余生活。"家有百尺梧桐树，自然引得凤凰来"，学校实力强大才能引来"凤凰"栖息。

二是加强人才本土化建设。由于经济水平较落后，学校很难引进外来的"凤凰"。因此，学校把人才本土化建设当做工作的重中之重。学校每年省吃俭用挤出几十万专项培训资金用以教师培训，通过校本培训，请专家讲课，组织外出听课学习，输送骨干教师参加市级、省级、国家级专业培训等，不断提升本校的师资水平。从 2007 年至今，学校共输送了一百多人次参加各级各类学习培训。学校也培养出一名省级特级教师、一名省级名班主任、一名市级名校长、一名国家级优秀德育工作者。在经济落后的粤北山区，这样的成绩实属来之不易。

（二）时刻牢记学生为本

德育的重心与根本在于为学生服务，为学生的一生幸福服务。因此，在德育工作中，一切都要以学生为中心，一切工作的出发点都要以学生为本。解决学生的任何问题，都要以为学生的一生幸福和长远发展为原则。面对"问题多多"的职校生，绝对不能采用简单粗暴的教育方法。学校坚持从学生的心理发展规律和认知规律去解决学生出现的品行偏差问题、厌学问题、人际冲突问题、价值观偏差问题。在教育学生的具体过程中，教师需要付出更多的耐心、爱心、责任心。

在规章制度的制订、校园软硬件设施建设、课程设置等方面，学校坚持以促进学生的发展进步为中心；校园的一切教育教学活动、第二课堂活动的开展都以满足学生的正当需求、挖掘学生的特长和激发学生的自信心为中心。

（三）坚持实施扬长教育和用发展的眼光看学生

在三级德育目标和德育生活化理念的形成、成长、成熟过程中，学校一直坚持实施扬长教育和用发展的眼光看学生。即使是不被看好的职校生，即使他们也自认为毛病多多，但学校的全体教职工在内心深处都坚定地认为，"职校生是蒙尘的宝石"，他们身上也一样有闪光点和特长。学校要做的就是把学生身上的长处数倍乃至无数倍地放大，让学生在扬长教育中发现自己的长处，由此激发信心，用发展的眼光看自己，坚信只要坚持努力，就一定能够成人成才，创造幸福快乐的人生。

（四）德育生活化的根本是激发学生的潜能，使学生实现自我教育

德育生活化不仅要引导学生形成健康的生活方式，学会如何为人处事；更重要的是要激发学生的潜能，使其实现自我教育、自学成才、自我增值，能为国家的发展和社会的进步贡献智慧与力量，最终过上幸福快乐的生活。多年来，学校一直秉持这个信念来开展德育工作。

二、执行到位，坚持不懈

（一）提升执行力是关键

德育工作的烦琐与艰巨，只有投身其中的人才有体会。如何执行既定的德育方针，执行的力度如何，执行的效果好坏，成为德育工作能否真正收获成效的关键所在。学校的德育流程图如下：

```
┌─────────────────────────────────┐
│ 德育专家、学者、德育机构          │
│ (指点德育理念、破解德育难题)      │
└─────────────────────────────────┘
            │
┌─────────────────────────────────┐
│ 学校德育主管副校长 (负责德育政    │
│ 策、理念的研究、制订,宏观指导     │
│ 德育政策、理念的落实,上与德育     │
│ 专家沟通,下与德育专干交流)       │
└─────────────────────────────────┘
            │
┌─────────────────────────────────┐
│          学生处                   │
│ (具体落实各项德育措施,负责学      │
│ 生的日常行为规范管理与班主任培     │
│ 训指导工作)                       │
└─────────────────────────────────┘

┌────────┐ ┌──────────┐ ┌────────┐ ┌──────────────┐ ┌──────────────┐
│班主任团队│ │团委、学生会│ │德育专干│ │生活指导教师   │ │心理保健专职教师│
└────────┘ └──────────┘ └────────┘ └──────────────┘ └──────────────┘

┌──────────┐        ┌──────────────────┐
│每一位学生 │ ◄───── │各班级、各学生社团  │
└──────────┘        └──────────────────┘
```

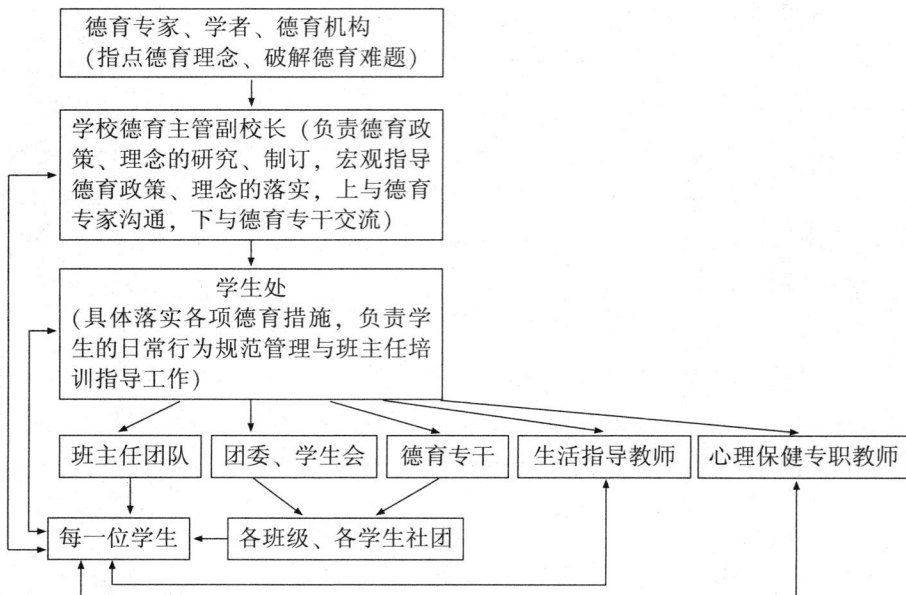

学校的德育流程图

从以上流程图中,我们可以看出以学生为中心的德育原则。各部门各司其职,其中执行的核心是学生处,学生处管理着班主任团队、学校团委、学生会、德育专干、生活指导教师、心理保健专职教师等学校的德育执行者。提升执行力,使每一个部门都能充分行使权利,每一个人都做到尽职尽责,避免出现工作拖拉、互相推诿的现象,杜绝出现工作空档及管理死角。

我们从上图中还看到,每一位学生除受到来自班主任、学生社团、生活指导教师、心理保健专职教师的直接教育指导外,还可能接受主管德育副校长与学生处干部的直接教导。反过来,学生除了得到班主任的教导外,也可以向生活指导教师、心理保健专职教师、学生处领导和主管德育工作的副校长提出自己的需求与困惑,寻求帮助。

也许有人会疑惑:如此这般,工作不会出现重复拖沓的现象吗?非也。

在执行的过程中,学校要求学生有问题先找班主任、学生会或学生社团寻找帮助。如果问题还无法解决,再逐级往上寻找帮助,依次为生活指导教师或心理保健专职教师——学生处——德育副校长(在学生刚入学时,学校已经将此明确告知学生)。这也是对班主任工作和学生处工作的反馈与监督。

(二)坚持不懈是根本

德育工作不是即兴表演,更不是彩排,每一天都是现场直播。学校的德

育工作成效一年比一年好，原因就在于学校做到了坚持不懈。从学生入学到学生到工厂实习，从学生在校学习到放假回家，从春夏到秋冬，学校都坚持实施"德育生活化"，坚持德育为首毫不动摇，坚持以最佳的状态面对日复一日的烦琐工作，坚持抓好每一天的工作，诸如考勤、做操、卫生、仪容、礼貌等，坚持在平常的学习生活中培养学生的自信心、责任感，坚持渗透价值观教育，坚持以乐观宽容的心态面对每一个犯错的学生，坚持以扬长教育挖掘每一位学生的闪光点……这些"坚持不懈"听起来不算什么，但十年如一日地坚持下去，就一定能够创造"水滴石穿，绳锯木断"的奇迹；这些年复一年的"坚持不懈"，就是学校推崇的"上善若水"的最好注解。

"成功就是简单的工作重复做"，也许这句话是对学校"坚持不懈"做好德育工作的最好总结。

（三）德育工作与课题研究相结合

实施"德育生活化"的过程中，学校非常注重与课题研究相结合。到目前为止，学校两个市级德育课题顺利结题，其中一个获得广东省德育创新成果二等奖和韶关市结题论文评比一等奖，两个省级德育课题正在有条不紊地开展，一项省级德育课题正在申报中。

学校认为，把德育工作遇到的难题上升到课题研究的高度，对破解德育难题、开创德育工作的新局面会有非常重要的作用。

（四）深信"办法总比困难多"

如果说做教师难，那么做德育工作的教师更难，而做职校德育工作的教师更是难上加难。随着社会的发展，学校的德育问题以几何级倍数在不断增长，这对每一位德育工作者是极大的挑战。但是，无论德育工作有多艰难，学校始终坚信"办法总比困难多"，秉持着"不抛弃不放弃"的理念，去实施、完善学校的三级德育目标和德育生活化管理模式。事实也证明，无论多么"难教育"的学生，经过学校两年的"调教""引导""肯定""表扬"，他们都有不同程度的进步，都能很好地适应社会与企业的要求，都有信心迎接未来的挑战。

看到"隐形德育"为每一位职校生插上"隐形的翅膀"，看到他们振翅飞翔，作为教师，还有比这更令人振奋吗？

专家点评

中职学生不好管，是中等职业学校面对的现实。曲江职业技术学校的经验给我们的启示是，把一个破败不堪的中职学校改造成为广东职教名校的"诀窍"是狠抓德育。德育内涵丰富，千头万绪，从哪里起步？狠抓德育队伍建设。德育不能仅靠学校领导，要靠全体教职工日复一日、细致入微的工作去落实。

余国天、许重阳两任校长，既有独到的教育理念，又有务实的治校方略。制订目标、确立理念不容易，落实目标、制度、理念更不容易。从"用心至上，学生为本"的角度出发，狠抓德育队伍建设，把德育理念转化为干部、教师的信念，不断提升各部门和全体德育工作者的执行力，是曲江职校成功的重要原因。

学校通过全员培训、师徒结对、课题研究、关怀备至、及时激励等多种方式提高德育队伍的素养，如建立星级班主任制度、业绩考核制度等一系列规章，在进修、学习、晋升、奖励、福利等诸多方面向班主任倾斜，在打造精干、敬业的班主任团队上狠下工夫。在德育工作队伍建设上，既注重观念树立、目标认同，又注重掌握规律、学会方法，更要求教师真正做到在生活、工作中实施全程德育，要求教师特别是班主任成为活动的德育载体。多年坚持，不断完善，学校在构建德育队伍培养体系方面形成了特色。

正因为有一支过硬的德育工作队伍，"大处着眼，小处着手""校园无小事，事事皆育人"的理念通过教师的消化吸收，成为全体教师的行动。正因为有全体教职工的努力，学生在校园的每一个角落都能接受道德的熏陶，每一节课、每个细节都能润物细无声地渗透德育。正因为有众多教职工的付出，社团活动、校内竞赛、校外活动、社会实践才能丰富多彩，富有吸引力，成为学生展现自我、感悟人生、提高素养的平台。

曲江职校以"自爱、自信、自立、自强"为德育重点，持之以恒地抓"崇德、立德、厚德"三级德育目标的构建，坚持不懈地教育人过更加真、善、美和有理想、有追求的德育生活。这个过程既是不断推进德育工作的过程，也是不断提升德育队伍素养的过程。相信曲江职校的同仁在许重阳校长的带领下，坚持"教育归根到底是为了人，为了人的一生幸福服务"的信念，能把广东职教名校办成全国职教名校。

（点评：蒋乃平　杜爱玲）

『期望教育』模式的探索与实践

——广东省广州市天河职业高级中学

名校／名校长简介

广州市天河职业高级中学是公办的国家级重点中等职业学校。目前，学校已基本构建了"一校三区两园"的办学格局，即沙河校区、棠德校区、渔沙坦校区（在建）、天河职中体育东路实验幼儿园和天河职中骏景实验幼儿园。学校占地92439平方米，建筑面积28760平方米。学校开设有金融事务、幼儿教育、美术设计、动漫制作、电子商务、商务英语、计算机软件技术、计算机网络技术、计算机多媒体技术、电气运行与控制、连锁经营与管理等11个专业，其中计算机软件技术、金融事务是广东省重点建设专业，幼儿教育、美术设计、计算机网络、商务英语是广州市重点建设专业。

学校现有60个教学班，在校生2600多人，教职工181人。学校是广东省中等职业学校计算机软件实训中心，学校教学资源丰富，设备设施优良，教学手段先进，全校共有多媒体教学平台60多个，多媒体电教室10多间，电脑室20多间，教学用电脑近千台，电子阅览室2间，语音室2间，校园网2个，有各专业教室和实习实训功能室150多间。

学校拥有一支高素质的教师队伍，专任教师本科以上学历达 100%，"双师型"专业教师占 87.2%，具有中高级职称的教师达 78%。学校先后有 32 人参加了国家级、省级骨干教师培训，承担了国家、省、市、区各类教育科研课题 26 项。2005 年至今，学校连续五年荣获广州市中等职业学校毕业班工作一等奖、天河区特等奖。校长戚韶梅曾荣获"广东省职业教育先进个人""广州市优秀教育工作者""天河区三八红旗手"等称号。由于办学成果显著，学校先后被评为广东省"三八"红旗集体、广州市教育工作先进单位、广州市依法治校示范校、广州市民主管理"三星级"单位等，2010 年被广东省教育厅列入首批"广东省示范性中等职业学校"。近三年，学生的专业技术鉴定通过率、毕业率、就业率均在 98% 以上，有 46 人次在参加中职学生各级专业技能大赛时获全国、省、市一等奖，2010 年有 8 名学生获免试升大学的资格。

以上成绩的取得和学校狠抓德育工作是紧密相关的。天河职中遵循职业教育规律和学生的身心发展规律，坚持德育为先、能力为重，构建以情感为纽带的"期望教育"模式，提高德育队伍的素质，引导学生围绕职业学做人，促进了学校其他工作的顺利开展。

核 心 管 理 思 想

天河职中是一所中等职业学校。针对学生的特点，学校确立了"德技并重，成就幸福人生；质量立校，打造职教品牌"的工作思路，贯彻以提高质量为核心的发展观，树立正确的人才观和质量观，建立科学的人才培养体制，坚持育人为本，努力实现人人成才、多样化成才。学校秉承"文明、求实、和谐、创新"的校训，坚持以常规立教、科研兴校、特色建校为目标，遵循职业教育规律和学生的身心发展规律，关注学生职业生涯持续发展的实际需要，坚持德育为先、能力为重、增强学生适应职业变化的能力。其创新举措有：

一、宽严相济，构建以情感为纽带的"期望教育"模式

学校切实加强和改进未成年人思想道德建设，注重精细化管理，加强养成教育、成才教育、创业教育，立德树人，注重教育对象的差异性，形成"基于规范，超越规范，宽严相济"的"人本管理，服务师生"的管理模式，以情感为纽带的"激发自尊，树立信心，发展个性，健全人格"的"期望教育"的育人模式，把促进学生健康成长作为学校一切工作的出发点和落脚点，关心每个学生，促进每个学生主动、生动活泼地发展，尊重教育规律和学生身心发展规律，为每个学生提供适合的教育。

二、教师为本，提高德育队伍的素质

学校加强班主任队伍建设，促进其可持续发展。重视对教师职业道德的培养，通过各种途径让教师自觉学习、掌握教师的职业道德规范，养成良好的师德。强化教师专业技能水平和实践教学能力，充分发挥教师教书育人的主导作用。广泛开展教师培训工作，引导教师关注学生的不同特点和个性差异，注重因材施教，尤其注重科研引领式培训。教师积极撰写个案、反思，教育理念得到进一步提升，能够紧跟时代步伐，与时俱进地开展班级管理

工作。

学校加大德育队伍培训的力度。2009 年，学校教师完成全员心理健康教育师资 C 证培训，所有教师均取得心理健康教育师资 C 证。目前，学校还配备了心理专业硕士毕业的教师，持有心理健康教育师资 A 证、B 证的教师共有 31 名。针对学生心理成长的需要，学校大力实施"校园心理健康教育工程"，把心理健康教育作为学校德育工作的重要组成部分，为学生的个性品质得到健康发展、综合素质得到全面提高提供坚强保证。

三、德技并重，引导学生围绕职业学做人

学校着力培养学生的职业道德、职业技能和就业创业能力。学校的专业建设坚持"面向市场、服务社会、优化结构、提高质量"的方向，长期建立专业指导委员会，及时捕捉市场动态，适时调整专业方向，打造品牌专业，构建并实施"宽基础，活模块，综合化"的课程体系。课程改革树立"课程要首先指向人的发展"的新理念。课堂教学构建"以学生为主体、教师为主导、能力培养和训练为主线"的互动式新型课堂教学模式。培养方向遵循"就业有优势、升学有希望、创业有能力、终身学习有基础"的培养模式。

坚持就业导向，着力提高学生的职业道德、职业技能和就业创业能力；突出以诚信、敬业为重点的职业道德教育，推动优秀企业文化进校园、进课堂；精心设计和组织开展内容鲜活、形式新颖、吸引力强的道德实践和主题教育活动；大力开展职业指导工作，加强创业教育，积极开展心理健康教育、职业健康和安全教育，完善就业

文艺表演

服务体系，提高就业质量；推行工学结合、校企合作、顶岗实习的人才培养模式；坚持教育教学与生产劳动、社会实践相结合，根据职业活动的内容、环境和过程，创新人才培养模式，突出"做中学""做中教"；组织学生岗位实训，以道德实践促进职业道德水平的提高；注意让学生先学习职业道德规范，掌握规章制度，然后按照职业岗位要求进行实训，养成严格的组织纪律和良好的工作习惯；促进学生思想道德素质、科学文化素质、身心健康素质和职业素养的明显提升，使学生增强适应社会和就业创业的能力，促进学校

科学发展，显著提高服务经济社会发展的能力。

总之，学校结合自身特点和工作实际，构建期望模式，丰富德育内容，创新德育途径，注重德育队伍的培训，突出以诚信、敬业为重点的职业道德教育，培养适应社会发展的职业人。

实践应用

天河职中的德育工作者努力创新方法，提高实效，走出一条适合本校的德育工作的新路子，打造属于本校的德育工作品牌，努力开创德育工作的新局面。

一、用无私的爱创造良好的德育环境

"皮格马利翁效应"给我们的启示是：教师对学生无言的爱，会使师生间心理相容，情感共振，使学生产生"亲其师，信其道，乐其学"的连锁心理反应。教育过程中，教师的"会心的微笑、赞许的目光、亲切的关注、耐心的倾听"等非语言行为能引起学生的情感共鸣，使学生从教师的教育中得到一种"爱"的信息，进而朝着教师期望的方向努力。教师若能时时、事事、处处向学生巧妙地传递一种信任、关怀、期望和尊重，我们教育的有效性将得以提高。

教育者要以博大、无私、纯洁而又高尚的爱去创造一种教育环境，善引导、重激励，使中职生自己行动起来，奋发向上，全面提高自己的综合职业素质。通过多年的探索，我校构建了以情感为纽带的"激发自尊、树立信心、发展个性、健全人格"的"期望教育"的育人模式。我们在面向全体的同时，因材施教，精雕细琢，开发学生的内在潜能。

（一）理智的爱是做好中职生工作的关键

理智的爱就是要求教师很好地将"热爱尊重与严格要求"有机地结合起来对学生进行教育。爱学生是教师的天职，是教育获得成功的基础，也是学生成长的需要。同时，还要尊重学生的愿望和需求，科学合理地对他们提出严格的要求。

1.热爱、尊重、充分信任学生，促使他们不断进步
善于用发展的眼光去评价学生，积极看待学生违反"标准"和"条条框

框框"的行为，充分挖掘学生的闪光点，"千方百计"地表扬学生，多鼓励、支持、欣赏学生，自觉成为学生潜能发展的欣赏者、激发者和培养者。陶行知先生一再提醒我们："你的教鞭下有瓦特，你的冷眼里有牛顿，你的讥笑中有爱迪生。""亲其师"才能"信其道"，学生越是感觉到教师的爱心，就会越加信任教师，教师的教育也就越容易被学生理解和接受，并转化为他们的自觉行动。如学校1996级楼宇专业的学生，90％是男生，入学时成绩差，纪律差，调皮捣蛋的学生多，教师虽一遍遍地给他们讲道理，可他们就是不听，教师做了大量工作，他们却依然我行我素。可是，若教师能在教育中给学生以真诚的爱，情况就大有不同。学生小林的爸爸得了癌症，妈妈精神状态不好，专业部长、班主任主动去接近他、关心他、帮助他，终于使他坚强起来，战胜了困难。小简上学路上遭遇车祸，学校校长、班主任老师第一时间赶去医院看望他，班主任给他买汤送饭，一勺一勺喂他吃，并组织同学给他补课，他很是自责，决心不辜负学校的期望，努力做一个好学生。正是这许许多多关心、爱护学生的举动，拨动了学生心灵深处的琴弦，引起了学生感情的共鸣，促使学生奋发向上。

省教育厅李小鲁副厅长在"梅州新生入学欢迎仪式"上对学校率先免费承担职教扶贫任务、圆贫困孩子读书梦的做法，给予充分的肯定。他同时希望学校把87位学生看成特殊的学生去关心，又把他们作为不特殊的学生进行教育，这是对我们的鞭策和期望。

梅州学生来到广州，不熟悉环境，学校组织他们免费参加"广州一日游"，引导广州的学生多关爱、帮助他们。他们想家了，学校组织他们游白云山，举行中秋晚会、元旦歌咏大赛，祭扫烈士墓，参观广州企业和公司，并与员工联欢。学校的党员教师更是把他们当成自己的孩子、弟弟妹妹，与他们沟通交流，谈理想，讲人生。学校领导深入课堂和宿舍，与学生座谈，了解学生的学习和生活情况。梅州学生生病了，老师、同学送药送汤，无微不至地照顾他们；梅州学生的专业技能较弱，学校专门为他们增开技能课，加强个别辅导。梅州学生生活有困难了，学校扶困助学基金给予资助，积极为他们提供勤工助学、社会实践的机会，组织部分学生到广东省教育考试院参与省自学及成人高考的统分工作，推荐梅州的学生到中山及东莞的企业、广州市的部分幼儿园、企业、银行和南方航空公司等顶岗实习，一定程度上帮助梅州学生解决了生活困难。

学校又把梅州孩子作为不特殊的学生进行教育，这些孩子是天河职中大

家庭中的一员，必须严格遵守校规校纪，树立明确的学习目标，端正学习态度，刻苦学习，精练技能，使自己早日成人、成才，使家庭早日脱贫致富。由于学校工作到位，梅州的贫困学生较快地融入学校生活，愉快地接受教育，主动地参加各项活动。2005年"七一"前夕，学校组织全体党员前往梅州市平远县开展了"下乡扶贫送温暖"活动，召开家长会，向家长汇报孩子的在校情况，让家长放心把孩子托付给我们。

2. 严格要求学生是爱的体现，是学生成长的需要

教师在对学生提出要求时注意循循善诱，耐心启发，善于进行"移情换位"，以同龄人的心态理解、接纳、信赖学生，设身处地体会学生的心理、处境，公平、公正地对待每一位学生，使学生懂得严格要求是自身进步的需要，是教师关心爱护他们的体现，因而自觉地接受，有意识地锻炼自己。

如刚开学，发现有新生吸烟，学校并没有立刻提出严禁吸烟的要求，而是通过健康教育课有意识地引导学生认识吸烟的危害，组织学生观看"珍爱生命，拒绝毒品"的展览，带学生到戒毒所参观，并利用"国旗下的讲话"进行宣传教育，组织学生学习《中学生守则》，讨论吸烟的危害，又

缅怀先烈

及时表扬了做得好的班级和学生，让学生理解教师的严格要求是为了他们的身心健康。在此基础上，学校规定："中学生严禁吸烟，一经发现吸烟者，将严肃处理。"由于教师将热爱、尊重与严格要求融为一体，反复讲清道理，使学生切实感受到教师的爱，并能化为自觉的行动，吸烟问题很快得到解决。

（二）激励是做好中职生工作的有效方法

激励就是指激发人的动机，使人有一股内在的动力，朝着期望的目标前进。在中职教育过程中，要根据中职生的需要和愿望，通过肯定、否定或强化等手段，加强或改变中职生的某种行为，以激发其学习积极性。

1. 目标激励

教师要帮助中职生设置切实可行的目标，根据中职生的具体情况，按照"最近发展区"原则，让学生"跳一跳，够得着"，帮助其制订阶段性小目标，让学生体验成功。

学生小梁无心向学，经常缺课，班主任在了解他厌学的原因后，帮助他进行分析，并与他一起制订了各个阶段的学习目标，从最基本的每天坚持回校上课开始，循序渐进地提出要求，同时，对他的点滴进步及时给予肯定、强化。过了不久，小梁便有了进步，不断达到预定的目标。

2. 优势激励

"金无足赤，人无完人。"再好的学生也会有缺点，再差的学生也会有优点。著名教育家魏书生说过："差生不缺训斥和挖苦，只缺表扬和赞赏。"所谓"良言一句三冬暖，恶语伤人六月寒"，教师要充分挖掘中职生的闪光点，以找优点为评价的出发点，真心地称赞他们，真诚地欣赏他们，多用鼓励性评价。

小吴在单亲家庭中长大，无纪律意识，有时顶撞老师，但他字写得好，画画得漂亮，班主任就发挥其优势，让他负责班级的黑板报工作，他非常尽责，从主题的确定、组稿到版面的设计，他都认真对待，他的工作得到老师、同学的好评。在真诚地欣赏他的同时，班主任又耐心地帮他分析不足，使他扬长避短，努力克服缺点。慢慢地，他与老师的关系变得融洽了，也遵守纪律了。

3. 参与激励

针对一些中职生精力旺盛、喜欢活动的特点，学校多层次、全方位地开展活动，抓住时机，让后进生在活动中重塑自我。教师从学校的众多教育活动中，有意识地选择一些健康有益、积极向上的活动，吸纳后进生参加，将其过剩的精力转移到这类活动中来，不失为转化这类后进生的有效途径。如学校开展的"百歌颂中华、百书育英才、百片塑国魂""我为学校添光彩"、模拟法庭、中职生文明风采活动、青年志愿者服务队等活动，让学生自主管理，抓住学生表现好的时机，因势利导地进行教育。同时，实施"一切从今天开始"的鼓励原则，不揭短，让学生重塑自我，收到了很好的效果。

4. 榜样激励

榜样激励就是利用先进典型感染和教育学生，使其提高思想认识，矫正自己的行为。"榜样的力量是无穷的"，在榜样的影响下，学生可以形成良好的行为，也可以消除和抑制一些不良行为。

在学生工作中，学校坚持树立"十佳"学生、优秀三好学生标兵、优秀学生干部等典型。如学生小吴获得了"林和街综治委"的"见义勇为"奖，学校就在全校大会上进行宣传、表彰，号召全校学生向他学习。以后进生为

主要队员的学校足球队平时训练刻苦，在区里的足球赛中顽强拼搏，获得了好成绩，学校表扬了他们，将其相片贴在学校的光荣榜上，并给家长发喜报，激发了队员奋发向上的信心，使他们不断朝着老师期望的方向努力。另外，学校还设立了各种单项奖、进步奖，激励后进生奋发向上。

通过实践，我们认识到：对中职生要尽量少用强制性手段，而应代之以爱；要坚持不懈地做好深入细致的思想教育工作，适时选择各项激励措施，从倾注无限爱心出发，着力培养和造就具有现代竞争意识、良好职业修养和专业能力的德能兼备的职业人才。

二、广泛开展班主任培训，提高班主任素质

班主任是中职学生管理工作的主要实施者，是中职学生思想道德教育的骨干力量，是中职学生健康成长的引领者。学校结合《关于加强中等职业学校班主任工作的意见》加强对班主任的管理，广泛开展班主任培训，整体提升班主任的工作水平。

班主任要针对学生在成长过程中遇到的实际问题进行教育、引导和援助，帮助学生提高应对挫折、适应岗位、融入社会的能力，教育、引导学生树立正确的职业理想和职业观念，形成良好的职业道德，提升职业素养与职业生涯规划能力。

只有提高班主任队伍的整体素质，学校的德育管理工作才能真正落到实处。

（一）教师的人格魅力是做好德育工作的保证

俗话说："说千言道万语，不如做个好样子。"以身示教是做好德育工作的保证。学生只有认为教师值得自己尊敬信任，才会接受教师的教育。教师教育学生，不仅靠"言传"，更重要的是"身教"。孔子说："其身正，不令而行；其身不正，虽令不从。"教师要教育学生做什么样的人，自己首先要成为什么样的人。美国心理学家曾做过一个有趣的实验，把儿童分成四组，每组配一个实验员，让实验员与儿童建立良好的关系。实验员在得到儿童的信任（取得教师的地位）之后，向儿童宣传为孤儿院募集捐款。第一组实验员向儿童宣传慷慨捐款救济孤儿的意义，同时自己捐出钱款；第二组实验员宣传不去救济孤儿，把钱留给自己，不予捐款；第三组实验员宣传慷慨、仁慈，自己却很贪婪，不予捐款；第四组实验员宣传贪婪，不叫儿童捐款，自己却慷慨捐款。实验结果是：第一组儿童全部捐了款，第二组没有一个儿童

捐款，第三组少数儿童捐款，第四组绝大多数儿童捐款。这个实验表明，一方面，学生具有很强的模仿特点，有一种"天生"的向师性；另一方面，教师的言传身教非常重要。因此，教师必须严于律己，以身作则，为人师表，堪为学生的表率。

（二）班主任持证上岗，确保德育工作的实效

班主任如何才能让学生安心守纪、热爱专业、勤学苦练技能、积极主动地学习和生活呢？这是每个中职学校的班主任都必须考虑的问题。中职学生中存在的自卑、自暴自弃的问题，日益严峻的就业形势和日趋激烈的就业竞争，学生的复杂就业心理，对班主任提出"双证"（心理健康教育师资 C 证和职业指导师证）上岗的要求。学校加强了心理健康教育，2009 年，我校教师完成全员心理健康教育师资 C 证培训，所有的教师取得心理健康教育师资 C 证。目前，学校还配备了具有心理专业硕士学位的教师对学生进行心理辅导，学校现有持有心理健康教育师资 A 证、B 证的教师共有 31 名。这些措施提高了班主任"心育"的能力和水平，使他们学会判断哪些是思想问题，哪些是心理问题，改变以往那种常常用解决思想问题的方法去解决心理问题的做法，提高了德育的实效性。同时，为更好地帮助学生客观地认识自己，科学地规划自己的职业生涯并做好从业准备，从容面对激烈的社会竞争，赢得自己的发展空间，我们要求班主任要取得职业指导师证书，有效地对学生进行职业指导和职业生涯规划，对学生的发展高度负责。

（三）以德育课题为引领，提高班主任的工作水平

学校坚持"人本管理，服务师生"的理念，在教师管理上致力于关心教师、培养教师、促进教师发展。学校按照人文关怀的思路，支持、帮助教师成长，鼓励教师向"双师型"方向发展。一些班主任参与了全国教育科学"十五"规划教育部重点课题《职业指导和创业教育的研究与实验》，组织开展了中国教育学会"十一五"科研规划《中国学校心理健康教育行动研究》重点课题的子课题《心理档案在学校班级管理、学科教学应用的研究》的研究工作，以研究活动促进队伍建设。

（四）引进激励机制

本着优质优酬的原则，细化《班主任绩效津贴方案》，对班主任工作在效能上实行量化考核，促进德育队伍专业能力的提升，加强班主任的岗位责任意识，保证学校各项工作的有序开展。组织班主任参与各级各类培训，开

展德育科研、班主任技能大赛，鼓励德育工作创新，评选学校德育研究方面的优秀论文，展示优秀德育成果，坚持办好《班主任通讯》，为学校德育工作者提供一个交流的平台。帮助班主任提高专业能力，培养造就一批班主任工作带头人，发挥名班主任和骨干班主任的示范引领作用。陈丽萍和林燕青两位老师被评为"广州市中等职业学校十佳班主任"。学校重视班主任工作的典型经验宣传，通过宣传和奖励，加强班主任队伍建设，充分发挥班主任在学校德育工作中的重要作用，使班主任工作成为教师踊跃担当的光荣而重要的岗位，并选派班主任参加全省中职骨干班主任的培训。

三、关注学生的全面发展

学校坚持以人为本，全面实施素质教育，培养德智体美全面发展的社会主义建设者和接班人；面向全体学生，促进学生的全面发展，着力培养学生的社会责任感、勇于探索的创新精神和善于解决问题的实践能力；遵循职业教育规律和学生身心发展规律，关注学生的职业生涯发展，坚持德育为先、能力为重，增强学生适应职业变化的能力。

（一）以学会做人为基点，提高学生的职业品德

著名教育家陶行知说："什么是教育？简单一句话，就是要养成良好习惯。"美国心理学家詹姆士说过："播下一种思想，收获一种行为；播下一种行为，收获一种习惯；播下一种习惯，收获一种性格；播下一种性格，收获一种命运。"可见良好行为习惯的养成何等重要，它直接影响着人的性格和一生的命运。因此，中职学校教

学生参加健美操比赛

育必须把养成教育放在首位，而养成教育的重点就是良好习惯的养成。

长期以来，学校坚持"德技并重"的教育理念，针对生源实际，学校高度重视日常行为规范的养成教育，对学生的日常文明行为训练常抓不懈，教育学生"勿以善小而不为，勿以恶小而为之"，培养学生形成终身受益的文明行为习惯。"文明守纪是四方通用的自荐书"，文明守纪的中职生自然能得到社会、用人单位的青睐。学校重视新生教育，将文明守纪教育放在突出位置，在招生补录、新生注册、新生军训、新生教育周、新生家长会等活动中

狠抓各项规章制度的落实工作，努力做到起始于知，落实于行。2010年，学校有50%的学生是补录进来的，在补录时，教师与学生逐个进行耐心细致的沟通，让他们认识学校，了解学校的管理；新生注册时，学校的行政人员、专业部长热情接待，向家长、学生派发学校简介，温馨提示入学后应遵守的行为准则及注意事项；开学第一周的新生教育周，学校通过学习《天河职中日常行为规范》《中等职业学校学生学籍管理暂行办法》《天河职中学分制手册》等，让学生知道在新的学习环境中，应如何规范自己的行为。通过参观实训室、与师兄师姐的座谈、老师的专业介绍、优秀毕业生的成功案例分析、行业专家的报告会等，加强学生的专业教育，使学生从进入学校开始就能明确目标，规范行为。学校的教育策略是"重激励、善引导、不揭短"，家长工作做到"三多"，即多向家长宣传正确的家教方法，多与家长沟通，探讨教育的有效途径，多让家长了解、参与学校的教育工作。学校做家长工作的方法是"多报喜，巧报忧"，学生只要有进步，教师就通过家访、电话、发喜报的形式向家长报喜，让家长与老师一起对学生多加鼓励，不断强化其好的行为，使其自尊、自信，朝着教师期望的方向发展。教师在教育过程中谨防"第一次"违规事件的发生，一旦发现有不良行为的苗头，就做到全员参与、家校联动、齐抓共管，及时教育引导，绝不能放任自流、熟视无睹，让学生懂得"无规矩，不成方圆"的道理，懂得遵纪守法是基本的行为准则。

同时，学校通过《天河职中德育大纲》《天河职中学生一日生活行为规范》等加强过程管理，使学生努力做到知羞耻、讲诚信、明礼仪、守法纪，学做文明的人。学校开展了"新天职人"精神大讨论，丰富了校训的内涵。学校组织学生参加全国和省中职学校学生"文明风采"大赛，组织了"遵纪守法好学生"的评选活动，组建由行业专家、企业家、退休教师和优秀毕业生为骨干的校外辅导员队伍，在各专业的重点实习单位建设校外德育基地，邀请行业专家和企业家开设有关职业素养的沙龙，通过企业讲座、社会调查等活动，让学校德育延伸到社会，把学生被动接受德育变为主动体验德育。

职业道德是职业素质的首要方面。学校根据学生身心发展规律和全面发展的需要，分层次、分阶段、有针对性地科学规划职业道德教育内容，为一年级新生开设职业道德与职业生涯课，开展"生涯设计，由此做起"的专题教育，为二年级学生开设法律与法规课，组织"学会团结协作，与人和谐相处"的素质拓展训练，为三年级学生开设职业指导和岗前教育课，进行"真情留于母校、才智献给社会"的教育。此外，各专业在课堂教学和实训实习中不断强化以敬业爱岗、诚实守信为重点的行业职业道德教育，教育内容涵盖职业道德规范、职业道德纪律、就业观念、创业意识及职业生涯设计；加大课堂讲座、"门诊对话"式教学力度，正视学生提出的热点、疑点、难点问题，以"工学结合"、顶岗实习，实例教学、案例教学保证职业道德教育的开展；把职业道德教育融入学生学习的各个学科，渗透到教学、实习和社会服务各个环节，使中职生掌握职业活动中应该遵循的行为准则，学会正确处理从业者与服务对象之间的关系，激发竞争就业、创业的勇气和信心，培养良好的职业素养。

（二）以校园文化建设、活动德育为载体增强学生的职业素养

学校认真贯彻落实全国中等职业学校德育工作会议和《教育部、中宣部、中央文明办、人力资源社会保障部、共青团中央、全国妇联关于加强和改进中等职业学校学生思想道德教育的意见》，遵循中等职业学校学生身心发展的特点和规律，拓展德育途径，丰富德育内容，创新德育载体，改进德育工作的方式方法，增强德育工作的针对性、实效性、时代性和吸引力。

为了更好地传承优良传统，真正营造一种具有人文关怀的氛围，学校投入 80 多万元，围绕学业观、职业观、商业观、事业观和创业观这"五观"全面打造校园文化，各班根据专业特色，建设班级文化，设置图书柜、宣传栏、荣誉橱，张贴励志和提升人文素养的宣传画，并把经反复讨论、有专业特点、符合本班实际的班训醒目地装饰在课室。建设文学社、DJ 社、合唱团、舞蹈队、醒狮团、技能队、乒乓球和羽毛球俱乐部等几十个学生社团，塑造品牌文化。目前，这些社团活跃在校园里，活跃在各种赛场上，频频出场，屡获佳绩。学校"天威"醒狮团获省龙狮赛二等奖、"枫林"文学社被评为广州市中职学校"十佳"学生社团。

党员活动

展示，既能树立自己的信心，又能引发他人的兴致，所以展示是职业素质培养过程中最重要的一个环节。学校创建校学生电视台、校园网站、校园广播站、校刊《枫林》和板报橱窗五大交流平台，并使它们成为学生充分表

达思想、开展文化交流与文化传播、展示潜能和素质的阵地。

中职德育是活动的德育，也是行动的德育。活动德育是中职德育创新的有效途径。中职学生文化基础较差，但是人的智能是多元多维的，他们或许在身体、语言、音乐、专业技能等某一智能领域具有潜能，非逻辑思维还可能具有优势，如何因材施教，推进中职学生的德育工作是中职教育工作者需要考虑的问题。知行合一，以行为主，是中职德育的基本理念。学校以德育活动为载体，强力推行"活动德育"，积极规划和设计了"活动德育"的系列活动，通过开展丰富多彩、富有时代特色、为学生所喜爱的活动，如举办学校技能节、科艺节、体育节、合唱节、动漫节、校运会、专业技能赛及组织学生参加全国和省中职学校"文明风采"竞赛，为他们的特长和才华的展示提供舞台，让学生在活动中增强组织能力，形成团队合作精神，体验成功，提高觉悟，自觉加强自身的修养。

学校高度重视"文明风采"竞赛活动对学校德育工作和职业教育工作的促进作用，在全校范围内发动广大师生参与此活动，充分发挥活动的育人功能，努力构建文化校园、文明校园、和谐校园，把开展"文明风采"竞赛与学生的德育工作结合起来，全面推进我校的精神文明建设和校园文化建设，力争使学校的德育工作再上新台阶。学校参加第六届全国中等职业学校"文明风采"竞赛，成绩喜人，多名老师、学生获得全国一、二等奖。

为创造良好的城市环境，让师生更好地关注社会环境问题，能够尽己所能参与环境保护，以实际行动创建"绿色社区"，营造良好的生活学习环境，促进社会、经济和环境的可持续发展，学校组织了"争做环保卫士，共建绿色校区"的环保活动，由教师和青年志愿者组成的采访小组到街道办事处就沙河街环境卫生整治问题进行访谈，并开展了调查活动。

（三）以职业指导为基础、实践教育为途径提升学生的职业能力

坚持就业导向，着力提高学生的职业道德、职业技能和就业创业能力。突出以诚信、敬业为重点的职业道德教育，推动优秀企业文化进校园、进课堂。创新教学环境，强化实训和技能训练，促进学历证书与职业资格证书对接，提高学生职业资格证书的取证率。着眼于学生技能的提高，促进职业教育与生产实际紧密结合，健全技能竞赛制度。大力开展职业指导工作，加强创业教育，积极开展心理健康教育、职业健康和安全教育，完善就业服务体系，提高就业质量。

开展职业指导工作。职业指导是对中职学生进行思想道德教育的重要途

径。中等职业学校要把思想道德教育全面融入职业指导工作中，加强职业意识、职业理想、职业道德等方面的教育，引导学生树立正确的职业观，养成良好的职业道德行为，提高就业创业能力。同时，学校完善中职学生就业信息服务系统，帮助学生认清就业形势，促进学生顺利就业。

职业指导是职业学校德育工作的一大特色，职业学校的职业指导工作重在育人，立足于教育与引导，以全面提高受教育者的素质为目标，使学生掌握一定的求职就业、开拓创业、升学发展的知识、技能和方法，为今后职业生涯的发展奠定基础。

学校在职业指导工作中遵循教育性、援助性、主体性、实践性的原则，围绕"三全、四结合"积极探索职业指导工作的新路子。"三全"是做到在学校全程贯穿、渗透职业指导内容，学校行政、教师、教辅人员全员参与职业指导工作，学校教育教学、实训、管理等工作全面落实职业指导任务。"三全"要求旨在建立起由校长领导，实训处具体负责，以班主任、职业指导教师、学生管理工作人员为主体，全校教职员共同参与的职业指导工作体系。

学校还注重"四结合"：

（1）职业指导与课堂教学结合，发挥课堂教学的主渠道作用。积极改进教学、考核的方法和手段，发挥学生的主体作用，力求收到实效。

（2）职业指导与德育工作结合，培养学生良好的职业素质。根据专业特点以及学生不同阶段的思想问题，召开有针对性的主题班会。如"自信人生、心怀未来——暨职中学生的发展前途及心理咨询记者答辩会""廉洁自律，收获美好人生——职业道德主题班会""成功之路——职业理想主题班会""提高综合素质，开创美好的职业生涯——创建和谐班级系列主题班会""天道酬勤，只争朝夕——开创美好的职业生涯系列主题班会"等。要求每个班主任都召开"职业生涯设计主题班会——我有我方向"的班会，并请观摩的教师到班级听课。观摩的教师须认真填写评分表，给出中肯的意见，共同为德育工作出谋划策。

（3）注重职业指导与市场结合，根据当地经济结构的调整、技术进步及劳动力市场的需求，及时改造和调整专业设置。开展社会调查。通过社会调查，学生知道了自己所学的专业对应行业的职业道德和行为规范，深切地懂得了良好的职业道德和行为规范关系到企业的生存和发展，也是一个人求职立业之本、创业之基。

模拟企业和创业实践活动，使学生思考就业创业的问题，思考自己的未来，理性而有计划地开展学习与实践，了解创业所必需的能力以及如何在日常生活、学习中掌握这种能力。开展"职业生涯"设计比赛，让学生在认识自我、了解市场的基础上，对就业、创业提出远景规划与设想，通过设计明确中职三年学习生活中每个阶段的努力方向。以提高职业技能为核心，加强职业道德教育，开展系列教育活动。进行"脱口秀"培训，开展模拟招聘、面试活动，教学生学会写求职信、面试信、自我推荐书，学会选择学校、报考和填报志愿等技巧。组织学生参与营销活动，让学生体验到社会对从业人员的素质要求，找到自身的差距。充分利用已就业的学生的成才事例教育在校生，请优秀毕业生回校作专题报告。

学校开设沙盘演练课程。在沙盘演练课程中，学生按模拟公司分成 6 至 8 个组，每个模拟公司的成员由总经理、营销总监、采购总监、生产总监、财务总监、财务助理组成，学生扮演相应的"职业角色"，按岗位赋予的责、权、利去完成经营任务。对于刚入学的学生来说，每个模拟公司生产相同的产品，他们要去竞争拿订单，要去争夺市场，要比较经营成果，所以学习过程充满挑战，但这种挑战激发了他们的学习热情。通过企业认知实训第一阶段的训练，学生可以了解企业的经营环境，明晰企业的组织结构，认识业务流程，明确岗位职责，学会按指导操作、经营业务。此外，通过协同训练，学生之间可以加强沟通，培养团队精神。

（4）注重职业指导与教学工作的结合，强化技能训练。职业教育就是就业教育，当前中职学校在职业指导上存在与行业需求脱节的弊端，关起校门开展职业指导的现象比较普遍。学校坚持以职业指导为基础、实践教育为途径增强学生的职业能力。首先，选派职业指导教师参加上级组织的培训，使其取得职业指导教师证书，组织教师到工厂、企业顶岗实践，使其亲身体验行业需求，在职业指导上做到有的放矢。每年新生入学后和每学期开设选修课时，职业指导教师和承担选修课的教师在学校大厅"坐诊"，为学生提供潜能咨询和专业定向辅导的服务，帮助学生认识自我和确定专业方向。其次，通过在学校开设职业指导和创业教育课及讲座，开通职业指导论坛，成立由行业专家和企业家组成的职业指导沙龙活动，开展优秀毕业生事迹报告会和校外辅导员的教育指导等，帮助学生认识自己，了解职业，了解社会，树立正确的职业观，从而提高专业学习和职业技能训练的自觉性。再次，学校向毕业生提出"零适应期"的职业能力要求，强化实践教育，做到校内实训基地建设与校外实训基地建设并举，实现内外优势互补。在校内实训基地建设上，学校已组建了各专业省、市级重点专业实训中心，校内实训基地和技能鉴定站，随时吸纳各专业、各学科领域的新知识；所有开办专业都配备齐全的实验实习实训设备；充分利用资源、节约资金，达到多专业、多项目通用的"高、新、全、通"的标准要求。

与此同时，学校在广州市、韶关市、东莞市及天河区等地与企业共同建立了校外实训基地。基地接受教育和培训，培训方案由学校和企业共同制订。基地实行课堂教学与现场教学、校内教育与企业教育相结合的教育方式，在学生德育量化考核上，做到德育评价与职业需要相适应。参与评价的主体，除了自己、同学、教师，还包括师傅、实习单位等，形成全面的学生德育评价标准，为学生选择合适的职业发展方向、开展职业生涯设计、增强职业能力、走向职业发展打下良好的基础。

（四）充分挖掘社会教育资源，创新职业教育的育人模式

学校聘请了北京残奥会冠军——周杨静、广州市佳捷企业管理咨询机构有限公司会计师、业务经理刘凤仪等近年从天河职中毕业的社会优秀人员担任校外辅导员。一方面，这些校外辅导员利用自身的社会资源为学生提供见习、实习、社会实践等机会，另一方面，他们深入专业部、班级，与学生分享自己的学习、生活、工作、

学生参加亚运会志愿者服务

创业、成才的感悟，做学生的贴心朋友。这一举措，不仅为学生接触社会，增强对社会及行业发展现状、前景的了解，强化职业意识开辟了新的途径，同时，用师兄师姐的先进事迹教育学生、感染学生，使学生可以更好地了解优秀人才的成长经历，从而为自己的成才奠定良好基础。如上海麦克力电气集团广东办事处总经理黄志斌校友受邀回母校参加"智慧碰撞　科学发展——天河职中金融专业建设论坛活动"，学生对他进行多次采访。他用生动的经历告诉学生：中职是人生的一个阶段，没有积累、沉潜、执著，是不可能成功创业的。

同时，学校也聘请了行业、企业劳模，技术能手，一线的精英，职教领域的专家担任校外辅导员，加强以诚信、敬业、协作为核心内容的职业道德

教育。学校还开展"爱我专业""诚信伴我行"等专题教育活动，使敬业、诚信光荣的观念深入学生的心灵，为学生将来成为现代的职业人打下基础，使德育工作贴近企业、依托行业、结合产业发展，实现人才培养与企业和社会需求的紧密结合。

反思拓展

中职学生是我国未来产业大军的重要来源，他们中的绝大多数毕业后将直接进入社会，开始职业生涯。他们的思想道德状况如何，直接关系到我国产业大军的素质，关系到国家和民族的未来。我们必须根据职业教育的实际和中职学生的特点，坚持以人为本，以学生为主体，遵循中职学生身心发展的特点和规律，增强德育的针对性、实效性、时代性和吸引力，切实加强和改进中职学生的思想道德教育，提高中职学生的思想道德素质。天河职中不仅要培养拥有一技之长的学生，更要培养综合素质好、职业能力强、综合素质高的人才。如今，学校的办学观念已实现三个转变，即从片面追求就业率向追求高质量（对口、稳定、高薪、有发展空间）就业转变；从单纯重视技能培养向重视综合素质和职业能力（职业技能、职业精神）培养转变；从单一的专业教育向满足学生"就业与升学"的需要转变。经过长期的探索与实践，学校德育工作的"三板斧"（即宽严相济，构建以情感为纽带的"期望教育"育人模式；教师为本，着力提高德育队伍素质；德技并重，引导学生围绕"职业"学做人）使德育工作取得了一定的成效，但仍有许多需反思与拓展的方面。

一、关于德育队伍

教育大计，教师为本。有好的教师，才有好的教育。中等职业学校德育队伍是中职学生管理工作的主要实施者，是开展中职学生思想道德教育的骨干力量，是中职学生健康成长的引领者，因此，德育工作者要自觉做好"教书育人"的工作，以人格魅力和学识魅力教育感染学生，做学生健康成长的指导者和引路人。

（1）高尚的人格魅力是教育的基础。教育是一种以人育人的群体性行为，"为人师表"在于有"为"，以身示教，堪为人师是教育的基础。学生认可一个教师，不仅认可他的"口才"，更看重他的"行动"。孔子说："其身

正，不令而行；其身不正，虽令不从。"因此，教师必须严于律己，以身作则，为人师表，堪为学生的表率，从热爱学生角度出发，继承和发扬孔子的"有教无类"和陶行知先生的"爱满天下"的精神，把爱洒向全体学生。

（2）树立"终身学习"的理念。由于职业技术教育是一种定向教育，学生从跨入校门的那一天起，各方面的发展都打上职业的烙印，与职业相关的知识、技能都是他们所关注的，因此，他们更看重教师的专业技能。"学高为师，身正为范"，教师的威信和影响力主要来自一是学问，二是品德。如果教师品德修养高，但知识水平和业务水平低，他也很难取信于学生。教育家马卡连柯说得好："学生可以原谅教师的严厉、刻板，甚至吹毛求疵，但不能原谅他的不学无术。"而现代社会要求教师既要精通自己的专业又要有创新的能力（摄取、更新、运用信息的能力，探索和研究能力等），在知识结构上，既有横向广博性，又有纵向深邃度。这就要求教师树立"终身学习"的理念，不断去学习、学习、再学习，实践、实践、再实践，尽快确立教育专家的角色，淡化行政权威的影响，发挥专家的作用，教学生学会做人，学会学习，学会生存，学会发展。

二、关于育人模式

美国人本主义心理学家罗杰斯告诉我们："应以情感为纽带，建立师生间良好的人际关系。"良好的师生关系，不仅能缩短师生双方的距离，使学生得到安全感和满足感，同时，也会激起学生"亲其师"而"信其道"，进而影响教育的过程和结果。许多研究表明，在教育教学过程中，教师是影响学生的最积极、最活跃的因素。这种影响的大小不仅取决于教师的专业知识、教育教学方法技能，而且也取决于教师能否用自己的情感感染学生。正所谓"情动于中而形于外"，心理学上的"皮格马利翁效应"就向人们揭示了教师的情感在学生发展中的神奇作用。这一效应充分说明，教师对学生无言的"爱"会使师生间心理相容，情感共振。学生处于无拘无束、心情舒畅、精神振奋的心理状态中，教师的教育引导便在不经意间成为学生的自觉行动。而教师的情感就源于教师对教育事业的执著追求，源于教师对学生的博大无私、纯洁高尚的爱。这就要求教师做到：

（1）了解新时期职业学校学生的心理特征及职业学校的培养目标，加强对新时期中职学生文化的研究，特别要研究信息时代的学生如何引导教育。只有加强研究，才能了解学生，培养学生，塑造学生，才能对学生因材施教，使学生价值观念等方面符合培养目标。

（2）在职业学校的实际生活中，公平感是调动学生积极性的重要心理因素，而且，未来社会是高度法制化的社会，即将走向社会的职校生追求人与人之间的平等。教师要善于进行"移情换位"，以同龄人的心态理解、接纳、信赖学生，设身处地体会学生的心理、处境，贯彻机会均等原则，给学生创造一种平等的外部环境，公平公正地对待每一个学生。

（3）善于用发展的眼光去评价学生，树立"人人是可造之才"的观念，积极看待学生违反"标准"和"条条框框"的行为，充分挖掘学生的闪光点，"千方百计"地表扬学生，多鼓励、支持、欣赏学生，成为学生潜能发展的欣赏者、激发者和培育者，尊重学生，平等民主地对待学生。教师和学生虽然在权利和义务上有不同，但在人格上应该是完全平等的。应把学生看成平等意义上的"人"，只有当学生把教师看做是和自己平等的一员时，他才可能心悦诚服地接受教师的合理要求，并将其内化为自己的东西。教师应以平等的态度对待学生的一切思想问题和行为问题，与学生一起探讨，充分尊重和理解学生的爱好，尊重学生的情感，尊重学生的理想，尊重学生的选择。

职业学校的学生作为高中生中的一个弱势群体，家长非常希望教师能多一点关爱、鼓励，引导学生走好人生路。教师要对学生多一点期望、信任、关注，时常给学生以会心的微笑、赞许的目光、亲切的关注、和蔼的话语、耐心的倾听，使师生间心理相容、情感共振，以期产生"皮格马利翁效应"。

专家点评

期望自己所教的学生成功，从发展的角度关爱中职学生，才能营造和谐的师生关系，才能让学生按照教师期望的方向发展。

只有教育者具有正确的学生观、人才观，坚信"人人有才，人无全才，扬长避短，个个成才"，才能发自肺腑地期望学生成功，才能正视差异、尊重差异、善待差异，才能换一种眼光看人才，换一种眼光看教育，换一种眼光看学生，才能引导学生形成"天生我才必有用"的成才观。天河职高构建的期望模式，以教师坚信学生"人人是可造之才"为基础，引导教师自觉运用目标激励、优势激励、参与激励、榜样激励等多层面的激励手段，自觉成为学生潜能发展的欣赏者、激发者和培育者，充分挖掘学生的闪光点，做到

"千方百计"地表扬学生，鼓励、支持、欣赏学生。因而，期望模式有扎实的根基，也取得了令人欣慰的效果。

只有教师关爱学生，才能发自内心地关注学生的未来，不辞辛劳地发掘学生的长处，持之以恒地引导学生走向成功。在上千年"学而优则仕"的文化积淀和盲目追求甚至崇拜学历的现实社会中，进入职业学校的学生，承受着成年人都难以背负的心理压力，遭遇学业挫败，感到前途无望，他们更需要得到教师的爱。天河职高的教师，不但善于用发展的眼光去评价学生，而且善于从发展的角度去关爱学生。他们引导学生关注未来，相信自己会有一个成功的未来，他们把严格要求学生视为对学生的未来负责，是爱学生的表现。天河职高教师对学生的爱，宽严相济，正确地处理了爱与严的辩证关系，体现了师爱的原则性，发挥了师爱难以替代的作用。

天河职高在戚韶梅校长的带领下，把教育、教学改革都指向人的发展，关注学生职业生涯的持续发展，引导学生围绕职业学做人，围绕职业学做事，坚持德育为先，能力为重，全面发展。天河职高既把德育与智育通过职业有机地融为一体，又突出了职教德育、智育的特色。天河经验证明，落实《国家中长期教育改革和发展规划纲要（2010—2020年）》的要求，"把促进学生健康成长作为学校一切工作的出发点和落脚点"，学校就会朝气蓬勃、充满活力。

（点评：蒋乃平　杜爱玲）

用『四化』落实『三贴近』，创新职校德育工作

——河南省工业科技学校

名校／名校长简介

　　河南省工业科技学校始建于1964年，隶属于河南省供销总社，是普通中等专业学校、国家级重点中专、河南省文明单位。校长岳小战，政治学科高级讲师，从事职业教育和管理25年，担任学校党委书记和校长7年，是学校德育工作的领航人和坚守者。近三年来，学校注重内涵式发展，积极开展学生的综合素质教育，狠抓思想政治工作，突出实践性教学，整个校园风清气正，学生乐学，教师乐教，处处春意盎然。2010年，学校被评为河南省首批国家中等职业教育改革发展示范学校、河南省首批教育教学质量评估试点学校。

　　建校40多年来，学校认真贯彻执行党的教育方针政策，立足河南，服务社会，秉承"敦品励学"的校训，坚持"自强、创新、重技、和谐"的校风，遵循"以服务为宗旨，以就业为导向"的职业教育办学方针，全面推进教育教学的改革与发展。特别是近几年，学校以学生专业技能大赛为依托，狠抓技能型教学和学生的综合素质教育，切实提高技能培养水平，为合作企业和社会各界培养了大批综合素质高、技能过硬的优秀人才。

各个专业的学生在国家和省级技能大赛中屡获佳绩，2010年，学校学生荣获汽车专业喷涂项目的全国总冠军，受到教育部、河南省政府、教育厅的嘉奖。被评为国家中职教育改革发展示范校以后，学校以此为契机，以深化改革和强化内涵建设为出发点，突出重点专业，打造骨干专业，培育特色专业，加快实训基地建设，推进校企一体化改革，提高教育教学水平和人才培养质量。学校以"双师型"队伍建设为切入点，提升教师的专业素质和实践性教学能力，使教育教学质量大幅提高，培养了一大批技能强、素质高的优秀职业技能人才，走出了一条质量强校的办学之路。学校进一步深化人事收入分配制度改革，搞活内部管理机制，促进总体办学水平的提高，凭借优良的师资和雄厚的办学实力，为社会培养和输送了大批素质高且具有较强学习能力、实践能力和创新能力的中等技能人才，在豫北地区乃至全省都享有良好的社会声誉，在中等职业教育改革发展中发挥了重要作用。学校先后被评为全国读书育人特色学校、全国职业院校技能大赛先进单位、河南省职教先进单位、河南省招生先进单位、河南省职业院校技能大赛优秀单位。

核心管理思想

当今中职学生思想品德发展的主流应该说是好的。他们青春焕发，朝气蓬勃，心灵纯洁，思想上进，可塑性强，但中职学生的结构较普高要复杂得多，学生起点参差不齐，在学习、思想、行为习惯和修养等方面都存在着较为严重的问题，主要表现为：部分学生不思进取，对前途悲观失望；学习上得过且过；职业理想模糊，职业目标不明；生活上追求享乐，以自我为中心，强调个性自由，纪律、时间、法律和劳动观念淡薄，自我管理能力较低，行为自控能力差，社会责任感缺失等。这对全面推进素质教育产生了负面作用，影响了德育的实效，也表明中等职业学校德育工作有待进一步加强，引发我们德育工作者对德育效果的冷静思考。

随着社会的发展，教育体制改革不断深入，传统的德育模式受到巨大冲击，中职学校德育面临着严峻的挑战。近年来，学校围绕"创特色学校，育合格人才"的办学目标，坚持把德育工作看做是学校内涵式发展的重要举措之一，作为学校工作的重点来抓，全面贯彻党的教育方针，全面实施德育一体化工程，充分发挥学校的育人

学生参与省军区预备役军事点验

功能，构建"德育为首，育人为本"的特色育人模式，坚持以人为本，按照实践育人的要求，以体验教育为基本途径，引导学生从确立远大志向做起，从规范行为习惯做起，从提高基本素质做起，切实帮助学生健康成长，全面发展，从而促进了我校办学水平的大幅度提高，学校的德育管理较好地实现了制度化、规范化、科学化和人本化的和谐统一，体现出人性的关怀。

进一步加强和改进中职学校的德育工作，既是时代发展和社会进步的要求，也是学校抢抓机遇、战胜困难、推动发展，培养高素质劳动者的要求，因

此，学校力求把创新思想贯穿其中，使之既生动活泼，又扎实有效。鉴于此，学校以《中共中央国务院关于进一步加强和改进未成年人思想道德建设的若干意见》为指针，提出了符合我校实际且行之有效的德育创新思想，主要可概括为：一是德育理念要做到"三贴近"，就是贴近学生、贴近生活、贴近社会。德育理念的"三贴近"是学校成功德育工作实践的经验总结。学生很反感假、大、空，90后特有的成长经历和思维方式是学校德育工作的指挥棒，贴近学生是做好德育工作的基本前提，但是什么样的德育形式才是学生喜闻乐见的呢？学校认为，贴近生活，生活化、大众化的东西，经常听的东西最能起到潜移默化、润物无声的效果；所谓贴近社会是说德育的时代性，企业的文化和用人单位的标准无疑是学校德育工作的重要指向。正是基于以上的认识和理念，学校概括总结了德育理念的"三贴近"原则并认真践行。二是德育建设体现思想性、坚定性、渐进性。德育建设是一个系统工程，是塑造人的整体性工作，是需要整套理论来支撑的大项目，所以德育建设应在理想目标、社会责任、行为习惯、养成内化、劳动纪律等方面有计划、有目标地循序推进，尊重科学性，符合学生的身心发展规律。三是德育团队力求提升素质、快乐奉献。学校有过"八年抗战"（自收自支）的经历，与其他兄弟学校相比，教职员工特别能吃苦，特别能战斗。学校的德育团队是这个特别能吃苦和战斗的团体的一部分。令人欣慰的是这个团队不忘光荣传统，又与时俱进，开拓创新。有一句话是大家挂在嘴边、落实在行动上的："工作是幸福的，奉献是快乐的。"这就是学校德育团队的真实精神写照。四是德育载体应不丢传统，有效创新，丰富多彩。种瓜和种豆的共同点是都要有合适成长的土壤环境，教书和育人的区别在于前者传播知识，后者塑造灵魂。新时代的德育工作者在大量的德育实践中创造了许许多多的德育载体，要"种瓜"还是"种豆"是育人目标决定的，丰富的德育载体怎样才能更出彩主要取决于心灵手巧的工程师。学校的做法是不丢传统，并不断创新。

实践应用

一、德育理念做到贴近学生、贴近生活、贴近社会

（一）生活化的德育管理

传统的学校德育管理一般是规范化的德育模式，要求学生无条件地认

同、服从既定的德育规范与价值取向。学校根据学生实际摒弃空泛的德育说教、呆板的德育条文，把德育变为对主体性的唤醒与培养，把传统教育中神圣庄严的德育规范转变为一种朴素的德育观，让德育回归生活，实现了德育管理生活化。

比如，学校建立全面细致的安全规则，通过各种合理的制度规范师生的日常行为，保证师生日常工作、学习生活的安全。中专生处于"好玩"的阶段，"叛逆"心理严重，逃学、上网、留宿校外等成了他们安全的一大隐患。为此，学校建立了"亲情管理"的创新德育模式。学校的德育工作团队建立了亲情管理的对象，配备了专用工作笔记本，定期组织生活化德育内容的座谈会、谈心会、促进会、解难会等。在学校层面，由党委书记牵头组建的德育网络系统全年工作有重点，学期工作有验收，每月工作有评比，每周工作有反馈。晚自习后，班主任要到寝室，学生干部要点名，值班教师要核实，宿管人员要巡查，为所谓的德育管理死角上了四道保险，并通过在寝室内部粘贴学生的照片、在必要位置安装监控设备等措施保障学生的安全。在周末，上述要求更加细致、严格。为防止学生因私拉乱接电线、使用高功率电器等产生安全隐患，每层楼开设公共取电区，向学生免费开放，让教育对象在温馨、和谐、亲情化的氛围中提升思想道德水准。

（二）市场化的德育质量

职业教育就是就业教育，学校面向社会，面向市场，面向未来，把抽象的德育首位观升华为一种新型的德育认识，变管理学校为经营学校。学校认为，办教育如同办企业，学校是工厂，毕业生就是产品，产品必将走向市场，质量是产品的生命线。学校教育的成功与否，需要就业的检验。为此学校结合实际引进企业"5S"的管理模式。"5S"是一种活动简单、实用有效的管理方式，它包括整理、整顿、清扫、清洁、素养五个环节，它强化了学生的养成教育和日常管理，培养了学生的职业意识和职业素质，实现学校的培养目标与企业需求、学生素养与员工素质之间的无缝对接。"5S"管理已成为现代企业的管理制度，今

学校的青年志愿者服务社区

天的学生就是企业明天的员工，提前用明天的制度来让今天的学生感受，让这种仿真的职业生活唤醒学生的主体意识，让"我要成为企业欢迎的员工"成为学生的自觉追求。在德育实践中，学校选择的主要对象是汽车类相关专业方向的学生，邀请了学校附近的汽车销售公司的管理人员到校与学生面对面，将学生带到汽车销售公司的现场亲自感受，学生毕业或实习之前，评价学生综合素质是否合格就不是学校一家说了算，用人单位即市场才是检验的主要标准。

顶岗实习环节在一般学校是德育工作的检验或放松阶段，学校的做法是将其纳入学校德育的延伸部分并使之不断强化。学校按照《中等职业学校实习实训条例》以及学校实习实训计划，结合学校德育工作部署，认真做好学生实训、实习阶段的各方面工作，通过实习、实训转化学生的就业观念，培养学生良好的职业操守。每年学校都有数百名学生到长三角、珠三角等地的一些工厂进行顶岗生活体验和教学实习，学校每次都精心组织，扎扎实实做好准备工作，派出责任心强的教师配合企业管理学生，对学生工作上严格要求，生活上细致关怀，做好生活、工作日记，进行全程跟踪服务。在学生顶岗实习之前，学校做好学生的就业观念转化的教育，学生顶岗实习回来后，学校要求每个学生用书面文字汇报实习期间的感受、实习中人际关系的处理、实习中最不理解的问题等三个方面的内容，由相关老师汇总并进行有针对性的指导，帮助学生解除困惑，增强社会适应能力，树立正确的职业理念。学校在学生实习实训过程中，注意把优秀的企业文化、就业指导和生涯规划指导渗透其中，让学生把"遵守规程"与"遵纪守法"对应起来，把"流水生产"与"团队合作"对应起来，把"完成工序"与"履行义务"对应起来，把"工资报酬"与"劳动光荣"对应起来，用一个流程式的环节链条引导学生在职业技能的实习中一点一点地养成良好的职业习惯，进而形成良好的道德品质。

学校建立了德育工作的市场调查反馈机制，建立企业对学生满意度的调查表，进行问卷调查，分析调查报告。市场的反馈调查是对学校德育工作的有效检测，企业的反馈意见成为提高德育实效性的宝贵资源。学校德育工作与企业管理形成了"德育—就业—再德育—再就业"螺旋式上升、波浪式前进的德育管理机制，成效十分明显。

（三）职场化的德育内容

品德是支持学生职场可持续发展的根本。学校在德育过程中把传统美德

教育转变为一种实用的德育观，让学生学会做事，学会做人，学会共处。

学校在树立"人人有才，人无全才，扬长避短，个个成才"的正确的学生观的同时，在内容上为德育注入源头活水——以职业生涯规划为切入点，实施职业道德教育和心理健康教育，使职场的道德规则成为学校德育内容的主体和核心。

2007级汽车维修专业的学生张民在全省"职业生涯设计"比赛中，以"当一个响当当的汽车修理技师"为题，分析了"现在的我"，描绘了"明天的我"。他简洁直率地说："我的职业目标就是不管我到哪儿去修车，都会认认真真地去修，会把自己选择的这份工作当做生活中的一部分，让人们放心把爱车送到我这里来，高高兴兴地把自己的爱车从我这儿开走。我就是想当一名修理工，而且是最优秀的修理工！"评委对这份设计点评道："他对汽修工服务岗位职责的理解是发自内心的、结合岗位技能的理解，是职业理想形成后对职业道德真谛的掌握。如果汽修工都能如此，开车人会多么高兴！如果每位从业者都能结合自己的岗位实际，形成类似的职业道德情感，这个社会该多么美好！"

学生参加职业生涯设计活动的过程，是学生在了解自己、了解职业、了解社会的基础上，把经济社会发展和个人发展需求融为一体，制订个人发展规划的过程，也是学生恢复自信、树立理想、形成动力的过程，是学生依据职业对从业者素质要求调整自我、提高自我、适应职业岗位的过程，是学生为走向社会、为今后可持续发展做准备的过程。学生在自我设计的过程中为自己搭建通向成功的台阶，在职业生涯规划中培养积极健康的人格，在中职学校有限的时间里重塑自我，更新观念，看到希望，看到未来。学生有了这样一个基础，有了自信，有了作为中职生的自豪感，一切德育目标才有可能实现。

（四）企业化的德育文化

多年来，学校坚定地走校企合作之路，实行订单式人才培养的新模式。学生进校就是进厂，上学就是上班。德育成了联系学校与企业的桥梁，德育文化企业化，为培养学生的职业意识、创业意识，创新校园文化建设，实现校园文化企业化奠定了坚实的基础。

首先，在环境设施文化上，学校以企业文化熏陶学生。如让学生树立"我要成为职场能手"的信念，认识到"简单的招式练到极致就是绝招"等。

其次，在导向性文化上，体现职业学校的鲜明特色。学校的校训"敦品励学",校风"自强,创新,重技,和谐",学风"手脑并用,知行统一",就是要让这种高扬职业道德、重视动手能力的精神文化成为校园文化的核心和灵魂。

再次,在德育活动的设计上,紧扣以就业为导向的主线。如开展辩论赛,讨论"干一行,爱一行"还是"爱一行,干一行",是"先就业,再择业"还是"先择业,再就业"等,活动的设计都是服务于学生职业意识、创业意识的形成,服务于学生的就业前途。

近年来,学校每年都举办"创业之星"征文比赛,要求学生采访事业有成的毕业生,引导学生从身边的事例中理解"有志者,事竟成"的真谛。在采访过程中,学生了解了自己的师兄、师姐创办企业、岗位成才的事例,从中感悟他们拼搏奋斗的艰辛,体验他们因诚信、敬业而走上成功之路的过程。

通过竞赛实施教育较大地调动起学生的积极性,让越来越多的学生获得成功的体验,使学生以"成功者"的心态走上社会。有的学生说:"参加竞赛使我们发现了全新的自我,重新树立了自信。"有的说:"中专生也是优秀的,我们并不矮人一截。"更多的学生说:"有了目标的感觉真好。"

学校在德育工作中不断丰富德育内涵,创新德育手段,完善工作机制,拓宽德育思路,构建了富有职业特色的德育文化。近三年来,企业对学校学生的综合满意率由83%上升到99.1%。2010年,近2000名毕业生全部安置到定点大型企业工作,学生就业率达100%,对口就业率达98%,并有46名毕业生考入对口院校深造,实现了"升学有机会,就业有技术",得到了社会各界的充分肯定。

二、德育建设体现思想性、持久性、渐进性

学校非常注重加强学生的常规管理教育,规范学生的日常行为。中职教育的本质就是使学生养成良好的职业技术行为习惯,为学生熟练掌握职业技能、成为合格的技能型人才奠定坚实基础。中职教育培养的是生产一线的应用型技能人才,这种人才不仅需要具有能胜任岗位生产的技术,而且应具有企业发展需要的思想素质、个人品质和道德行为规范。学生具备这样的素质才能够在择业、就业、创业过程中真正实现"进得去,留得住,叫得响",而这种职业能力和综合素质的形成是个长期的过程,因此,养成教育是一个以培养目标为导向,通过多种教育手段的实施,有内容、有层次的推进过

程。学校的做法是：

（一）鼓励学生树立理想，明确目标，构筑学生养成教育体系的核心支撑

孔子曰："人不可无弘志，人无志不立。"但遗憾的是，大多数中职学校的理想目标教育尚是空白，强调学生做一线生产者，却很少鼓励学生做软件专家，机电汽修高手；提倡学生学好本领，致富家乡，却很少倡导学生做农民实业家；鼓励学生学好文化知识课、专业知识课，却很少引导学生当袁隆平那样的农业科学家。学生浑浑噩噩，学习没劲头，学习没所获，有的甚至中途辍学。鉴于这种情况，我们学校进行了内容充实的目标理想教育，如请成功创业的往届毕业生在学校举办"创业经验座谈会"，请河南师大博士来校作学术报告，请我市著名企业家作报告等，通过这些措施，使我校学生重新明确目标，树立远大理想。

（二）唤醒学生的自尊自爱、自立自强意识，培养学生强烈的社会责任感

多数中专生是以"失败者"的心态走进中等职业学校的大门的，经常处于自卑甚至自弃的阴影之中。为引导学生走出一蹶不振、自暴自弃的阴影，学校通过优秀毕业生现身说法、"明天，让学校为我自豪"学生演讲会、"做有责任、敢担当的好儿女"感恩教育等系列活动，使学生树立自尊、自爱、自强的意识，培养自信乐观、

第六届文化艺术节获奖学生合影

昂扬向上的积极心态，珍惜宝贵的学习机会，取得比普高学生更大的成绩和成功。

2008 级综合高中班学生杨森家境特别困难，母亲体弱多病，没有工作，父亲打零工支撑着家。不幸的是，在杨森刚进入我校时，父亲竟因意外去世。杨森想到了退学。班主任得知情况后，从育人的最终目的出发，动之以情、晓之以理、施之以爱，从生活、学习、思想等各方面诚心诚意地帮助他，让他感到师长的慈爱和温暖，使他消除隔膜，打开心扉。老师与之推心置腹地谈话，增强了他战胜困难的勇气。他说他会坚持学习，用行动来回报所有关爱他的人。他除了接受按规定应免的学费外拒绝了一切捐助，顶着巨大的悲痛和压力参加了高考，最后如愿以偿地考上了本科院校。最让我们欣

慰的还不是这些，而是他的人格魅力。现在的杨森在高校是优秀学生的代名词，他不仅成绩优秀，而且爽朗活泼，是学生会主席。

（三）培养学生的劳动意识，磨炼学生的意志，提升学生的综合素质

"民生在勤，勤则不匮。"劳动是打开幸福之门的钥匙。我校站在"培养什么样的人""如何培养人"的战略高度，结合学生的特点和学校的实际情况，大力提倡"以辛勤劳动为荣，以好逸恶劳为耻"的作风，并将"素质教育劳动服务周"作为学生在校期间的德育实践时间，以点带面，全面提升学生的综合素质。

学校采取以班级为单位的组织形式，有计划、有步骤地对学生的日常行为进行监督管理，要求学生每学期至少参加一次为期一周的校园素质教育劳动服务工作。通过校园服务和劳动实践，培养学生自立、自律、自强的精神，促进学生健康成长，使学生学会自我教育、自我管理、自我服务、自我提高，培养学生良好的劳动习惯、较强的生活自理能力和珍惜劳动成果的思想作风，在校园内形成我为人人、人人为我，劳动光荣、服务幸福，人人参与、个个监督的德育环境，从而使德育落到实处，卓有成效，也使学生在实践中懂得一切物质和精神财富的创造都离不开辛勤的劳动，并把劳动当成第一需要。

实践证明，"素质教育劳动服务周"制度是加强学校德育工作、贯彻落实教书育人、管理育人、服务育人和环境育人的一项行之有效的新举措，有力地推动了校园文化建设。

现在，教育界的很多有识之士都非常赞赏陈忠联的英豪教育思想。我校也把这种教育思想引进养成教育体系，要求家住新乡市四区八县的学生徒步走回家一次。通过教育，学校实现了"磨炼意志、陶冶情操、完善自我、熔炼团队"的教育宗旨。

（四）建章立制，严明纪律，使学校的养成教育规范化、长期化

中专生的良好思想道德、学习品质、职业习惯的养成需要一个长期的过程。学校的经验是：好的班风的形成至少需要三个月到半年的时间；良好校风的形成至少需要一年的时间。因此，在养成教育方面一定要建章立制，形成规矩，形成制度，常抓不懈。每年新生一入学，学校采取集中和分散相结合的办法，由德育主管部门和班主任具体组织实施入学教育，学生工作部建立学生个人的思想道德考核档案，并将对学生各个方面的要求编制成《学生

手册》，达到人手一份，让每个学生明白在校期间哪些行为可为、该为，做什么、做到什么程度，做不到该承担什么后果。从思想品质、学习到早操、卫生、就餐、就寝都有行为规范，尤其从"上好课、做好操、排好队、扫好地"的具体操作规范抓起，量化常规要求，教育学生养成良好的劳动习惯、纪律意识等。学生毕业时，学校开展毕业生文明离校教育，加强对毕业生的管理和教育，要求学生自觉遵守校规校纪、言行举止文明。学校通过"师生谊、同学情""难忘恩师""母校我想对你说""十年之后回母校"等主题教育活动和毕业生艺术作品展、汇报演出等形式，激发学生"根留母校、情系母校"的情感。

通过近几年来的不断实践、不断总结、不断改进，学校的德育工作收到了良好的效果，已形成了健康有序、蓬勃向上的良好校风。

三、提升德育团队的素质，使其快乐奉献

教师在学生的成长过程中起着十分重要的主导作用，是提高教学质量、培养合格人才的关键。要加强学校的思想政治工作，必须有一支强有力的德育工作队伍，为此，学校要着重抓好三个环节。一是强化德育队伍建设，提升队伍素质，改善队伍形象，建立有效的德育网络，使学校的德育工作形成大广角、多侧面、全方位的管理格局。学校要求全校教职工人人都做德育工作者，人人身上有责任。二是结合实际，制订师德规范。如我校结合实际，先后制订了《思想政治工作制度》《学校德育工作机制》《教师职业道德规范实施细则》等多项规章制度，使师德建设做到制度化、规范化、科学化，增强了教师的自我约束能力。三是开展形式多样的思想道德教育，引导广大教职工树立正确的世界观、人生观和价值观，做到敬业爱岗，乐于奉献。在这方面，学校的具体做法是：

（一）加强领导干部的作风建设

领导干部是学校及各部门工作的主持者、领头雁，领导干部自身必须作风正、形象好、有威信，才具有号召力和影响力。所以，学校一贯重视干部队伍的作风建设，利用各种机会，反复要求干部讲政治、讲正气、讲廉洁、讲奉献，树立良好的形象。近年来，学校积极推行校务公开，加强民主监督，增加学校管理的透明度，自觉接受学生家长和社会各界的监督。学校设立了收费公示栏，设立了"校长信箱""学校邮箱"及监督电话，成立了家长委员会，定期向教育行政部门廉政监督机构汇报学校的一系列工作，赢得

了教职工的信任和尊重。一个勇于开拓、甘于奉献、作风正派的领导干部队伍已经形成。

（二）学习先进典型人物师德风范，重点解决思想方面存在的问题

有些教师师德师风失范，职业道德、社会公德、服务学生意识不强；不重视自身理论和业务知识的学习，业务水平不适应教育发展的新形势；思想颓废，缺乏事业心、责任感，不思进取，无所作为，工作按部就班、得过且过，缺乏创新精神、奉献精神等。针对这些问题，学校深入开展理想信念教育，引导广大教育工作者树立正确的世界观、人生观、价值观、荣辱观，促进教师热爱学生、爱岗敬业、严谨笃学、团结协作、廉洁从教、乐于奉献。这项活动后，全校教职工人人为学校着想，精神风貌、自身形象焕然一新，赢得了社会的广泛赞誉。

蔡洋，男，29岁，中共党员，信阳平桥区人。1999年9月就读于河南省工业科技学校（原河南省新乡工业贸易学校）的计算机应用专业，2001年5月，他因在校学习期间成绩突出，被教育部、共青团中央授予"国家级三好学生"荣誉称号，2002年8月，他被河南省供销合作总社、河南省工业科技学校保送至山西财经大学法学专业。2006年6月，他大学毕业后返校任教，现任河南省工业科技学校办公室副主任。

蔡洋能取得上述成绩，得益于学校领导和老师对他的精心培养和耐心帮助，从生活中的为人处世、接人待物到个人习惯的养成，从学习、工作方法的积累更新到学校各类学生社团活动的组织安排，从加入学校党团组织、不断提升个人思想素质到带领全体学生干部辅助学校领导做好学生自我管理工作等，蔡洋在这些方面受到了良好的教育。在学校良好的德育氛围中，他始终把认真、踏实、务实、创新的学习和工作态度放在第一位。蔡洋在思想上积极向党组织靠拢，入学时就主动向学校党组织递交了入党申请书；学习上勤学好问，各科成绩始终名列前茅。2000年3月，在学校召开的第一届学生"双代会"（学生代表和团员代表大会）中，蔡洋被选为河南省工业科技学校团委委员、校学生会主席。2001年5月，经共青团省委推荐，后经教育部、共青团中央批准，他被授予"国家级三好学生"荣誉称号，这是我校建校以来，在校学生获得的最高荣誉，也是我校成功德育工作的典范。

（三）解决教师在作风方面存在的问题

有些教师法制观念淡薄，主观随意性大，办事不讲原则；服务意识不

强，工作质量不高，方法简单，行为粗暴，讽刺挖苦学生，体罚学生，歧视差生，训斥学生。为使广大教师转变教育观念，做到以人为本，依法从教，规范办学行为，提高职业道德水平，学校结合"讲、树、促教育活动"，成立了专门教育活动小组，组织全体教职工认真学习有关教育材料，并在"办公梦之队"上开辟了教育专题。党支部要求全体党员在教育活动中坚持做到认识不能随意，学习不图形式，交流不做样子，研讨不说空话，联系不能空虚，教育不走过场。学校要求每个教师"做一件好事，写一篇论文，精一门学科，帮一个学生"。

礼仪课教师侯冬玲在教育实践中遇到 2007 级财会班一个叫刘云录的同学，该生走路摇摆，恨不得横着走，让人感觉没教养。刘云录平常不拘小节，在老师面前也是摇头晃脑，随地吐痰，乱扔东西，可以说问题学生的毛病他基本都有。侯老师没有歧视、放弃他，而是仔细观察他。通过细心观察，侯老师发现他爱表现，爱出风头。于是，侯老师坚持劣中见优，以表扬为主，充分调动他的积极性，激发他身上潜在的自信心。课堂训练中，在侯老师的鼓励和指导下，他开始认真地改变自己，每参加一次主题活动他就有一些改变。看到他身上发生的变化，侯老师问他变化的来源，他说："这么多人看着我，我不能丢份吧？练来练去成习惯了，也不能让同学们说我人前一套人后一套吧，多没面子。"班主任也说刘云录越来越懂礼貌，纪律性也越来越强，与同学的关系也越来越融洽。

一学期下来，刘云录像变了一个人，变得活泼健谈，风度翩翩，彬彬有礼，并且郑重地递交了入党申请书。他的转变有侯老师课堂教改的功劳，更有我校德育工作的功劳。

（四）完善班主任工作制度，焕发德育工作的活力

班主任是学校德育管理的核心力量，班主任的工作作风、管理水平直接影响到每个学生的素质，班主任的个人素质、思想感情、人格魅力直接决定了他工作的成效。可以这么说，怎样的班主任就会带出怎样的学生，形成怎样的班风和学风。为此，学校每年暑假都要进行班主任培训，制订了《班主任工作条例》，充分发挥班主任在学校德育工作中的骨干作用，鼓励优秀教师长期从事班主任工作，组织"班主任工作经验交流会"，让与会班主任交流带班心得、传授带班方法与经验，启迪其他班主任。学校还定期召开"德育工作研讨会"，组织班主任及其他德育管理人员深入剖析德育工作中存在的问题，提出整改方案，从而达成共识，明确方向。学校将每周二下午定为

班会课，由班主任总结本周班情，及时了解、掌握学生的思想动态，同时提出新的工作要求。学校还开创性地在全校开展公开主题班会评比活动，通过公开主题班会，班主任们相互学习德育方法。另外，学校通过每周一的班主任工作例会，发现上周的问题，总结经验与教训，制订本周的详细工作计划，以此来不断提高班主任的管理水平和工作效果，成效显著。

学校在学生德育工作中还实行中层干部联系班级制度，辅助班主任做好学生管理工作。中层干部对联系班级的日常管理和班级德育工作采取"蹲点式"的指导和督促，他们走进班级、学生宿舍、学生活动中，加强对教学管理一线的了解，增强工作指导的针对性和有效性。他们定期、不定期地与联系班级的学生和班主任沟通，协助班主任抓好班风、学风建设，加强学生思想道德教育和法制教育，统一思想，统一要求；定期、不定期地参加班会，了解学生和班级现状，对学生中存在的问题做到"早发现，早沟通，早解决"。中层干部是学校发展的中坚力量，他们学识丰富，对学校感情深厚，有较强的人格魅力，是班主任老师信得过、学生钦佩仰慕的群体，有效地发挥这个群体的德育辐射功能很重要。在德育实践中，我们发现，中层干部大都有当班主任的经历，对学生德育工作驾轻就熟。学校也出台了一系列考评德育工作的指标体系。班级德育工作在中层干部和专业部班主任的努力下焕发了全新的生机和活力。

（五）加强教师进修培训，改变教师的思维模式和工作方式

随着信息技术的飞速发展，网络走进了学生的生活。网络是一把双刃剑。学校主动抢占网络阵地，努力构建中专生乐于接受的德育信息平台，让网络为素质教育服务，充分运用这个媒体实现我们的教育理想。因此，学校非常重视提高教师的网络素养，充分发挥教师的作用，增强对学生网上活动的监管。对于青少年来说，他们自制能力弱，猎奇心强，还未形成较成熟的是非观，容易受到误导误入歧途，但如果能得到及时的引导，他们也会正确地运用网络为学习服务。下面这个案例就是班主任利用多种手段开展德育工作，不放弃，不嫌弃，创新德育工作的成功案例。

2008级计算机中专班学生李某是住校生，不喜欢读书学习，性格倔强且不善言谈，很少与老师、同学交流，经常出现上课抽烟、睡觉、玩手机等不良行为，同时，该生迷恋上网，甚至逃课、翻墙外出上网，有时班主任都不知道他的行踪，而且他性情暴躁，易冲动，课堂上其他同学回答问题影响到他的睡眠，他也会破口大骂，甚至冲过去殴打同学。刚开始班主任和任课教

师耐心对其进行批评教育或善意引导，但各种方法均不见成效。

入校仅仅两个月，他就接连做出两件性质比较恶劣的事情，让班主任大伤脑筋。一次数学课上，兼职教师张老师正在讲课，李某在入迷地玩手机游戏，手机不时发出很大的游戏音效声，严重影响课堂纪律。张老师让其关掉手机，他像没听到一样仍旧我行我素，张老师为维护正常的课堂秩序，就走到李某处没收其手机。李某不仅没认识到自己的错误，还恼羞成怒，放言威胁老师："你怎么收我的手机就得怎么还给我，不信你试试！我连死都不怕，你能怎么着我？"说完，他踢倒板凳走出教室。还有一次，李某着急上网却身无分文，就威胁并用板凳腿暴打同班的一个来自农村的同学尚某，获取50元上网费后仍恐吓尚某敢把事情说出去就打断其双腿。经法医鉴定，李某对尚某的伤害已构成轻伤，李某被追究刑事责任，被公安机关监控起来后，法制观念淡薄的他竟要求公安干警先放他回去睡觉，说明天还要参加考试。

班主任经多方了解得知，李某自小非常聪明活泼，学习也不错，但在小学五年级时父母因感情破裂离婚，李某被判给父亲。由于父亲外出经商无暇照顾他，因此他长期与爷爷奶奶生活在一起，前年，疼爱他的奶奶去世，现在他跟年近70岁的爷爷相依为命。小学到初中，李某学习成绩差，基本上没有交到朋友，与同学相处得也不好，老师也进行过家访，但没有产生明显的效果，爷爷年事已高且患有心脏病，对孙子的教育倍感力不从心，只能在每次得知孙子闯祸后生气，而他爸爸的教育理念就是棍棒底下出孝子，李某只能通过虚拟的网络游戏来充实自己的生活。

李某这样的性格和态度不是一朝一夕形成的，不良行为的形成主要是因为他缺乏管教。学校未能在他小学、初中犯错时给予重视，未能及时教育、制止他的不良行为。因此，在我校学习的这三年时间就是帮助和改造他的关键时期。

在学校领导和各任课老师协助下，班主任陈老师主动与李某建立了很深的"交情"。他发现李某打游戏很有天赋，几乎所有的游戏都玩过，而且往往在与游戏高手作战中赢多输少，陈老师就以喜欢游戏为由接近李某，主动与他探讨游戏的技巧，丝毫不涉及家庭和学习问题，并牺牲自己的周末跟李某相约到网吧去玩魔兽，一开始李某很有抵触情绪，没有答应班主任的要求，但陈老师以诚相待，并把自己的电话号码和QQ号码告诉李某。经过多次接触后，李某渐渐对班主任消除了敌意，主动把自己的手机号码给了老师，以方便联系，这使陈老师觉得多天的努力没有白费，自己的学生还是有希望的。于是，在课堂上，陈老师就开始假装无意地与学生谈起自己的人生经历，告诉学生人生不都是一帆风顺的，人应当自强、自立、自爱，每个人都要掌控好自己人生的航舵，抵御外界的风吹雨打，这样才能使人生有意义。同时，陈老师利用班会给学生讲一些励志故事或人生哲理，尤其是"感动中国人物"的事迹；利用团日活动在教室播放一些传奇人物的坎坷人生、青少年犯罪案例，通过正面和反面事例的教育，引起李某内心强烈的思想斗争；鼓励李某去参观新乡市烈士陵园，了解烈士的英雄壮举，参加学校统一组织的青年志愿者服务，走上街头打扫卫生、清理小广告、维持交通秩序等。渐渐地，李某产生了荣辱心、责任感和自豪感，认识到人生的真正价值是无私地奉献社会，重拾往日的自信，树立了远大的人生理想。

陈老师还与李某的家人都取得了联系，告诉家长对孩子不能以暴制暴，要对孩子有信心，父母要经常主动打电话关心孩子，有条件的话尽可能多到学校来看望孩子，让孩子觉得自己并不孤单。

通过学校和家长的共同努力，李某在班主任、任课老师和同学们的关爱和帮助下，人生观发生了很大的变化，对人对事没有那么冲动易怒了，而且知道爱自己的爷爷，懂得感恩和回报。在爷爷生日的时候，他还订了生日蛋糕，并给父亲打电话要求他一定回来。虽然之后李某还与外班学生发生过一次争执，不过争执的原因和性质与以前相比已有不同。起因是在一次校团委组织的拔河比赛中，李某所在的班级和电子专业的一个班级进行对决，虽然他没有参与，但是他在观战过程中听到别的班同学在喊让他的班级"漏油"，恰恰他的班级在此次比赛中输掉了，李某气不过，要找那个学生理论，虽然方式欠妥，但是他有了集体荣誉感，懂得捍卫自己班级的荣誉，而且没有动手用"暴力"来解决问题，这就难能可贵。因此，班主任在处理此事时表扬多于批评，而且非常注意谈话的场合、方式和语气，以巩固对李某的教育。

此外，在征得李某的同意后，班主任邀请了学校的心理咨询师对他进行比较客观、全面的心理指导和行为评价，并对当前我国离婚现象日趋增多的现状和原因进行分析，使李某慢慢正视自己的缺点和不良习惯，理解父母生活的不易和情感的艰辛。此后，李某像变了个人一样，聪明，踏实本分，还很仗义，慢慢成了同学们的"老李哥"，成为班主任陈老师的铁杆小兄弟。

2010年4月，李某参加了学校统一组织的校外实习。他不仅很快适应新的工作环境，还能严格遵守公司的各种规章制度，热心帮助其他在思想上、工作中落后的同学，出现问题及时和实习带队老师以及班主任进行沟通和交

流，赢得公司领导和同事的一致称赞，公司希望李某毕业后能留下来工作。

四、德育载体做到真正不丢传统、丰富多彩

学校以活动为载体，寓教于乐，强化德育工作的渗透作用。多年来，校园内开展了丰富多彩的活动，有传统项目，也有创新项目。

（一）传统美德教育是积淀深厚的教育沃土

在人类文明史上，传统美德是民族的精髓和民族精神的象征。中华民族的传统美德，是中国古代道德文明的精华，是中国民族精神的集中体现。对传统美德的认同，在某种意义上可以说是对"中国人"、对中华民族的认同。它是现代道德文明建设、民族精神教育，特别是道德教育的极为重要的内容来源。继承和弘扬中华民族的

爱心行动

传统美德已成为学校教职工的基本共识。学校对中华传统美德教育一向非常重视，1990年就承担了省教育厅下达的中华传统美德的课题，从那时起，学校的这项工作就没有停止过。学校曾在班主任会上阐述学习中华传统美德的意义，教育学生弘扬和继承中华传统美德；学校曾以校会的形式开展中华传统美德教育与学习；党委书记曾在全体教师会上以中华传统美德为主题作了专题发言。后来，学校又要求班主任利用周二下午的时间组织学生学习中华传统美德的知识并做记录，学生工作部定期检查，并将检查情况及时反馈给班主任。

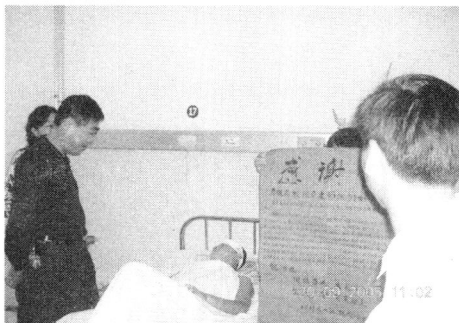

长期以来，学校坚持不懈地做这项工作就是想让所有的学生知道：我们的民族传统不能丢，我们祖宗传下来的好东西不能丢，我们不光要继承，更要发扬光大。功夫不负有心人，学校的这种做法也收到了良好的效果，学生有强烈的民族认同感，非常有礼貌，仪容仪表也很得体，尊敬师长等。

（二）法律纪律教育指引正确的人生航向

当前，随着社会经济的不断发展，未成年人的成长环境日益复杂，违法犯罪低龄化现象突出。我们越来越感觉到，引导未成年人健康成长是全社会的共同责任，特别是教师不可推卸的责任。教给学生如何认识社会、如何预

防犯罪、如何拒绝诱惑、如何远离危险、如何自我保护等方面的知识已非常必要。

1. 坚持校本德育，强调主动性

（1）建立校法制工作领导小组。学校领导一贯高度重视法制教育工作，成立了由校长担任组长的法制教育工作领导小组，在校行政会上对法制教育工作进行研究，定期听取各部门的工作汇报，制订措施和方案，建立相应的规章制度。在教育教学工作过程中，学校注意依法办学，依法行政。

（2）实施学生工作部——→专业部——→班主任三级管理的体制。学校的法制教育工作有专人负责，有明确的计划和安排并逐一得到落实。学生工作部的教师认真贯彻落实校行政会精神，并经常结合当前形势，针对学生出现的问题，利用班主任会提出要求、制订计划、明确目标，真正使法制宣传教育工作得到落实。通过实践，我们发现，这种学生工作部——→专业部——→班主任的层层管理体制非常有效。

（3）建立问题生档案，由专人负责。学校加强对问题生的管理，明确班主任、专业部的职责，要求他们做到早了解、早清楚、早预防；学校学生工作部安排一名副主任专门负责全校学生的管理教育，定期召开会议，经常摸底，积极主动地转化矛盾，变消极因素为积极因素。处分学生时，学校严格按照程序，依据事实，处分与教育相结合，做到有理、有利，效果良好。

2. 利用社会资源，突出实践性

（1）法制副校长、派出所、交警队定期为学生作专题报告。学校从 1997 年起与化工路派出所签订了"治安责任协议书"，2000 年聘请了市检察院公诉处李新领同志为学校法制副校长，2001 年又与交警四大队建立了"警民共建精神文明单位"关系。学校每个学期都要进行专题法制教育。十几年来，法制副校长先后做了《反邪教》《谈中专生的自我保护》《探求青少年违法犯罪原因》等专题报告，化工路派出所和交警队的干警就学生容易出现的问题开设专题讲座，组织了"交通安全教育图片"的宣传展览，在学生中广泛宣传安全常识，引导学生树立安全意识，并结合学校实际，特别强调了活动安全、交通安全和食品安全，学生深受教育，安全意识增强了，防范事故的能力提高了。学校在校园里还举办了"禁毒图片展览"，"远离毒品，关爱未来"等宣传活动，并承办了红旗区司法局的"万人签名，拒绝毒品"现场签名活动。引导学生尊重生命、爱惜生命，提高生存技能和生命质量，学校责无旁贷。让学生理解生命的意义、建立积极向上的人生观已成为现代教育不

可忽视的一项内容。学校通过生命教育引导学生认识生命，学会保护生命，珍爱生命，快乐学习，快乐生活，享受每一天。

（2）对教师开展法制教育培训。要让学生知法守法，首先必须让教师知法守法。学校先后组织全校教师认真学习了教育部的《学生伤害事故处理办法》《中等职业学校学生守则》《中等职业学校学生日常行为规范》《公民道德建设实施纲要》，并请法律专家专门给全校教师讲解了《学生伤害事故处理办法》，更正了老师们错误、模糊的认识，请心理专家讲解了学生心理异常的预防和处理问题，开阔了老师们的眼界。

（3）利用青少年模拟法庭开展研究性学习，调动学生的积极性。我校在学生中开展了青少年模拟法庭活动，开展研究性学习，极大地调动了学生的积极性，不仅提高了学生的法律意识和法制观念，使学生知法、懂法和守法，同时使学生健康成长。

（4）与市中级法院合作，建立未成年人法律保护研究中心。为落实全省"法制宣传月"活动部署，针对学校工作的实际需要，学校与市中级人民法院密切协作，在以往成功开展法制专题报告、模拟青少年法庭等系列法制教育活动的基础上，正式建立未成年人法律保护研究中心。中心的主要工作任务包括：定期对学生进行法制教育；对教师进行法律指导；在家长学校中开设法制教育课；协助学校对"双差生""违纪生"进行有针对性的教育，对预防犯罪、增强自我保护能力等问题开展研究；在学生中进行相关法律意识的调查研究；为学校提供法律咨询。该中心的建立，是学校完善法制教育的重要保障。

（5）与市消防支队和监狱密切联系，用"典型"事例教育学生。为了提高学生的消防安全意识，学校给各个班级下发有关消防安全的宣传教育资料，让学生了解消防知识，还举行消防演习，让学生学会保护自己、保护家人，提高消防意识。学校每年邀请消防支队领导为学生作消防专题讲座。他们根据学生的年龄特点，结合他们的实际生活经验，把一些浅显易懂的消防知识贯穿于引人入胜的案例中，使学生听得津津有味、饶有兴趣。我校每年还请河南省第二、第五监狱的在押犯人来学校演讲，他们现身说法，用一个个鲜活的事例震撼、荡涤着学生的心灵，收到良好的效果。

（三）加强校园文明建设，促进学生健康成长

1. 抓好学生干部队伍建设，促进学校课外活动的开展

加强学生干部队伍建设是推进学校德育工作的有效途径。学生干部积极参与学校的管理工作，在学校课外活动的开展中发挥了非常重要的作用。每学期学校要认真组织开展校团、学生干部换届选举工作、新干部的培训工作等，让一大批学生干部成为老师的得力德育小助手。校学生会和团委设置了多个职能部门，通过招聘和竞聘的方式给学生以展示的舞台，同时建立学生干部定期考评机制，使学生干部能者上庸者下。学校的每项集体活动都尽可能交由学生干部计划组织，主管领导只负责宏观统筹和指导，充分展示学生干部的集体智慧和个人魅力。主管部门每月开展一次学生干部的培训总结活动，对优秀的学生干部予以表彰奖励。因此，从每天的早操出勤、课堂考核、清洁卫生、文体活动，到出入校门、校卡佩戴、排队进餐等都有学生干部在主动履行职责，维护良好的生活教学秩序。学校给每一位学生干部印制了专门的工作牌，号召每一位学生对学生干部进行监督，每学期结束时由全体学生在校园网上对学生干部进行民主评议。通过近两年的运转，我们发现，让学生管学生，让学生干部组织开展一些大型的活动，只要相关部门组织指挥得当，会产生非常良好的效果，这项制度成为学校德育工作的重要组成部分，成为活动育人、实践育人的重要载体。

2. 坚持开展团队实践活动，培养学生的创新意识与实践能力

团队实践活动作为德育活动的主要载体，其作用不可忽视。学校重视学生的主体参与，力求培养学生的科学素质与人文精神。

（1）在社团管理中，学生的自主管理和团队熔炼使学校的社团工作充满了生机与活力。学生校刊、广播电台、学校礼仪队、盘鼓队、舞蹈队和国旗护卫队等社团组织开展的各项团队活动不但锻炼了学生的社会实践能力，而且培养了他们的团结合作精神和人际交往能力，有效地配合了学校的德育工作，对学生身心发展起到积极的促进作用，大大提高了学校校园文明建设的进程。

（2）开展"校园呼唤文明""加强课堂纪律，提高听课效率"和"公共意识与公民道德"系列主题教育活动，起到了良好的效果。

（3）军训是必不可少的重点工作。在军训过程中，学校不但注重加强学生的身体素质和纪律意识，更注重培养学生的团结协作意识，使学生在活动中学会关爱他人、乐于助人。校团委将学生干部培训安排在军训基地，与军训同步进行，对干部的个人素质养成等加以强化。在培训期间，学生干部不仅学到了工作技能，提高了业务能力，还为正在军训的新生树立了榜样。在每次军训活动结束之际，学校都要评选出先进个人和先进集体，命名标兵，鼓励先进，增强班集体的凝聚力。正因为学校与部队密切配合，开展了一系列井然有序、卓有成效的工作，学校被评为"军民共建先进单位"。

（4）青年志愿者活动是培养学生奉献社会、服务他人的重要途径。学校的青年志愿者服务活动丰富多彩，特别是在重大节日、纪念日，为确保学生能够投身到团队活动中来，学校

学生参加美化校园的劳动

给予了大力的支持，专门明确规定团队活动时间和团员志愿奉献日。学生走进社区，建立了许多新的服务基地，有照顾孤寡老人的，有在社区打扫卫生的，有教市民各种金融、消防等知识的，还有为居民免费修理各种电器的，学生的细致耐心赢得了一致好评。学校利用节假日组织志愿者到敬老院和孤儿院参加志愿服务，为老人和孩子们送去温暖；在红旗区人大换届选举中，团干部还主动来到社区选举工作站进行义务服务；在"社区节水宣传周"中，我校学生热情参与，出节目，写海报等，在活动中受到了很好的教育与启发，提升了德育的境界。学校还组织了"爱绿护绿小分队""一片纸小分队""环卫小分队"等，培养学生树立"校园是我家，美化靠大家"的意识。学生还成立了"勤工俭学小分队"和"困难帮扶小分队"等，他们植树、回收废电池、为困难学生和灾区进行募捐等。这一系列活动让学生从不同渠道锻炼了自己，实现了自身的价值。

（5）办好学校、班级的板报、展板，加强宣传教育的力度。学校、班级的板报、宣传栏是德育工作的重要宣传阵地。学校抓住这一教育平台，以重大节日及政治事件纪念日为契机，以爱国主义为主线，以每月的德育主题为内容，结合文明礼貌教育、环境保护教育、文明习惯养成教育等，开展每月班级板报评比展示活动。我校每学期的德育主题有"新学期、新起点""高度的法律意识、法制观念""珍爱生命，拒绝毒品""相信科学，不迷信权威""终身学习的观念和能力""合作与竞争意识""安全与逃生""网络与健康"等。通过检查、评比，我校各班板报在内容、设计、布局安排等方面有了很大的进步，充分发挥了德育宣传阵地的作用。

（四）丰富多彩的网络活动构建校园德育新体系

校园网是学校的信息资源库。仅仅对学生的上网活动进行引导和规范是

不够的，学校主动出击，结合中专生特点和教育热点焦点，精心设计德育网站，设立校园动态、学生会、在线论坛等板块，并鼓励、指导学生利用免费网络资源设计制作网页、网站等，培养学生的创新精神和实践能力；开辟"绿色书吧"让学生在线阅读，培养学生良好的道德情操；设立公开的班主任信箱，师生共同的 BBS 和聊天室，拓展了德育渠道；开设心理网站，开展网上心理交流服务等，使校园网成为有效的育人载体，为学校德育创设了良好的教育环境，净化了网络空间，为学生的健康成长创建一个纯净、文明的网络环境，提高了德育的实效性。

每当谈到学生的心理健康和思想品质问题时，许多人首先联想到的是那些学习成绩差的学生，却忽视了那些学习成绩优异的学生，好像他们学习好，就没有心理健康问题，然而事实并非如此。

李红云是 2008 级电子电器应用与维修班的尖子生，成绩好，技能娴熟，从进校开始她就稳坐全班第一名的位置，代表学校参加了省级技能竞赛并获得一等奖，在国家级技能竞赛中获得二等奖。后来，由于其他同学奋起直追，她第一名的位置屡屡受到"冲击"，先后有三名同学与她形成了互相超越之势。李红云感到越来越不平衡，她不是把工夫下在学习上，而是采取不正当手段去和同学竞争。每到考试复习的关键时刻，她就假装向同学借资料、工具包等，借了就藏起来，说是丢了，拿钱赔同学了事。同学向她请教问题时，她不是装不会，就是有意将错的思路、答案和操作方法告诉同学。在一次重要考试前，她故意把同学的万用表和焊枪头弄坏，示波器藏起来。当老师找她谈话时，她一副无所谓的样子，但是她明白自己错了，只是根本无法控制自己，"怕被别人追上的恐惧感，远远大于做这件事的罪恶感"。久而久之，大家都知道她"坏心眼"，不愿和她交往。面对老师的劝解和批评，她只淡淡地说了一句"随便"，并在黑板上写下辱骂老师的话。到了期末，班上选优秀学生时，李红云只得了一票，那是她自己投给自己的。落选后，她竟然没有从自己身上找原因，反而迁怒于同学和老师，这导致她的人际关系更加恶化……

由于她不肯和任何人正面沟通，班主任李老师配合心理老师通过 QQ 及时合理地对她进行疏导，引导她树立正确的人生观、价值观和世界观，使她明白人生没有完全一帆风顺的事，只有勇敢面对挫折的人才能真正成长起来，老师们通过职业规划指导，让她懂得考出好成绩、掌握娴熟的技术并不是上学的唯一目的，教她学会关心周围的人和事，帮助她建立和谐的人际关系，引导她学会承担责任，正确地评价自己和他人，正确地认识自己的优势和弱势，客观认识和分析同学，发现同学的闪光点，学会取长补短。同时，任课教师也在适当的时间创造机会让她体验失败与挫折，引导她积极勇敢地面对失败，在挫折中成长，培养她的心理耐受力和康复力。各方的努力实现了预期的教育目的，李红云最终意识到自己的错误，认真改正了自己的缺点。

学校始终认为，把学生培养成具有优秀品德和高尚情操的人就是教育的成功。回顾学校近年来的德育工作，先进的教育理念，不断完善的管理制度，充满活力的德育队伍，扎实创新的德育措施，形式新颖、内涵丰富的系列德育活动，是德育工作稳步推进的重要基石。面对日新月异的社会、学生迅速更新的思想观念，学校德育工作的形势依然严峻，教育之路任重而道远，需要全体德育工作者齐抓共管、持之以恒，探索"以德治校"的新路子，坚定"质量立教，科研兴校"思想，进一步提高教育教学质量，为社会培养出更多的适应时代需要的合格的实用型人才。

 反思拓展

一、党团组织的德育功能在顶岗实习中应进一步加强

顶岗实习期间，实习生奔赴各个实习基地，打乱了原有的班集体，党、团员暂时脱离原来的支部，会出现组织管理的真空。这既是对学生党员、团员综合素质的严峻考验，也是对学校党团组织工作的严峻考验。为了切实做好实习生的德育管理工作，教师应该做以下工作：一是及时建立临时党团支部，充分发挥基层党团组织的功能，强化中职生自我教育、自我管理、自我服务的意识。临时党、团组织要通过组织程序产生支部书记和委员，支部成员要身先士卒，以身作则，运用新思维、新理念，带领党、团员开展高品位、多层次、丰富多彩的文化活动，如参加社会调查、生产劳动、志愿者服务、公益活动等实践活动，使学生在实践中心灵得到净化，思想得到熏陶，认识得到升华，觉悟得到提高。二是将顶岗实习与发展党员工作相结合，在实习过程中充分发挥学生党员和入党积极分子的模范带头作用，同时注意发现和培养实习学生中的先进典型，将其作为党员的发展对象，为学生的政治和思想进步提供条件。三是实习学生的党、团组织要充分发挥模范带头作

用，积极主动协助带队教师做好实习单位的各项工作，沟通思想，排忧解难，树立党、团组织的威信，维护学校的良好声誉，充分发挥党、团组织在顶岗实习中的德育功能。

二、学生干部团队的野外素质拓展的德育作用应进一步认识

中职阶段是学生世界观、人生观、价值观形成的重要阶段。由于多元文化和价值观念的影响以及青少年学生所具有的思想活跃、情绪容易激动和反应迅速等特点，某些日常问题或社会问题常导致校园或班级的正常秩序受到影响。培养高素质的学生干部队伍是中职学校德育建设的重要内容，是德育目标实现的重要保障。

多年来的传统德育模式使学生干部对学习和实践的认知仅限于表面，而野外素质拓展则是一个全新内容。在野外素质拓展中，学生干部不是被动而是积极主动地学习，教师也改变了以往的传统教授模式，师生在互动配合中完成野外生存生活训练的全面拓展，如远足、登山、攀岩、漂流、野外生存等。奇、秀、峻、险的自然环境，从情感上、体能上、智慧和社交上对学生干部提出挑战，学生干部在解决问题和应对挑战的过程中，实现"磨炼意志、陶冶情操、完善自我、熔炼团队"的教育宗旨。学生干部通过野外素质拓展能够不断提高个体与组织的环境适应能力与发展能力，更好地实现综合能力的全面提升。

三、企业文化在德育工作中的渗透应进一步落实

企业文化是企业信奉和倡导并践行的价值理念，它是企业在长期的经营过程中积淀而成的，被企业员工广泛认同并转化为员工的信仰和自觉行动。

职业学校在培养学生专业技能的同时，必须进一步加大力度引进企业文化，将其融入校园文化、教育教学活动、德育工作中去，教育和引导学生提高自身的思想素质、自觉养成良好的从业态度、增强就业能力、适应企业要求，从而实现人才培养与人才需求的全面对接。而要培养具备一定职业素养的中等技能型人才，仅仅通过知识和技能的学习是无法完成的，需要通过一定的职业文化氛围来陶冶，需要长期对学生进行潜移默化。一是在教学过程中注重培养学生的职业意识和岗位意识，这既是中职学校文化建设及校企文化交流的目的，也是其中的一项重要内容；二是移植企业的管理制度和管理理念到实训教学中，缩短学生的岗位适应期；三是突破原有的传统德育模

式，积极开展教育教学制度建设、团队素质训练、模拟职业面试、专业技能竞赛、职业生涯规划比赛等渗透企业文化元素的新活动，营造学技术、练技术的学习氛围，让学生在校园德育文化的潜移默化中逐步接近并达到企业的要求。

四、领导干部包班当助手，建立完善的德育网络

中职学校在德育工作中可有效借助学校领导干部的力量，让领导干部包班做助手辅助班主任做好学生管理工作，对联系班级的日常管理和班级德育工作采取全方位的指导和监督。包班的领导干部定期与所包班级的学生和班主任联谊，在班风、学风建设上提出建设性的意见，加强学生思想道德教育和法律纪律教育；定期参加班会，对班级开展有针对性的专题教育；定期对学生存在的问题深入研究，做到发现一个解决一个，真正做好班主任的助手。这样做可以有效地形成学校领导、中层干部、广大教师教书育人、服务育人、管理育人、氛围育人的良好工作局面。

领导包班做助手与中层干部联系专业部开展德育工作，使学校领导、中层干部、教师更多地走进学生班级、走进学生宿舍、走进学生的活动当中，加强决策层对德育一线工作的了解，增强指导工作的针对性和有效性，解决学生管理、学生党建方面的一些实际问题，增进基层与行政部门、学生与学校的联系，密切党群干群关系，为师生搭建了课堂以外的交流平台，使学生感受到学校领导干部、老师的真诚关心。领导干部、教师们的丰富学识、人生经验以及人格魅力，不仅能给学生带来知识上的帮助，更能带来思想上的指导，使他们更加明确人生的方向。这种新型师生关系的建立，对学校的科学发展、和谐校园的构建、师生关系的密切、学生的全面成长成才具有重要的意义。

五、让墙壁说话，让死角光鲜，关注特殊时段，用好身边典型

在47年的办学经历中，学校不断思考德育工作曾经的辉煌和现实的挑战。在摸索实践中，学校总结出在拓展德育效果方面有重要意义的几点。一是让静态的墙壁也加入德育的团队。校园的围墙、教学楼的走廊、教室的墙壁、宣传长廊，甚至垃圾箱壁面、餐厅、树木，一切可书可写的地方都可以作为我们的宣传阵地，都是我们德育的良好载体。但是在运用这些载体的过程中，要特别注意形式的灵活性和内容的选择性，只有用心德育才能收获有

效德育。二是让德育的死角光鲜亮丽起来。德育的死角指的是德育工作辐射不到或往往被忽略的人和事以及物，中专学校的德育死角具体指一般的学生、不起眼的小事、视而不见的物件。在新的历史时期，面对90后的德育工作应换一种思维和角度。三是关注特殊时段的德育工作，特殊时段用特殊的人和特殊的事件开展特殊的德育活动也许能收到特殊的效果。如入学教育、双休日、寒暑假社会实践、家长会、顶岗实习、毕业典礼、毕业生跟踪回访等，学校认为都是特殊时段，在这些德育特殊时间段，只要学生思想重视、方法得当、措施有力，一定会使德育工作取得成效。四是充分发挥身边榜样的力量。德育工作者要细心挑选具有代表性的德育事件和人物并升华其德育内涵，以适应新时代的德育要求。

当然，特色德育面临的考验时时在变化，用变化的思维和创新的德育方法应对德育的新情况、新问题，才能收到良好的德育效果。我们真诚期待与广大中职德育工作者交流合作，携手共进，共同书写中职德育的新篇章！

专家点评

《中共中央国务院关于进一步加强和改进未成年人思想道德建设的若干意见》要求德育"坚持贴近实际、贴近生活、贴近未成年人的原则"。对于职业学校德育，"三贴近"可以解读为贴近社会、贴近职业、贴近中职学生。

怎样把"三贴近"落实在学校的具体德育工作中？河南省工业科技学校从德育回归生活、对准就业的角度，创新性地提出了"四化"，即德育生活化、市场化、职场化、企业化。

生活化着眼于德育管理方法的改革。从唤醒主体抓起，在落实各种制度规范时建立了"亲情管理"模式。德育工作团队中的每个人都有亲情管理工作对象和专用笔记，定期组织生活化德育内容的座谈会、谈心会、促进会、解难会，引导学生"自我服务、自我管理、自我教育、自我提高"。

市场化着眼于德育质量检验方式的变革。德育质量是学生市场竞争力的生命线，学校教育是否成功需要通过就业来检验。学校建立德育工作市场调查反馈机制，引进现代企业管理的"5S"模式，狠抓整理、整顿、清扫、清洁、素养五个环节，在实训中引导学生把"遵守规程"与"遵纪守法"对应，"流水生产"与"团队合作"对应，"完成工序"与"履行义务"对应，"工资报酬"与"劳动光荣"对应，用一个流程式的链条，使学生在职业技

能训练中养成良好的职业习惯，让今天的学生感受明天的制度，促进学生职业意识的形成和职业素养的养成。

职场化着眼于德育内容的改革。品德是支持学生可持续发展的根本，学校以"人人有才，人无全才，扬长避短，个个成才"的学生观、人才观武装教师，从职业生涯教育切入，把职场道德教育作为学校德育的主体内容，引导学生重塑自我、恢复自信、看到未来，为全面推进德育奠定基础。

企业化着眼于校园文化的改革。学校在环境设施、宣传导向、活动设计、竞赛组织等方面做到校园文化与企业文化对接，让学生"进校就是进厂，上学就是上班"，用企业文化熏陶学生。

实施"四化"和组织丰富多彩的德育实践活动，需要有一支过硬的德育工作队伍。学校领导班子在队伍建设上付出大量心血，使"工作是幸福的，奉献是快乐的"成为学校德育团队工作状态的真实写照。德育团队的辛勤付出，换回硕果累累，使"我要成为受企业欢迎的员工"成为学生的自觉追求，使用人单位对毕业生的满意度大幅提升，使学校的社会声誉越来越好。

（点评：蒋乃平　杜爱玲）

打造过硬德育队伍，实行全员德育

——黑龙江省黑河市职教中心学校

名校／名校长简介

黑河市职教中心学校坐落于美丽的黑龙江畔，与俄罗斯的远东第三大城市布拉戈维申斯克市隔江相望。它是由黑河卫校、商校、农机校、工业中专、职业高中、粮食中专、林业中专等7所学校合并建成的一所中等职业技术学校。学校集普通中专、职业高中、技工教育、成人函授和短期培训为一体，开展多层次、多形式办学，是一所国家级中等职业技术学校。建校15年来，学校培养了15000名中、初级实用技术人才。

学校现有教职工289人，在校学生3760人，校园占地21万平方米，建筑面积3.7万平方米。学校办学条件优越，教学设施齐全，开设普护、俄护、医学检验、医学影像、中医推拿、中西餐烹饪、旅游管理与服务、商贸俄语、工艺美术、森林保护、物业管理、计算机技术、电子电工、焊接、学前教育等专业。

2008年5月起，刘岩峰担任黑河市职教中心学校的党委书记、校长。她善于把握职业教育规律，大胆创新，重新确定了办学指导思想和办学理念。

刘校长多方筹措资金4000万元，使学校的办学条件明显改善。她深化教学改革，更新教育教学理念，指导教学骨干完成学校专业设置改革和课程设置改革，与教师一道尝试"做中学、做中教"的教学模式，以工作过程为导向，采取行动教学法开展实践教学，使学生的专业技术水平不断提高、就业创业能力明显增强。她心系师生，关爱学生，为教职工谋福利，强化宣传，为学校发展营造氛围。

刘校长先后被评为黑龙江省职业教育先进个人、全国职业教育先进个人、黑河市重大活动先进个人，获黑龙江省"黄炎培职业教育杰出校长"奖。

核心管理思想

在德育方面，刘岩峰校长致力于打造三支育人队伍，一是教师队伍，二是班主任队伍，三是行政管理队伍。这三支高素质的育人队伍是学校开展德育工作的重要保障。她通过"教书育人""管理育人""服务育人""活动育人""文化育人""环境育人"的育人理念，谱写了学校特色德育的新篇章。

在打造三支育人队伍方面，刘校长采取的有效措施有：

一是在教师队伍建设上，她鼓励教师参加国家级、省级培训，参加各级学术研讨会、经验交流会，去国内发达地区的先进职业学校学习考察，去职业教育先进的国家培训。通过外出培训和考察，广大教师开阔了视野，增长了才干，拓展了知识面，掌握了先进的教学方法，为学校教学改革打下了坚实的基础，培养出更多的技能型人才。为促进教师的专业成长，学校开展"校本研修"，组织全体教师观看光盘，组织外派教师学习汇报会，组织学科带头人、骨干教师进行教学改革专题讲座，提高广大教师的业务能力水平。

二是在班主任队伍建设上，她组织班主任听师德师风先进教师的报告，观看专题片，撰写心得体会；聘请教育专家到校作专题讲座，使广大教师和班主任深受鼓舞和启发；先后举办班主任培训班，她亲自担任主讲，用先进科学的教育理念帮助教师树立正确的学生观、成才观、质量观；出台了班主任激励和

开展主题班会"弟子规"

奖励制度，确定每年5月为学校的"班主任节"，提高班主任队伍的整体育人水平。

三是在行政队伍建设上，力求打造高效、精细化的管理队伍。她从转变行政人员的思想观念入手，走近行政人员，晓之以理，动之以情，终于取得

了行政人员的理解和支持。功夫不负有心人，如今这支队伍成长为一支高效优质的管理队伍。

实践应用

刘岩峰校长于 2008 年 5 月调入学校任党委书记、校长。当时的职教中心学校面临着两难（招生难、就业难）、两差（办学条件差、教学质量差）、两危困（财源危困、生存危困）和教职工人心涣散的严峻形势。面对新的岗位，刘校长深知肩上的担子有多重，强烈的责任心和使命感让这个 43 岁的校长变得坚毅和从容。她通过问卷调查、召开座谈会、个别谈话、汇报会等形式倾听师生心声，深入班级、食堂、宿舍、科室、离退休职工家中，细致了解每位职工的心态，用了一个月的时间基本上摸清了学校存在的问题。她沉下心来，认真分析问题的实质，找出问题的症结，理清工作思路，确定了十项重点工作作为学校今后两年的发展目标，确立了新的办学指导思想。

两年多来，她带领广大教职工艰苦奋斗，使学校发生了天翻地覆的变化。她积极向上级管理部门争取资金近 4000 万元，维修校舍 2.1 万平方米，新建校舍 1.6 万平方米，新建实训室 17 个，购置价值 1000 万元的教学仪器设备。在她的努力下，师生的生活、教学条件和环境大为改善，广大师生在明亮整洁、舒适怡人的氛围中学习和工作，心情愉悦，干劲十足。收获的背后有艰辛和坎坷，有汗水和苦涩，更有成功的喜悦和欣慰。

刘校长致力于打造三支育人队伍，形成独特的育人理念。在教师队伍建设上，她注重以"师德师风，师能师技"培养为主线；在班主任队伍建设上，她强调，教师要爱生如子，要成为学生健康成长的引路人；在行政服务队伍建设上，她主张以细致周到的服务为根本，打造精细化管理服务队伍。

教师、班主任、行政管理这三支精良的队伍为学校开展德育工作奠定了人才基础。刘校长常在全校教职工大会上强调，学校要以质量求生存，以特色求发展，培养出的学生要有综合的职业素质、适应岗位的能力，教育的目的是服务社会、服务学生、让学生更好地就业，培养学生的综合职业素质，要以德育为先。学校在两年多的德育工作实践中不断创新育人理念和育人方式，积累了丰富的经验，取得了显著的成效。

第一，教书育人。一是学校在德育课程设置上，严格按照国家颁布的德育大纲要求，开足开满德育课，改革德育课的教学方法和教学模式，注重德育实践课的实效性。二是强调德育要渗透到各个学科的教学中去，在教学中注重培养学生勇于探索、勇于实践的精神，培养学生具有战胜困难的勇气和信心。三是提高学生的人文素养，开设人文学科课程。学校增开了人际沟通、演讲与口才、艺术欣赏等课程，学生在人文学科的课堂上，丰富了知识，陶冶了情操，提高了审美情趣。四是不断深化教学改革，通过人才培养模式、教学方法和教学评价的改革，帮助学生形成良好的学习品质，提高学生的道德素养，把学生培养成为一个"准职业人"。五是学校还开设了第二课堂，丰富学生的业余文化生活。学校买来各种乐器，学生可根据个人的喜好，采取自愿报名的方式参加第二课堂。学校在第二课堂还开设了美术、动漫场景设计、企业园区网络设计、中西餐烹饪制作等课，通过开设这些课程使学生掌握一技之长，提升综合素质。

第二，管理育人。通过学生科、班主任、学生会三级管理，实行扣分和加分量化制度，做到奖罚分明。班级管理包括上课、早晚自习出勤和纪律情况，课间操出勤情况，室内外分担区卫生情况，寝室卫生及就寝情况，参加活动的情况等。这一制度调动了班主任管理的积极性，强化了学生自我管理、自我约束意识，激发了学生

演讲比赛

赶超先进、不甘落后的热情，增强了全体学生的集体荣誉感。

第三，服务育人。后勤服务本着"一切为了学生，为了一切学生，为了学生一切"的原则，不断更新服务理念，优化服务环境，真诚、真心地对待每一位学生，从文明用语、微笑服务入手，认真做好每一件事，为学生提供优质的服务。

过去学校取暖问题是"老大难"，特别是到了冬季最寒冷的时候，气温在零下40度左右，学校只有两台老式锅炉，两台锅炉同时出现故障的情况时有发生。要想从根本上解决问题，唯一的办法只有换新锅炉。当时学校有两种不同的意见，一是修，二是换。刘校长召开中层以上干部会，又召集了学校的能工巧匠一起商讨，最后达成"换"的共识。她积极向上级主管部门争取，筹措资金近100万，更新了两台锅炉。她还注重加强司炉人员的责任意识，保障学校的供暖温度，彻底解决了困扰学校多年的冬令取暖问题。

　　在后勤管理上，学校实行"24小时办结制"。刘校长注重用制度管人，用事管人，大大增强了工作的实效性。她常说，后勤工作保障一切教学工作的正常运转，也是在育人，是在服务中育人。

　　第四，活动育人。她倡导通过举办各种活动开展德育。校团委、学生科组织学生开展了丰富多彩的校园文化活动。学校向全校师生征集校歌，名为《我们是光荣的职教生》的校歌参加了全市校歌比赛，获得特等奖。人人会唱校歌，学生用豪迈的歌声唱出了职教生的风采，歌声鼓舞着学生，使他们增加自信、积极向上、健康成长、立志成才。

　　学校成立了由青年教师和学生共同组成的"天使"模特队。2010年，在市总工会组织的全市职业装大赛中，学校的参赛队获得了金奖。这次大赛，师生同台竞技，展示了学生装和教师装的设计理念。学生装有用白色面料制作的护士服和燕帽，表现了护士生圣洁、高雅的气质；有深蓝色西装和红格子百褶裙搭配的女套装，表现出中职女生文静、端庄的气质；男生蓝色的西式套装内配白色衬衫和蓝色马甲，凸显中职男生的自信气质。还有白色为主色，相间配有藏青色或橘黄色的男女生运动装，体现了中职生青春飞扬、活泼灵动的精神风貌。此外，还有运动短衫等，这些服装均是由刘校长亲自设计，从服装的设计理念到面料的选择都凝聚着她的心血。

　　学校还组织了"天使"礼仪队，通过礼仪训练，使学生懂得关爱别人，练就高雅的言谈举止。学校礼仪队经常参加市里的重大政务活动、商务活动，优质的服务成为学校对外礼仪服务的品牌，在提升学生修养的同时，也宣传了学校，扩大了职业教育在全社会的影响。

　　此外，学校还利用各种节日、纪念日开展丰富多彩、教育意义深刻的文体活动，活跃学生的文化生活，给学生提供锻炼自我、展示自我的舞台。征文比赛、演讲比赛、卡拉OK比赛、校园主持人大赛、合唱比赛、诗歌朗诵比赛等大型活动，为学生发展兴趣、施展才华搭建了平台。篮球赛、排球赛、乒乓球赛及各种棋类比赛启智健体，增进了学生间的友谊，增强了学生的集体荣誉感。

　　学校还重视让学生参加社会公益活动，在公益活动中培养学生的社会责任感，使学生学会关注社会、关爱生命、关注自然。2010年10月，我校学生走出校门，参加全市礼让斑马线"大拇指"行动，向行人分发宣传单，宣传礼让，带领小学生过马路，引领老人和残疾人过马路，向汽车司机竖起大拇指，表示对其礼让的赞美，为全市"创建礼让和谐交通"作出了积极贡

献。学校还带领学生参加全市青年志愿者"纪念世界反法西斯战争胜利60周年"的主题活动。在夜幕即将降临的时候，身着白色护士服的学生手捧蜡烛，庄严宣誓，谨奉救死扶伤的信念，接过前辈手中的蜡烛，立志把毕生精力奉献给护理事业。在这庄严的时刻，学生的心灵会得到洗涤和净化。

学生在"世界水日""地球日""爱牙日""高血压日"等倡导环保、健康的节日里，结合他们所学的专业知识，用电脑设计出各种宣传单，到街道、社区进行宣传，传播并实践健康的环保理念。他们在宣传中增长了知识，增强了责任意识和忧患意识。

本着"综合素质与专业能力并重，职业意识与个性特长并举"的原则，学校每年都开展艺术节和技能节比赛，在全校营造"重视技能，苦练技能，掌握技能，运用技能"的氛围。技能演练和技能展示中涌现出一大批技能过硬的操作能手，他们在竞技中热爱专业、团结协作，取得优异的成绩。幼师专业的学生李晨获省舞蹈技能大赛一等奖，幼师专业的学生闫炎、护理专业的学生贾国丽分别获市演讲大赛一、二等奖。计算机专业的祁越、高成龙分别获市级特等奖、省企业园区网络技能大赛二等奖。商务俄语专业的吴菲琳同学获市级商务俄语比赛全能一等奖。

学校还十分注重主题班团会活动，定期召开主题班团会。如以理想信念和爱国教育为主题的"我的理想与祖国需求同在""我的明天我做主"，以安全教育为主题的"远离毒品""网络安全"，以学会感恩为主题的"学会感恩""相亲相爱一家人"，以热爱家园为主题的"抗震救灾众志成城""我的校园我的家"，以文明礼仪为主题的"文明伴我行""魅力女生"，以展示青春活力为主题的"放飞青春梦想"等。学生在准备各种主题的班团会活动时，通过网络收集、整理信息，也是学习的过程，也是梳理思想、认识事物的过程。班级发挥每一个学生的潜质，自创自演情景剧，突出班团会的主题，使得班团会形式多样，内容丰富多彩，寓教于乐。学校有两个班级的"文明伴我行"主题班会参加了全国主题班会视频大赛并获得了一等奖。

在德育过程中，学校还通过组建学生社团来开展教育。学校团委组建了"优雅少女"俱乐部和"天使"文学社。俱乐部接收品学兼优的女生为会员，成立了俱乐部组织机构，形成了俱乐部活动章程，定期开展活动，具体的活动内容围绕"优雅"二字，如礼仪修养、形体训练、言谈举止、文学欣赏、音乐欣赏、学习乐器、选择运动等。目的是引领全校女生以优雅为美，以健康、高雅、富有青春活力为审美标准，以点带面，进而形成良好的校风。

"优雅少女"俱乐部不断通过活动展示形象，扩大影响，成为学校的一道亮丽的风景线，不断吸引新的会员加入。"优雅少女"俱乐部在学生中发挥着潜移默化的教育作用，为学生良好素质的形成和走向岗位奠定了良好的职业基础。

"天使"文学社成立近三年来，承担了《天使校刊》的编辑和出版任务。这是属于学生自己的刊物，面向全校学生征稿。学生期待每一期校刊的出版，因为这里有自己撰写的文章，有自己精心设计的版面，有自己编辑的校园新闻、小故事、小幽默、小常识等。

学校还有一个"天使"广播站，由

"天使礼仪队"服务经贸活动

学校团委主办。广播站很受学生欢迎。因为，这里有他们自己的声音，有自己编辑的广播节目，这里是学生展示自我的一个平台，是学校德育工作的一个载体，也是学校的一个重要宣传阵地。

第五，文化育人。刘校长来校后，十分注重校园文化建设。她认为校园文化是学校的灵魂，利用节假日休息时间带领一班人马精细策划校园文化的主题和表现风格。她根据学校的教育类型、专业特色、学生特点精心设计校园文化的内容及表现形式。职高校区以"厚德明礼，强技尚能"为校训，彰显学校的办学方向和特色：办公楼文化强调师德、师风、师能、师技，引导教师追求成功事业、享受快乐人生；教学楼文化体现勤学苦练、立志成才的主题；食堂、宿舍注重学生的行为习惯养成，倡导文明守纪的道德风尚。卫校校区以"仁爱至善，博学至精"为校训，充分展示医护专业的人文追求：教学楼文化分为"神奇医学""仁爱至善""立志成才""强技尚能""勤学至精"五个板块，表达了医护生人道、博爱、奉献的人生追求；办公楼文化分为职业教育、爱岗敬业、管理服务、教书育人四大篇章，致力于打造一支团结协作、拼搏向上的高素质团队；学生宿舍体现整洁、舒适、文明、温馨的管理理念。两个校区的校园文化既有丰富的文化内涵，又有鲜明的职业教育特色，还有高雅的艺术品位，使广大师生在浓郁的校园文化中受到教育。

第六，环境育人。教育无小事，事事都育人。校园的一草一木、教师的一言一行都对学生的思想、行为有着潜移默化的影响。良好的育人环境对学生的健康成长起着至关重要的作用。以前，学校可用"破旧"二字来形容，

因为环境差，学生有很多抱怨，就用破坏环境和公物来发泄。如今，学校硬件建设条件改善了，环境好了，学生不再抱怨，教师爱生如子，关爱每一个学生，学生感受到了被人重视与尊重的温暖，自尊自爱，爱护同学，爱护班级、爱护校园的一草一木，因此，学校不再有走廊的开关被踹坏、玻璃被打碎、桌椅被破坏、墙壁上留下脚印的现象了。学校的每一角落都有育人的标语，时时提醒学生要爱护环境。

学校本着"有教无类，爱满天下"的育人理念，面向全体学生，关爱每一位学生。新生入学后，学校以"规划职业生涯"为主题，以理想信念教育、校史校情教育、校规校纪教育、安全教育、角色转换教育、心理健康教育、营养饮食教育、楼房居住常识教育、思想教育、文明礼仪教育等为内容，帮助学生树立新的人生奋斗目标，科学规划学习生涯和职业生涯，塑造完美的人格，培养良好的学习习惯、生活习惯，较强的组织纪律意识，积极的劳动意识。这一系列教育活动指导学生顺利完成由初中到职业教育的角色转变，为把学生培养成为德、智、体、美、技全面发展的中职生奠定基础。

刘校长以黑河市第四届运动会为契机，组织教职工编排了大型团体表演《天使飞歌》，378 名护士专业的学生用手语表达了白衣天使人道、博爱、奉献的圣洁心灵，成为大会亮点，彰显了学校的办学特色，宣传了学校的办学成果。表演得到了市委、市政府和广大市民的认可，学校树立了良好的公众形象，连续两年被评为市政府重大活动先进单位。

刘校长是德育工作的楷模，她有先进的育人理念，并同广大教职工一道践行。她在百忙中建立校长信箱和校长热线，及时回复学生提出的问题，把学生的冷暖时刻放在心上。她还经常帮助有困难的学生，为他们买生活用品等。在校长的带领下，全校教职工都加入了资助学生的队伍，学校没有一名学生因贫困而辍学。学生们爱戴这个校长，亲切地唤她为"校长妈妈"。

刘校长到校两年多来，学校的德育工作取得了丰硕的成果。学校先后有 10 余名学生受到表彰，获得省、市级"优秀三好学生"称号、"文明学生标兵"称号。十几名教师被评为省级、市级优秀班主任。她本人被评为黑龙江省职业教育先进个人和全国职业教育先进个人，获"黄炎培职业教育杰出校长"奖，学校被评为省级、市级"三育人"先进单位。

一个省级优秀班主任在她的博客中这样写道："我从教近十年，当过三届班主任，前两届，我的班主任工作做得非常不称职，因为我那时还不懂得如何当班主任。原来班主任工作这样有学问，班主任工作是门艺术。听了校长的班主任培训专题讲座后，我按照新的育人理念去实践，如今，我收获的是学生的变化和成长，我心中涌动的是自豪和欣慰。"

学生的转变是德育工作成果的最好例证。

案例一

孙老师班有一名叫段××的学生，入学时留着长发，有点社会气，不爱说话，入学没几天他就开始夜不归宿，竟然还找别人冒充他父亲跟班主任请假，孙老师严肃地对他说："老师最讨厌撒谎的孩子。"孙老师及时和家长沟通，了解到该生在初中时因为谈恋爱跟家长敌对，曾离家出走六个月，学了一身的不良习气，还进过拘留所。孙老师发现他身上有许多闪光点，如他很讲义气，热心帮助同学，有一定的号召力，自尊心极强，歌唱得很好。孙老师运用赏识教育法，启用他当班长，让他全面负责班级的管理工作。他不仅接受了这个工作，而且做得非常认真，加强自我约束，成了班主任的得力助手。在感恩节这一天，他在给孙老师的贺卡里写道："亲爱的老师，您没有因为我的过去而看不起我，反而鼓励我，信任我，还让我当班长。很久都没有老师对我这么好了，我一定不辜负老师的期望，把班级管理好，替您分忧。老师，我真的很感谢您！"

孙老师的赏识教育是在班主任培训班上学到的"真经"。孙老师的赏识教育帮助学生正确认识自己，悦纳自己，一位学生说："我从没像现在这样感到充实，我很快乐！"

案例二

张老师班有一名家庭困难的女学生，自认为长得不漂亮，很自卑，对学习也没兴趣，她竞选班委时连连失败，对未来失去了信心。老师看出了她的心事，找她谈心，她表示会努力学习。可是没过几天就有同学反映她抽烟，在学校查完晚自习后跑出去喝酒，快下课时再回来。同寝室同学还反映说她半夜不睡觉，在地上乱走，影响别人休息，有一次喝完酒回来还拿着刀片试图割腕。张老师感到事情很严重，第一个想法是赶紧跟家长联系，可是又觉得这样做不妥。张老师冷静地分析出她的行为有抑郁症的征兆，于是就找来相关书籍认真阅读，又向学校的心理咨询师请教，然后耐心开导她，帮助她认识什么才是真正的美，让她知道，虽然自己貌不惊人，但通过加强自身的修养，表现出高雅的气质，一样会很出色的。张老师还给她推荐了一篇杨澜写给20岁女孩忠告的文章。经过反复教育，这名女生终于走出阴影，改掉了不良习气，现在是班级的学习委员。

案例三

小徐老师班里有一个外地来的学生，父母在他很小时就离异了，他缺少关爱，性情乖张，对学习一点兴趣也没有，要么上课扰乱他人学习，下课胡乱打闹，要么情绪低落。无论是苦口婆心的教育或是声色俱厉的批评对他均无济于事，他一副软硬不吃的样子。小徐老师的一次次转化计划都宣告失败，她实在是无计可施了。一天，报纸上的一个真实故事启发了她。文中的父亲是个继父，孩子开始对他很反感，对继父的关心嗤之以鼻，后来，继父用无私的爱终于感化了这个"顽石"。看完故事后，小徐老师很有感触，心想："我的这个'顽石'也终会被我焐热的。"于是小徐老师像朋友一样走进这位学生，真诚地与他交流。当得知他的教材全部丢失后，小徐老师就准备了一套新的给他；在他的胳膊受伤时，小徐老师领他看医生，为他付医药费。小徐老师还在学习上细心关注他，哪怕是微小的进步，也及时表扬、鼓励他。人终究不是顽石，老师感化了他，他从老师身上学会了理解他人、关心他人。此后，班级劳动他挑最脏最累的活干，与同学的关系也融洽多了。

刘校长在班主任培训班讲稿中有这样一段题记："有人说班主任是世界上最小的'主任'，可这个最小的'主任'管的事却是极不平凡的。是你们为孩子撑起了一片理想的天空，是你们为孩子们在前行路上竖起一座灯塔。孩子在成长的过程中怎能没有困惑和迷惘？他们在困惑和迷惘时，会因为有了你的关爱而改变了人生，也会因为你的疏忽而迷失了方向。"

刘校长不断创新德育工作的内容、方法和途径，围绕生命、生存、生活、生态主题，从学生身心发展的规律和职业学校的培养目标的实际出发，以爱国主义教育、道德教育、劳动教育、养成教育、法制纪律教育为基本内容，积极开展心理健康教育咨询、职业指导教育，开发感恩、合作等主题教育内容。她

主题班会"读书点亮人生"

以睿智的思想、大胆的实践书写了职业教育特色德育的新篇章！

反思拓展

有人说，一个好的校长成就一所好学校。苏霍姆林斯基说："学校的领导首先是教育思想的领导，然后才是行政的领导。"由此可见，校长的教育思想和教育观念往往影响一所学校的发展，但校长的教育思想和治校理念要靠教师、班主任和行政队伍去落实。

教师的职业意味着奉献，尤其是当下的社会，行业垄断加大了行业间的收入差距，怎样让教师做到安贫乐道、甘于奉献呢？回顾开展德育工作的历程，我们得出一些心得：

（1）校长要以人为本，引导教师树立高尚的职业理想，启迪教师认识到工作不仅是谋生的职业，而且是值得为之奋斗终身的事业。教师应在追求成功的过程中享受快乐的人生。所以，校长要在学校努力营造爱岗敬业、无私奉献、严谨治学、廉洁从教的氛围。

（2）有了正确的职业理想，还要有个阳光的心态，才能快乐地工作。因此，教师的心态是校长最应该关注的。校长要引导教师正确对待工作和生活中的压力。校长不是要"管"教师，而是要为教师的成长服务，要帮助每一位教师找到工作的乐趣，让教师享受在学校工作的每一天。教师只有工作快乐，才能带给学生快乐；教师只有健康发展，才能培养出健康发展的学生。快乐工作源于成功的体验，快乐工作源于不断的成长，快乐工作源于生活的幸福。所以，校长更要关注教师的心理健康，要为教师适度减压。

（3）"亲其师，信其道"，也就是说"信其道"的前提是"亲其师"。怎样让学生"亲其师"？唯有师心慈、师爱真。怎样做一个有爱的教师呢？唯有"学高为师，身正为范"。教师在事业上要执著追求，在学习上要孜孜以求，在工作上要高度负责，在育人上要诲人不倦，由此才能获得学生的高度信任，成为学生心中最可爱的人。教育的每个环节都应该充满对学生的理解和尊重，都应该体现民主与平等的思想。职业学校的学生，多数是精英教育淘汰的"学困生"，他们因分数低而饱受了"冷眼"，他们比一般学生更需要爱。实践证明，把师爱转变成亲和力、感染力、教育力，才能产生以爱育人、以情育人的效果。在爱的作用下，孩子们的心被温暖了，人变成熟了，成长了，成才了，自信了，快乐了。教师们看到自己倾注心血栽培的"小树"正茁壮成长，还有什么比这更使人快乐和幸福的呢？师心慈、师爱真，让师生共享生命的快乐和幸福。

（4）"亲其师"的目的是使学生"信其道"。如果教师不能给学生足够的"道"，就谈不上达到育人的目的，因此，学校把提高教师的"师能师技"作为一项重要工作来抓。学校为教师搭建专业化成长的平台，除了派教师外出学习和参加校本研修外，还派教师到企业挂职锻炼。通过培训，教师不仅丰富了理论知识，而且增强了动手操作能力，成为企业、行业中的能工巧匠，满足了培养学生的需要，达到教书育人的目的。

（5）没有活动，就没有德育，德育要靠活动，没有精彩的校园生活，就没有高效的德育。学校和班级开展的丰富多彩的活动，成为学生美好生活的起点，成为学生幸福生活的回忆。在活动育人过程中，校长是总导演，教师是副导演，学生是主角。在今后的活动育人过程中，学校还应不断地丰富活动的内容，创新活动的载体，创设活动的形式，发挥学生的主动性和能动性，培养学生的创新能力和自我教育能力。

（6）要正确认识和理解校园文化。校园文化以学生为主体，以校园为空间，以育人为导向，以精神文化、环境文化、行为文化和制度文化建设等为主要内容。校园文化不等同于墙上的名言警句，不是漂亮的草坪和各种展览室，更不是复制照搬的主题。校园文化应是一所学校的文化特质，它既随社会文化的发展而发展，同时，又会因其构成或具体环境的不同而具有区别于其他学校的个性。

校园文化是"人"的文化——"以人为本"作为学校文化的核心，不仅体现在"办学理念"上，更要体现在学校工作的每一个细节上。要创造具有亲和力的学校生态环境，使师生感受到真正的人文关怀和做人的尊严。

校园文化是师生"自己"的文化——只有让师生共同参与创造校园文化，才能使学校的文化精髓深入师生的血液，才能最大限度地发挥文化的张力。

专家点评

提高德育的吸引力、感染力、针对性和实效性，需要一支过硬的德育团队。黑河市职教中心学校地处边陲，刘岩峰校长在大力改善学校"硬件"环境的同时，为打造一支高素质的德育工作队伍付出了心血。她在管理这支队伍的过程中，提出的"五个要"特别引人注目。

校长要有正确的育人理念。"教书育人、管理育人、服务育人、活动育人、文化育人、环境育人"是她推进德育工作的信条。她身体力行，带领全校教职工把育人理念渗透于学校工作的各个环节中。

校长要注重全员德育。做好德育工作是学校全体教职工的共同责任，为此，刘岩峰校长十分重视打造三支育人队伍。一是全体教师的提高。以"师德师风，师能师技"培养为主线，通过多种形式的培训、考察、交流，全面提高教师的素质。二是班主任队伍的建设。出台班主任激励制度，设立"班主任节"，确立班主任在全校工作中的主体地位，组织班主任培训，引导教师爱生如子，成为学生健康成长的引路人。三是行政后勤观念的改变。学校消除德育死角，改变行政后勤与德育无关的想法，以细致周到的服务为目标，为形成良好的育人环境服务。

校长要关爱每一位教职工。德育队伍建设也要以人为本，心系教师，为教职工谋福利，关心离退休职工，深入科室、食堂、宿舍了解每位教职工的心声，用睿智的思想感染同仁。校长不要"管"教师，而是要为教职工的成长服务，要帮助每一位教职工找到工作的乐趣，使其在快乐中享受工作。

校长要引导教职工关爱每一个学生。她以身作则，把学生的冷暖时刻放在心上，建立校长信箱和校长热线，及时回复学生提出的问题，引导教师"有教无类，爱满天下"，以爱感染学生，引导学生关爱他人、关爱生命、关注自然、关爱社会。

校长要重视校园文化建设。校园文化是"人"的文化，是师生"自己"的文化，学生会从校园文化中得到熏陶，德育工作者也会在校园文化中得到陶冶。校园文化建设的过程，也是教学相长的过程，黑河市职教中心学校在校园文化建设上的一些想法和做法，值得提倡。

（点评：蒋乃平　杜爱玲）

以引导学生学会做人为核心开展德育工作

——湖南省湘潭市工业贸易中等专业学校

名校／名校长简介

湘潭市工业贸易中等专业学校从 1981 年开始举办职业教育，是湖南省首批国家级重点职业中专学校和省级示范性中职，是省农村劳动力转移培训骨干基地和外派劳务培训基地，是市职业技能鉴定中心。学校先后被评为全国职业教育先进单位、全国中职学校德育实验基地、团中央基层组织和基层工作试点单位、全省中职学校德育工作先进单位、全省中职学校就业指导工作先进单位等。

学校位于市北二环线，毗邻九华工业园，居湘潭"两型"社会建设核心区。校园占地 150 亩，环境优美，设备齐全，基础设施达到省内一流。学校现有学生 3600 余人，教职工 292 人，具有高级职称的教师 133 人，"双师型"教师 55 人。学校开设旅游、数控、汽修、幼师等 10 余个专业，其中数控和旅游两个专业为省级精品专业。

学校重视学生的思想道德教育，以个性品质的培养为核心，通过精细化管理、创业教育、优化校园文化等措施，培养学生的创业素质，陶冶学生的情操，构建"以学会做人为核心，立足职校学生的长远发展"的良性机制。

当前，工贸学校已成为全市中职学校名副其实的龙头，正朝着创建特色鲜明、省内一流、全国知名的改革发展示范校大步迈进。

核心管理思想

湘潭，是一座有着悠久历史和深厚文化底蕴的城市，是伟人毛泽东和画家齐白石的故乡。1960 年建校的湘潭市工贸学校就坐落于这座历史文化名城。

提及湘潭市工贸学校，人们会自然而然地会想到："这是一所把目光投向远方、关注学生精神成长的中职学校。"学校本着"为学生终身发展奠基"的教育理念，着力打造"活力校园，特色德育"。历经多年精心设计和实践，如今，学校已形成独特的德育品牌。

一、特色德育思想的提出

长期以来，人们习惯于从功利主义的角度理解职业技术教育，对职业技术教育地位的认识更多地局限于为经济发展服务方面，没有把促进人的发展和完善置于应有的地位。随着社会的发展，这种观念日益与社会的发展乃至教育的发展不相适应。首先，时代已经进入信息化社会，知识经济已见端倪，社会发展模式已经发生革

周一的升旗仪式

命性的变化，可持续发展成为发展的核心要求；其次，职业的变化加剧，职业结构的稳定性被打破，社会要求职业技术教育培养有发展前途的、能够适应迅速变化的职业活动的人才。所以，职业技术教育不能不矫正教育的关注点，回归到人的发展这一价值目标上来。职业技术教育不再仅仅是授人一技之长而使其谋得一个职业的功利性教育，而是着眼于促进受教育者整个职业生涯的发展，即成为可持续发展教育体系中的一员。为最大限度地实现职校学生的优化发展，探索更加科学合理的育人模式，我们结合学校实际，从

2007 年始，就如何实现职校学生优化发展的问题，紧扣实现人的发展这个目标，提出学会做人是学生发展的核心，主张从学生的日常养成教育入手，使学生获得发展的基本素质和能力，构建"以学会做人为核心，立足职校学生的长远发展"的良性机制。

二、主要举措

1. 推行精细化管理，优化学生个性品质的培养

以个性品质的培养为核心，以日常养成教育为渗透媒介，使学生养成良好的行为习惯，培植顽强的意志品质，构建健康的人格。在管理过程中，我们设计了一套覆盖各年级各班级的实施方案，体现为教育程序化、内容系统化、管理规范化、操作简捷化。

2. 实施创业教育，培养学生的创业素质

培养学生的创业精神和热爱劳动的优秀品质，增强学生发展的原动力。以认知为先导，以情感为动力，以创业实践为平台，实现教学做的有效合一。

3. 优化校园文化，陶冶学生的情操

校园文化包括物态文化、制度文化、行为文化、课余文化、舆论文化及人际关系等。物态文化是校园文化的表层结构，制度文化是校园文化的中层结构，精神文化则是校园文化的深层结构。校园文化作为一种教育力量，对学生的健康成长有着巨大的影响。好的校园文化具有塑造思想、陶冶心灵、发展个性的教育功能，它能加速学生在政治素质、价值取向、知识技能、人格心理等方面的社会化进程。好的校园文化也具有促使学生形成科学的世界观、人生观和价值观的导向功能，还具有使师生产生使命感、自豪感、归宿感，形成内聚力和群体意识的凝聚功能。同时，积极向上的校园文化还能够强化人的学习动机、工作热情，调动人的积极性、主动性和创造性，使其保持高昂的情绪。在教育教学过程中，我们注意结合自身特点，充分挖掘现有资源，通过优化校园文化，达到育人的目的。

实践应用

一、做最好的自己

湘潭市工贸学校教学楼一楼大厅张贴着一幅醒目的标语——"做最好的自己"。学生每天一进校门就可以看到这句话，这对于他们的自信心是一个无声的激励。学校倡导民主、平等、关爱、宽容、理解、信任，教师遇到学生时主动报以微笑，虽然无声，却能直抵学生的心灵。

2010年9月2日，新学期第一天上课，学校要求全校教师每人给学生写一封信，营造浓浓的爱生氛围。这天早上，数控16班学生在班级"心箱"里，惊喜地收到了班主任陈天文老师的一封信。

陈天文从教10余年，她的育人信念是"以书来熏陶人，以德来服人，以爱来育人，学生定会还你一份惊喜"。她在班级文化建设方面有自己的一套方法，这套方法被称做"三个一"工程：一个"心箱"——创设沟通的桥梁；一个书柜——打造"书香班级"；每周一星——让学生扬起自信的风帆。

良好的师生关系应该是怎样的？陈天文的答案是"亦师亦友"。中职生正值青春叛逆期，有的张扬，有的内向。如何更好地和学生沟通？陈天文想到，在班级门口设立一个带锁的"心箱"——一个心灵沟通的信箱。当学生有烦恼、困惑，不愿当面向老师倾诉时，可以把书信放进"心箱"，倾吐心声。每天下午4点，陈天文准时打开信箱，当日事当日办。"开设'心箱'，不仅是学生给我写信，我也把自己的一些想法传递给他们。现在的孩子，你态度不好，他们表面上会服你，但口服心不服。他们和老师玩捉迷藏、两面派。这样，教师开展教育工作时必然流于形式。"怎么办？陈天文是一个爱读书的人，她觉得读书是最有效的教育办法。她在班级开设一个书柜，让每个学生每月拿来一本自己喜欢的书。这样一来，班级41个学生，每月书柜里就多了41本好书。陈天文也把自己读过的适合中职学生阅读的书刊放在班级书柜里，供学生在闲暇时借阅。

书籍是一个人成长过程中最好的伙伴，能教会孩子们很多道理。陈天文说："我说的很多话，他们不一定信服，如果让他们自己去看、谈体会、反思，再运用到生活中去，他们就容易接受。读得书多了，他们的意志品质就得以提升。"书籍为学生打开另一扇窗，使他们的情绪能够在阅读中得到宣泄。

以引导学生学会做人为核心开展德育工作
——湖南省湘潭市工业贸易中等专业学校

设立班级书柜之前，很多学生午饭后或到学校周围的小卖店里买零食吃，或闲聊，或溜进网吧。设立班级书柜后，数控 16 班的学生吃饭快了，饭后就进教室。他们在自己喜好的事情上形成了一种习惯，闲聊、进网吧的事情基本绝迹。这让陈天文格外欣慰。一个学期后，数控班被评为学校的"书香班级"。道德教育在阅读中得到有效渗透，学生的课余生活也丰富起来。

在陈天文眼里，每个学生都是可爱的，每个人都有闪光点。可是，有的学生会因为学习成绩不好而被老师忽略，或被家长责骂，被同学瞧不起。如何挖掘每个学生身上的优点，帮助他们树立自信？为此，陈天文开展了"每周一星"评选活动，包括进步之星、劳动之星、礼仪之星、体育之星、勤俭之星、演讲之星等。这个做法，让每个学生都有机会成为班里的明星。

刚入学的时候，小宋是一名后进生，成绩不理想，也不讲个人卫生，同学们都不愿意跟他同桌。陈天文却发现，轮到小宋值日的时候，他总能很认真地洗拖把、拖地……在班会课上，陈天文有意提名小宋为班级的"劳动之星"。其他学生也在一阵沉默、惊讶之后，报以热烈的掌声。

小宋竟然默默流下了感激的泪水，他最终以 38 票当选为班级的"劳动之星"。这之后，小宋劳动更积极了，和同学的关系也在不断改善。"'每周一星'的评比，给了小宋一个提升的契机，让他从老师和同学的鼓励中找到自我，反省自己的缺点并加以改正。现在，小宋进步更大了。"陈天文高兴地说。

"做最好的自己"，让学校的每个学生，无论学业成绩好坏，都能拥有充实、自信的学校生活，成为工贸学校近年来倡导的理念。在这个理念的激励下，学生们能够自发展现出朝气与活力，不断地超越自我。

二、学会生活，懂得感恩

长期以来，不少学校以学业成绩为重，家长实行"糖化教育"，喜欢为孩子包办、代劳一切事务，孩子缺乏劳动体验，不会干最简单的家务。这样的教育其实得不偿失，尽管孩子学业优秀，在人格、性格等方面却称不上优秀。工贸学校推崇劳动教育，让学生在劳动中体验人生价值，养成劳动的习惯。

学生参加义务植树活动

2009 年，谭俊峰转学来到工贸学校。刚开学的那段日子，每周三他都回家比较晚。妈妈问他："是不是因为学习不认真，被老师留在学校了?""不是的，是我们小组周三参加值日劳动。"他还和妈妈交流："其实，在值日安排上可以改进得更高效些，我要向组长建议。"

果然，一段时间后，谭俊峰回家早些了。他告诉妈妈，以前总是在放学后才开始值日劳动，现在，在上午下午的课余时间，值日小组可以随时做一些保洁工作。这样，下午放学的时候劳动量少了，大家干活的速度就快了，就可以早回家了。在学校学生科组织的卫生检查中，这种方式还得到了较高的评价。

一天，谭俊峰回家后对妈妈说："下周我们班要参加校园值周劳动啦。"妈妈说："这是劳动，可不是文娱活动!"但儿子还是一脸兴奋。

所谓值周劳动，是工贸学校每个学生每学期都要参加的校园劳动，已成为学校的一种常态活动。到这一天，学校教务科临时排课，值周班一天只上4 节课，其他时间全部参加学校劳动，包括打扫校园卫生、帮助整理办公室等。谭俊峰被分配到"尊师岗"，到每个楼层为老师做一些服务工作。那一周，谭俊峰的妈妈每天晚饭后都和孩子交流劳动心得。孩子虽感疲惫，但常常流露出兴奋之情："妈妈，劳动其实也没有原来想得那么轻松。但当我们做了事情，得到老师表扬的时候，非常开心。"他一边吃饭，一边叽叽喳喳地跟妈妈说劳动中的趣事。他还会表现出对同学的敬佩之情："周亮同学做事很利索，他随手一整理，桌上的东西就变得非常整齐……"他还告诉妈妈："这周结束后，要评班级的'优秀值周生'，我要努力争取。"果然，一周后，他如愿被评为班级的"优秀值周生"。捧着学校颁发的证书，他非常开心，因为他的辛苦付出得到了认可。

谭俊峰的妈妈感到儿子在一天天成长。以前，孩子和许多独生子女一样，不会整理房间，不会做家务，她既感到担忧，也很内疚。儿子 7 岁时，她到外地工作，一周回来一次，爱人工作也忙，于是把儿子交给爷爷奶奶。隔代教育大多存在无原则的溺爱的问题，爷爷奶奶几乎包揽了孩子的一切。初三时，谭俊峰在一所寄宿制学校就读，妈妈周末接他回家时发现，孩子的脏衣服、袜子扔得到处都是。他还得意地对妈妈说："带回家，奶奶会洗的。"他的表现，让妈妈有些不知所措。

通过在工贸学校一年的锻炼，谭俊峰发生了变化，学会了打理自己的生活。以前，他早上起床后生怕迟到，总是心急火燎、手忙脚乱的，现在会在前一天晚上计划好第二天的事情，把自己的书包整理好。在家里，他还学会了"管理"："爸爸买菜，妈妈炒菜，我饭后洗碗。""妈妈拖地，爸爸洗衣服，我上网的时间不能太长……"这些变化让谭俊峰的妈妈感到欣慰："劳动培养了孩子良好的习惯，让他学会生活、学会感恩。"

当今社会，物质生活丰富的同时，一些人却出现精神生活贫乏的现象。针对这个问题，湘潭市工贸学校提出"要发挥学校文化的辐射功能，防止学校教育和社区教育的割裂"。因此，工贸学校特别重视发挥社区在德育中的作用，让社区成为德育的重要阵地。

学校所在的先锋社区，是学校的德育基地。每年寒暑假，工贸学校都要和社区联合，开展富有意义的社区活动，如社区卫生大扫除活动，"孝敬父母，尊敬长辈"征文活动等。2008年1月，南方大雪。社区组织扫雪，工贸学校的学生大多主动参与。2010年春节期间，工贸学校团委组织学生到社区写春联，并到每家每户张贴春联，很受社区居民欢迎。社区教育活动是对学校教育的有益延伸和补充，它把教育的短板加长，使其形成一个完整的链条。

三、把平凡的事情做好就是不平凡

"真、善、美"是德育的美好目标，让学生掌握到达"真、善、美"的途径和方法，是教育的关键所在。对于学生而言，把日常平凡、简单的事情做好，就是不平凡、不简单。工贸学校倡导教师育人从大处着眼，从小处和细节着手，从一件件平凡、简单的事情中寻找到达目标的路径和方法。

刚进校的高一新生，看上去稚气未脱，却带着从原来各自学校和家庭中形成的种种习惯，教育的难题接踵而来。怎么才能让学生尽快熟悉和适应工贸学校的学习、生活环境？找到教育的切入点非常关键。

开学前三周，学校有"五项竞赛"评比活动，包括卫生、礼仪、文明、纪律、劳动五个方面，高一年级20多

军体操训练

个班级，最终将产生5个优胜班级，师生都非常看重，各个班级都不甘落后，暗暗地较劲。

付晓辉老师任旅游20班的班主任。作为一名优秀班主任，她在班级管理上有着较为成熟的经验。高一时，新生入校，她上的第一课就是"认识工贸学校"。付晓辉带着学生在学校静悄悄地走了一圈后说："老师带你们看看高二、高三的学哥学姐在做什么。"这个"同伴教育"看似简单，效果却远比教师苦口婆心的说教要好得多。果然，一回到班级里，学生们就热烈地议论起来："工贸学校真的很安静，大家都在静心学习。""真是名不虚传。"付晓辉不失时机地说："这就是我们的工贸学校，你们也要这样做啊！"新生们听了，个个精神抖擞。

旅游20班的教室紧挨楼梯，除班级卫生外，整个楼梯也是他们的责任区，他们的工作量很大。起初，学生不会扫地，付老师带着他们一起干，教给他们分工合作的方法。学生们大多是独生子女，一开始，他们对陌生的环境不适应。第一周，付晓辉领着他们到食堂就餐，了解就餐秩序和规则。有的寄宿生晚上睡不着，付晓辉要等寝室灯熄了，屋内安静了，才回家。付老师贴心的照顾，拉近了她与学生之间的距离。

第一周，付晓辉带领学生顺利地拿到了"卫生班级"的流动红旗。在系部组织的颁奖仪式上，学生们伴着欢快的乐曲领奖，群情振奋。付晓辉说："第一周真的很辛苦，需要足够的爱心和耐心，但辛苦之后获得的是甘甜。"接下来，付晓辉物色了两位可以挑起班级管理重任的学生，让他们以付老师徒弟的身份带领全班同学干，付晓辉既给压力也给指点。之后，学生们果然不负众望，周周拿到"卫生班级"的流动红旗。班级管理顺利步入正轨。

聪明的教育者，既懂得用爱心呵护手中的幼雏，更懂得适当放手，让他们学会自己展翅飞翔。

2010年8月30日，工贸学校初一新生报到的前一天。班主任汤美群来到自己新班级的教室，她想整理一下教室，给新生一个好印象。

让汤美群吃惊的是，教室门开着，10多个已经毕业的学生，正在教室里热火朝天地大扫除。男生扫地，女生擦玻璃。汤美群站在门口笑着说："你们已经毕业了，怎么还来学校打扫卫生？想在工贸学校再读一年吗？""汤老师，我们三年前入学时，教室里窗明几净，课桌一尘不染，您给我们做了榜样。明天学弟学妹们要报到了，他们也该有一个好的环境啊！"多可爱的孩子啊！汤美群不禁心头一热："学生们长大了，懂事了。"往事瞬间涌上心头，历历在目。三年前，来自不同家庭的孩子来到工贸学校。开学两周了，教室的卫生、学生的礼仪依然是让汤美群头疼的事儿。乱扔纸屑的现象屡禁不止，食堂打饭随意插队，学生衣着随意，不穿校服……汤美群印象最深的是男生小吴，他因家庭条件好，喜欢穿名牌，三天两头换新衣服。后来迫于学校的制度，小吴在校园里穿校服，在里面穿名牌，进入教室就把校服脱掉，把名牌"秀"出来。

工作20年、一直担任班主任的汤美群，敏锐地抓住这个教育契机，召开了一次主题班会——"青春不需要雕饰"。她要让学生意识到，自然的美才是最美的，更深层的目的还在于，要让学生形成规则意识，知道什么该做，什么不该做。那次班会课，汤美群让学生讨论形成《班级日常行为规范考核细则》，具体包括仪容仪表、卫生、出勤、纪律、作业和学习等。由于规则是自己制订的，学生开始按照规则办事。

要实施好规则，离不开严格的考评。汤老师让学生自己做这件事，她组织学生每周评选出一位有能力的学生担任"值周班长"，负责班级的日常行为考核。这么一来，因为在担任值周班长那天要监督、考核别人，于是每个学生都会自觉地约束自己。落实一段时间后，汤美群欣喜地看到了效果，全班学生在文明习惯上都有了明显变化，班风班貌焕然一新。

但汤美群没有止步。她深知，学生不爱穿校服很自然，因为他们崇尚个性，喜欢与众不同。学生能穿校服，很大程度上是规则的作用，是由于外力的作用。真正的教育，不能单单靠外在的制度约束。只有当学生真正爱学校、爱班级，对集体有一种荣耀感的时候，才会产生对学校和班级文化的自觉认同。

工贸学校的主题教育活动丰富多彩。每年1—2月是走进社区活动，4月是技能竞赛节，5月是体育节，7—8月有军训、夏令营，9月有礼仪节，10月有爱卫节，12月有文化艺术节。难怪有人说，工贸学校是"月月过节，天天快乐"的乐园。

眼看要到文化艺术节了，学校要求每个班级推出一个文艺节目。汤美群发现小李是武术特长生，就和同学们商量："让小李代表班级去表演一下，好不好？""汤老师，只有一个人表演，很单调。我们不会武术，但可以给他伴舞。"孩子们的想法，让汤美群暗自欣喜："这就是认同啊！"学生的意见得到汤美群的认可。

在学校预赛即将开始前，汤美群组织学生报名。出乎她意料的是，放学时班长找到她说："汤老师，全班同学都报名。"这个结果，让汤美群感到欣慰。工贸学校有一个"自家通"短信平台，汤美群发短信给全班同学："我

们尊重教练的意见，谁适合参加就通知谁。"

教练选拔后，汤美群给选上的学生发短信。有位家长回复："汤老师，终于盼到您的短信了！我女儿在家里心神不宁，一直在念叨这件事。收到短信后，她非常开心。"

汤美群的班级参赛的节目是长拳表演，动作难度大，对于这些没武术基础的孩子来说，更是不易，但参赛的 35 个学生却用很短的时间，学会全部动作。在预赛中，这个集体表演节目被选中，并最终获得学校文艺会演第一名。

一次集体活动带给很多没有才艺特长的学生一次登台展示的机会，也带给他们一次成功的体验。这次活动大大增强了班级凝聚力和集体荣誉感。汤老师正是在丰富多彩的活动中，培养了学生对班集体的情感。

后来在"家校联系册"中，小郑的爸爸这样写道："汤老师，不知为什么，孩子现在喜欢穿校服了，连周末上街、坐公交车都穿。"不仅小郑如此，全班同学都在悄然发生着变化。学生们有了自觉的行动，整个班级进入了良性运行的轨道。

德育的实效性一直是学校工作的难点，究其原因，关键是管理缺乏长效机制，而工贸学校则有效地克服了这一点。学校主动探索一些规律性的教育内容，形成了一种稳定、动态化的运行机制，这是工贸学校德育之所以形成品牌的奥妙所在。

四、走进心灵，收获教育的成功

中职阶段是学生形成世界观的重要时期。学生的内心世界丰富而复杂，特别是独生子女，他们情绪调控能力差，耐挫能力差，成功时易得意忘形，失败时易心灰意冷。学校在研究中发现，解决问题的最好办法就是未雨绸缪，排除一切隐患。对于中职教育而言，有一个不容忽视的问题——青春期教育。

陈建林是体育老师，也是文秘 10 班的班主任。新生入学那天，陈老师发现班上一个学生家长站在教室门口，满脸愁苦。经陈老师一再追问，家长道出原委。原来，她的女儿在初中时被一个男生"追求"，好不容易熬到初中毕业，孩子觉得终于没有"干扰"了。现在却发现，这个男生竟然还是和她女儿同班，真是冤家路窄啊！这位家长一个劲儿地摇头。

家长对陈建林说："我想让孩子换班。"陈建林笑笑说："如果您信得过我，咱们来一个约定：您给我两个月时间，我一定解决您的问题。如果不成功，我陪您到校长那里申请换班，好吗？"这位家长怀着复杂的心情走了。

接下来的一个星期，陈建林默默地观察着两个学生的一举一动，先私下掌握各方情况，然后琢磨着从某个角度突破。她先找女生谈话："初中学习表现还不错啊！""还可以吧。"女生有点腼腆。"你应该发挥自己的能力，敢不敢担当副班长一职？""老师，我当不了的。""我觉得你能行。来，握个手，老师相信你能当好。"这一次谈话，陈建林绝口没提早恋的事，但与这个女生拉近了距离。

不久，陈建林第二次和女生谈话："男生给你写纸条是很正常的。如果你信得过我，给你的纸条也给我看看。不是我想猎奇，而是想站在你的角度，帮你出点子，让你们既保持友谊，又能良好发展，好不好？""好的。"女生很痛快地答应了。

陈建林接着和女生谈心，她告诉女生，以前自己班上有个男生，性格开朗。后来，不知何故，男生常一个人坐在角落里郁郁寡欢。在陈老师追问下，他哭道："陈老师，我的乳房变大了，我是不是要变成女孩儿了？""你爸爸妈妈知道了吗？""不知道，我痛苦死了……"当时陈老师也年轻，不懂这些知识，于是到书城去查资料，并告诉这个男生："这是正常的，慢慢就会恢复。"果然，之后那个男生逐渐恢复了活泼和自信。"这就是成长的烦恼。"陈建林对这个女生说。

看似漫不经心的谈话，让女生更信任陈老师了。隔几天，就拿着小纸条给陈老师看："这是他今天给我的，这是昨天给的。"陈建林说："你放心，老师不会对这个男生说的。"掌握了情况，陈建林开始"进攻"男生。这个男生体育很好，是体育委员。陈建林还让他做了班级的篮球队队长，让他把精力消耗在体育场上。她知道，青春期的学生遇到困惑，最好的宣泄方式是体育运动。

两个月后，两个学生间没发生任何故事。女生的妈妈感谢陈老师："您真有一套，谢谢您！""现在还要不要换班级？""不要，不要，真是难为情。……""谢谢您对我工作的支持，希望您以后一如既往地支持我的工作，我将竭尽全力培养您的孩子。"

5月是学校的体育节。陈建林把组织训练的担子有意放在那个男生肩上。她对男生说："你是运动会的总司令，对救护、宣传、卫生、后勤、拉拉队、运动员训练等，你要拿出全部方案。"她还刻意夸奖男生："你的投篮姿势太

漂亮了，我崇拜你！"这么一夸，男生更卖力了，全部精力都放在组织训练上。陈建林又不失时机地点拨："像你这样身高一米八四的男孩子，将来跟你般配的女生该多优秀啊！女生起码要一米七。"男生听了心里美滋滋的。他没有意识到，这是陈老师给他设计的一个"小陷阱"，他一直追求的那个女生只有一米五八。

陈建林还经常和女生谈心，一次次善意的提醒使女生若有所悟。就这样，一路走来，女生变得很单纯，像一朵洁白的莲花，男生的学业也更加优秀。

一次晚饭后，陈建林和爱人到白石公园散步，碰到女生的父母，他们真诚地说："陈老师，感谢您点化了我的女儿，真是让您费心了！"

早恋是中职生的常见问题，但教师的做法通常是，发现学生早恋，或把家长找来，或当面训斥、责骂一番，效果非但不好，还会激起学生的逆反心理。陈建林的高明之处在于，她站在学生的角度想问题，消除了隔阂，化解了困惑。

教师的高明来源于学校的开明。教师给学生成长的空间，是因为学校给了教师成长的舞台。工贸学校设立了心理咨询室，配备了专业心理教师，还建立了"特殊学生帮教档案"，对特殊学生有专门的档案记录。学校还要求教师把和学生、家长的谈话记录下来，掌握开展教育的第一手资料。

教育是发展人、塑造人的事业，有易也有难。易，是因为可以通过语言交流、情感沟通来实现教育目的；难，是因为每个人都是独特的个体，每颗心都是一个独特的世界，所以，我们必须遵循规律，因材施教，那些带有浓重功利色彩的教育是缺乏远见的。因为当人们在竭尽全力拼分数、升学、学历时，步入社会后发现，在激烈的社会竞争中，真正拼的是人的素质。

工贸学校的教育者还形成一种共识，那就是绝不能用一个标准要求不同的学生。如果评价手段单一刻板，大多数人非但体验不到成功的快乐，甚至会以学业失败告终。如果我们的教育只用一条途径、一种方法评价学生，而忽视了教育的根本使命，就是失败的教育。

工贸学校重视关乎学生终身发展的做人教育，就是为了把每一块璞玉都变成精美的艺术品，即让每一个学生都成才。从长远看，这才是为学生的终身发展奠基的教育。这种具有远见的教育理念，让学校收获丰硕的成果。

反思拓展

职校学生是可以实现优化发展的，但这要求教师真正贯彻"以人为本"的教育理念，形成正确的学生观，构建科学合理的育人模式。

按照传统的衡量标准，进入职业中学的学生是"双差生"，甚至是不可救药的学生，他们被剥夺了进入普通高中学习的资格，并由此在人格尊严、发展机会、培养投入等方面被人为地

学校礼仪队

与所谓的"优等生"区别开来，他们极度自卑，对生活、学习没有自信。造成这些现象的根本原因不是学生真的差劲，而是应试教育制度下"唯分数定好差"的衡量标准所致，是人们的观念落后所致，是教师没有形成正确的学生观、没有真正理解和贯彻"以人为本"的教育理念所致。其实，只要指导思想理性，教育措施得当，衡量标准科学，多一把衡量的尺子，就会多出一批好学生。人的智力是多元的，不能把学习成绩差的学生"一棍子打死"。当这些被认为"没有出息"的学生带着灰暗的心情来到我校后，经过几年的学习和生活，也成了受社会欢迎的有用人才。

学校以"学会做人"为核心，立足于学生的长远发展，在实践中有以下认识：教师要端正心态，转变观念，要认识到没有不可教育的学生，只有不善于教育的老师。学校要紧紧抓住三个环节："一个养成、一个拓展、一个优化"，即从日常行为习惯的养成入手，培养学生的职业精神和素质，借助创业教育等手段，拓展学生的职业技术和能力，运用优秀的校园文化等载体，优化学生的个性品质。

专家点评

为受教育者的发展服务是教育的本质属性。如果只强调职业教育为经济社会发展服务的功能，而忽略职业教育为受教育者的发展服务的功能，就很

难把职业教育办成人民满意的教育。以服务为宗旨，必须体现为既为经济社会发展服务，又为人的发展服务。以就业为导向，应该体现为让毕业生"上岗有特色，转岗有可能，晋升有潜力，学习有基础"，在职业生涯中获得可持续发展。

湘潭市工业贸易中等专业学校十分明确地提出："职业技术教育不再仅仅是授人一技之长、使人谋得一个职业的功利性教育，而是使受教育者获得职业生涯发展的有效途径，即成为培育可持续发展新一代的教育体系中的一员。"学校把这种理念付之于实践，促进学生的全面发展，得到社会的认可。

学会做人是学生终生发展的基础，学校也必须把引导学生怎样做人置于首位，立足中职学生的长远发展。教师应把目光投向未来，必须关注学生的可持续发展，把促进学生成长的目的渗透于教育教学的各个环节之中。湘潭工贸抓住"一个养成、一个拓展、一个优化"三个环节，从日常行为习惯养成入手，拓展学生的职业能力，引导学生在学会生活、学会做事的过程中学会做人，让学生明白把平凡的事情做好就是不平凡，把使学生学会做人、优化发展落在了实处。

要为受教育者的终生发展服务，德育工作者就必须具有正确的学生观、人才观。湘潭工贸学校引导教师走进学生的心灵，要求教师与学生建立亦师亦友的师生关系，不用一个标准要求不同的学生，相信每个人都有优点，善于帮助学生通过日积月累的努力"做最好的自己"。正因为全体教师形成了这样的共识，并为学生的成长呕心沥血，做了大量细致的工作，湘潭工贸才成为了一所人才辈出的学校。

（点评：蒋乃平　杜爱玲）

秉德治校，放飞性灵写华章

——江苏省阜宁中等专业学校

名校／名校长简介

张虎，男，中共党员，本科学历。先后担任江苏省阜宁县明达中学副校长、阜宁中学副校长等职，现任江苏省阜宁中等专业学校校长，为全国百位德育科研名师、国家安全工作先进个人、江苏省师德标兵、江苏省教育督导团成员、盐城市名校长、盐城市德育学科带头人、国家二级心理咨询师。近年来，张校长参加了国家教育行政学院中等职业学校校长改革创新战略专题研究班、江苏省职业技术学校校长培训班、江苏省高水平示范性职业学校校长培训班的学习，现为江苏省委党校在读研究生，他在教育教学实践中积累了深厚的理论底蕴和丰富的实践经验。

作为一名德育工作者，张虎十分重视德育课题的研究和学校德育模式的探索。2004年，张校长主持研究国家"十五"重点课题，获中央教育科学研究所论证通过，相关文章在全国德育工作大会上宣读、交流，在《全国优秀论文摘》上刊登；2005年，张校长主持国家级课题《知识与能力同步发展研究》，得到中国科学院心理研究所批准立项，文章《在地理教学中如何培养学生的创新思维》获中科院二等奖；2005 年，张校长担任全国教育科学"十五"规划教育部重点课题《生态体验：培养健康人格的德育模式研究》实验基地负责人，文章《实施感恩教育，提高德育实效》在《中国教育报》《德育报》等多家媒体刊登；2006 年起，张校长应中央教科所和全国伦理协会邀请多次到人民大会堂、北大百年讲堂、湖南长沙一中、新疆等地作报告，被中央电视台、江苏电视台、盐城电视台等多家电视台报道；2008 年，张校长荣获全国德育特殊贡献奖；2009 年，张校长担任江苏省职业教育课程改革实验学校负责人，其课程改革理念在省内产生一定影响；2010 年，张校长担任江苏省职业技术教育学会课题《中等职业学校校园文化建设的研究》负责人，正在进行课题研究。

在长期的德育实践中，张虎针对一些薄弱学校的实际，提出了"打防结合，管导并举，法制入轨，净化育人环境"的管理思路，引导学生形成知行统一、言行一致的优良品质。学校坚持教育与管理相结合，形成自律与他律、激励与约束有机结合的德育机制，构建了一套既有目标层次，又互相联系的德育工作体系，使德育工作制度化、德育管理网络化、德育活动系列化、德育评价实效化。

核心管理思想

中等职业学校开展德育工作，要深入贯彻落实科学发展观，贯彻落实《关于加强和改进中等职业学校学生思想道德教育的意见》精神，坚持以人为本、以学生为主体，遵循中职学生身心发展的特点和规律，增强针对性、实效性、时代性和吸引力，努力培养学生健全的人格、健康的体质，培养德技双馨的建设者、接班人，更重要的是为广大学生的可持续发展奠定坚实的思想基础。

多年来，学校坚持"以人为本，德育为首，以德促智，以智育德"的德育理念，根据以"情感、态度、价值观"为核心和以"学生、实践、活动"为中心的要求，坚持知与行相统一的原则，既重视知识传授和观念树立，又重视情感体验和社会实践，引导学生自觉遵循道德规范，形成知行统一、言行一致的优良品质；坚持教育与管理相结合的原则，既进行深入细致的思想教育，又注重加强科学严格的管理，形成自律与他律、激励与约束有机结合的机制。学校在实践中形成了一整套既有目标层次，又互相联系的学校德育工作体系，那就是德育工作制度化，德育管理网络化，德育活动系列化，德育评价实效化。

1. 德育工作制度化

学校的德育工作通过有计划、有步骤、有目标、有组织的教育训练，真正做到了有章可循、有法可依、依法治校。学校确立了德育工作的目标和任务，建立健全了德育工作的各项制度等，并把制度细化、量化，使之具有很强的操作性。在具体实施德育的过程中，学校既注意连续性与阶段性相结合，又注意思想性、知识性、趣味性的有机统一。

2. 德育管理网络化

一是构建宏观网络，即学校、家庭、社会形成三位一体的育人网络，密切协作，齐抓共管。二是构建微观网络，即学校领导、各职能部门、教职员工、学生有机联系，密切配合，创设"四育人""三侧重"的德育工作氛围。

"四育人"即"教书育人、管理育人、服务育人、环境育人",增强教职工全员德育的意识;"三侧重"即对差生侧重关心爱护、对优秀生侧重高标准培养、对特长生侧重专长特殊培养。

3. 德育活动系列化

为实现真正意义上的素质教育,学校确立了"德育为首"的办学思想,成功地创设了六大德育活动系列,即感恩教育、养成教育、责任教育、创业教育、诚信教育、美德教育,以感恩教育为主线,倾力打造规范校园、激情校园、活力校园、诚信校园、和谐校园。通过开展主题班会、晨词宣誓、唱红歌、学生社团、向不文明现

主题班会

象告别、全员导师制等多项活动,加强课堂教学中的德育渗透,让德育阳光洒满校园,让师生的生命因德育而精彩。

4. 德育评价实效化

总结评价是德育工作中不可缺少的组成部分,其目的是依据目标对德育工作的过程给予价值判断。评价的方式很多,学校着重采用德育管理百分制考核和学生个人德育千分制考核,根据管理目标分析收集到的反馈信息,并及时对目标的执行和落实情况作出评价,促使教师增强目标管理意识,总结有效经验,对考核中出现的问题及时解决。凡是列入目标管理考核计划的都要定期检查反馈,重点检查、随机检查、不定期检查相结合,定期及时评比总分,学期末张榜公布考核评比总分。

实践应用

走进江苏省阜宁中等专业学校的校园,扑面而来的是一派新气象:早晨书声琅琅,晚上鸦雀无声;课间操期间,4000多名学生在整齐地跑步;第二课堂社团活动内容丰富,学生兴趣盎然;校内素质教育基地人头攒动,训练项目丰富多彩;在校学生沐德向学,谈吐文雅;毕业学生德技双馨,奉献欲望强烈,备受用人单位青睐……

多年来,学校坚持"德育为先,立德树人"的德育工作理念,把德育工

作贯穿于学校教育教学的全过程和中职学生日常生活的各个方面，渗透在智育、体育、美育和顶岗实习等环节中，为学生的终身发展指明方向。

一、理念引领，找准德育工作定位

"职中，职中，三年白功！"数年前这句流传乡里的民谣，反映出职业学校在地方群众心目中的地位，也正是这句民谣深深地刺痛了每一个职教工作者的心。一提起职业学校的教育，很多教师会摇头叹息："难！"这不只是因为学生的文化基础相对薄弱，而且在于学生的整体素质有待提高。由于思想认识水平不高，且容易受到社会风气的影响，中职学生普遍存在着理想信念缺失、价值取向失衡、自律意识淡薄的问题，客观上给学校的德育工作增加了难度。正因为如此，开展德育工作不仅是贯彻国家教育方针、全面提高职业学校学生素质的迫切要求，而且对于职业学校的发展、增强职业教育的吸引力来说也意义重大。"育人为本，德育为先"，职业学校必须把德育工作作为提高职业教育质量的基石，正确地开展德育工作可以帮助学生重塑自我、重拾信心，进而成为社会的有用之才。

解放思想，更新理念，与时俱进，用最先进的德育理念指导学校的德育工作，这是学校德育工作的原则。学校针对传统德育模式存在的问题，按照《中等职业学校德育大纲》的要求，以培养适应社会需要的"德技双馨"的高素质人才为目标，确立了"重引导、重熏陶、重规范、重体验、重评价、重践行"的理念，立足校情，准确定位学校的德育工作。

1. 目标定位科学合理

德育是对学生进行思想、政治、道德、法律和心理健康等方面的教育，其基本任务是把学生培养成为热爱祖国、遵纪守法、具有社会公德和文明行为习惯的公民及具有社会责任感和创业精神的高素质劳动者。本着"高视点低起点"的目标定位原则，学校在德育定位上做到了"三个贴近"，即贴近学生、贴近实际、贴近社会，突出了"四个育人"，即教书育人、管理育人、服务育人、环境育人，以科学发展观为统领，以"办人民满意的职业教育"为宗旨，坚持"以学生发展为本"的理念，以"生活德育"为载体，以"活动德育"为特色，积极探索中职学生思想道德建设规律，提高德育的有效性，努力构建具有职教特色的德育新格局。

2. 措施定位导管并举

全员导师制开学校德育导师制的先河，学校形成了以专业部、班主任和全体任课老师为主体的导师队伍，面向全体学生，做到"定目标、定时间、定人员、定话题"，力求收到最佳的效果。

学校突出德育的育人功能，通过抓理想信念教育，使学生具有振兴祖国、服务人民、奉献社会的使命感、责任感，让学生树立远大的志向；抓职业指导教育，使学生树立正确的职业观、择业观、就业观和创业观，具备职业选择、正确就业和创业的能力；抓品德行为教育，使学生知荣知耻、明辨是非、乐观向上；抓特色活动的开展，使学生在活动中达到知、情、意、行的统一，在活动实践中成长。

强化过程管理和定量定性考核，形成了专业部合块管理、班主任牵头管理、学生组织自主管理、家庭社会监督管理的校内校外管理网络。为发挥定性、定量考核的功效，学校及时成立了考核管理小组，让考核充分发挥作用。

家庭教育与学校教育的密切合作是教育成功的基本保证。学校认识到，

学生专题研讨会

家长是重要的教育力量，因此，学校充分利用家长会、"百名教师访千家"等活动形式，整合教育资源，凝聚教育合力，通过这些平台向家长传播教育观念与教育艺术，同时也达到了学校教育和家庭教育和谐共进的效果。

3. 科研定位与时俱进

学校德育要保持实效与活力，离不开研究与创新。学校十分重视德育师资队伍的建设和德育研究工作的开展，定期安排教师参加省市德育管理干部培训、德育课骨干教师培训、班主任培训，结合校情定期开展德育校本教研活动，每周举办一次班级主题班会，每月召开一次班主任经验交流会，每学期组织一次德育论文的评比，承接了中国科学院心理研究所的国家级德育课题研究任务，鼓励领导干部和班主任钻研德育管理理论。学校通过师资培训、课题研究和论文创作，增强德育的后劲，激发德育的活力。

二、规范，形成德育工作网络

要实现德育目标，就必须建立科学规范的德育管理机制，使学校德育工作走上科学化、规范化的轨道，最大限度地调动全员参与德育的积极性。

1. 健全组织、高效实施是开展德育工作的核心

学校建立以校长为组长的德育领导小组，由校长室协调学校各相关处室、党、政、工、团共同做好工作，形成齐抓共管的德育工作机制。学校规模较大，人数较多，单靠职能部门很难奏效，为此，学校提出"分块管理，重心下移"的思想，实行扁平化、立体化管理，形成了职能处室指导、专业部落实、班主任和教师具体实施的德育工作网络，使德育工作落到实处。

学校根据《中等职业学校德育大纲》的要求，制订切实可行的德育实施方案，针对不同年级、不同专业学生的特点，确定不同的工作任务和目标。党组织发挥德育工作的监督、保障作用，组织、动员全体党员积极做好德育工作。同时，学校还积极发挥群团组织的作用，指导学生会、学生社团开展活动，引导学生自我教育和自我管理。

学生在参加军训

2. 建章立制，确保德育工作规范有序

为让制度规范人们的行为，让德育走上制度化、规范化的轨道，学校制订并完善了《德育工作的例会制度》《教职工道德规范细则》《教职工综合考核方案》《学生行为规范细则》《学生违纪处分条例》《文明班级评比细则》以及《学生自修、就寝、考试三大纪律》等，建立全面、全程、全员的岗位责任制，让师生的学习生活有章可循、有规可守，为学校德育工作的有序、规范、高效开展提供了制度保障。

3. 建立科学评价、严格考核的德育机制

评价为德育提供了努力方向，考核是德育的杠杆，没有合理的评价就没有有效的德育，没有严格的考核，德育就失去了驱动力，为此，我们坚持德育的全面评价和个性评价相结合，更侧重于个性评价，过程考核和终极考核并举，更侧重于过程考核，以《班级量化管理考评细则》《班主任津贴考评方案》《学生德育千分制考核条例》等全面指导德育的评价和考核工作，将德育考核纳入对各部门的年度考核范围，使各种考核评定有章可循。目前，学校的各项工作井然有序、学生行为得体皆得益于此。

三、打造德育阵地，搭建德育工作载体

德育阵地是学校实现德育目标的重要载体和有效途径。学校十分重视学校德育阵地的建设，倾力打造规范校园、活力校园、书香校园、诚信校园、和谐校园，营造充满生机活力的校园德育大环境。

1. 德润人心，营造融洽德育氛围

"学习之星""技能之星""文艺之星""文明之星""服务之星"……橱窗里展示着一个个"校园之星"的照片和事迹。自"校园之星"评选活动开展以来，学校每月确定一个活动主题，切实开展"文明校星"评比活动。由学生处牵头制订评比细则，每周各班评出一名，被评选人的名单和事迹在班级公布，每月本班学生在评

文艺会演

选出的学生中再投票推举一名学生作为本班形象大使，参与学校的评选。次月初，由学生处组织全校学生集会，校长为当月"十佳校星"授绶带，专业部主任介绍校星事迹，并将他们的靓照张贴在宣传画廊，以发挥榜样和引领作用。

学校始终坚持以德育人，通过创"文明班集体""文明教室""文明宿舍""文明校星"等形式，让德育与学生同行。学校注重文化建设，强调精神文化、制度文化、行为文化和物质文化"四化"并举，创设情境，陶冶学生的情操，提高学生的道德品质。幽雅整洁的校园环境对师生有潜移默化的影响，"干净的环境育文明规范的人"，学校提出了打造"最干净校园"的口号，教室、宿舍、卫生区做到了无纸屑、无痰迹、无污迹，学生在创造美好环境的过程中感受了劳动创造美的愉悦，增强了遵守文明规范的意识。

2. 精巧构思，打造良好的德育环境

一草一木见精神，一砖一瓦都有情，学校充分发挥环境的教育作用，让每处景点都育人。校园规划科学，教学区、实训区、运动区、生活区布局合理，功能齐全。校园环境优美，景色宜人，陶冶师生情操，净化师生心灵。君子园以君子自强不息、厚德载物寓意，以梅兰竹菊松励志。师德园以陶行知雕塑和警句激励教师"德高为师、身正为范"。学校主体建筑分别冠以

"鹏程""宏图""修远""博雅""践行""雅言""谦行"等名称，综合实训大楼以"双馨楼"命名，喻"德技双馨"之意。学校横向道路以"敬业""勤业""乐业""创业"等命名，纵向道路则以"求真""求实""求新""求精"等命名。学生寝室都有自己的名称，如"琢玉室""励志室"等。教室里有班级格言、图书角、习作园地等，教室外墙壁上悬挂着全班学生每人一句的感恩箴言。实训室外悬挂技能大赛能手的介绍，室内张贴宣传企业先进文化的图片，实训室模拟企业工作环境。学校宣传画廊定期更换，展示学生的成果。广播台、校报的精品美文及时快捷地为学生送去精神大餐。图书阅览室、校园网站成了学生吸收知识、提高道德修养的"心灵氧吧"。心语小屋、咨询热线成了学生放心倾诉的知心朋友。

3. 立足课堂，提高德育的实效

课堂教育是德育的主渠道，是职业中学学生树立正确人生观、世界观和价值观的重要过程。为此，学校十分重视根据各专业、各学科的特点，实行具有专业特色的课堂德育。

首先，开足德育课程。学校在国家德育课程实施方案指导下，开设了《经济政治与社会》《哲学与人生》《法律与职业道德》《职业生涯规范》等德育必修课程，还开设了《心理健康》《礼仪常识》《生活经济》《创业实践》等选修课程，结合学校特点，编写了《德育读本》，供班主任在班会中宣讲。其次，要求文化课教师在本学科的教学中渗透德育思想。文化课教师根据学科和课堂的特点，通过国内国外的名人故事、格言，教材中的思想，生活中的事例对学生进行全方位的品德教育。再次，突出专业课教学中的德育。无论是专业教室，还是实习车间，都创设了良好的氛围，让学生时时处处受到德育的熏陶；无论是专业理论教师，还是实习指导教师，都注重对学生人生观、世界观、职业观的正确引导。通过技能展示，培养学生敢于挑战自我的勇气；通过成果展览，树立学生的自信。

四、开展彰显德育工作特色的活动

寓教育于活动之中是学校德育的重要抓手。学校坚持活动育人，让学生在活动中体验、在活动中养成、在活动中提高，力求每项活动都能做到"五要"，即目标定位要准、组织实施要实、活动形式要新、参与程度要高、活动效果要好。在搞好常规活动的同时，我们又在特色活动上做文章。

1. 晨词宣誓和唱红歌——激发爱国激情的旋律

一所学校不能没有精神支柱，一个集体不能没有激情。如何让学生保持积极向上的精神状态？学校想出了一些方法。在每周升旗仪式上和每天早读课前，学生进行 3 分钟的晨词宣誓，那铿锵有力的誓词激励学生珍惜时间、勤奋学习、早日报效祖国。每天下午上课前 5 分钟，在统一播放的音乐中，各班学生全体起立，齐唱红色歌曲，雄壮的旋律极大地激发了学生的爱国激情。学校每学期还组织一次红歌大赛，将此项活动引向深入。

2. 集体跑操——展示学校精神风貌的风景

跑操是一个看似简单的活动，其实它能激发学生的活力。为此，学校对跑操的要求也极为严格：整齐进出场，到达指定位置后，在指令下排成方队，有秩序地跑操，集体统一喊口号。整齐的节奏、嘹亮的口号，让学生精神振奋、激情激发。

3. 主题教育——打造德育工作的有效载体

学校开展"感恩教育、养成教育、责任教育、创业教育、诚信教育、美德教育"等主题教育系列活动，坚持"四轮齐转"：一是成立主题教育办公室，统领学校的主题教育工作，为主题教育的开展提供了有效的保证。二是通过重大节日、国旗下讲话、主题教育讲座、演讲及征文比赛等，营造主题教育的氛围。三是开好主题班会，每班每次都有新主题、新形式、新内容。四是开展主题教育专题研究。学校组织了专题研究队伍，就实施感恩责任教育的模式、途径、效果等进行深入的研究，目前取得了一些成果。例如，在实施感恩教育的过程中，学校本着"以人为本、贴近学生、贴近生活、感悟生命、重在体验"的思想，制订了以"感恩父母，感恩师长，感恩社会，感恩自然"为主线的感恩教育实施方案，充分利用画廊、板报、第二课堂、系列主题班会等教育宣传阵地，结合国庆节、教师节、母亲节、父亲节、感恩节等节日，广泛开展感恩宣教活动，唤醒众多学生业已"迟钝"的感恩之心。

4. 全员导师制——彰显教师大爱

一所学校不仅需要大楼、大师，更需要大爱，全员导师制就是彰显教师大爱的途径。全员导师制可以切实增强德育工作的主动性、针对性和实效性，体现"平等、尊重、关爱"的育人原则，构建"全员育人、全流程育人、全方位育人"的德育工作体系，帮助广大教师树立"人人都是德育工作者"的德育理念。导师的职责是进行思想引导、学业辅导、生活指导、心理

疏导；具体的实施办法是：合理搭配，分别承包；摸底调查，建立档案；家访联系，及时沟通；个别谈心，形成记录。期末按受导学生的成长档案、谈心记录与效果、所形成的教育案例与育人文章、受导学生的行为表现及控流成效、受导学生的满意测评和受导学生家长对导师的评价等指标，实行百分制考核奖惩。配合全员导师制的实施，学校先后推出了"百名教师访千家""全员导师谈心日""学生成长记载簿"等系列举措，备受社会和家长的欢迎。自从"全员育人导师制"实施以后，校园里的污言秽语少了，迷恋网络游戏的少了，潜心学习的多了……校园里到处洋溢着和谐、团结的氛围。

在"德育为先"旗帜的指引下，阜宁中等专业学校青春焕发，教育教学工作取得一系列成绩：在第五届"迎奥运"作文大赛中获奖达 120 多人次，在省、市组织的各类专业师生技能大赛中获奖 256 人次。2007 年 10 月，马晶晶等同学代表县参加市健美操大赛喜获一等奖；在县组织的"同在蓝天下，我们共成长""珍爱生命，远离毒品"等演讲比赛中，杨银、宗莹同学分别又获一等奖……多年来，由于注重德育工作，学校连续多年无安全事故，无违法犯罪事件，先后被县、市评为综合治理先进集体、安全文明先进单位。今后，我们将再接再厉，精心打造德育工作品牌，不断探索职业学校德育工作的有效途径，让师生生命因德育而精彩。

反思拓展

德是中华文化之宝，德是中华社稷之基，德是民族精神之魂，德是一个人立足社会之根。鉴于此，学校牢固确立了"育人为本，德育为先"的教育理念、"重德强技，德技双馨"的育人模式，让中职学生在德育的阳光雨露下茁壮成长。当然，在信息化时代，社会对中职教育提出了新的挑战，学校必须对学校德育的现状有更清醒的认识，做认真的分析，并提出有效的对策。

一、对德育工作的反思

（一）不协调的现状

（1）学校德育工作与社会上重智轻德、升学及就业竞争之间的不协调。人们的潜意识中或多或少都有些看重知识、看重分数的倾向，很多家长关心更多的是学生的考分而漠视对其思想道德品质的培养。某种程度上来说，目前的社会需要、就业压力、高收入回报以及家长的投入与期望使学校德育工作受到很大牵制。

（2）学校德育工作与家庭教育之间的不协调。时下，不少父母外出打工，导致孩子的家庭教育缺失，加之不少家长在孩子教育问题上缺乏相应的知识和能力，学校德育未能得到家庭教育的有力支持。有些家长忽视孩子自身的兴趣与条件，只是按自己的意愿教育孩子，对孩子期望太高；有的家长面对孩子的执拗束手无策，只好听之任之，甚至还有个别家长迁就孩子。

（3）学校德育工作与学生心理发展之间的不协调。快节奏的学习生活，来自家庭和社会的压力，青春期的困惑等给学生带来巨大的心理压力，严重地影响着学生的心理健康。学校德育未能及时跟进，未能有效解决学生成长中的一些问题。

（二）实践的困惑

（1）德育工作者的素质不能适应时代的要求。德育工作和其他教育工作相比，对教师的知识素质、人格要求更全面。但目前，学校的德育教师的现状不尽如人意：由于教学任务过重，教师对德育工作缺乏系统研究，由于经费和时间的限制，教师不能广泛接触社会，教育实践较少；由于部分教师对本职工作没有兴趣，自身觉悟不高，将教书仅仅作为谋生的手段。

（2）受教育者的主体性缺失。以人为本的德育观认为，只有承认受教育者的主动地位，德育才会成为一个客观的、不以教育者主观意志为转移的活动过程。传统德育片面强调受教育者对社会负责，而无视对学生主观能动性、创造性的培养，使学生失去主体意识，就不可能培养出社会所需要的、发展完善的人。

（3）德育目标的模糊、笼统，缺乏时效性。信息社会，学生从各种媒体了解到的信息与成年人是同步的，教育者不能避而不谈。如果我们从学生的实际和需要出发，使德育目标及内容的确定从抽象指向具体，从划一指向多元和多层次，德育工作将更见实效。

二、改进与拓展德育工作的建议

1. 抓核心——全方位、多渠道地开展工作

中职学校德育工作的主渠道是课堂教学，在教学中一定要处理好学科自身的知识体系与教材中所蕴涵的德育素材之间的关系，使两者有效渗透。德

育又是一项复杂的系统工程，需要家庭和社会的密切协作，形成教育的合力，才能构成学校——社会——家庭教育的良性循环。

课堂外的主题教育是学校德育工作的重要载体。学校应将主题教育制度化、规范化。在教育活动的内容上，突出"感恩教育、养成教育、责任教育、创业教育、诚信教育、美德教育"的几大主题，形成系列。在教育活动的组织实施上，坚持"四轮齐转"：一是成立主题教育办公室，统领学校的主题教育工作，为主题教育提供有力的组织保证；二是通过重大节日、国旗下讲话、主题教育讲座、演讲及征文比赛等，形成主题教育的宣传氛围；三是开好主题班会，使每次班会都有新主题、新形式、新内

课余活动

容；四是组织开展主题教育专题研究，形成理论创新的成果。

2. 重基础——抓好日常行为规范训练

第一，严格要求，具体落实。行为规范训练是要学生按照一定要求去做的，不能抽象、笼统，而要具体明确，使学生学得会，记得住，做得到。

第二，针对特点，有序训练。因不同专业、年级学生的心理、生理特点各有差异，在进行行为规范训练时，不能搞一刀切，必须循序渐进，因材施教。

第三，全员参与，齐抓共管。学生的行为规范训练不只是德育处和班主任的工作，而应是全校各部门、各学科教师通力协作、共同实施的整体工程，必须全员育人、处处育人、时时育人、事事育人。

第四，讲求方法，规范训练。要想获得良好的效果，还必须从不同专业、不同年级学生的生理、心理特点出发，因人因学科而异，因年级而不同，采用灵活多样的手段和方法，通过指导、示范、竞赛、交流、实践、评议、表彰相结合，有效开展工作。

3. 创氛围——形成良好的德育工作环境

良好的校园环境具有熏陶性、感染性、激励性。学生个体情感的培养，心理素质的锻炼，道德行为习惯的形成，总是受到校园文化的影响。因此，营造积极、健康的学校环境尤为重要。

其一，要着力建设校园自然环境，使校园基本达到绿化、净化和美化的标准。

其二，无论是自然环境，还是人文环境，都要为学生创设一种积极、愉悦的氛围。

在学校教育中，德育工作有着举足轻重的作用，它直接影响到培养什么样的人的问题，只教书不育人的教育毋宁说是失败的教育。学校的德育工作已经取得了一定的成绩，但存在的德育问题还需要今后继续努力探索。

专家点评

正因为阜宁中专把促进学生健康成长作为学校一切工作的出发点和落脚点，视德育为学生可持续发展的基础，才能一贯坚持"以人为本，德育为首，以德促智，以智育德"的德育理念，才能以"情感、态度、价值观"为核心狠抓德育，才能以"学生、实践、活动"为中心推进德育工作。

校长对德育的重视，不仅体现在教育思想和德育理念上，更体现于对德育工作体系的构建上。因为教育思想和德育理念需要通过扎实、务实的工作体系去落实，需要通过严密、有序的工作体系去实现。

德育工作制度化是开展德育工作的保证。细化、量化、操作性强的制度，使德育工作有章可循，使德育工作的目标明确，措施到位。例如，学校倡导的"三侧重"，即对差生侧重关心爱护、对优秀生侧重高标准培养、对特长生侧重专长特殊培养，就必须有制度保证。

德育管理网络化为德育整体合力的形成创造了条件。学校形成了专业部分块管理、班主任牵头管理、学生组织自主管理、家庭社会监督管理的校内校外管理网络，既使全员德育落在实处，又为形成"四育人"（教书育人、管理育人、服务育人、环境育人）的德育工作氛围提供了可能。

德育活动系列化指搭建有序的德育载体。学校以"生活德育"为载体，以"活动德育"为特色，通过六大德育实践活动，打造规范校园、活力校园、诚信校园、和谐校园。

德育工作体系的构建和运作，是校长学识和驾驭能力的体现，是学校德育团队协同作战、拼搏努力的结果。相信阜宁中等专业学校的德育工作，在张虎校长的带领下，能够取得更大成效。

（点评：蒋乃平　杜爱玲）

创
新
职
教
德
育
模
式
，
培
育
高
素
质
人
才

——
江
苏
省
南
京
工
程
高
等
职
业
学
校

名校／名校长简介

　　杨晓华同志 1983 年 7 月参加工作。1999 年至 2008 年在南京化工职业技术学院担任党政办公室主任，2000 年被评为高级政工师，2006 年被江苏省教育厅转评为副研究员。2008 年 6 月调入南京工程高等职业学校任校长、党委书记，8 月起主持学校行政工作至今。

　　杨晓华同志系江苏省地质职业教育集团理事长，江苏省职业教育学生发展研究中心组长，中国职业技术教育协会德育工作委员会委员。他长期从事职业院校德育工作，业绩突出，先后被评为江苏省职业学校德育工作先进个人、优秀党务工作者、优秀党员、先进工作者等，多项课题研究成果获得省、市级奖励。他先后主编教材《道德与修养》《择业与创业指导教程》和《职业生涯规划》，先后在《江苏高教》《江苏社会科学》等刊物上发表论文 15 篇，主持并参与江苏省教育科学"十一五"重点规划课题《职业教育校企合作机制、可行性政策与法律建设实践研究》、江苏省职业教育教学改革研究重点课题《职业学校健康与安全教育实践研究》、《职业院校公民教育课堂教学实践研究》等。

在办学过程中，杨晓华校长致力于依法办学、质量立校、名师强校、特色兴校。在职业教育现代化理念指导下，学校实行"以人为本"的校、系部、教研室三级管理模式，制订学期德育工作规划、学校德育工作要点，实现"与时俱进，全程育人"。在杨校长和全体师生的努力下，学校被评为江苏省职业教育课程改革实验学校、江苏省高水平示范性职业学校、江苏省职业技能鉴定先进集体等。

核心管理思想

在经济全球化的大背景下，作为南京工程高等职业学校校长、党委书记，杨晓华同志在治校过程中确立了以下教育管理理念：

一是职业教育现代化理念。职业教育的根本目的在于培养适应现代化建设需要的大批高素质劳动者和高技能专门人才，教育必须"面向现代化"。杨晓华同志始终倡导用先进的职业教育思想和科学技术武装学生的头脑，为培养新型劳动者和高素质人才打下坚实的基础。

二是现代职教管理理念。"以人为本"是现代职教管理中最重要的理念，指的是各项管理活动都应该以调动人的主观能动性和创造性为根本。作为一所发展中的职业院校的校长，杨晓华同志紧紧把握时代发展的脉搏，在管理工作中逐步形成了"以人为本，与时俱进、全程育人"的管理理念。第一，在德育工作中，他坚持实

杨晓华校长长期坚持理论研究

行"以人为本"的校、系部、教研室三级管理模式，实现了从粗放型、包办型向系部专业化教育管理的转变。第二，他结合学生工作实际，提出学期德育工作规划、学校德育工作要点并组织实施。第三，结合职业院校学生的实际状况，制订学校德育工作考核制度等。

三是全程育人的质量理念。杨晓华同志始终坚持"育人为本，德育为先，促进学生全面发展"的育人理念。学校是育人的场所，其最根本的任务是让每一位学生成人、成才，以便让家长满意，让用人单位满意，让社会满意。

四是"以生为本"的德育主题活动课。学校成立了德育工作委员会，设立德育研究机构，把德育主题活动课作为落实学生德育工作的重要途径。学校设立德育研究室，明确了德育目标，强化了德育内容，体现了德育的专业

性、针对性、系统性、时代性、启发性，为班级德育提供了素材和工作的思路，贴近校情和学生自身的生理和心理特点开展活动，避免了德育工作高、大、空的现象。

针对学生在校时间长、年龄小、年龄差距跨度大等特征，学校把原先仅仅是用来处理日常事务的班会课开发为德育主题活动课，通过各种形式的活动开展德育，大大提高了学生的组织能力、思维能力和创新能力，让学生在德育活动课中充分展示自我，提高自我。

五是德育学分制。学校将德育纳入学分制管理体系，组织制订了《学生德育学分实施办法》，为每一位学生建立成长档案。德育学分制的实施，使学生的思想素质、劳动素养、行为素养等方面都得到不同程度的提高，综合素质得到了充分的发展。

实践应用

职业教育要选择适合学生的教育，使学生学会做人、掌握技能、成为综合能力强的高素质应用型劳动者、适应社会的选择、胜任工作岗位的要求。目前，整个社会就业形势不容乐观，就业竞争日趋激烈。综合能力成为全体教育者的共同目标。为此，杨晓华同志经过多年的实践探索出一条面向全体学生，以学生为主体、能力为本位的德育新途径。

一、创建"以人为本"的可持续发展的德育工作管理模式

1. "以人为本"的校、系部、教研室三级管理模式

为了适应德育工作发展的新要求，杨晓华同志与时俱进，打破原有德育管理体系，建立德育工作的校、系部、教研室三级管理模式。学校规定，系部是德育管理的第一责任层，系部主任是系部管理的第一责任人，系部通过对教师的管理实现学校最基本的规范化管理。教研室主任对本学科管理工作负主要责任，系部主任对班主任

杨晓华校长率团队
参加江苏国际公民教育论坛

管理工作负主要责任。德育干部肩负着全校学生工作的指导、督促、协调和考核任务，必须深入各系部和学生当中，与系部学生工作负责人共同研讨德育工作，从而充分发挥系部的德育职能，调动了系部开展德育工作积极性和主动性，形成德育合力，使德育工作更见实效。

2. "以人为本"的德育工作计划及措施

根据不同时期的学生工作实际，杨晓华同志提出学年德育工作规划、学期德育工作计划和德育工作要点并组织实施。

每学期，学校对全校德育工作进行整体部署，明确德育工作的目标和方向，各系部依据德育工作要点进行组织与实施。同时，学校组织专门人员进行检查、考核，发现问题，及时整改。各部门相互沟通，相互支持，共同促进学校德育的可持续发展，产生了良好的效果。

3. "以人为本"的班主任工作

职业院校的班主任是学生德育工作的重要力量，在整个学生德育工作中起着十分重要的作用，是德育工作的具体实施者。班主任管理的主要内容有班集体建设、班级常规管理。学校每学期对班主任履行职责的情况考核两次，学期结束作总结考核，评定等级，评出"优秀班主任"。学校对班主任提出"六到位"的要求，即课间操到位、班会课到位、宿舍管理到位、课外活动到位、卫生到位和处理偶发事件到位，有效地规范了班主任工作。

4. "以人为本"的规章制度

学校的主体是学生。在实行学生管理制度之前，杨晓华同志首先开好发动会，耐心与班主任及学生交流，广泛收集信息，确保制度"以人为本"，保障各项规章制度的顺利实施。

系部每周对校内的好人好事、违纪情况以及班级值周的得分情况以简报的形式进行通报，学校每个月对各个班级的得分情况进行通报，同时评选出文明班级。

二、开展富有本校特点的德育主题活动课

德育主题活动课是实现学校德育工作面向全体学生、突出学生主体地位、培养学生综合能力的主要途径之一。

杨晓华同志把握德育规律，结合校情，抓住教育时机，整合德育内容，规范德育主题活动课。德育主题活动课的主要目的是将德智体美劳融于一体，通过班主任的"导"，充分发挥学生的主体作用，使学生自觉地接受教

育，为学会生存、做事、做人奠定基础，自觉树立正确的人生观、价值观、世界观，矫正不良行为。

在实施德育主题活动课的过程中，学生通过亲身体验，将德育思想外化为良好的行为，进行自我教育、自我管理。然而，教育是有时效性的，根据心理学家艾宾浩斯的"遗忘规律"：遗忘的速度随时间的前进而递增，但这种递增先快后慢，在识记后的短时间内遗忘特别迅速，然后才逐渐缓慢下来。因此在德育工作中，一方面要通过德育主题活动课来强化德育内容，减少学生的遗忘，另一方面要选择好德育的时机，以达到最佳的教育效果。

首先，调整教育时机。学校的德育主题活动一般在星期二和星期四下午班会课时间开展，课时为2课时，从时间上予以保证。

其次，规范德育主题活动课制度。德育研究室根据班主任工作性质制订了《学校德育主题活动课制度》《学校德育主题活动课考核制度》《德育主题活动课检查制度》，根据不同年级、不同年龄、不同时期学生的生理和心理特点制订了《学期德育主题活动课教育大纲》《德育主题活动课系列教育计划》《学生德育学分评价体系》。这样，德育主题活动课与其他文化课一样，需要教师有目的地备课、引导，但形式、方法、内容更多样化。

第三，整合内容，明确目标体系。德育研究室根据各专业、职业特点，在不同的学年建立适合职业院校的多维度、多层次德育目标体系，为班主任开展德育主题活动课提供依据。班主任作为德育活动的开展者，协助学生策划德育主题活动方案，使学生成为课堂的主体。德育活动大大提高了学生的组织能力、思维能力。创新能力，让学生在德育活动课中充分展示自我、提高自我。

第四，建立德育主题活动课评价体系。为了促进德育主题活动的良性发展，学校积极开展德育主题活动公开课，为家庭、社会、学校搭建了交流的平台，并根据德育主题活动课的开展情况，评出系部、校级"优秀德育主题活动公开课"。学校德育工作领导小组成员深入系部班级中去听课、评课，"德育主题活动公开课"的主题贴近学生生活，对促进学生全面发展发挥了良好的作用。

第五，建立激励机制。学校专门拨出德育主题活动课经费和学生活动经费，对活动中的优胜集体或个人给予奖励。每学期总有一批德育主题活动课"优秀教案""优秀课件""优质课"获得学校表彰。

三、开展丰富多彩的校园文体活动

杨晓华同志在长期的职业院校德育工作中坚持"建设与活动并举，以活动促建设，以建设促发展"的原则，确保"学校的一切活动都为了育人"。在这一理念的指导下，学校的教师不再单纯是知识的传授者，更是学生人生的引路人；学校的管理人员，不再单纯是从事管理和服务的管理者，更是学生生活中的指导者和垂范者。学生所参加的一切活动，都是接受教育的过程，是学校教育的重要组成部分，是提高综合素质的重要途径。

1. **以生为本的德育、文体活动**

学校联系学生实际，按照"大型活动届次化、中型活动特色化，小型活动经常化"的模式，形成大中型活动月月有，小型活动周周有的新局面。学校先后组织学生参加文明风采大赛、法制教育、国防教育、心理健康教育、公民教育、职业道德教育、职业生涯规划等主题教育活动，积极开展辩论赛，校园十佳歌手大赛，校园主持人大赛，校园服装设计大赛，健美操大赛，太极拳大赛，教育超市杯篮球联赛，足球友谊赛，体育五项赛，书法、绘画、摄影展评，演讲比赛等活动，激发了学生的兴趣、发挥了学生的特长，丰富校园生活，增强了学生的自信心，提高了学生的实际综合素质。针对我校学生晨练项目单调、学生多的实际，杨晓华同志从学生兴趣和爱好出发，以学生的终身教育为目标，制订学生晨练选修活动课的方案，针对各专业学生的特点开展相关活动，以广播操为主体，配以特色项目，邀请周边高校的实习生来校担任辅导员，让学生选择自己的特长或喜爱的项目作为晨练的活动项目，一方面锻炼了学生干部的组织能力，另一方面发挥了学生的主观能动性，使其积极参与各项活动。

2. **以生为本的宿舍文化**

通过开展宿舍卫生评比活动，充分发挥学生会、自律队的管理职能，积极探索宿舍文化建设的新形式，尽量开展人人参与的宿舍文化活动。学校举办了"校园十佳宿舍"大赛，每月定期进行"先进宿舍""文明宿舍"评比活动，每学期依据评选条件选出"十佳宿舍"，给予物质奖励，活动使学生树立"宿舍是我家，人人都爱它"的思想意识，让各"家庭成员"在活动中得到锻炼的同时，增强了凝聚力。

3. **以生为本的社团活动**

学校注重个性教育，加强组织管理，积极扶持学生社团，对学生进行科学引导。每个社团配备指导老师，充分发挥社团负责人的作用，发挥成员的主体意识，社团活动开展得有声有色。

4. 以生为本的勤工助学活动

在勤工助学活动方面，学校以"有劳有助，半劳半助，无劳不助"为原则，鼓励学生通过劳动获得报酬进行生活自救，引导学生养成自食其力的习惯。例如，安排家庭贫困的学生到图书馆、网络中心、食堂、公寓楼等处参与管理，安排贫困生参与学校暑期护校等。

5. 以生为本的"争、创"活动

为进一步激发各支部内的各委员、各成员的能动性，学校大力开展争创"红旗团支部"、争创"红旗标兵"活动；在班级建设方面，学校在完善综合测评实施办法的同时，细化其中的自评部分，为今后的评优工作夯实基础。

6. 以生为本的家校联谊活动

杨晓华同志积极倡导把育人活动延伸到家庭内，成立"家长学校"，为老师与家长，学校与家长，家长与家长交流学习搭建平台。学校定期开展家校联谊活动，集中解决学生的思想品德、学习成绩、心理健康等普遍性问题。教师有组织地定期开展家访活动，及时了解学生成长情况。家校共建，共同担负起了培养学生成人成才的重任。

7. 以生为本的社会实践活动

长期以来，学校以"三创"理念为指导，将"三创"精神与学生的综合素质、职业技能培养有机结合，开展了丰富多彩的创业教育活动和实践活动。学校积极搭建创业平台，把专业作为创业载体，实现以创业带动就业。

杨晓华校长到企业探望实习生

学校还与地方政府部门及知名企业建立共建关系，定期举办安全、法制、国防教育、税法报告会。根据课堂教学需要，组织学生到工厂、农村、社区进行社会考察，使学生提高书本知识的运用能力和丰富自己的人文阅历。目前，学校已与索尼电子有限公司，苏州世纪星城投资有限公司等多家知名公司建立校企合作关系。

全校教师经过半年多的测试，2010 年 3 月 30 日，学校正式成立学生创业园，从众多的创业方案中筛选出技能类、销售类、服务类等三大类 10 个

创业项目，以经营电脑维修、IT产品销售、图文制作、图书、水果、十字绣、体育用品、小礼品等活动为主。为了鼓励学生参与校内创业，学校还出台了更多的优惠政策，为更多具有创业精神的学生服务，以使他们在毕业后的创业实践中走得更稳、更远、更顺。

学校还于2010年4月2日与新加坡ERC创业管理学院签订国际交流项目，为更好地引导学生在国外学习实践奠定了基础。

四、以生为本，开展心理健康教育，关心特殊群体

（一）开展心理健康教育，加强对学生的心理疏导

（1）开设心理健康教育课是实施心理健康教育的主要途径。通过课堂健康指导，可以比较系统地开展心理健康指导，进行行为指导、训练等。心理健康指导课不同于心理学理论课，因为它不仅仅是对定义、概念和心理学理论的讲授，也不同于游戏与活动，因此，学校将心理健康教育课列入教学计划，并以适当方式评估其教学效果。

（2）利用学科教学传播心理健康教育内容是一种行之有效的途径。学校的各科教学都包含了一定的健康教育内容，如果运用正确，既可以丰富各科教学的内容，又可以借此培养学生的道德品质和心理品质。德育课、体育课、语文课、艺术课、历史课等都可以广泛地进行心理健康教育。同时，培养学生的道德品质需要"晓之以理、动之以情、导之以行"，培养学生的心理品质也需要这样。所以，在对学生进行心理健康教育时，只注重"理"的讲授、"情"的体验或"行"的训练是片面的，必须将"理、情、行"有机地结合起来。在实践中，学校除了运用传统的讲授法介绍相关的心理学知识外，还创设了各种情境性活动，给学生提供实践的机会，让他们在情绪体验与具体行动中受到感染和锻炼。主要采取的方法有：情境体验法、角色扮演法、讨论分析法、实践锻炼法、自评自述法。

（3）通过德育主题活动课、团的活动等活动开展心理健康教育。这是一条比较有效的教育途径。活动中，教师提供一定的指导建议，学生自己主持活动。教师运用各种激励手段，使学生畅所欲言、互相帮助、解决心理问题。

（4）利用家庭进行心理健康教育是一条有益的补充途径。一般来说，学生在家中是最放松的。父母对子女的关爱是开展健康教育的良好条件，但一般父母缺乏对子女进行心理健康教育的观念或者观念不明确，也缺乏必要的

教育艺术。学校经常与家庭进行沟通，并给家长提供必要的帮助。

（5）利用其他宣传条件进行心理健康教育，如专题讲座、校园广播、墙报、宣传栏、报告会、知识竞赛、闭路电视等，促进学生身心的健康发展。

（二）开展困难学生的德育工作

（1）提高对开展困难学生德育工作重要性的认识，防止把困难学生的德育问题简单化。学校的一切工作都是为了教育培养学生。职业院校学生中的特殊群体——困难学生，正处在道德品德、知识水平、实践能力、综合素质全面发展和提高的阶段，价值观、人生观正处在形成的关键期。根据困难学生特点采取适当的方法培养他们成才，是解决困难学生心理问题的根本途径。不能把困难学生的心理问题简单地经济化，不可只做简单的经济资助工作，必须做好困难学生的教育工作。所以，要进一步提高对困难学生教育管理工作重要性的认识。

（2）进一步完善困难学生资助体系，激励学生奋发向上。困难学生与其他学生相比，在学习、社会活动各方面均有一定的差异，用同一标准评选奖学金不切合实际，也不符合"机会均等"的原则。学校在各项奖学金之外，单独设立优秀困难学生助学金，适当提高奖学金额度，公开评选条件，使一部分品学兼优的困难学生受到资助，激励他们刻苦学习、立志成才。

（3）实行按劳取酬制度，深入开展勤工助学活动，培养学生的劳动观念和实践能力。勤工助学活动使困难学生可以通过劳动获得报酬，也是一项有益的实践活动，是资助困难学生的有效途径之一。勤工助学活动可以使学生消除依赖心理，培养自立自强的意识，增加学生的劳动观念。要进一步加强管理，使勤工助学活动规范化、制度化。同时，适当提高勤工助学的报酬，使困难学生获得较多的勤工助学机会，得到经济资助，受到教育。

（4）加强困难学生的心理咨询和教育工作，做好"心理解困"工作。对困难学生来说，心理上的负担和压力在一定程度上甚至比经济上的还大。做好困难学生的心理教育工作，是困难学生教育管理的重要内容。首先，要同经济资助一样，重视困难学生的心理教育。其次，要根据困难学生的特点，有针对性地开展咨询活动。另外，要大力宣传自强不息、发奋进取的困难学生的典型事例；组织困难学生开展座谈、讨论，帮助他们正确认识困难，对待困难，树立克服困难的决心和勇气。

（三）关爱在学校就读的西藏中职班学生

为了让西藏班学生过一个有意义的国庆节，学校精心安排了一系列丰富多彩的活动，包括安排西藏班的学生去游览夫子庙，让他们近距离感受中国文化的博大精深；引导西藏班的学生在 10 月 1 日参观南京大屠杀纪念馆和雨花台烈士陵园。2011 年 3 月 5 日，杨晓华校长带领学校教师与全体西藏班同学共同庆祝藏历新年，与学生一起包饺子，向每一位藏族学生致以新年问候。学校还特地准备了青稞酒和具有西藏民族风情的美食佳肴，让西藏班学生体会到在家过年的温暖。

此外，杨晓华同志还亲自带领学校党委副书记、纪委书记、招生就业处主任、系主任在河南省部分地区进行职业教育跨省考察，听取了郑州四中（民族中学校区）黄校长对于西部地区学生教育的经验介绍，为我校进一步做好少数民族学生教育积累了经验。

杨晓华同志和藏族学生一起过年

五、积极推广德育主题活动课

学校的德育主题活动课模式对全省职业院校的德育工作起到了很好的示范作用。2005 年 12 月，南京市职业学校 80 名德育专家、领导和德育一线骨干教师专程来到学校，现场观摩了杨晓华同志组织的"以就业为导向的职业道德教育主题活动公开课"，《扬子晚报》《南京日报》等对此进行了专题报道。2006 年 3 月，杨校长积极参与策划了南京市首届职业院校德育主题活动课大赛，有效地推广了"德育主题活动课"育人模式。2007 年 11 月，"德育综合实践活动课的设计与实施"获得江苏联合职业技术学院教学成果二等奖。2008 年 12 月，推进德育模块课程实践研究成果获得"江苏五年制高职课程改革论坛"优秀成果一等奖，杨校长在全省交流大会上作了题为《构建五年制高职德育模块课程体系实践研究》的报告。2009 年 10 月，杨校长组织了《学生在校外实习岗位中发生意外伤害事故处理问题实践研究》公民教育听证会，向南京市人大提交《维护学生在实习岗位中的合法权益建议》被市人大常委会讨论并提案；11 月，杨校长组织德育团队参加"江苏公民教育国际教育论坛"现场展示了学校的公民教育成果，江苏电视台对此进行了专题报道；12 月，杨校长为江苏省职业院校德育骨干教师培训班的 70 名学员举办了公民教育示范课。学校将德育主题活动课及美国公民教育听证会模式引入职业学校德育课堂教学中，开展的系列活动彰显了学校德育工作的特色，取得了良好的育人效果，增加了学校德育的美誉度。

反思拓展

学校的"以人为本，与时俱进，全程育人"的管理理念在实践应用中还应注意以下几个问题：

一、在重视人文管理的同时不能弱化制度管理

在学校管理中，"以人为本"是重要的管理理念。杨晓华同志要求学校领导在管理工作中坚持以人为本，努力营造一个融洽的工作氛围，建立良好的人际关系，遵循人的成长规律，开发人的潜能，发现人的价值。

同时，在强调"人文管理"的同时，不能弱化制度管理，加强和完善制度管理与强调人文管理并不对立，二者应被视为改善学校管理和促进学校发展这个主要问题的两个方面，需要两手抓、两手都要硬。但有些时候，教师可能在管理过程中会只注重人文管理而弱化制度管理，甚至将已有的制度放在一边，这样不仅不能调动学生的学习积极性，反而挫伤了他们的学习热情。比如，有的教师为体现关心、爱护学生，对学生请假有请必准，最后造成请假的人越来越多，有时甚至使课堂无法正常进行。如果一味地迎合学生，迁就学生的要求，就会破坏学校的纪律，导致学校秩序混乱。

所谓"以人为本"，从根本上说，就是要依靠人、为了人、尊重人、关心人、爱护人、激励人、服务人、发展人。学校实行"人性化"管理是在教育领域树立和落实科学发展观的具体体现，但必须建立在起码的规矩之上，没有规矩，或者有规矩不执行，一个集体岂不乱套？"以人为本"的管理不是放弃不管，也不是无原则地迎合学生的要求，应该体现在：一是制度的制订体现人性化。学校管理制度的产生要走群众路线，让教师真正参与制度的制订。在实践中，学校领导应该事先做好调查，召开不同层面人员的座谈会，在取得基本共识之后，再组织相关人员参与制度的制订和完善，以便尽可能地获得支持，使制度成为全校师生的自觉行为，从而达到"制度管理不是约束，而是激励；不是管住师生，而是凝聚人心"的目的。二是执行制度要充分体现灵活性与人性化。有制度必须执行，有制度不执行或执行不严是对个别违背制度的人体现"人性"，实际上对大多数人不公平。灵活性是指

在执行制度的过程中，分析具体情况，灵活安排执行的时间、地点、方式等。从管理学的角度看，人性化就是思想的积累，是品格的提升，但过分强调人性化管理，又很难使工作提升水平，提高效率。因此，要将人性化管理与制度约束结合起来，将"以人为本"与"从严治校"结合起来，这样才能相得益彰。

要把一所学校治理得井井有条，校长除了要有人情味，同时还要能够处事果断、坚持原则，做到有"硬肩膀""硬耳根"和"硬手段"。"硬肩膀"是指敢于承担责任，对学校工作管理不善的地方，要有统领全局的能力、处变不惊的魅力和凝聚人心的"引力"。对学校工作管理不善的地方，校长应主动承担责任，尽力、尽快挽回消极影响，使集体或个人重新步入健康发展的轨道。"硬耳根"是指校长要有主见，在听到不同意见时静观默察，经过自己了解和思考以后，再决定以什么样的态度来对待。"硬手段"是指敢于果断处理工作中的人和事。对于个别教师和学生，该批评就批评，该处理就处理，不能姑息迁就和妥协，特别是在处理全局性重大问题上，必须讲究原则。但是在处理问题时要讲究方式方法，以帮助师生、体现管理的"人本化"和"制度化"为重，达到制度制约人、感情激励人、目标发展人的管理目的。

二、重视创新管理的同时不能弱化常规管理

新课改要求学校管理应既有利于教师开展创造性的教学，又有利于学生主动探索知识的生成和发展。要实现这个目标，管理创新是一个必不可少的条件。同时，管理创新也是一个组织保持生机和活力的源泉。面对新的形势、新的要求，"以人为本"是最重要的创新管理理念，它是一条具有时代特点、符合学校实际的发展新思路，能够在很大程度上提高学校的管理效能。

但是如果一味地追求创新管理，削弱常规管理，会导致教学质量上不去，甚至滑坡。因此，学校管理不能为"新"而新，搞得太花太浮，花样多且变化不定，使教职工和学生无所适从。只注重创新而弱化甚至忽视常规管理，教学质量就不能得到保证。素质教育并不是不要质量，相反，它对质量的要求更高。学校管理的基本骨架是常规管理，常规管理蕴藏着学校管理的基本规律，它是创新管理的基础和前提。常规管理犹如一片沃土，学校特色犹如一朵鲜花，如果没有常规管理这片沃土，学校特色这朵鲜花就会成为无

本之木。不重视常规管理的学校，根本谈不上有好的教育教学质量。

三、不要过分注重细化管理

近年来，"细节决定成败"的理念风行于世，"以人为本"的管理理念要求尊重个人、发展个性，其中必然会有很多细枝末节的事情要关心，要处理，但是如果凡事"细"字当头，无限细分，不懂得领导工作删繁就简、繁简得当的道理，一味地认为越细越好，安排工作事无巨细，研究问题反反复复，大事小事一一过问，认为只有这样才算得上是勤奋敬业，其实这样只会导致效率低下，虽然天天喊要理思路、抓重点、抓关键，而实际上是头绪纷乱，效果不佳。有时候明知自己忙不过来或力所不及，还是自己去苦熬、苦撑，不管大事小事，只要自己没有到场心里就感觉不踏实。由于操心太多，常常被大大小小的问题缠得喘不过气来，没有时间和精力去学习、思考、谋划。有人说过："管理一个学校，管人管事，事必躬亲，只能算一个低水平的校长；而建章立制，选人用人，管理学校不过是一个中等水平的校长；只有登高望远，高屋建瓴，经营和开发一个学校才是一个高水平的校长。"此言不无道理，事必躬亲是小生产者的传统美德，却是当校长的大忌。作为一个称职的校长，不应是全校做事最多的人，而应是全校做事最精的人，这就要求校长学会授权和分级管理，只有这样，才能把有限的时间和精力放在谋求学校发展上来，谋大事，办大事，摆脱工作中的忙乱和乱忙现象，保证有学习时间，有思考时间。不学习，不思考，工作必然有盲目性。校长应通过学习和理性思考，用宏观的视角对学校的未来发展做出战略性、长远性的思考与谋划。

专家点评

"以人为本"是人们常说的一句话，德育要"以人为本"也常被人们提及。然而，杨晓华校长和他的团队把"以人为本"思想全面贯穿于德育之中，并努力做到极致，实属不易。

德育的对象是人，从事德育工作的也是人。南京工程高等职业学校把"以人为本"思想全面贯穿于德育工作之中，主要通过充分调动两大德育主体即学生、教师的主观能动性。

"以人为本"思想在教师工作中的运用主要体现于德育工作管理模式的

构建，着力于调动全体教职工全程育人、主动投入的积极性和创造性。学校通过校、系部、教研室三级管理模式和学年德育工作规划、学期德育工作计划和德育工作要点的部署，促进德育整体合力的形成。学校通过建立总值班、行政值班、学管值班、值班组长、值班教师层层负责的 24 小时值班制度，评选值班标兵，在学生管理中加强德育指导，落实岗位责任。学校通过班集体建设目标管理和以"六到位"为特点的常规管理考核，评选优秀班主任，调动德育工作主力军——班主任的积极性。

"以人为本"在学生工作中的运用主要体现于丰富多彩的德育实践活动的开展，使学生在主动参与中得到体验和感悟。学校不但通过班级值周、学分评价、勤工助学、争优创先、先进宿舍和文明宿舍评比等形式为学生参与管理创造条件，而且通过主题活动课、文体活动、社团活动、各类竞赛以及创业园、校企共建等形式，做到大中型活动月月有，小型活动周周有，让每个学生都有展现自己的机会。此外，还通过家长学校、关爱学生中的特殊群体等途径，让学生感受到来自学校的关爱。

"以人为本"的落实并非易事，然而天下无难事，只怕有心人。杨晓华校长和他带领的德育团队的经验证明，一校之长不但要有自己独到的德育理念，而且要能构建层次清晰、操作性强的管理模式，把"以人为本"思想通过实实在在的工作贯穿于德育的方方面面，把自己的理念转化为教师的信念和行动，引导学生在自觉参与中自主提升。

（点评：蒋乃平　杜爱玲）

以『责任在心』为核心理念的特色德育实践探索
——山东省平阴县职业中等专业学校

名校／名校长简介

　　山东省平阴县职业中等专业学校位于素有"玫瑰之乡"美誉的济南市平阴县锦东新区，由隶属不同部门和行业的五所职业类学校整合而来。学校是国家级重点中等职业学校、全国复合型师资培训项目山东培训基地，先后被评为山东省未成年人思想道德建设工作先进单位、山东省校企合作先进单位、山东省教育科研先进单位等。

　　学校遵循教育规律，尤其是职业教育的办学规律，把"为每个学生的生存和发展服务，为经济社会发展服务"作为办学宗旨，把"做人有品德、就业有优势、升学有希望、创业有能力"作为培养目标，在不断提升内涵建设的基础上，不断加强学生的综合素质培养，实现学校与企业、专业与产业、学生与岗位的无缝对接。在全面提升学生的综合素养的基础上，学校将"责任在心"作为德育工作的核心理念，以活动、课程为主要载体，开展不同主题的德育活动，增强学生的社会责任感和感恩意识，努力为社会培养更多优秀人才。优秀的毕业生就是学校的金字招牌，近年来，平阴职专的毕业生受到用人单位和社会的欢迎，学生就业安置率达100%，就业稳固率在85%以上。

　　学校的办学成绩得到上级领导和社会的好评，学校领导多次在全国及省市会议上介绍经验。《人民日报》《中国教育报》《中国职业技术教育》《大众日报》《山东教育报》、山东电视台等多家新闻媒体多次报道了学校的办学成果。

核心管理思想

平阴县职业中专以全面提升学生的综合素养为核心目标，以"责任在心"为学校德育和校园文化建设的核心理念，以活动、课程为主要载体，不断推进学校德育工作向人本化、高效率的方向发展。

首先，学校确定了"以科学发展观为指导，以提升办学内涵为目标，以'责任'理念为核心，以校园人文环境、自然环境和精神文明建设为重点，以责任活动为载体，融入企业文化，形成修技在手、责任在心的校园文化特色，提升学校管理内涵和办学品位，推动学校可持续发展"的指导思想。对"责任在心"的核心理念进行了阐述：责任无处不在，责任重于泰山。平阴县职业中等专业学校永远是一个负责任的学校：为学生修技成才负责，为教师成长发展负责，为社会文明进步负责。平阴县职业中等专业学校每个人永远都是负责任的成员：为国家兴亡负责，为经济繁荣担责，为学校发展尽责，为家庭幸福负责，为人人进步履责。修技在手成就未来，责任在心提升境界。

其次，充分发挥课堂教学的主渠道作用，在课堂中渗透德育。一是充分利用德育课，严格实施教育部制定的德育课程计划，开好德育课。二是开设责任教育课程。通过基础课程、实习实训课程、素质拓展课程、人生规划课程等"四段式教育"，进一步提升师生的责任意识，实现培养责任公民的目标。

再次，学校重视德育活动对养成教育的积极推动作用，按照梯级模式根据学段开展不同主题的德育活动。一是上好入学第一课——军训。军训是入学教育的重要内容，也是养成教育的第一课，它有利于学生形成令行禁止的行为作风、团队合作的集体观

学校首批学生党员宣誓入党

189

念、坚韧不拔的意志品质，是一次让学生终身受益的磨炼。二是开展职业理念、职业生涯规划的教育，提高学生的职业认同感和职业道德水平。三是通过主题班会、升旗仪式、演讲比赛、校园"责任十佳"评选等活动，有针对性地开展主题教育，增强学生的社会责任感和感恩意识。四是做好就业指导。以"就业宣传月"活动为主渠道，通过邀请企业家做报告，举办就业指导讲座，举办演讲比赛、模拟招聘会等各类活动实施就业指导，引导学生做好就业准备。

实践应用

在经济社会快速发展的同时，多种文化的碰撞也带来了人们观念的深刻变化，传统的价值观、人生观、道德观、金钱观等受到前所未有的挑战。扭曲的价值观、人生观、道德观、金钱观也极大地削弱了当代人的社会责任意识。在清醒认识当前我国经济社会发展和职业教育发展形势的同时，平阴县职业中等专业学校也对学校所处地域的经济社会发展形势进行了充分的调研和科学的分析。他们认识到，当前中职学校培养的人才应该具备的品质有：具有求新品质，容易接受新东西；具有参与精神，表现出社会责任感；具有成功的动机，表现出较强的自信心；具有合作意识，善于团结协作。

基于以上分析，学校在建校之初就明确了加强以"责任"为核心的校园文化建设的总思路，制订了"修技尽精微，立责致高远"的校训，并对此作了深刻的阐述：修技以精、严、熟、通为标准，着眼于师生的实践能力，引导学生勤学苦练、精益求精、强技立身；全体师生责任心中担，树立主人翁意识，各司其职，各尽其事，完美协作，实现学生成才、教师成功、学校成名的办学理想，推动学校的可持续发展。经过几年的探索实践，2010年4月学校制订了以"责任在心"为核心理念的校园文化建设实施方案，以责任教育课程模式研究为载体和中心任务，开始树立和打造独具职教特色的平阴职专校园责任精神。

一、德育工作的分层实施策略

（一）丰富多彩的德育活动

中职生是一个特殊的群体，如何从一入学开始就规范他们的言行，是需

要认真思考的问题。

　　一年级是学生养成教育的重要阶段，职业中专针对这一阶段中职生的显著特点，遵循道德认知与道德实践并重的原则，通过法律法规和校规校纪的教育活动，使学生能够自觉学法、守法，养成遵规守纪的良好行为习惯。入学第一课是军训，通过 7—10 天的军训，学生能基本掌握军姿、立正稍息、四面转法、跨立、齐步的行进与立定、跑步的行进与立定、内务的整理等军训科目，更重要的是通过训练和体验，学生形成了纪律意识、集体意识，培养了艰苦朴素、吃苦耐劳的精神品质。二是法制教育。学校成立了法制教育领导小组，统筹安排相关教育活动；定期（一般每学期一次）邀请专家以"讲案学法"的形式面向全体师生开展法制教育报告会或专题讲座，并在会后组织征文或主题演讲比赛，以使学生养成学法用法、遵规守纪的良好习惯。三是加强职业理想和职业认知的教育。将德育渗透于文化基础课的学习之中，通过认识职业、认识"职业人"、认识职场等系列活动，解决中职生的职业认知困惑，培养学生热爱所选工种和工作的职业情感。

　　二年级以使学生树立集体主义观念和大局意识、培养团结协作精神为主要教育内容。通过主题班会、升旗仪式、演讲比赛、校园"责任十佳"评选等活动，增强学生的社会责任感和感恩意识。一是开展师生结对帮扶活动，实施学生成长导师制。鼓励教师有针对性地对学生进行思想引导、心理疏导、生活指

"三礼"教育宣誓仪式现场

导、学习辅导，关注学生的身心健康，关注学生学业进步及个性发展，引导学生全面发展。二是以专业部为单位，针对学生个体差异和专业特点开展不同形式的教育活动。自去年以来，各专业部分别开展多项教育活动，成效显著。数控经贸部开展了"唱责任歌曲、读责任诗文、写责任格言、做责任项目"活动，营造氛围，使责任意识深入人心；护理专业部实施"四心五延伸"工程，即将责任心、爱心、诚心、孝心向每位教师延伸，向全体学生延伸，向社会延伸，向社区群众延伸，向医院延伸，强化责任意识；机电服装专业部开展了"校园十大禁令"的学习实践活动，引导学生努力践行责任誓言，倡导对家庭负责、对社会负责、对自身负责、对他人负责。三是开展综

合素质拓展活动，培养学生的团队精神。学校制订了贯穿整个学年的拓展活动计划，参照社会上普遍流行的拓展活动模式，针对学生和学校实际设计活动内容和方案，开展了一系列素质拓展活动。

毕业年级的德育活动以进一步提升学生的综合素养为根本目标，使学生勇于承担社会责任，为今后能很好地履行社会责任做好充分的思想、专业知识和技能的准备。学校经常开展诸如"名人励志成才报告会""毕业生岗前培训""校园模拟招聘会"等活动，邀请社会各界、各行业的成功人士和优秀毕业生与学生面对面交流，激发学生向成功人士学习的积极性、主动性。加强对学生择业观、成才观和择业能力的教育培养，引导和教育学生坚定职业理想，提高择业、创业能力，强化岗位适应能力。

实施德育活动的过程中，学校重视和争取行业企业的参与，通过设立专业指导委员会、引厂入校、设立校外实训基地等方式，促进企业文化进校园，形成了独具特色的校园文化氛围，为学生成长、成才营造了良好环境。

（二）德育进课堂

学校在实践中以责任教育为主要内容，把增强学生社会责任感的公民教育渗透、贯穿到中职教育课程体系中，将责任理念纳入课程，发挥中职教育课程体系在功能、结构、内容、实施、评价、管理等方面的优势，引导学生将责任理念内化为自身的责任意识和责任行为，提升学生的责任能力，为学生立足社会奠定良好的道德和能力基础。

责任教育课遵循理念先行的原则，以先行的理念来引领责任教育实践的创新与发展，课堂教学实践的着眼点放在对责任教育的理解、认同和反思上，通过课堂教学，用理念改变学生的日常行为，从而实现教育者与受教育者相互影响；遵循校企共建原则，坚持教育教学活动与岗位实践相结合、相适应，围绕知识、能力、素质一体化的人才培养体系，对接产业，对接企业，对接岗位，将社会实践、就业与创业教育、素质教育等教学的重要环节纳入人才培养方案的整体设计中；遵循分层教育原则，根据儿童、青少年成长的各年龄段的心理发生发展机制，对不同年龄阶段、不同心理发展阶段的青年实施与之相适应的教育；遵循全员体验原则，全体师生，包括领导在内，全员参与，全员体验，领导干部、学科带头人、骨干教师等率先垂范；遵循"三贴近"原则，贴近学生，贴近实际，贴近生活，课程内容深入浅出，循序渐进，课堂教学方式贴近学生生活，生动、形象，注重体验教育、实践教育、养成教育，贴近学生的实际需求和未来职业发展需求。

1. 在专业基础课程中渗透责任教育

专业基础课是中职生进一步学习专业知识的前提，在基础课程教学中渗透职业教育，主要是解决中职生的职业认知感，培养学生在岗位上的责任承担能力。责任承担能力的培养需要经过相当长时间和合理的培育，专业基础课中的责任教育又大多是隐性的，因此，在教学实践中，职专教师遵循职业教育的一般规律，切实考察

毕业生赵凯在工作岗位

教育个体的特点，充分挖掘各门基础课程中的责任教育要素，重视德育与课堂教学的整合，重视情感、态度和价值观的教学目标设计，有机地结合学科教学对学生进行责任教育。一方面通过教材自身的知识，利用迁移、比较等教学方法，选择适当的切入点，将利于激发社会责任的内容贯穿和渗透在课堂教学中，引导学生形成责任意识。另一方面，利用"静思""关怀教育""励志小语"等行为训练的方式，促进学生责任意识的形成。

在执教当代著名女作家毕淑敏的散文《我很重要》一文时，我抓住文中的责任教育内涵，引导学生通过品味文中富有表现力的语言，领悟作品丰富的内涵，树立责任意识和强烈的自信心。

一、精心设计问题，明确"我的责任"

课文第二部分重点阐述"我很重要"这一观点，我首先让学生讨论作者是如何证明"我很重要"的，经过讨论后，学生归纳出几个方面："我"是由无数星辰日月草木山川的精华汇聚而成的万物之灵；"我"是人类精神文化之火的承传者，负有不可推卸的神圣承诺；"我"是大自然鬼斧神工的杰作，是机遇的产物。此时，我适时补充强调：就我们的个体生命而言，我们是自然界的精华汇聚而成的，我们不可以推卸神圣的承诺，我们要倍加珍爱自己的生命，对自己的生命负责。接着，学生又归纳出："我"是父母浓浓慈爱与亲情的不可失却的承载；"我"是相濡以沫的夫妻中不可或缺的一个。我又适时强调：是啊，面对家庭，面对着无法承载的亲情，我们是父母的永不可复制的孤本，尽管我们不是特别优秀，但在他们心中，我们是最棒的，谁也不能替代。如此层层推进，学生在赏读美文的同时，明确了自己肩负的责任：我们来到这繁华绚烂的世上，不仅要为自己活，还要为疼爱自己、关

心自己的人活，要为自己的生命负责，要为家庭负责，要为社会负责。

二、入情入境诵读，强化责任意识

课文第三部分将说理与抒情融为一体，以理服人，以情动人，比喻排比反问等修辞手法的灵活运用更使文章生动传神，感情充沛，气势如虹，比较适于朗诵。师生共同大声朗诵，在优美的文字中，共同感受生命的律动。在反复的诵读中，我们理解了"我很重要"的真谛，理直气壮地喊出："我很重要!"是太深太深的关爱与真诚使我们感动；是太多太多的努力与奋斗使我们自信；是太重太重的责任与依靠使我们觉得自己重要。"我很重要"将奏响我们生命的主旋律，我们要去真正实现人生的价值。通过朗读，我从学生的反应中感觉到他们心中对生命的责任感明显增强。

三、巧设拓展演练，"挑起"肩上责任

课文学习结束后，我设计了两项拓展演练题目，既升华了学生对美文的感悟，提供了练笔的机会，又巩固了责任教育的成果。首先，我让学生课下收集"我很重要"的名言名句，编辑"我很重要"名言录。学生通过感受古今中外的仁人志士"以天下为己任"的博大胸怀，从而感受到自己肩上的责任。其次，进行一次练笔，题目设为"因为我是，我必须这样做"。在行文中，学生能够明确自身角色承担的责任，并会明白应该做些什么，该怎样去做。

2. 在专业及实习实训操作课中贯穿责任教育

职业教育的本质为就业教育，从学生入学第二年开始的专业课及实习实训课程为学生适应未来的工作奠定基础。专业课、实习实训操作重在使学生掌握工作技能。合格的职业人必须具备的责任要素体现在三个方面：一是专业技能，二是工作技能，三是职业道德。专业课及实习实训课在提升学生专业技能方面的作用无需赘述，但培养中职学生的沟通能力，独立工作能力，分析问题、解决问题能力等工作技能不是一朝一夕就能完成的。为此，教师深入挖掘教材内容，引导学生了解所学专业对技能水平的要求，熟悉企业工种对技术岗位的各项要求，强化职业意识。教师把责任教育贯穿于整个教学的始终，利用产教链接式教学、项目教学、教学做一体化等任务驱动教学法，分解细化各项责任目标，培养全班学生的主人翁意识，让每个学生有事可做，有责可负，体会"承担责任"的酸甜苦辣，从而激发"积极配合，团结一致"的责任情感。教师要求学生认真总结在实践操作中遇到的问题和困难，独立思考，结合所学的理论知识认真分析、讨论，找出原因，培养自主

处理问题的能力，增强自信心。在此过程中，教师要教育学生知行合一，用勤奋和创造来完善技能，以恒心和毅力来追求成功。

3. 在人文课程中强化责任教育

人文课程是对学生进行责任教育的有效途径，凭借人文学科可以整合责任教育内容，全面培养学生的责任意识，充分发挥人文学科自身的特点，切实提高责任教育的实效性。人文教育以培养人的人文精神、提高人的人文知识和能力为主，更多地体现在情感、意志及非理性方面。人文教育有助于健全学生的人格，更有助于学生形成责任意识。在中职学校中渗透人文教育思想，就要设置相关课程，优化课程结构，构建人文课程体系。为此，平阴县职业中专在全校范围内开设了人文教育特色课和综合素质拓展课。

（1）人文教育特色课。人文教育特色课在一、二年级重点开设，是一门塑造学生健康人格的综合课，围绕中职学生将来应担当的社会责任而展开。该课程以"责任之约""责任之境""负责之道"构建课程，确立"关注生命""思想道德建设""文化文明""亲近社会""心理健康""时政要闻""人文知识""美与时尚"八大系列，把责任教育作为切入点，把道德建设作为突破口，对不同年级有不同的要求。教师们边教学边探索，不断充实和完善人文教育的内容。人文教育特色课作为一门选修课，是对学科德育课程的补充、拓展和延伸，目的在于使中职生正确认识社会发展规律，认识国家的前途命运，认清自己的社会责任。人文教育特色课的教学内容多来自生产一线、生活、个人的经验及社会文化，具有社会性、生活性、实用性、针对性、趣味性等特征，在教导处统一安排下以全校大巡回的方式授课。这样，人文教育课将知识的课堂变为生命的课堂、责任的课堂，实现了教学方式和学习方式的革命，有助于学生形成对将来所从事职业的认识，有助于学生对自我责任和社会责任内容的认知，从而在以后的工作实践中逐渐强化和升华责任感。

（2）综合素质拓展课。综合素质拓展课针对中职各年级，是责任教育课程体系中的一种新颖有效的教育形式。这门课程主要是用讲座和现场训练的方式，通过开展一些有计划的活动和游戏，创设一些有意义的情境，营造一个融洽的学习氛围，帮助学生在较短的时间内，在体验、分享、交流、整合和应用等过程中，能够自由地进行探索、表达和发现，使外在的责任要求与学生内心思想情感相互作用，并成为他们自己的需求和行为动机，使学生形成良好的思想品质，并在情感、观念、态度、行为等方面有较大提升，进而达到认识自我、改变自我、完善自我的目的。

在一主题为"学会感恩　走近父母"的课堂上，我提出这样一个问题："怎样走近父母，做孝顺的孩子？请提出你的建议。"一个男生回答："少给父母惹祸。"听了男生的回答，我禁不住追问："为什么是少惹祸而不是不惹祸呢？"这个男生沉默了一会说："得看情况。"

听到他这样的回答我陷入了沉思。我走到这个学生跟前，轻轻地问他："你能给大家讲一下你因不得已而惹的祸吗？"

男生讲了这样一个故事。他刚上初中的时候，有段时间爸妈很忙，他只好自己在外面吃午饭。但一天在回家的路上，他被几个高年级的同学拦住，被要走了身上仅有的 5 元午饭钱，并且还被揍了一顿。他只好饿着肚子上完了下午的课，晚上回到家也没敢和爸妈说。那时他就暗暗发誓一定要报复他们。转眼到了初二，他也有了自己的一帮铁哥们。在一个下午，他们集合起来把那个当年欺负他的同学揍了一顿。那种报复后的快感使他一发不可收，从此他在学校俨然成了黑社会老大。渐渐地，祸惹大了，爸妈跟着赔礼道歉，垫付医疗费，他成了学校有名的"问题"学生。到临近初三毕业，学校劝他回家，父母只好把他送到职业学校。

在这个男生讲述的过程中，我看到了他受欺负的无奈和悲伤，也感受到报复对方后的痛快，而当讲到给父母带来的麻烦时，他低下了头，懊悔和痛苦写在脸上。他能勇敢地解剖自己让我很感动，我表扬了他，并立即发动全班同学讨论：能做到不惹祸吗？班里立即热闹起来。通过讨论，大家一致认为：我们在生活中遇到的问题很多，首先应做到不去招惹别人，即便是自己有理，也要寻求合理、合适的解决办法，杜绝打架，不能给父母惹事。

看到班里达成了一致意见，我立即问这位男生："你同意大家的意见吗？"男生说："同意。""那你能承诺不给父母惹祸吗？"男生嗫嚅着说："能。"我严肃地对他说："你的声音太小，男子汉就要有男子汉的气概，能大声说吗？"班里立即安静下来，同学们都齐刷刷地看着他。短暂的沉默后，这个男孩子仰起头，一脸庄重的神情，扯着嗓子大声喊出："绝不惹祸！"班里响起了一阵热烈的掌声。

我趁热打铁："希望同学们记住这位同学的承诺，我们都要帮助他，鼓励他实现自己的愿望，并且我们全班所有的同学都要向这位同学学习，不给父母惹祸，遇到问题找老师，找父母，不再做错误的事情。"

这个男孩子当着全班同学的面讲出心里话，并决心改正自己的错误，这

就是进步。教育的责任是让学生的思想行为发生改变。只有了解了学生的真实想法，并介入他们的生活，教育才能奏效。

（三）校园责任文化建设

德育文化建设是学校文化建设的重要组成部分。在构建以"责任在心"为核心理念的校园责任文化体系的工作中，平阴县职业中专重点从三个方面加强工作：一是加强责任环境建设。环境建设是构建校园责任文化的前提和基础，是学校文化外在的、物化的呈现形式，对师生具有感染、熏陶、激励作用。学校加强了校园自然环境建设，对校园布局、功能区进行合理划分，抓好校园绿化美化，科学设置校园道路；加强中心广场、办公、教学、实训、生活等区域的人文环境建设，通过雕塑、标牌、宣传栏、黑板报、假山石等形式，融入企业文化，体现责任文化的核心理念和校风、教风、学风等内容，尤其注重加强实习实训场所的环境文化建设，彰显专业特色，达到个性与共性的和谐统一；精心打造责任文化亮点工程，重点打造学校广场雕塑和能工巧匠一条街。二是加强责任制度建设。制度是校园文化建设的根本，是为了达到无意境界而采取的一种有意识手段。我校围绕中心工作，以明确专业部、处室及个人的责任为依托，建立、完善了学校、专业部二级管理体制，充分发挥广大教职工的主动性、参与性和创造性，使全员参与、人人有责；以逐渐健全、完善教育、教学、管理等各项规章为目标，建立起了符合学校实际的系统、科学的学校管理制度，初步实现了学校管理的科学化、规范化、制度化和标准化；加强制度的贯彻落实，加大执行力度，强化精细管理，使各项规章制度逐渐内化成为师生的行动理念，使学校制度文化初具规模。三是加强责任活动建设。活动是学校责任文化的有效载体。围绕学校责任文化建设的核心理念，平阴县职业中专主要开展"我的责任"大讨论、"四个十佳"评选、责任宣誓三项系列活动。

平阴县职业中专"十佳"评选方案（节选）

为进一步加大校园责任文化建设力度，将"责任"理念拓展、延伸、渗透、内化到师生的工作、学习中，提高师生的责任意识，提升学校的办学内涵，打造责任团队和责任个人，创建新型学校文化，特制订本方案。

一、指导思想

以"责任"理念为核心，根据《平阴县职业中专责任文化建设实施方案》精神，对团队、教师、学生一年来的工作、学习业绩和状态作出积极的评价，激励全体师生自主、积极、健康地发展。

二、领导小组（略）

三、评选项目

根据《平阴县职业中专责任文化建设实施方案》精神，学校年度"十佳"团队与个人评选以下项目："十佳"责任团队、"十佳"责任教师、"十佳"责任班级、"十佳"责任学生。

四、评选范围、条件和办法

1. "十佳"责任团队

评选范围：各专业部、中心的处室。

评选条件：

（1）责任意识、大局意识强，本年度团队工作成效显著。

（2）团队成员间配合好，相互协作，相互支持。

（3）模范遵守学校的各项规章制度，团队成员无人受到学校的任何处分。

（4）提交的事迹材料翔实、具体、可考，不弄虚作假。

评选办法：

主要以领导班子评议、评选小组评议、部门间互评、部门主要负责人个人考核为主，分配权重进行评选。

（1）领导班子评议（30%）。

（2）评选小组评议（40%）。根据各部门提交的材料，结合各部门平时的实际情况进行评议。

（3）部门间互评（15%）。

（4）部门主要负责人个人考核（15%）。

根据年度考核成绩直接出结果。

评选程序：

（1）自荐。各专业部、处室自荐，写出书面材料。

（2）资格审核。由评选小组对所有自荐部门进行资格审核，并拟出候选名单。

（3）民主评议。

（4）审议及公示。由校长办公会对评选结果进行审议，确定最后人选（团队），并公示评选结果。

（5）表彰。（略）

......

2. 十佳责任班级

评选范围：所有在校班级。

评选条件：

（1）班委、团支部组织健全，班级干部、团支部干部政治思想坚定，团结协作，以身作则，认真完成本职工作，带领班级争上游。

（2）班级学生积极上进、乐于助人、遵纪守法、热爱集体、朝气蓬勃、文明健康，班级的好人好事多，学期内无学生受到警告以上的处分。

（3）班级学风优良，课堂出席率高，没有借故缺席和无故旷课者，大多数学生学习成绩优良，班级成绩在年级中排名靠前，在学年考试中无违纪现象。

（4）班级责任文化领导小组能够定期组织开展学习活动，党员和积极分子所占比例较高。

（5）积极开展健康有益的社会实践活动和文化科技活动，开拓创新。

（6）注重保持良好的教室、寝室等环境卫生及个人卫生，班级大多数宿舍达到学校"先进寝室"的标准。

（7）积极开展体育活动，全班坚持出早操，绝大多数学生达到国家体育锻炼标准。

评选程序：

（1）广泛发动，全员参与。

（2）各参评班级填写"十佳责任班级"申请表和自评表。

（3）评审小组根据各参评班级的档案材料、申请表、实地查看获得的信息等投票确定"十佳责任班级"名单。

（4）表彰。（略）

3. 十佳责任学生

评选对象：在校学生。

评选条件：

（1）认真遵守《中学生守则》《中学生日常行为规范》及《平阴县职业中专学生管理制度》。

（2）有强烈的集体意识和社会责任感，热爱学校，关心同学，尊敬师长，孝敬父母，积极上进。

（3）有突出的先进事迹。

申报对象必须至少具备下列条件之一：

①学习成绩优秀，历次考试均处于班级前列，或在技能大赛中获市三等奖以上奖励。

②在科技发明创造、电脑制作等方面成果突出，获市三等奖以上奖励。

③获校级运动会单项比赛前三名。

④参加县级及以上的书法、绘画、征文等比赛获三等奖以上奖励。

⑤在学生管理中有突出表现的学生干部。

⑥在其他领域表现非常突出，为学校赢得县级以上荣誉，为学校带来良好的社会效益或经济效益。

评选程序：

（1）宣传发动。

（2）各班班主任推荐本班人选（不超过两人，实验班除外）至各专业部，同时按规定格式提交书面材料，主要介绍该生的突出事迹（介绍事迹材料应全面、真实，不少于1000字）。

（3）各专业部组织人员初评，确定十名候选人交政教处。各专业部主任负责落实每位候选人的事迹介绍材料，包含候选人的奋斗目标和人生格言（要求真实、简练，200字以内）。

（4）政教处将候选人名单、事迹材料以及学生投票情况提交至评审小组进行联评，最终确定"十佳责任学生"名单。

（5）表彰。（略）

二、德育工作评价策略

平阴职业中专主要采取学校、家庭、社会、教师四位一体的评价模式，即以学校、教师教育测评为主，家庭、社会教育测评为辅，家、校、企结合，共建完整的测评体系。具体做法是建立长效机制，努力形成责任教育内容系统化、管理制度规范化、育人渠道网络化、德育队伍全员化的良好格局，实现培养阳光自律、认同主流、热心公益、热爱企业的负责任公民的核心目标。

学生责任教育评价指标体系

（一）阳光自律

1. 生活有规律，有节制，有目标。

2. 做事有恒心，有毅力，不骄傲，不自卑。

3. 胸襟坦荡，了解自己的特长，能够做到扬长避短。

4. 刻苦好学，会学善学，兴趣广泛，学有所长。

（二）认同主流

1. 相信科学不迷信，不沉迷网络，自觉抵制不良信息。

2. 接受真实的自我、成长的自我，具有自我保护意识。

3. 孝敬父母，尊敬老师，接受家长的正确指导。

4. 待人谦恭，彬彬有礼，热情大方，举止得体。

5. 体贴他人，善于站在他人的立场上思考问题。

6. 与人交往讲信用，答应别人的事要尽力去做。

（三）热心公益

1. 热爱祖国，及时了解国家发生的重大事件。

2. 懂得个人服从集体、少数服从多数的道理，有事同大家商量。

3. 爱护公共场所的设施，看到损坏和私拿公物的行为要进行劝阻。

4. 在公共场所自觉遵守公共秩序。

（四）热爱企业

1. 有较强的职业意识，劳动观念强，爱岗敬业。

2. 专业功底扎实，业务熟练，胜任工作。

3. 讲信誉，有信用，关心企业发展，自觉维护企业声誉。

4. 有一定的是非判断能力，明辨是非，兢兢业业做好本职工作。

反思拓展

职业教育发展不仅要追求速度、力度、广度，更要追求质量，注重提升内涵。平阴职专在快速发展的同时不断反思，不断完善，以期形成具有特色的德育体系。

一、反思责任教育得以顺利实施的因素

（一）领导层面达成共识

中职学校面对知识经济的挑战和择业就业竞争压力日趋激烈的情况，只有让毕业生具有强烈的责任心，才能实现"培养实用人才和熟练劳动者"的教育目标，达到"为本地区经济建设服务"的教育目的。基于以上认识，学校领导层把责任文化建设作为重要工作纳入各责任部门的工作日程和长远计

划中，成立机构，建立制度，落实责任，加大投入，形成主要领导亲自抓、分管领导具体抓、其他领导配合抓、全体教师共同抓的齐抓共管的工作机制。全体教师坚持不懈、全面部署、全员参与、全面落实，使"人人头上有指标，件件工作有着落"。

（二）注重对"人"的塑造

近年来，职业教育在国家发展中的战略地位日益凸显，各级政府都极其重视，大幅度增加投入，职业学校的办学条件日益改善。平阴县职业中专正是在这种大背景下成长起来的，扩张规模，提升内涵，成为国家级的重点中等职业学校，实现了跨越式发展。改革与发展离不开"人"这一关键因素，职业中专选择打造责任文化，正是因为责任文化注重对"人"的塑造。平阴县职业中专倾力打造责任教育为核心的学校文化，用责任文化催生真正的核心竞争力，为学校长远发展提供稳固持久的动力。

（三）学生的积极参与

环境塑造人，环境改变人。很多中职生表现出明显的社会化倾向，他们戴首饰，穿奇装异服，标新立异，追逐潮流，个性、自尊意识强烈，但与此不相匹配的是，他们又存在着强烈的自卑感。这种自卑心理与强烈的自尊心交融在一起，使他们变成了内心冲突强烈的个体，表现在行为上就是无所适从、不负责任。中职毕业生缺乏的并不是技能，更多的是缺少勇于负责、吃苦耐劳、持之以恒的品质。中职生的这些特点，为职业中专开展责任教育提供了土壤，而对于学生来说，学校具有人文关怀的责任教育深深地感染着他们，他们乐于接受这样的教育。

"责任在心"的学校文化核心理念正是学校精神的凝练。它深化发展的过程，也正是责任教育拓展的过程。

二、正视责任教育存在的问题

（一）活动设计需增强实效性，切合职业教育的特点

据中职学校的一项就业情况调查显示，用人单位认为毕业生最欠缺的素质中，责任意识的欠缺排在第一位，由此可见，用人单位对员工社会责任感的关注。当代中职生是未来社会生产的主体，因此对中职学生的责任感教育应结合其自身特点，合理设置教学内容，增强活动实效，大胆尝试德育创新机制，构建丰富多彩的责任教育模式。

（二）教育内容要定期更新，注意彰显时代特色

近年来，各地中职学校根据党中央、国务院与教育部的要求，努力加强学校的责任教育工作，探索出许多有效的教育模式，取得了较好的教育效果，但不可否认的是，责任教育至今仍是学校教育工作中的薄弱环节。特别是在教育内容的选择上，责任教育滞后于社会发展的步伐，说教意味浓厚，生搬硬套上级文件中的任务、目标、内容，收效不明显。平阴县职业中专对此有清醒的认识，并不断在实践中予以改进。学校认为，要想让责任教育深入学生的内心，必须既关注整体层面，理念先行，也必须审视每一个个体，以实践检验责任教育的成效。教育内容要反映时代发展的最新成果，要与时俱进，凸显时代特色。

（三）活动主体要全员参与

目前，对中职生实施德育，主要通过多种教育途径强化责任要求，形成一个多渠道、多层次、全方位的综合教育体，这固然丰富了责任感教育的内容和目标体系，但在责任感教育的力度上有所欠缺。课程是职业教育教学的主要载体，课程特色是职业教育最主要的特色。在每一堂课中，教师与学生的关系、教材的把握和挖掘、教学氛围的创设、教学过程中教师的要求，无不渗透着责任情感的培养。依据责任心的心理构成、发展和特点，立足于中职学校原有的课程体系，关注发展学生的情感、态度和价值观，在中职学校进行培养学生责任心的实践教学是一种有益的尝试。

三、明确责任教育拓展的方向

（一）主动贴近现实社会，在活动中融入公民教育

中职学校责任教育课程的实践模式，旨在发挥中职课程的功能、结构、内容、实施、评价、管理等方面的优势，把增强学生社会责任感的公民教育贯穿其中。平阴县职业中专注重课程向社区、社会的延伸，重视理念的内化和情怀的涵养，重视学生自身的省思与体悟，以课程为载体，以社会为舞台，拓展延伸责任文化，内化为学生的精神需求，提升学生的社会参与、自我保护与适应社会的实践能力，使其为将来就业奠定良好的道德和能力基础。

（二）积极实现与企业的对接，引入企业文化

职业学校的办学效益取决于其所培养的人才的质量，具体表现为学生的

综合素养以及责任意识。所以，应积极实现学校与企业的对接，将企业文化引入责任教育内容中。学校应从以下环节加强对学生责任意识的培养：第一种是校内办厂，按照企业管理模式进行运营。工厂既是企业的车间，又是学生的实训基地，为学生提供实训岗位，让学生感受企业氛围；第二种方式是与企业合作，以勤工助学的形式让学生利用节假日和双休日到企业见习，企业给予学生一定的见习工资。

（三）家校互动，共同发挥育人功能

培养中职生的责任感需要学校、社会、家庭三方合作，共同打造责任环境，需注重家校双向互动，使其共同发挥育人功能。充分挖掘责任教育中的家庭要素，通过创设情境、迁移、比较等教育方法，选择适当的切入点，将利于激发社会责任感的内容贯穿和渗透在日常的教学中，引导学生在感知、感受、感动中产生情感的共鸣，领悟责任心在自我发展中的价值和重要意义。

综上所述，平阴县职业中专以对学生实施责任教育为主线，正确分析开展责任教育的时代背景，正视责任教育存在的问题，努力明确责任教育的拓展方向，在推进职校生特色德育建设方面取得了初步成效。正如平阴县职业中专的校训所言——"修技尽精微，立责致高远"，学校全体师生紧紧围绕"责任"核心，以高度的社会责任感和激昂的斗志践行着当代职业教育的精神，努力实现"办负责任的学校，育负责任的公民"的辉煌目标。

专家点评

引导学生完成从"学校人"到"职业人""社会人"的转变，是职业教育与基础教育的重要区别。而责任心既是职业素养的重要内涵，也是一个人融入社会、适应社会必备的品质。平阴职专把"责任在心"作为学校文化的核心，源于用人单位对员工社会责任感的关注。

要培养学生的责任心，教职工要做出表率。其实，责任心也是教师完成本职工作的必要品质，是教师职业素养的重要内涵。平阴职专引导教师群体形成了共同的心理诉求，在制度上提供保证，着力营造"人人头上有指标，件件工作有着落"的责任氛围，使教师在工作中尽职尽责，时刻"责任在心"。

平阴职专从"对'人'的塑造"的高度，从责任活动教育、责任课程实

践、责任文化建设三个方面做好与产业、企业、岗位的对接，以贴近学生实际和职业生涯发展需求的多种形式，全方位、分层次地推进责任教育，引导学生在责任教育中以"职业人""社会人"的标准认识自我、改变自我、完善自我，成为"阳光自律，认同主流，热心公益，热爱企业"的负责任的公民和"修技尽精微，立责致高远"的劳动者。

责任无处不在，责任重于泰山。由于平阴职专领导班子对"责任"有独到的理解，并善于把这种理解转化为教师的追求和学生的行为，才能形成以"责任在心"为特色的校园文化。

（点评：蒋乃平　杜爱玲）

德育兴校，构建平安、和谐、文明的校园
——山西省灵石县第一职业高级中学

名校／名校长简介

　　山西省灵石县第一职业高级中学是一所以育人为本、充满活力的公办国家级重点中等职业学校。学校创建于 1984 年，在 20 多年的办学历程中，遵循"塑有思想的教师，创有特色的学校，育有鲜明个性、一技之长的创新型现代中学生"的办学理念，秉承"以服务为宗旨，以就业为导向"的办学思想，在各级政府和主管部门的正确领导下，根据当地经济社会发展需求，先后开设过 20 多个专业，为当地经济建设和社会发展培养了大批合格的专业技术人才。如今，从学校毕业的近 7000 名学生正在社会的各个领域施展才干，为我国社会主义建设作贡献，有的已成为所在行业的精英，有的已成为一线的骨干力量，他们得到了用人单位和社会的认可，学校也受到了社会各界的广泛赞誉。学校先后被评为全国校园文化先进单位、山西省文明学校、山西省诚信学校等。

　　目前，学校有教职工近 300 人，设有计算机及应用、机电技术与运用等 8 个专业，在校生 2600 余名。学校教学设施先进，配备有计算机中心、机电实验室等 20 多个专业实习实训场所。学校于 2004 年建成了校园网，2009 年开通了校园网。本着"设置一个专业、开办一个实体、振兴一个行业"的专业建设思路，学校先行开办了灵石县教育旅行社有限公司。

这些成功与荣誉的取得，离不开学校德育工作的有力支撑。灵石一职中作为一所国家级的重点职业高中，本着对社会负责、对学校的发展负责，对教师的成长负责，对学生的终身发展负责的态度，提出并践行着适合职业高中发展的德育模式。学校坚定不移地推进"德育兴校"战略，首抓德育，育人为本，探索青少年学生思想道德建设规律，形成六位一体的育人环境，定期开展德育培训，创设"以人为本"的校园文化，重视发挥课堂的德育主渠道作用，通过举办丰富多彩的活动来教育学生，形成了学校、家庭、社会三结合的德育体育，构建了平安、和谐、文明的校园。

核心管理思想

学校坚定不移地推进"德育兴校"战略，创新德育工作方式，改进管理模式，提高管理的科学性；坚持首抓德育、育人为本的教育理念，积极探索青少年学生思想道德建设规律；坚持"以学习为中心，以活动为载体，以体验、感悟代替说教"的实践德育，让学生成为德育活动的主体，培养学生自己教育自己、自己管理自己的能力；把德育系列活动制度化，拓展德育活动空间，挖掘校内外德育资源。在抓住课堂这个主阵地之外，学校注重将活动向课外、校外延伸，开展丰富多彩的德育活动，让学生体验成长的快乐，体悟做人的道理。学校实行以部管理，建立开放的德育、活动的德育、体验的德育、自主的德育的模式，用科学的管理"管"出学生的自信，"管"出学生良好的生活习惯、学习习惯和优秀的道德品质，"管"出学生学习的积极性、创造性，唤起学生追求进步的强大内驱力。

1. 形成六位一体的育人环境

学校继续贯彻《中共中央国务院关于深化教育改革，全面推进素质教育的决定》精神，把德育工作放在素质教育的重要位置，提高学校教职工的全员德育意识，形成教书、管理、服务、活动、环境、身教六育人的局面，营造良好的育人环境，完善全员德育和全程德育工作体系，按照"坚持目标、结合实际、重在建设、务求实效"的方针，完善德育工作的目标规划，全面贯彻实施《公民道德建设实施纲要》，以职业道德教育和创业教育为重点，突出职业指导，形成自己的德育特色。

2. 定期开展德育培训

学校加强德育工作队伍建设，落实德育工作人员业务培训计划，针对素质教育和学校德育工作对相关人员的要求，定期组织学习，进行岗位培训，注重师德培养和业务指导，提高德育工作人员的责任意识和工作水平。学校强化班主任队伍建设，优选班主任，大胆起用年轻班主任，重视青年班主任的培养，遵循青年教师的成长规律，充分发挥他们的主力军作用，使其成为班主任队伍的骨干力量。

3. 创设"以人为本"的校园文化

学校结合实际和教育发展趋势，从改善物态文化、制度文化、精神文化和管理文化入手，构建适合师生道德发展的校园文化，确立了"以人为本，自主发展"的办学理念，确立了"立德，启智，笃学，尚能"的校训，努力创造和谐、优美的育人环境。

4. 重视课堂教学的主渠道作用

学校深化德育课教学改革，认真执行教育部颁发的德育教学大纲和教材，并不断积累和总结经验，认真研究、正确处理德育课的知识性与教育性的关系，充分发挥德育课的教育作用，配合各种教育途径，全面提高学生的思想政治素质和道德水平。

学校坚持开展德育科研工作，树立向科研要质量、要效果的观念，积极争取和开发德育研究课题，积极推广科研成果，提高德育工作的针对性、实效性。

学校结合专业特点，制订各专业的职业道德标准和行为规范，把职业道德教育落在实处，通过课堂教学、主题班会、主题活动、社会实践等多种形式提高学生的职业道德素质，增强学生的创新精神和实践能力。

5. 举办丰富多彩的活动，张扬学生的个性

学校每年定期开展"爱国主义主题教育月"活动、"文明宿舍"评比活动、"阳光体育大课堂"活动，举办专业技能大赛，举行校、部、班三级一体感恩教育大会，通过活动教育学生，使学生在活动中成长。

6. 健全和完善学校、家庭、社会三结合的德育体系

学校成立了家长委员会，并定期召开家长委员会会议，倾听家长对办学现状的意见和建议。每学期召开1—2次"知心家长会"，搭建学校、家庭及社会沟通的桥梁，创建良好的工作环境。

学校还建立了由学校、联办单位和用人单位组成的素质教育委员会，定期召开会议，对学校德育工作进行指导、评价。

实践应用

一、提高德育意识，形成六位一体的育人环境

"思想是行动的先导"，有什么样的思想，就会有什么样的行动，产生什

么样的效果。办学近 30 年来，学校始终坚持"德育为先，以人为本"的办学思想，形成了富有职业中学特色的办学体系。校长在学校"十二五"规划中指出："我校要继续贯彻《中共中央国务院关于深化教育改革，全面推进素质教育的决定》，认真贯彻落实党的十七大精神、科学发展观和全国职业教育工作会议精神，遵循职业教育发展规律，走内涵发展之路。""坚持'依法治校''以德治校'的思想，紧紧依靠全校教职工，切实转变工作作风，使管理真正精细化。努力加强对学生的职业道德教育、文化基础教育、职业能力和身心健康教育，以各项有益活动为载体，不断深化素质教育，稳步提高教育教学质量。"学校紧紧围绕内涵发展的理念制订了德育工作的总体思路和基本框架。

构建平安、和谐、文明、进取的校园是学校德育工作的总体目标。方向性、一贯性、实事求是学校德育工作的基本原则。坚持目标、结合实际、重在建设、务求实效是学校德育工作的方针。教书、管理、服务、活动、环境、身教是学校六位一体的育人方式。学校的德育工作致力于培养学生的四种能力——思想上的自我教育能力、学习上的自我研究能力、生活中的自我管理能力、言行上的自我约束能力，提高学生的五种素质——思想政治素质、科学文化素质、身体心理素质、过硬的专业素质、健康高尚的审美素质。

1. 德育工作基本框架

（1）队伍建设网络化。

①学校成立德育工作领导小组，校长王来计同志任组长，副组长主抓实际工作，政教处、团委、教务处、就业处、宿管办、各部（学校实行分部管理）的中层干部为组员。

②打造素质优良、富有敬业精神的班主任队伍。

③全体教职工共同参与管理，实行全员育人。

④由灵石县特警队、法院、灵石县公安局的部分领导组成校外德育队伍。

⑤成立家长委员会。

（2）活动设计系列化。

①每学年开学初进行军训。

②每月一个主题的德育交流大会（如理解、宽容、感恩等）。

③每周一次的升旗及国旗下演讲活动。

④部长每天点评课间操情况，各班每天组织半小时的主题班会。

⑤一年一度的校运会，元旦越野赛、团拜会。

⑥每学期的班主任交流会。

（3）学校德育特色化。

四到位：早操到位、课前到位、午休到位、晚休到位。

活动：每人一句警示语，每天一句名言警句，每天半小时班会，每周观看一部励志电影，每月一次德育交流会。

值班人员：值日领导、值日班主任、值日班长。

学校坚持坚持走内涵式发展道路，把德育工作的核心意义设定在在管理中追求人文精神，让每一位管理者不断提高自身修养，使其身心潜能、个性特长得到开发和培养，让每一位学生在学习中发展身心、提高技能，使学校成为教师、员工、学生的精神乐园。在实施"内涵式发展"的办学理念的过程中，学校教师把这种理念内化到教育行为之中，形成了特有的一职中精神。

二、打造德才兼备的德育管理队伍

1. 健全管理体制，实施层层管理

学校德育工作管理体制健全，实行分级管理，层层负责，活而有序，促进了良好的管理秩序和校风校纪的形成。

德育领导小组把握教育教学改革的最新发展方向，用全新的教育理念指导工作。学校领导尤其重视德育管理队伍的建设，常常深入一线，及时了解教情、学情，既做班主任的坚强后盾，又是学生的良师益友。

学校实行以部管理、部长负责制，各部有教务副主任、政教副主任配合工作。每个部都结合本部学生的特点，分别制订适合本部特征的部级德育工作计划，由部长指导，政教、教务副主任主抓，指导班主任工作。

主抓德育的副校长领导政教处、团委搞好全校的安全、纪律、卫生工作，使各项活动有序开展。政教处下设有四个部，各部工作由部长负责，政教副主任主抓本部的德育工作，每个班级的德育工作由班主任全面负责。学校每天都安排值班教师，每天都有一个中层领导负责，至少7个班主任参与值班。学校同时还设有宿管办、巡察组、学生会等机构，这样，学校的德育工作有六个管理层级，他们共同实施德育工作计划，真正做到了学校德育管理无盲点，无死角。

特别值得一提的是，为确保学生的人身安全以及正常的教育教学秩序，学校的值班教师和巡逻队全天候值班：上课时间检查学生的上课情况；课间及学生放学时在走廊、楼道、操场、校门前、宿舍、餐厅周边负责疏导、管理和保护学生；每天晚上进宿舍检查学生的晚休情况，直到所有的学生全部就寝，值班老师才休息。为了确保上下一条心，本着"小事通气，大事汇报"的原则，我校在王来计校长的主持下，各处坚持每天8点的晨会，所有的中层领导参与，及时汇报一天中的主要亮点及问题。各部在课间操时及时点评，真正做到早发现、早报告、早决策、早处理。整个学校的德育工作既灵活多样又高效实用，成效显著。

2. 加强班主任队伍建设

（1）班主任竞聘上岗。众所周知，相对来说，职业学校的学生管理难度大，所以必须选择师德修养高、学识能力好、管理能力强的教师来担任班主任。为了能使教师充分发挥自己的才干，学校采取班主任竞聘上岗制度。具体程序是：第一步，教师申请；第二步，部内推荐并组织演讲；第三步，政教处综合考评，由校务会认定聘用。在聘用班主任的过程中，学校注重新老结合，优化组合，既让老教师充分发挥他们经验丰富的优势，又让青年教师有更多施展才华的机会。所以班主任上任后工作热情高涨，工作效率高，收效显著。

（2）不拘一格用人才，大胆起用年轻班主任。由于学校发展的需要，近年来，学校从全国各地招聘了上百名优秀毕业生。年轻老师的特点是热情有余而经验不足，所以年轻班主任的培养工作成为学校工作的头等大事。为此，学校制订了一系列青年班主任培训计划，采取集中学习与个人学习相结合的方式开展培训。开学之初，学校统一组织培训，给每位教师提供了如魏书生老师的《如何做一名优秀的班主任》等学习资料供教师学习，同时让经验丰富的老班主任与年轻班主任结对子，帮助新班主任开展工作。多年来的实践证明，学校的做法是正确的。学校的许多年轻教师已在班主任岗位上脱颖而出，成为学校的骨干。如2007年参加工作的许金龙、于海东，2008年参加工作的麻静、2009年参加工作的吴静瑾、徐彦等，这些年轻教师在班主任岗位上虚心请教、勇于尝试、精心组织、细心管理，所带班级班风好、学风正，多次受到表彰。

（3）有计划、多层次地实施班主任培训。时代在变，学生在变，学生的思想也在变，这就要求班主任的工作必须与时俱进。为了适应不断变化的形势，必须切实提高班主任的整体素质和管理能力，提高班主任的专业素养和履行工作职责的能力，建设一支高素质的班主任队伍，充分发挥班主任在学校整体工作中的重要作用。我们除了通过传帮带工程促进年轻班主任的快速成长之外，还制订较为翔实的班主任全员培训计划。根据班主任工作实际需要，学校把培训内容划分为班主任工作规范、班主任职业素养、班级管理艺术、主题班会活动设计、班主任专业成长等专题模块。学校通过聘请专家、学者举办专题讲座，组织班主任交流工作经验、观看录像，请优秀班主任作报告等形式，进行班主任全员培训。学校还派班主任外出考察，学习兄弟校的先进经验，以使班主任开阔视野，提高素质，带回先进的管理育人理念，为本校的班主任队伍建设提供借鉴。

培训使班主任提高了思想认识和政治觉悟，增强了从事班主任工作的责任感和使命感，提高了教育理论修养和管理班级工作的专业水平，开阔了视野，拓宽了工作思路。

在这样一支优秀的德育管理队伍的参与下，我校的各项德育工作都成绩斐然。

三、加强校园文化建设，营造积极健康的育人环境

校园文化就像一部立体的、多彩的、富有吸引力的教科书，陶冶着师生情操，净化着师生心灵，提升着师生素质。健康积极的校园文化是宝贵的隐形德育资源，它能使学生的心灵得到净化，情感得到陶冶，身体得到锻炼，心灵得到呵护。学校结合实际和教育发展趋势，努力创造和谐、优美的育人环境。

校园里，处处鸟语花香、绿树成荫、蝶舞蝉鸣、绿拥群楼。

巨人通道，橱窗里展示着学校的办学特色、办学成果、各种活动的精彩照片和优秀毕业生的照片、事迹，激励学生奋发向上。实训车间墙上的"创新""协作""诚信""务实"八个大字，让学生在学校就能受到企业文化的熏陶，真正做到了"一山一水显文化，一草一木铸形象"。

教学楼内每层都有宣传版面，从不同的角度教育学生。一层是爱国篇，其中包括伟人、名人的简介；二层是行为习惯篇，包括学生的各种行为习惯的养成教育；三层是安全篇，包括对中学生的安全教育；四层是励志篇，各个版面附有学生活动的图片，内容以激励、感动学生的小故事为主；五层是专业篇，其中包括音乐、美术、机电、计算机、财会等专业。

每个教室的布置各具特色，构成校园的又一道亮丽的风景线。每个教室的标语，都是各班师生共同选定的，体现出各自的专业特色。各班的黑板报也是各具特色，每周一个主题，每月评比一次。通过评比活动，学生更加热爱班集体，喜欢学习。

学校努力办好校园电视台、广播站和校报，丰富校园文化生活。校园电视台、广播站采取招标制，全部由学生自行承办，面向全校招聘节目主持人、播音员、记者、编辑等工作人员。电视台、广播站每天有不少于 15 分钟的自办节目，主要有"学习明星访谈""名师访谈""校友风采""热点聚集"等栏目。2011 年 1 月 1 日《灵石一职中》校报创刊，这是学校校园文化建设的又一大进步。校报编辑部是在校长王来计直接领导下的宣传部门，主要由总编辑、副总编辑、主编、责任编辑、排版、校对、教师记者和学生小记者等组成，编辑部成员通力合作，共同完成校报的出版工作。《灵石一职中》是学校加强思想政治教育和开展新闻宣传工作的重要阵地，是传播社会主义先进文化和学校精神文明建设成果的重要载体，更是全校师生相互交流、施展才华的园地。校报每期共四个版面，第一版为新闻版，主要介绍校园动态、要闻等；第二版栏目名为"五彩校园"，主要报道校园文化活动、德育成果等；第三版栏目为"教学天地"，以教师教学论文、教学随笔、兄弟学校的先进管理经验等内容为主；第四版以"青春絮语""艺海拾贝""菁菁文苑"等栏目为主，主要内容为学生作文、师生文艺创作等。编辑部从栏目设置、采集、编辑、版面设计、印刷、发行各个方面层层把关，保证校报的质量。

宽敞整洁的学生宿舍

学校现有学生宿舍 214 间，住宿学生 1285 人。在使宿舍成为良好的生活、休息环境的同时，学校还力求使之成为学生们文化交流的空间，因此，学校鼓励学生积极开展室内文化建设。如综合部高三年级宿舍内张贴着"丢掉昨天，拿起今天，只为明天"的标语，计算机专业的学生宿舍内有"敬则宿舍之本，雅集宿舍之美，谐传宿舍之爱"的标语，这些标语既体现了各宿舍的文化内涵，又注重独具匠心的设计，表明学校学生积极的生活、学习态度。

四、重视课堂教学的主渠道作用，加强课堂德育

学校教育的主阵地在课堂，课堂中的德育是学校德育的主渠道，是育人的核心和关键的环节。课堂是传播知识的主要途径，但课堂不能只是传授知识，更应该进行德育渗透。

1. 深化德育课教学改革，充分发挥德育课的教育作用

学校开设的德育课主要有职业生涯设计、职业道德与法律、心理学等。职业生涯设计课的主要目标是使学生掌握职业生涯规划的基础知识和方法，树立正确的职业理想、职业观、择业观、创业观以及成才观，形成职业生涯规划的能力，增强提高职业素质和职业能力的自觉性，做好适应社会、融入社会和就业、创业的准备。

职业道德与法律课的目标是帮助学生了解文明礼仪的基本要求、职业道德的基本规范，陶冶道德情操，增强职业道德意识，养成职业道德行为习惯；指导学生掌握与日常生活和职业活动密切相关的法律常识，树立法治观念，增强法律意识，成为懂法、守法、用法的公民。

心理辅导课主要设置了"我们有缘：探寻心的奥秘""生命的活力""做情绪的主人""镜像自我""聊聊学习""品质评价""时间运筹""解读你的情绪""青春期性健康教育"等专题及相应的心理能力训练活动。此外，学校开展心理知识讲座，面向全校师生开展心理咨询活动，负责心理咨询工作的教师通过电子信箱、电话、QQ 等多种方式与学生沟通交流，为学生提供帮助，排忧解难。

学校还改革传统的班会课，开展形式多样的德育活动。学校以提高班会质量为突破口，把传统的班会课改为德育活动课，丰富班会课的形式，围绕构建和谐校园引进辩论会、演讲竞赛、研讨会、知识竞赛、"实话实说"、座谈会等活动，贴近学生的实际，满足了学生的心理需求，增强了班会课的趣味性、知识性和教育性，使班会课成为叩击学生心灵、激励其奋进的有效载体。

2. 结合专业特点，挖掘素材，渗透德育

教材都有德育的功能，但往往德育内容不在教材的文字表面，而蕴涵在教材的内容之中。在教学过程中，教师要注意挖掘教材中的德育内容。教师不仅要传授文化知识，更要在教学过程中时时渗透德育思想。如财会专业在讲支票的填写时，老师把班级比做一个公司，每位学生都是公司的一员，从

支票的保管、填写、审核、记账、盖章一系列工作全由学生分工完成，基本上模拟了实际操作，使每位同学都参与其中。教师通过这样的教学，使学生感受到团结的力量、合作的快乐。

五、举办丰富多彩的活动，张扬学生的个性

学校经过多年实践，逐渐总结出"以活动体验代替枯燥的说教"的德育模式，把爱国主义，集体主义等价值观教育融入各种活动中。

1. 开展"爱国主义主题教育月"活动

每年的9月1日到10月1日是我校的"爱国主义主题教育月"。新生入学后，要参加军训、《我和我的祖国》演讲比赛等活动，观看爱国教育影片并写反思谈体会等。学校为在这些活动中表现优异的个人和集体颁奖，以提高师生参与活动的积极性。通过活动，学生受到优秀的民族文化的熏陶。

2. 开展"文明宿舍"评比活动

此项活动严格按照精细化的原则，根据各项管理制度进行评比。宿舍管理制度有《灵石一职中宿舍内务卫生评价细则》《灵石一职中宿舍日常安全纪律细则》《宿舍长职责》《灵石一职中宿舍管理人员工作职责》《学生宿舍管理人员工作考核试行办法》《学生宿舍纪律评价细则》《住宿退宿制度》等。

学校通过这七项制度的有效落实，保证了"文明宿舍"评比活动的科学性，提高了管理水平。

3. 举办各类专业技能大赛

常言道，普高看高考，职高看技能。学校特别重视技能大赛，已经形成"人人学技能，班班有特色，部部有竞争"的良好氛围。学校实实在在抓技能，教师认认真真教技能，学生踏踏实实学技能。每学期都有班级、部级、校级技能比赛，优秀者将有机会参加市级、省级甚至国家级的技能大赛。

学生在专业技能训练中

4. 组织"秋季远足活动"

山西省旅游资源丰富，灵石更是这一旅游资源宝库中的奇葩。为满足教

育教学发展的需要，学校每年举行"秋季远足活动"。在活动中，根据精细化管理的要求，学校精心组织，旅游专业的学生认真准备导游词，所有的教职工和学生都参加活动。

通过这个活动，学生得到了实践锻炼，师生、生生关系更加融洽。

5. 举办班、部、校三级一体的感恩教育大会

经过多年的实践，学校的"感恩教育"系列活动取得了非常好的效果。每学期开学之初，都要按期组织感恩教育大会。大会有完整合理的方案：班级先举行交流会，并把真实感人的案例以书面的形式送交部里，参加部级交流会；部级交流会的案例送交学校参加校级交流大会。在交流活动中，学生通过演讲、小品等多种形式诠释爱的力量，使广大师生受到鼓舞。管理无非就是"堵"和"疏"两种办法，众所周知，疏优于堵，让学生懂得感恩无疑是"疏"的有效途径。

六、有组织地开展社会实践活动

1. 学校已建成了中途实习、顶岗实训和毕业生就业等各层次的实习、实训、就业网络系统

为培养学生的动手能力，学校增加实践操作课，使学生精练技能，毕业后顺利就业。学校每年组织高二年级顶岗实习就业洽谈会，使学生的就业率保持在95％以上。2010年，学校有组织地安置了700多名顶岗实习学生，派出12名教师分别带领222名学生到天津的三星、津亚、新日三家企业，107名学生到苏州的华硕、松下、佳能三家集团公司，90名学生到宁波的奇美电子公司进行顶岗实习或社会实践，教师与学生同吃、同住、同劳动，对学生进行全面的实习指导。

2. 紧跟产业发展步伐，适应市场需求

一是与中煤九鑫合作，建立校外实习基地，把校企共建落在实处，拓宽技能训练的路子。学校开辟校外实习场所，拓展实习空间，安排学生（计算机和机电专业）中途到该企业实习，组织社会实践活动，形成校内校外实习结合、课内实习与课外实习结合、分散实习与集中实习结合、模块实习与整体实习结合的实训模式。

二是校校联合办学。与太原交通学校联合开办汽车运用与维修专业，培养三届学生近200人。

三是订单培养。学校与王家大院达成了导游培训协议，与国际宏源酒店

和通宇实业公司达成了订单培养酒店管理、服务人员协议。

3. 发挥社会实践的功能，突出精细化管理的理念

多年来，在组织学生社会实践的过程中，学校一直遵循"计划管理、过程管理、制度管理精细化"的管理理念。首先，计划管理科学化。在学生实习前，学校要征求学生、家长的意见，尊重他们的选择，保证实习计划的科学性和有效性。其次，过程管理精细化。学校跟踪学生的实训、实习的全过程，切实为学生服务，坚决落实精细化管理的思想，把尊重学生意愿和社会发展需要相结合。

通过多年的努力，学校形成了先进的办学理念，建立了科学有效的管理制度，开辟了多元化的实训、实习渠道，学生的技能得到较大的提高，为学生步入社会奠定了良好的基础，学校的教学质量有了质的提高。

七、加强法制、安全教育，营造和谐校园氛围

抓好法制、安全教育，是创建和谐平安校园、办人民满意的教育的重要任务，是预防和减少青少年安全事故和违法犯罪的最有效途径。中学生的安全问题不仅关系学生、家长的切身利益，而且对经济发展和社会稳定具有重要意义。学校是法制安全、教育的主阵地，学生是安全、法制教育的重要对象。多年来，学校按照上级的要求，把安全、法制教育纳入工作计划，采取切实有效的措施，坚持不懈地开展安全、法制教育。

1. 统一思想，提高认识

加强安全、法制教育工作是一项紧迫、长期的任务，学校紧紧围绕教育强县的宏伟目标，从落实素质教育的基本要求出发，统一思想，提高认识，增强做好安全、法制教育工作的责任感和紧迫感，把安全、法制教育工作纳入重要工作的议事日程。学校建立了安全、法制工作组，由校长挂帅，政教处、团委、各部具体负责，学校全体员工集体参与，实现了安全工作日日抓、法制教育月月新，合理安排教育内容，精心组织实施规划和年度工作计划，定期研究、检查，针对工作中面临的新情况、新问题，不断探索加强安全、法制教育工作的新思路、新措施。

2. 突出重点，普遍开展

为进一步加强安全、法制教育，学校紧密结合全县安全、法制近期目标，把安全、法制教育放在重要位置，突出"三个"重点，提出"五项要求"，全方位展开工作。

"三个重点"的具体内容是：其一，加强宣传。我校认真贯彻中央、省、市、县有关加强安全、法制建设的指示精神，深入开展青少年安全、法制宣传教育，积极营造安全法制宣传氛围。如我校利用每周的国旗下讲话、每月的团委宣传专栏，宣传安全、法制知识；构建安全、法制的主课堂教育模式，利用课堂教学中的相关安全、法律知识，随机进行知识链接式的教育，因势利导地对学生进行教育。其二，开展形式多样的教育活动，强化学生的法制观念。学校举办了禁毒图片展，开展了"崇尚科学，反对邪教"签字仪式，举办了法律知识竞赛、心理知识竞赛、以"安全"为主题的演讲赛，进行防火、防震等演练，同时利用每天的小班会时间对学生进行法制教育。其三，全员参与。行政干部、教师，特别是领导干部带头学习，不断增强安全、法制观念，着力实现领导方式和管理方式、治校方式和治教方式的转变，深入学习、熟练掌握与本职工作相关的安全、法律法规，不断更新知识，努力提高自身的素质，做到自觉学习，灵活应用。

"五项要求"的具体内容包括：一是学校将心理健康、法制课程纳入德育教学计划和必修课计划，每周分别安排一课时法制课和心理健康课，而且挑选专职的、有较扎实和较全面的心理、法律知识的教师任课。为确保教材的严肃性、准确性、针对性，学校主要征订由教育部负责组织编写的《中学生法制教

法制副校长在开展法制讲座

育读本》等教材，真正做到教学有计划、学习有教材、课时有保证、任课有教师。二是充分发挥思想品德课在安全法制教育中的主渠道作用，不以政治课取代安全法制课，在相关学科的教学过程中渗透安全法制教育内容。三是在抓好安全、法制教育的基础上认真制订并实施年度工作计划，保证学校有一个正常的教育教学秩序。四是有计划、有针对性地对法制课教师进行法律知识培训，提高教师的授课水平。同时，学校高度重视整个教师队伍的安全普法教育，要求全校的教职员工认真学习基本的法律知识及教育专业法规，增强自身的法制观念，自觉遵纪守法，成为学生的榜样。五是充分发挥法制副校长的作用。学校定期请法制副校长来校开办安全法制讲座，协助学校开展安全、法制教育和校园周边治安综合治理工作。

3. 注重方法，讲求实效

学校肩负依法治教、依法治校、对青少年学生进行法制教育的重任，工作牵涉面广，难度大。因此，学校必须更新观念，注重方法，务求实效。一是在思想上实现了三个转变：转变重智轻德的错误观念，树立素质教育的新观念；转变安全、法制教育可轻可重的观念，树立培养"四有"新人的新观念；转变只重视学校教育，忽略家庭、社会教育的观念，树立学校、家庭、社会三位一体的育人观念。二是对症下药。学校根据学生的生理、心理特点和接受能力，有针对性地开展教育工作，使学生在校期间懂得并掌握公民应知必会的基本的安全、法制常识，同时，经常开展《中学生守则》《中学生日常行为规范》和《中学生礼仪常规》的学习活动，使学生初步了解一些与日常生活密切相关的安全、法律常识。学校进行法制观念的教育以及安全自护教育，逐步培养学生遵纪守法的观念，培养他们的爱国意识、交通安全意识、环境保护意识、自我防范意识以及分辨是非的能力，使他们养成遵纪守法的好品德。三是在巩固课堂教学主渠道，提高安全、法制课质量的基础上，积极开辟多样化的第二课堂，增强学习教育效果。以互动教育为形式，组织学生开展适合他们年龄特点的法律学习活动；通过讲法律故事，举办法律讨论会、安全分析会、法律知识竞赛、交通安全征文、演讲比赛，观看法制电影，举办法制专题讲座（报告）等主题活动，调动学生学习安全、法律知识的积极性，帮助学生增强安全、法律意识，掌握基本的安全、法律常识。四是构建学校、家庭、社会三结合的教育监管网络，使三方面同心协力，抓好学生的教育与管理工作。首先是加强学校内部人防、物防、技防的措施。充实安全、法制工作队伍，除对干部教师实行全员"一岗双责"制度外，学校配备专职门卫，组建护校巡逻队，配备宿舍管理员，在班级设立学生法制、安全委员，协助班主任做好本班学生的安全监管。学校安装视频监控设备，严密防范校园内的违法犯罪活动，确保校园安全稳定。其次是成立家长委员会。学校每学期定期召开家长会，加强家校的联系和互动，提高家长教育、监护孩子的意识和能力。五是加强对重点对象、重点内容、重点部位、重点时段的安全防范。学校以预防青少年违法犯罪、交通事故、踩踏事故、传染性疾病、食品卫生事件、火灾、集体活动事故、自然灾害等为重点，有针对性地对学生进行专题教育，增强防范，尽力将事故消灭在萌芽状态。同时，学校每天的课间操均按照紧急避险的路线和要求集合，让学生平时就养成良好的习惯。学校每天都有值班教师，在学校容易出现问题的重点部位，如宿舍、楼梯、食堂、水房、商店以及校门口等，安排值班教师定时、定点加强巡查，及时消除存在的各种隐患。学校要求校长、分管法制安全工作的领导和值班领导在安全事故易发的时间内不得擅自离开学校，通讯工具全天保持畅通。

反思拓展

德育工作历来是学校教育工作的重点，它肩负着对学生进行政治思想教育和道德品质教育的双重任务。为适应职业教育改革与发展的要求，提升学生的思想道德素质，本着对社会负责、对学生负责的精神，学校坚定不移地推行"德育兴校"战略。通过多年的实践，我们认为，要想办好一所学校，应着重做好以下几项工作：

一、由问题德育走向欣赏德育

学校德育往往是问题德育，德育工作者看到很多问题，整天解决德育问题，但学校的德育工作还是出现很多问题。教师很苦恼，产生了职业倦怠；学生很烦恼，失去了应有的自信。北京师范大学的檀传宝教授认为，德育应该是欣赏德育，"德育应该成为一幅美丽的画，一首动听的歌"。这是一种科学的德育观，学校德育必须由问题德育走向欣赏德育。具体来说，学校的德育工作应从以下方面开展：多关注学生的优点和闪光点，赏识和激励学生；运用多元智能理论，用多把尺子评价学生；引导学生学会赏识自己，树立学习和生活的信心。

二、由细节管理走向战略管理

学校管理往往非常关注细节，因为"细节决定成败"。但是学校管理，特别是学校的德育管理，似乎缺乏宏观和长远的战略管理，德育工作者陷入事务之中，整天忙忙碌碌，却总感觉收效不大。校长在学校的"十二五"规划中要求学校制订德育工作三年规划，我们应该看得更远，对德育实施战略管理，具体来说，应从以下几方面做起：制订学校德育三年规划，建立学校德育的远景目标；科学制订年度德育工作计划，让德育管理常态化；通过德育政策、德育制度、德育组织的创新，提高管理效能；德育校长要自觉创新德育思维，提高宏观掌控力和引导力。

三、加强学生的自我管理意识

在学校的德育工作中，应十分注重让受教育的主体——学生积极参与学校的管理。如学生会、年级学生会是学校管理力量的重要组成部分，他们可有效地协助学校进行管理，这对协调师生关系，丰富校园生活，培养学生的想象力、创造力和管理能力都有十分重要的作用。学校尽管也成立了学生会，但是学生会的作用还没有充分发挥出来，以后，要在政教处、团委的指导下，充分发挥学生会的作用。

学校的主体性德育还应反映在学校或年级、班级的各类活动之中。教师在德育过程中要充分发挥学生的积极性和主导作用，学生能做的，老师不要代做，学生不会做的，教师要给予热情指导，帮助其完成。这样，便可以极大程度地调动学生的积极性和主动性，不但可以让学生彼此监督约束，而且还可以使学生加强个体自律。

四、开展职业指导与就业服务，重视实习阶段的德育

要把思想道德教育全面融入职业指导工作中，开设职业指导课程，帮助学生规划职业生涯，树立正确的职业观，选择符合社会需要及个性特点的就业路径。建立、完善学生就业信息服务体系，定期组织教师和学生了解企业对从业人员的职业道德、职业素质的要求，帮助学生认清就业形势，及时做好就业服务工作。

要高度重视实训实习阶段的德育与学生管理工作，结合实训实习的特点和内容，制订切实可行的思想道德教育内容、要求与评价标准，对学生进行爱岗敬业、吃苦耐劳、诚实守信、职业纪律和安全生产教育。在学生实训实习特别是顶岗实习时，学校必须安排专人参加学生实训实习的全过程，与实习单位共同做好学生的思想道德教育工作。每年，学校学生的就业率很高，但是稳定率却比较低。与用人单位及学生沟通之后，学校发现，有好多学生因为工作时间长、工作比较累所以离开用人单位。所以，对顶岗实习阶段的学生进行思想教育尤为重要。

专 家 点 评

灵石一职围绕"构建平安、和谐、文明、进取的校园"的总目标，形成

教书、管理、服务、活动、环境、身教六育人的育人环境，在建设以班主任团队为主力的德才兼备的德育队伍上狠下工夫，在发挥德育课主渠道作用的同时，在文化课、专业课中渗透德育，通过校企合作开展社会实践活动，举办丰富多彩的系列活动，以活动体验代替枯燥的说教，加强法制、安全教育，健全学校、家庭、社会三结合的德育体系，完善了全员德育和全程德育的工作体系。

灵石一职培养学生自己教育自己、自己管理自己的能力，是在丰富多彩的活动中推进的。学校用贴近社会、贴近职业、贴近中职学生的活动吸引学生，在活动中注重发挥学生的主体作用，让学生在参与中得到启发。

构建适合师生道德发展的校园文化，是灵石一职的特色。学校从改善物态、制度、精神、管理文化入手，向建设和谐校园、人文校园、多彩校园的方向迈进。校园各区、教学楼各层的文化主题不同，每个实训室、教室和宿舍的布置各具特色，体现了各自特有的文化内涵。校报、校园电视台、学校广播站和班级黑板报均由学生自办，使学生充分展示自己。

由问题德育走向欣赏德育，是教育观念的质的提升。当德育团队摆脱以几门课的分数看人、以上大学为成才的标准的传统观念，树立了正确的学生观、人才观时，职教德育才能更上一层楼。在王来计校长的带领下，通过学校德育团队的努力，一职中的校园将真正形成平安、和谐、文明、进取的环境。

（点评：蒋乃平　杜爱玲）

德为育之先，礼塑德之魂

——上海市航空服务学校

名校／名校长简介

陈耀，上海市航空服务学校校长，中华职教社浦东分社副主任，2007 年荣获上海市园丁奖。陈耀同志 1982 年毕业于上海师范大学生物学系，2004 年 3 月到学校任校长，确立了"依托航企，服务社会"的办学理念。在这一理念的指导下，学校立足于培养学生成人成才、成功成器，让学生先成人，后成才，成为具有适应能力、可持续发展的人才。在借鉴优秀航空企业文化的基础上，学校以人为本，遵循教育教学的基本规律，着力提升学生的思想道德水平。

在陈校长与广大教职员工的共同努力下，学校的办学水平和社会声誉逐年提高。2005 年，学校更名为上海市航空服务学校；2006 年，学校与东航合作实行"订单式"培养；2007 年，学校被评为上海市中小学行为规范示范校；2008 年，学校被教育部评为国家级重点中职校；2009 年，学校建成全国首家综合性航空服务开放实训中心；2010 年，学校被上海市人民政府评为文明单位。

核心管理思想

1. 依托航企，定位服务

上海市航空服务学校依托毗邻上海浦东国际机场的地域优势，深入分析了来自市场、生源的压力与挑战，将学校的办学理念定位于"依托航企，定位服务"，找到了新的发展方向。学校关注航空企业的发展，依据专业需求和岗位要求，为航空企业提供高素质的专业化优秀人才。

在此定位下，服务成为学校的核心价值观。对于学校而言，要通过培养优秀的、高素质的专业人才来服务经济、回报社会；对于教师而言，要教书育人，以崇高的师德、专业的学识、精湛的技艺服务学生、忠于学校；对于学生而言，要"德育智育美育共育，技能才能体能多能"，以优秀的综合素质、学有所长的专业技能服务企业、回报家庭。

2. 成人成才，成功成器

人是立事之源，而才则是人成事之本。因此学校要让学生先成人，后成才，要让每一位学生成功，要让每一位学生成器；使学生成为具有文化内涵的人、品行高尚的人、有生活情趣的人、能创造幸福的人；使学生成为具有专业知识、岗位本领的人才，成为具有适应能力、可持续发展的人

"航服杯"首届上海市
中职生"迎世博文明礼仪竞赛"

才。使学生成功是教育的追求和目标，要让每一位学生都能成就自己的美好人生；使学生成器，就是使每一个学生都可以有其形，有其艺，有其技。使学生成人是教书、办学、育人的基准，使学生成才，使学生成器，成就学生的美好人生，是教书、办学、育人的目标所在。

3. 以人为本，严谨高效

以人为本首先是要以学生为本，遵循教育教学的基本规律，促进每一位

学生德、智、体、美等方面的全面和谐发展，使航空服务学校的学生都具有良好的气质；其次是要以教师为本，以多种方式促进教师的专业发展，培育"双师型"教师。

严谨高效是指中职学校要借鉴"现代开放，严谨高效，热情周到"的航空企业文化，构建以服务理念为核心的中职学校文化，为学生的就业开辟渠道。在学校管理方面，完善和健全学校管理制度的建设，使学校的常规管理有章可循、程序规范、严谨有序，从而提高学校管理的效率。同时，要将"严谨高效"的学校文化特征内化于师生的工作学习中，使教师的教育教学更加严谨高效，使学生的学习活动更加严谨高效。

实践应用

职业教育是我国社会主义教育事业的重要组成部分。《国家中长期教育改革和发展规划纲要（2010—2020年）》中明确提出要大力发展职业教育，提高职业教育的质量，这为职业教育的发展带来了新的发展机遇与挑战。学校在中央职业教育政策指导下，结合自身实际，努力开创德育工作的新局面。

一、审时度势，重新定位学校的发展

陈校长到任后，经过深入的调查研究，发现学校具有较好的发展基础，但也有一些"内忧外患"，这些问题如果不能得到及时解决，将直接影响学校的进一步发展。首先，随着教育事业的迅速发展，大学扩招，普通高中教育的吸引力越来越强，社会、企业对员工的学历要求不断提高，这对中等职业学校的发展不利。其次，在学校内部，生源质量逐年下降。原有的财会、服装专业发展遇到了瓶颈，市场对这些专业人才的需求逐渐达到饱和状态，学生毕业时找不到工作，这直接影响到学校的招生和生源的整体质量。如果不能及时在新的环境下适应社会发展、根据市场需求调整学校的专业设置，学校的发展将进入恶性循环。找准学校发展的定位，成为当务之急。

在新的挑战面前，陈耀校长带领广大教职员工分析了学校发展面临的各种优势、劣势，寻找学校进一步发展的定位与空间。上海市2005年12月通过的《推进上海航空枢纽建设行动纲要》（以下简称《行动纲要》）为学校的发展带来了新的机遇。《行动纲要》中规划，上海市在2007年打好航空枢纽

建设的基础，2010年基本建成航空枢纽，到2015年全面确立航空枢纽的地位。浦东机场航空枢纽的建立，将形成以航空运输业为中心的商务贸易、旅游业、餐饮业等组成的综合性机场服务圈。浦东机场内售票、值机、机务、安检、商务中心、外航办公楼、宾馆、邮政、银行、通讯、娱乐中心、供油、停车库等各种类型的机构要为中外旅客和各航空公司提供服务，需要大批高素质、专业化的优秀人才和劳动者。而学校距离浦东国际机场只有5公里，学生大多是来自机场附近的城镇和农家的孩子。机场要降低运行成本，用工属地化将是他们的主要考虑因素之一。因此，学校已经设立的航空服务专业完全可以成为学校今后发展的主导专业，学校完全可以根据浦东机场需求的专业人才的质量和数量调整学校的专业设置，服务于浦东机场的航空企业，走出一条发展新路。

经过深思熟虑，2005年7月，学校正式更名为上海市航空服务学校。学校在"依托航企，服务社会"办学理念的指导下，在学校管理、专业设置等方面逐渐完善。在管理方面，学校完善制度，明确职责。在专业设置方面，学校围绕机场航企的岗位需求，以航空服务为龙头专业，带动学校各个专业的成长和发展，逐步形成了航空服务、航空安检、航空机电、航空物流、航空烹饪等航空专业课程序列，确立了以航空服务专业部为引领的各大专业部管理模式，使得各职能部门分工更加明确、细化，管理更加科学、规范、有效。同时，为了帮助学生更好地就业，缩小学校与航企之间的文化差异，学校主动引入"现代开放，严谨高效，热情周到"的航空企业文化，做好学生的在校学习与在岗就业的衔接与互通工作。

二、德为育之先，使学生成人成才、成功成器

"依托航企，定位服务"的办学理念使学校师生明确了服务是学校的使命所在，服务是学校发展的生命所系，服务也是学校的内涵发展所求。

服务成为学校的核心价值观意味着，学校要服务于学生的身心和谐发展，以培育优秀的、高素质的专业人才来服务社会，学校要服务教师的专业发展，以促进教师的专业发展来实现学校的育人目标；培育学生的职业道德、职业技能和就业创业能力，以满足社会对高素质劳动者和技能型人才的需要。换言之，作为一所中等职业学校，上海市航空服务学校的育人目标的定位于培养高素质的劳动者和技能型人才，因此航空服务学校的培养目标应该是先成人，后成才，使每一位学生成功，使每一位学生成器，使学生具备

航空企业服务型人才的文明素质和人文素养。基于以上的认识，航空服务学校将德育工作作为学校各项工作的先导，以德育工作引领、带动、促进学校的教育教学等各项工作。

世博会志愿者的上岗宣誓仪式

航空服务学校将德育作为学校各项工作的先导的现实原因在于，中职学校的德育工作与普通中小学的德育工作相比，面临众多的挑战和难题。中等职业学校与普通中小学校存在的差别在于，普通中小学是为高一层次的学校培养人才，而中等职业学校主要是向社会输送高素质、专业化的劳动者。因此，中等职业学校更加关注市场对人才的需求。近年来，随着社会经济的发展，用人单位对人才素质的要求越来越高。中职学生除了应具备一定的专业技能外，还要具备良好的道德品质和社会责任感，同时还要有良好的心理调适能力，才能适应社会的发展和企业的需要，更好地满足市场需要。目前，社会和用人单位已不再满足于学生的优秀的考试成绩，而更多地关注毕业生是否具有应变能力、适应能力，是否具有良好的职业道德素养。

中等职业学校与普通高中存在的另一个差别在于，许多学生是因为进不了普通高中的大门才选择中职学校的。一些进入中职学校的学生认为自己的基础差、学习能力差，对自己的前途比较茫然，缺乏上进的动机和意志力。还有一些中职学生由于是独生子女，受到家长无原则的宠爱，加上受社会不良环境的影响，这些学生缺乏吃苦耐劳的品质，不思进取。也有一些中职学生游荡于社会，满足于上网、看电视、打游戏等，白白将大好的青春年华浪费在了无谓的消遣和自我放纵中。因此，对于中等职业学校而言，学生的德育工作是学校诸多工作之中非常具有挑战性的一项工作。

当然，学生的培养和教育是一个长期的过程，是一个促进学生德、智、体、美等全面发展的过程。对于中职学校的学生来说，良好的职业道德、精湛的专业技能、较好的综合素质都是不可或缺的。我们认为，以德为育之先，并不是只注重中职学生的服务精神、良好职业道德素质的培养，而是以德育为先导，同时优化学校的专业课程设置，注重提高学生的文化知识素质，通过实训活动强化学生的专业技能，从基本素质与基本能力、职业道德与专业技艺等各方面提高学生的综合素质。

三、礼塑德之魂，以礼仪规范教育为德育工作的突破口

在"依托航企，服务社会"的办学理念下，学校对浦东机场的航空企业进行了深入调研，分析研究了这些航空企业对人才数量和质量的需求以及航空企业文化与学校文化的差异。我们在调研中发现，浦东机场作为世界各国人民认识上海、认识中国的一个窗口，首先要求机场的工作人员能彬彬有礼、自信优雅、大方得体。工作人员自信优雅的行为举止反映出个人的职业道德和专业素养。因此，为了拉近学校文化与航企文化之间的距离，针对学校德育工作中的一些问题和困境，学校明确提出"先成人、后成才"的目标，以礼仪规范教育作为德育工作的突破口，以礼仪规范教育来带动学校各项德育工作的开展，努力拓展学校文化建设的内涵，实现与机场文化接轨，打造服务品牌。为更好地推进学校的礼仪规范教育，学校成立了以陈耀校长为首的"中职生礼仪培育与教育的实践与探索"课题研究组，对目前中职学生礼仪规范教育的现状展开调查研究，制订礼仪规范教育的研究计划，在学校范围内开展学生礼仪规范培训，以期在研究、实践的过程中，总结提炼出学校礼仪规范教育的有效策略和方法。

（一）制订礼仪规范教育的标准

荀子曰："人无礼则不生，事无礼则不成，国无礼则不宁。"礼仪是人与人在交往过程中形成的最基本的道德准则和行为规范。对中职学生而言，养成良好的礼仪，不仅能提升外在的形象与内在的气质，而且能增强追求生活与发展事业的勇气与信心。在培养学生做一个现代"航服人"的过程中，学校以礼仪规范教育作为规范学生行为的载体，通过形象塑造、精神滋养使学生明礼知理。学校结合"航空服务"专业的特点，以职业道德、职业规范、岗位要求为切入点，制订了礼仪规范教育的具体标准，从引导学生关注自我形象开始，对服装、发型、饰物、化妆，立、走、坐、蹲等各种姿势以及待人接物的礼貌礼节，都制订了统一规范。

上海市航空服务学校礼仪规范教育的目标：

1. 女生亭亭玉立，男生昂首挺立。

女生亭亭玉立不清高——具有优雅的气质、聪慧的灵气、亲和的性格；既拥有荷花般高洁质朴的品性，又拥有白云般细腻纯净的心灵；充盈着柔情，积蓄着关爱，怀着纯真与善良，愉悦地追求明天的梦想。

男生昂首挺立不自傲——具有强健的体魄、刚毅的秉性、执著的精神；

既拥有杨树般挺拔昂扬的姿态，又拥有蓝天般宽广坦诚的襟怀；满溢着宽厚，承载着责任，携着坦诚与从容，自信地迎接未来的挑战。

2. 立形——学习礼仪规范，塑造自身形象，增强自信心。

立心——养成阳光心态，丰盈内心世界，和谐周围人群。

立人——养成感恩博爱，回报父母社会，服务企业顾客。

3. 德育美育智育共育，技能体能才能多能。

4. 养成礼仪习惯，塑造形象美。

（二）编制礼仪规范教育的校本教材

礼仪规范教育作为学校德育工作的突破口，不能仅仅停留在短期性的项目或课题研究的层次，要具体化为校本课程，进而编制出富有航空服务学校特色的校本教材，才能真正得到落实。陈校长与广大教职工根据学校的实际，完成了三个层次的校本教材开发。

第一个层次是《仪容仪表规范手册》的使用以及修订版的完善。这本手册旨在为学生提供规范化的仪容仪表标准，并作为检查和自查的规范，使学生更加自信地在言行举止中体现出较高的道德水准与良好的礼仪素养。学生通过多种形式、多种途径认真学习这些礼仪规范，同时，注重航空企业精神的内在修炼，努力达到航空服务专业要求的标准。

第二个层次是《服务礼仪》校本教材的使用。该教材自 2006 年 10 月试验性地投入使用，到 2007 年在全校全面推广，至今已有数年。教材体现了成人成才、塑造人格的教育理念和以优质服务为核心的航空企业的文化特点。在内容编排上，教材由基础知识开篇，先从站、坐、蹲、走等最基本的动作开始制订礼仪规范要求，逐步推进到校园、家庭，使学生明确在学校、家庭等各种场合应遵守的礼仪规范，最后进入职业层面，让学生了解航空企业的文化内容、礼仪标准以及对准从业者的要求等。教材体现了航空服务的专业特点，凸显了先成人后成才的学校文化建设理念。

第三个层次是编写了《服务礼仪实训指导手册》和《形体训练》两本校本教材。依据年级特征和各专业的特点制订礼仪规范训练的重点，专设礼仪实训课，由专职的礼仪教师授课，指导学生掌握规范、系统的礼仪知识，帮助学生形成良好的礼仪意识，使学生在提高礼仪认识、了解礼仪知识的同时，培养对礼仪的情感，将注重礼仪作为自觉的行动。

（三）在校内外的各项活动中进行礼仪规范教育

一个人只有在与他人的交往和社会活动中才能培养出相应的礼仪规范。在开展礼仪实训的同时，学校还十分重视为学生创设实践机会，将礼仪教育和为社会服务的实践有机结合，使学生参加并融入多种场合的礼仪服务活动，包括参与机场航空公司等部门的礼仪交流活动，应邀参加市教委组织的中等职业学

学生在市人大负责礼仪接待

校"星光杯"技能大赛闭幕式及浦东新区运动会开幕式的表演活动，经常接受体育、文化、新闻等社会各界的会议接待和大型庆典活动的各类非营利性任务。自2005年11月起，学校学生先后有1007人次参与了40多项各级各类的庆典，颁奖，大型集会的开幕式、闭幕式等活动。学校于2006年、2007年连续两年负责上海市人大的礼仪接待，参加活动的学生达120余名。

在校内，教师通过读书活动、影视教育、传统文化熏陶、审美主题讲座、硬笔书法练习等途径指导学生学习优秀的人文知识，发扬中华民族注重和谐的人文精神，传承中华民族的良好礼仪，在丰富多彩的活动中修身养性，形成良好的心理品质，培养自信阳光的气质、积极上进的心态。在教师的努力下，学校在广播体操中增编了一套极具特色的礼仪操，利用最后一节整理运动将规范的站、行、转身、蹲下等仪态整合进去，使学生每天操练，巩固加强，形成习惯。在首届上海市"航服杯"迎世博中职生礼仪大赛中，学校师生同台表演的礼仪操和"有礼走天下，有美悦四方，有才任飞翔"的礼仪节目一举拔得头筹。

学校通过一系列精心组织设计的校内外活动使学生在轻松愉悦的氛围中接受礼仪规范教育，对礼仪规范的理解由外在强加变为自我内化，在各种活动中由内而外地体现出健康积极的形象，表现出青春的活力美。

（四）以礼仪规范教育带动其他德育工作的开展

良好的礼仪修养，必须以高尚的道德情操为前提，道德品质的修炼，内心世界的豁达，方能显现人格魅力。为此，学校在开展礼仪规范教育的同时，加强爱的教育和感恩教育，通过主题班会、专题校会等教育形式提升学

生内心深处对爱和光明的期待，引导学生营造明丽的内心生活，构建丰富的精神世界，沐浴浓浓的人间情怀，洋溢友善、真诚的微笑。

1. 职业道德的培养

职业学校培养的学生，绝大多数将直接走向工作岗位。学生要胜任工作岗位的要求，得到用人单位的认可，不仅要具备精湛的岗位技能，更要具备良好的职业道德。为此，学校突出以诚信、敬业、责任心为主要内容的职业道德教育，以学校自编的客运服务案例教学为主，以专业课程渗透为辅，并结合"请进来，走出去"的做法开展职业道德教育。在客运服务案例教学中，学校将一般职业道德案例和特殊职业道德案例结合，由浅入深，培养学生的诚信敬业精神和服务意识。此外，学校还聘请航空服务明星吴尔喻来校作航班服务技巧报告，派学校的优秀学生去机场顶岗实习，使学生切身体验职业服务内涵。通过这些"请进来，走出去"的职业道德教育，学生目睹和体验了航企工作人员的礼仪素养，培养了敬业精神、诚信品质和责任心，提升了职业道德素养。

2. 法制教育

职校学生自控能力相对较差，法制意识相对薄弱，违法违纪的事件屡有发生。以往法制教育会在一个学期里集中进行几次，但这样的法制教育，具有间断性，效果并不明显。在实施礼仪规范教育的过程中，学校尝试实施法制教育连续化制度，并将法制教育融入"礼仪服务周"活动中去，以法制报告、讲

合作办学

座、专题活动、主题班会等多种形式开展法制教育，并贯穿于学期的始终，做到月月有主题，加强法制宣传力度，促使学生法制意识的内化。与此同时，学校还将行为规范训练内容、法制教育内容融入各班轮流的"礼仪服务周"活动中，活动由班主任精心组织、认真督查，政教处实施布置、检查、考评、反馈、总结的过程性管理，既培养了学生良好的行为习惯，吃苦耐劳和自治、自理的精神，又增强了学生的法制意识。

3. 美育渗透

美育过程是一个对学生心灵的熏陶、净化过程，也是文化的积累、积淀的过程。要想让学生在工作岗位上由内而外地体现出优雅的行为举止、自信

从容的气质特征，就必须在进行礼仪规范教育的同时，注重对学生的美育。通过丰富多彩的艺术教育活动，提高学生的艺术修养、人文修养。学校以"营造艺术氛围，塑造美的使者"作为艺术教育的追求目标，将艺术教育纳入课程规划，成立了校艺术教育领导小组，校长亲自担任组长。坚持艺术教育课内课外相结合，普及与提高相结合，面向每一位学生，既有普及性欣赏课、课外活动课，也有提高性的艺术特色班，并且配备了音乐、美术、书法、形体舞蹈、礼仪、影视教育等专职艺术教师，开设必修、选修、讲座等艺术课程，实现艺术教育全覆盖。学校要求每位艺术教师不但能够胜任艺术教育课，还能够辅导兴趣小组。学校要求班主任把建设班级文化作为班级工作的重点，使各班有自己的文化特色，各教室有自己的艺术氛围。学校还充分利用校园、教室、实验室、图书馆、操场、宿舍、食堂等公共活动场所展览学生的书法、绘画作品，美化校园环境。

礼仪规范教育仅仅是学校德育工作的一个方面，礼仪规范教育要与法制教育、职业道德教育、心理健康教育、美育等方面形成合力，共同达成德育目标的实现。

四、新的机遇，新的发展

以礼仪规范教育作为学校德育工作的突破口，带动了学校德育工作的开展，提升了在校学生的综合素质，提高了学校的社会声誉。在近几年生源质量逐年下降的情况下，学校的知名度、用人单位满意度却与日俱增，学生争相报考，学生实习就业推荐率达 100%、录用率达 97%以上，真正实现了"进口旺，出口畅"的可喜态势。在此过程中，学校也涌现了一批优秀集体和先进个人。2005 级航机班的张经伟同学因英勇救人荣获 2007 年"上海市第七届十佳爱心学生"称号；2005 级航机班真诚献爱心，全班师生共捐款7000 多元救助同学的母亲，获 2007 年"上海市第七届爱心集体"提名奖。

（一）提高了德育工作的实效性

学校的礼仪规范教育从最初引导学生关注自我形象开始，对学生的服装、发型、饰物、化妆及站、立、走、坐、蹲等各种行为姿态，直至待人接物的礼貌礼节，都制订了统一规范与要求，系统的培训与教育，使学校和企业的规范要求逐渐转变为学生的自觉行动并最终成为学生的良好职业行为习惯。以学生礼仪规范的培养为起点，以小见大，以小促大，带动了学校各项德育工作的开展，以校本课程为载体，以各项校内外的活动为媒介，航空服务学校将礼仪规范教育落到了实处，提高了学校德育工作的实效。

（二）增强了学生的自信心

没有自信，任何事情都难以成功。当人们对你的整齐服饰、整洁仪容投来赞许目光时，当你的得体举止、优雅仪态赢得他人注目时，你会情不自禁地更加彬彬有礼。规范的礼仪训练使航空服务学校的普通学生开始改变想法，用心去养成好习惯，注意礼仪，显示修养。

一个人的世界观，特别是价值观决定着他对待人和事的态度。认知的改变、情感的变化将直接影响到价值观、态度。美国的一位哲学家威廉·詹姆斯曾经说过："我们这一代人最伟大的发现是人类可以经由改变态度而改变自己的命运。"态度的改变使航服学校的学生增强了自信。这种自信不需要用语言来表达，而是通过他们的神态、姿势、仪容、仪态，无声无息地、由里向外地散发出来。这种魅力所具有的力量，不是外表的装饰，而是发自内心地对自己的信任以及对生活的信任，这种信任又将融入言行举止中，反作用于自己的举手投足间，向人们传递信息，让人们相信自己的人格和能力。

事实证明，良好的礼仪规范不仅仅是给平凡的仪容带来亮丽，给弯曲的脊梁带来挺拔，更能给学生带来成功的自信，让梦想插上翅膀，让学生获得企业的接纳和社会的肯定。

（三）得到了企业的认可

企业对学校学生的青睐是学校办学的不竭动力。近几年来，一百多家用人单位纷纷前来学校挑选学生，他们对学校学生给予了高度的评价，认为航空服务学校的学生思想纯朴、行为规范、技能熟练。

东航股份公司上海地面保障部从 2006 年至 2008 年在我校共组建了 9 个定向班，共培养学生 450 名；磁浮管理中心的领导对航空服务学校的毕业生赞不绝口，因为公司现在的服务明星都来自航空服务学校。如毕业生吴艳已成为磁悬浮列车浦东国际机场站客运部经理，毕业生周燕已是上海市轨道交通十佳标兵，还有几位毕业生每年都被评为公司先进。现在上海飞机制造有限公司、京沪高铁都有航空服务学校的毕业生。东方远航物流有限公司、东航食品有限公司、上海邮政局川沙分局、东方明珠广播电视塔有限公司等单位每年录用实习生时首选的都是航空服务学校的学生。还有很多用人单位都对航空服务学校的学生作出高度评价。

（四）得到了社会的认可

为了提高礼仪训练的社会化程度，也为了让学生更好感受接纳与分享的愉悦，学校组织学生走出校门，向社会展示良好的礼仪规范。学生优雅的仪容仪表，自信的行为举止，赢得了社会的一致好评，各级机关、单位纷纷邀请学校学生参加各类活动的礼仪接待工作。

礼仪规范教育虽然只是学校德育工作的一个方面，却成为带动、促进校各项德育工作的一个新的突破口。礼仪规范教育在航空服务学校的深入、扎实、长期开展，推动了学校办学品位的提升，加快了学校内涵发展的步伐，促进了学校文化建设。现在，礼仪规范教育已经成为学校德育工作的

升旗仪式

一个特色、一个窗口。2008年3月26日，由上海市中等职业学校德育研究会主办的上海市中职学校德育工作现场会在学校召开。现场会以"展学校礼仪风采，塑学生职业人格"为主题，展示了学校的礼仪规范教育成果。与会的领导、专家、家长对学校的礼仪规范教育给予充分的肯定，用人单位也一致评价学校的学生责任心强、职业礼仪素养好。

《国家中长期教育改革和发展规划纲要（2010—2020年）》中提出要大力发展职业教育，职业教育的发展要以提高质量为重点，以提升职业教育的吸引力。提高职业教育的质量，提升职业教育的吸引力，需要学校能在市场大潮中找准定位，确立阶段性发展的突破口。虽然实现我国职业教育的繁荣发展还有很长的一段路要走，但我们相信，上海市航空服务学校在陈校长和广大教职员工的共同努力下，将会乘风破浪，直挂云帆济沧海，迎来职业教育发展的春天！

反思拓展

学校的教育工作可分为德育、智育、体育、美育等诸多方面。德为育之先，并不是只要德育，而偏废其他教育内容。德为育之先，是指在学校的特定发展阶段里，在学校的各项教育工作中，确立德育是其他各育的先导，以德育工作来带动其他各育工作，共同促进学生德、智、体、美等各方面的和谐发展。礼塑德之魂，是指在学校的特定发展阶段，确立以礼仪规范教育作为学校德育工作的突破口，通过礼仪规范教育的扎实、深入开展，促进学校

的职业道德教育、心理健康教育、法制教育等工作的开展。

学校的发展轨迹中，有几点是具有普遍的迁移价值的。第一，分析学校发展的内外条件和环境，找准学校发展的定位。企业领域内所广泛运用的SWOT分析，对学校确定发展定位同样具有一定的借鉴意义，即对学校发展的内外部条件进行深入分析，明晰学校发展的优势、劣势、机会和威胁，从而找到学校阶段性发展的生长点和突破口。陈校长在2004年到任后，与广大教职员工共同分析了学校发展所面临的优势与劣势、机会与威胁，充分认识到学校所具有的地域优势，敏锐地把地域优势变为办学优势，把学校的发展与区域发展、市场需求紧密结合起来，实现了学校的专业转型与发展。第二，找准学校阶段性发展的针对性策略。组织变革理论认为，组织变革的策略大体可以分为三类，即以组织整体范围的变革为特征的组织设计与战略的变革，对组织的部门、层次、工作任务进行重新组合的以技术和任务为重点的变革，以人员和文化为重点的变革。不能简单地评价这三种组织变革策略孰优孰劣，在学校发展的不同阶段，需要不同的变革策略，最适合的就是最好的。航空服务学校找准了发展的突破口，将学校发展、市场需求、区域优势有机地结合起来，以德为育之先，以礼塑德之魂，以礼仪规范教育作为学校德育工作的突破口，以学校德育工作带动学校整体办学水平的提升，走出了一条中职学校的成功发展之路。

同样，在学校进一步发展的过程中，还需要深入思考以下一些问题：第一，将礼仪规范教育作为学校德育工作的突破口，这一组织发展策略，在一定阶段内可能有效地促进学校整体办学层次的提升，但随着市场环境的变化，学校内部环境的变化，这一策略的实效性可能会降低。换言之，当学校发展的紧迫问题改变时，学校发展的针对性策略就应改变。第二，目前航空服务学校所实施的礼仪规范教育已经取得了一定的成效，但也存在一些问题，如如何更好地以礼仪规范教育带动、促进其他各项德育工作的开展，形成丰富多彩的德育内容，形成德育工作的合力，提高德育工作的实效性；如何使礼仪规范教育走向更深层的探索，使学生的外在美与内在美相得益彰。在实施礼仪规范教育的过程中，应进一步形成礼仪规范教育的有效实施机制，形成礼仪规范教育的系统策略和实施模式，使其具有更加广泛的推广和迁移价值等。

专家点评

大学扩招引发的普高热，用人单位对员工学历的追求，生源质量、数量的下降，是所有中等职业学校都面临的困难。陈耀校长抓住区域经济特点，根据上海市要建航空枢纽的战略决定和学校毗邻浦东国际机场的地理优势，大刀阔斧地调整专业设置。

针对性强的德育，实效性才会高。因此，职业学校的德育，不仅要有职教特色，而且要有专业特点。学校的德育定位，忌"假大空"。航空服务学校不但确立了"依托航企，定位服务"的办学理念，而且明确提出"服务"是学校的核心价值观。这一价值观，不仅针对学生，也是对学校、教职工的要求。

"服务"怎样体现？航空服务学校在文化建设中引入"现代开放，严谨高效，热情周到"的航空企业文化，既做到使学生的在校学习与在岗就业有效衔接与互通，又从专业特点的角度生动地解读了"服务"的内涵。

抓准德育起点，即从什么做起，是提高德育吸引力、感染力和实效性的关键。学校不但确定以礼仪规范教育作为德育工作的突破口，而且通过制订礼仪规范标准、编制礼仪规范校本教材、在各项活动中进行礼仪训练等措施来落实，更以礼仪规范教育引领其他德育工作，带动学校整体德育工作的开展。

起点应该务实而便于操作。礼仪规范教育从"昂首挺立，亭亭玉立"入手，既对学生有吸引力，又是学生养成良好习惯的途径。因而，使每一位学生都具有"昂首挺立，亭亭玉立"的自信与气质已成为务实的航空服务学校德育工作的追求。

航空服务学校的办学定位和德育理念不但让每一位学生的成才成为现实，让学生和家长满意，而且使学校受到社会和用人单位的青睐。评价一所职业学校的指标在于是否受学生欢迎，是否被用人单位认同。

一所学校办学的成败与校长的水平密切相关，职业学校尤其如此。从陈耀校长调整办学定位的魄力以及他对"服务""礼仪"内涵的深刻剖析中，我们不难理解航空服务学校起飞的缘由。我们也相信航空服务学校会继续展开双翅在蓝天翱翔。

（点评：蒋乃平　杜爱玲）

切实推进德育学分制，全面提升学生的素质
——四川省宜宾市商业职业中等专业学校

名校／名校长简介

四川省宜宾市商业职业中等专业学校系宜宾市人民政府创办、宜宾市教育局主管的国家级重点中等职校，学校设有国家职业技能鉴定所，并于2009年成功组建宜宾市职业教育集团。学校现有四个校区，占地总面积380亩，固定资产1.78亿元。校舍建筑总面积为11.31万平方米（含在建新校区），教学设备设施总价值1480万元。学校开办有机电、旅游、计算机、公共事务、幼师等五大类11个专业，其中机械加工技术、酒店服务与管理、计算机应用三个专业为省级重点专业。学校现有在校生近8000人，社会职业技能培训鉴定年均10000人次。

卿琳，男，中共党员，硕士研究生，四川省宜宾市商业职业中等专业学校党委书记、校长，高级讲师，国家职业技能鉴定考评员。卿琳校长先后发表科研学术论文近20篇，主研的省级科研课题"在职业学校学分制理念下的德体学分管理与操作模式"和国家级子课题"欠发达地区职业学校办学模式研究"分别荣获四川省人民政府第四届教学成果三等奖和宜宾市优秀科研成果奖。

卿琳校长带领全校教职工坚持改革创新，坚持

7S 精细管理，坚持"厚德，强技，健体，创业"的办学理念，使学校实现跨越式发展。学校将引导学生"学会做人"放在德育工作的首位，将德育管理内容和环节学分化，变单一的学习成绩评价为全面的综合素质评价，促进学生的全面发展。在卿琳校长的领导下，学校发展成为国家级重点中等职业学校、四川省示范性中职学校。近五年，学校先后成功创建省级重点专业 3 个，中央财政支持的专业实训基地 2 个，办学规模日益扩大，核心竞争力逐步增强。

核心管理思想

四川省宜宾市商业职业中等专业学校在实践中探索德育学分制的管理与操作模式，旨在帮助学生全面、快速提升综合素质，尤其是思想品德素质，该研究曾于 2010 年 3 月获四川省政府第四届教学成果三等奖。

德育学分制模式的主要思路是：以培养学生的综合职业能力为本位，以提高学生的市场就业能力为前提，以厚德、强技、健体、创业为训育目标，以德育学分制为过程管理手段，以学分制软件为智能操作平台，采用学生自我教育、自我管理以及分段考核和分组考核相结合的方法，引导学生客观设计职业生涯，激励学生在学习、生活、实践活动及行为规范等方面德智双修、和谐发展，从而实现培养高素质、高技能的社会主义劳动者的目标。

德育学分制是将教学生"学会做人"放在首位，将德育管理内容和环节学分化，将德育的形式和效果成绩化，把学生在学习生活、技能实践活动、常规行为规范等方面的表现全部纳入的评价体系。德育学分制是对学生思想品德、行为习惯、组织纪律、心理素质等方面进行全面考核的综合指标，旨在帮助学生实现"四立"（立

在"五粮液"就业的部分学生

德、立身、立志、立学）和"四自"（自我管理、自我教育、自我服务、自我提高）的德育目标，是融德育内容、德育途径和德育载体于一体，并以学分的形式加以规范的中职学生德育管理体系。

学分制德育管理注重完善对学生德育发展情况的管理评价，变单一的学习成绩评价为全面的综合素质评价，摆脱了智育与德育两张皮的窘境，能够比较客观、公正、全面地评价学生，对学生的健康发展有良好的促进作用。

德育学分包括德育课程学分、日常表现学分、奖罚学分等三个部分，基

本上涵盖了学生在校期间德育方面的全部表现，从而使得职业学校的智育与德育齐头并进，学校的教育功能得以正常发挥。

德育学分突出过程管理的三级预警（班级预警、专业部预警、学校预警），充分发挥人文德育的激励作用，为促进职业学校学生"自我管理，自我教育"奠定了坚实的基础。

德育学分与学生的三种资格（就业推荐资格、对口高考资格、毕业创业资格）紧密挂钩。德育学分是取得三种资格的必备条件，这使得每一名学生都必须对德育学分给予足够的重视，时刻以评价标准来要求自己，从而提升自己的德育素养。

实践应用

教师要关心每个学生，促进每个学生主动、生动活泼地发展，尊重教育规律和学生身心发展规律，为每个学生提供最适合其发展的教育。商职校的德育学分管理与操作模式依附于职业学校学分制管理框架，旨在帮助学生全面、快速提升综合素质尤其是思想品德素质。

一、职业学校德育学分管理与操作模式的形成

客观地分析，目前一部分职校生的状况着实令人担忧：一是缺乏理想信念，缺乏责任感；二是亲情观念淡薄，不理解父母对自己的关爱，不尊敬父母，对长辈、同辈态度冷漠，缺乏同情心；三是心理问题日益增多，意志薄弱，对困难、失败、挫折的心理承受力差；四是学习行为习惯差，做人、做事缺乏原则；五是法制观念模糊，道德界线不清，追求享乐等。这些问题确实给职业学校的德育工作带来新的挑战，相关工作人员必须去面对、思考、解决。基于此，学校通过创设德育学分制，使毕业生在适应企业需求、融入社会等方面都有着较强的能力，实现了职业学校德育的新突破。

学校在实践中认识到，要有效提高学生接受思想品德教育的自觉性和主动性及提高思想品德教育的针对性、主动性和实效性，关键是要构建一个科学合理的德育评价体系。德育学分管理与操作模式的着力点就是将德育的要求和职校生的特点相结合，将引导学生学会做人与学会做事相结合，将德育的内容和环节学分化，将德育的过程和结果成绩化，从而把学生在学习过程、实践活动、行为规范等方面的表现全部纳入德育学分制的评价体系。

1. 职业学校实施德育学分制的必要性

（1）德育学分制注重德育为先与德育创新。

德育学分制针对中职生的学习习惯、学习成绩和行为规范普遍较差，部分学生存在一定的心理障碍（如自卑心理、偏激心理、暴力倾向等），部分学生家庭教育缺失等特点，因材施教，确定不同的德育目标，将抽象的德育要求明确为学生看得见、感受得到的学分模块，并创设条件帮助学生实现德育目标，实现自我教育和自我提高。同时，教师加强引导，避免了学生片面追求学历学分、一心只想修满学分毕业而忽视德育方面的修养的问题。实践证明，德育学分制是中等职校加强学生思想道德建设、促进学生全面发展的有效途径，是坚持德育为先与德育创新、树立科学教育观的必然要求。

（2）以往的操行分评价办法存在缺陷。

缺陷之一：以往的操行分评价办法偏重对学生的行为进行考评，而轻视了学生的思想、道德品质方面的考评，只注重学生外在的表现而忽视内在的修养，因而是不完善的。

缺陷之二：在以往的操行分评价中，各班都加入班规班纪的内容，造成各班的评价标准不一致，即评分口径不一致，班与班之间对学生要求宽严不一致，班与班之间学生的操行分缺乏可比性。

缺陷之三：以往的操行分评价办法重结果、轻过程，缺少一套过程管理的监督约束机制。少数责任心不强的班主任放弃组织班干部评定操行分，期末时仅凭对学生的总体印象打个操行等级，这样，班级管理存在很大漏洞，导致教师对学生的评价不客观。事实证明，平时认真组织操行评定的班级与不认真组织操行评定的班级，其班风学风是大不一样的。因此，有必要用德育学分制来代替操行评分。

（3）德育学分制有利于提高德育工作的针对性和实效性。

过去，学校对学生的德育评价主要是依据学生的操行分，但客观地说，操行分所包含的考核项目是不全面的，它所涉及的内容通常只涵盖了学生在校内、班内的外在表现，不涉及学生内在的思想素养和校外表现。此外，不同班

优秀学生代表受到表彰

级考核标准的不统一也在一定程度上影响了考评的公开、公平、公正，造成

部分学生因在努力以后不能得到老师的公正评价而放弃努力，破罐子破摔，甚至对学校教育产生抵触情绪。因此，建立一套统一、规范的学生思想品德评价体系很有必要，德育学分制应运而生，提高了德育工作的针对性和实效性。

（4）德育学分制适应职校生的发展要求。

职业学校的许多学生不了解专业，更不热爱专业，学习基础和学习习惯差，依赖性强，心理脆弱。因此，在教育教学活动中贯穿以激励为主的德育学分制，并以此作为德育活动的切入点，进而使学生从不同角度找出自身素质与社会需要以及职业要求之间的差距，引导学生努力获取学分，恢复自信，了解专业，热爱专业，树立明确而切实的学习目标，珍惜在校生活，形成提高自身素质的自觉性。学校实施德育学分制，以鼓励学生的主动参与为前提，注重定性管理与定量管理、目标管理与过程管理的具体结合，消除将德育内容、德育方法形式化和表面化的现象。

2. 职业学校实施德育学分制的可行性

实施德育学分制的目的是与学历学分配套，秉承学校"厚德、强技、健体、创业"的校训理念，培养德、智、体、美、劳全面发展的劳动者。

（1）德育学分制是与教学管理学分制配套的德育工作实施方案。

德育学分制把学生在学习过程、实践活动、行为规范等方面的表现全部纳入德育评价体系，包括了能力要求、学分标准、实施方法和评价办法。德育学分制根据学分制教学制度下学生学习的课程、时间、方式、场地的变化特点，从教育学生热爱专业着手，引导学生形成专业意识和职业意识，帮助学生树立正确的人生观和学习观，从而使学生自觉遵守校规校纪，提高综合职业能力，自觉进行职业生涯设计。

（2）德育学分制拓展了德育活动的内容，促进了学生的个性发展。

课外活动是提高学生素质和锻炼学生能力的重要环节，课外活动的组织与管理是学生工作的重点。在学分制管理下，学生的作息时间和活动区域不尽一致，这增加了学生工作的难度。基于此，针对学生课外活动涉及面广、内容丰富和社会影响大等多种因素，德育学分制鼓励学生积极参与各种内容健康、形式活泼、吸引力强的课外活动，只要学生参与就给予德育学分，学分灵活机动，促进了学生的个性发展。

（3）德育学分制正确对待学生的个体差异。

职业学校学生的差异较大，单亲学生、留守学生、贫困家庭的学生较

多，面对不同层次、不同类型的学生，实施德育学分制管理，教师能够正确对待学生的个体差异，从学生的一点一滴的进步着手，为学生提供多元的奋斗目标，只要有进步就给予德育学分鼓励，充分尊重学生的个性要求，正确对待个体差异，引导学生发展个性，为学生入学、学习、生活、择业等方面提供积极的指导。

（4）德育学分制强调行为规范与行业岗位规范的结合。

德育学分制坚持把学生行为表现和遵纪守法教育结合起来，把加强校园环境建设、校园文化建设与加强校风、班风和学风建设相结合，突出职业道德和诚信教育，强调行为规范与行业岗位规范相结合，探索企业文化与校园文化结合的新模式，使学生在文明、和谐的校园氛围中养成良好的行为习惯，自觉接受职业道德、责任感和使命感教育，树立正确的择业观。

（5）德育学分制有利于加强学生思想道德建设。

在中等职业学校实施德育学分制，有助于使学生变被动为主动，加强思想修养。首先，德育学分制对学生的思想品德有明确的要求，什么该做，什么不该做，学生心中一目了然；其次，德育学分制注重发挥学生自我教育、自我管理和自我约束的作用，使加强思想道德修养成为学生的一种自觉行为；再次，把素质要求纳入德育学分中，有助于学校在德育学分和学业学分两个层面上推动学生素质的提高。此外，德育学分制还有利于将德育要求渗透到学生的学习、生活的各个方面，将重点放在学校的日常德育工作的领域内；同时也降低教师对学生评价的随意性，使评价公开、公平、全面、及时，引导学生科学设计职业生涯，德智双修，和谐发展，从而实现中等职业学校培养高素质、高技能的社会主义劳动者的目标。

二、德育学分制管理与操作模式的发展

在学校未实施德育学分制之前，德育表现管理体系与学业评价体系相比，体现不出学生学习的量与质的区别，在社会实践、公益服务、集体荣辱观学习等方面，学生参加与否，主动与否，都不能得到正确反映，用学生的话来说，就是"学不学一个样，学好学差一个样，读职校就是混时间"。缺乏有效的评价方法和手段，当然就得不到预期的结果。从 2000 年起，学校开始在个别班级探索实施德育学分制管理，经过三年的实践与总结，德育学分制的内涵、管理模式、实施形式基本成型，以"四大机制"为主体框架的配套文件相继出台，管理体系日趋完善。

1. 全员培训与全员育人机制

从 2004 年秋季学期开始，全校各专业部以《德育学分管理原则意见》为指导，制订了相应的德育学分管理实施方案，指导各教学班依据班级具体情况组织实施德育学分制。同时，学校组织全校教职工认真学习学分制管理的操作原理与技巧，教育处重点对全体班主任进行了系统培训。在全校实施德育学分制管理遇到的困难和

茶艺课

阻力很大，特别是部分老教师对电脑不熟悉，认为学生德育学分"每日记载、每天公布、每周小结、每月兑现"太烦琐，他们对此项工作不理解或有抵触情绪。面对困难，德育学分制实施领导小组迎难而上，一方面通过各种会议加强宣传，使每个教职工明白实施德育学分制管理的积极意义，另一方面开展各种层面的培训，特别是结合年轻教师吸收新鲜事物快的特点，充分调动年轻教师的操作积极性，以带动老教师适应德育学分制的操作过程。学校通过不同层面的培训，使教书育人、管理育人、服务育人的理念深入每一个教职工的心中，做到了全员、全程、全时育人，为德育学分制管理创造了齐抓共管的育人环境。从 2004 年秋季学期至今，学校均把德育学分制作为教师培训和学生入学教育的重要内容，使学生和教师认识到学分制改革是当前学校管理创新的必要途径。

在每届新生的入学教育阶段，班主任都须向学生详细阐释学分管理制度，尤其是强调德育学分的重要性，让学生对德育学分制管理有一个初步的认识。而学生们往往凭着初中的"经验"，对学历学分非常重视，认为学科成绩必须合格，对技能学分很感兴趣，认为到职校学技能最终的检验标准就是职业资格证，而对德育学分往往不以为然，觉得和初中的操作分差不多，无所谓或不重要。随着时间的推移，通过班主任潜移默化的教育，德育学分逐步渗透到学生的学习和生活中。学生对德育学分有了深入了解，积极主动争取德育加分已经成为学生的一种自觉行为，他们的行为习惯有了明显改善。德育学分制把隐性的道德指标尽可能显性化，对学生的日常行为、社会实践活动情况作了量化，将德育量化为学分，把以往空洞的口头说教变成了切实的行为教育，从而强化学生自我管理和自我约束能力。

2. 部、处结对与例行会议督导机制

我校努力构建扁平化结构的管理模式，减少管理层级，加强信息沟通，创设了（专业）部、处（室）结对协作机制和学分制例行会议督导机制。各专业部与学校职能处室结成对子，共享资源，通融信息，服务一线，共同管理。实践经验表明，部、处结对联署办公协作机制较好地实现了资源效益最大化，解决了各专业部在实施学分制改革过程中执行力不足或不平衡的问题，有利于积累第一手资料，总结经验教训，找到解决问题的最佳方案。学分制例行会议督导主要包括由教学处牵头组织的隔周一次的专业部教学副主任联席会议，教育处牵头组织的隔周一次的专业部德育副主任联席会议，各专业部组织的隔周一次的专业部综合教研会议，各学科教研组组织的隔周一次的专题教研会议。不同类型的例行会议的议程与重点各不相同，但会议的目标和主题却是一样的，都是围绕贯彻落实、发展完善德育学分制而进行的。

3. 班科集体建设机制

班科集体建设机制是以班主任为轴心、以科任教师为扇面加强班风建设，以提升班级管理质量为目标的协作性组织形式，其重点是发挥班主任与科任教师共同参与班级管理的合力作用，使学生的表现始终在教师的注意范围内，同时也确保学生获取的德育学分更加客观公正。以好的班风促（专业）部风，以部风促校风，以校风促学风，使全体教师既教书又育人，人人都是德育工作者。实践证明，班科集体建设注重协调联动的"场"（环境）效应，特别是强化了班主任和科任教师之间的互动，使二者由各为中心向同心协力转变，由互推责任向协调配合转变，由置身事外向相互补台转变，由缺乏交流向信息共享转变。实践证明，班科集体建设机制是强化学分制管理的行之有效的长效机制。

4. 落实考核机制

学校注重落实考核机制，强化过程记载，奖惩兑现。各班的班规对于德育学分有着非常明确的细化规定，以常规分评价为依据，将德育的过程和结果量化，通过对学生的出勤、仪容仪表、文明卫生、体育锻炼和社会实践活动参与度的综合考评来实施，不以扣分代替教育，把学分的量的评价和学生的质的评价相结合。每一位学生的基础分为 60 分，全勤、劳动、参加社会公益活动等会获得相应的加分，违反校纪校规等将被减去相应的德育分。每人一张德育学分记载表，每周结算一次，成绩登记在表上并公开，每月根据学生表现进行一次思想交流，期末进行总评，60分为及格分。教师通过德育学分的"每日记载、每天公布、每周小结、每月兑现"，让每个学生明白合格学生的基本条件，并以此为准绳约束自己的行为。同时，以愉快周末、青年志愿者行动等各种社团活动为载体引导学生参与实践。在实施过程中，学校严把质量关，取消德育学分不合格者的推荐实习、对口高考报名、毕业等三种资格。三种资格的设定对学生起到了导向作用，激发了学生学习知识、掌握技能和获取合格德育学分的愿望，从而促进了学生综合职业素质的普遍提高。

案例一

Zx是一个有个性的男孩子、运动健将，是男女生追捧的对象。Zx的父母均为下岗工人，对Zx的管教可以说是一边打骂，一边溺爱，造成孩子冲动固执的性格。刚入校时，不少校外的不良青少年就来找他，他开始了"混"的生涯。但是打完第一次架不到十分钟，他就被同学检举，被班主任叫去。当然，按照德育学分制管理规定，扣减学分和接受处分，一切按程序进行。班主任对Zx进行了耐心细致的教育，Zx有些意外，因为没有他想象中的暴风骤雨。因为他有运动天赋，班主任鼓励他进入校篮球队。加入篮球队仅过了几天，他便开始有些不耐烦了。教师有意安排他劳动，给他创造一些加分项目，让他以功补过，同时给予他一些表现机会，由他担任体育委员为班级服务，使他感受到前所未有的关爱。Zx也知错改错，虚心接受教育。半学期过去了，Zx原有的一些坏习惯得到了抑制和改善，性情改变尤大，得到了老师和同学们的认可。到期末举行班委民主评议和学生座谈时，Zx有很高的群众认可度，学习成绩也有所提升，科任老师也给予了充分肯定。此案例足以说明，德育学分制给予了Zx正确的引导和帮助，使背着处分的他没有破罐子破摔，而是在努力中获得"新生"。

案例二

Lw是一个被称为"话痨"的男生。他可以不停地讲话，甚至自言自语，完全不顾他人感受，严重影响了课堂教学纪律。他的坏习惯由来已久。初中时就是因为这个坏习惯被老师编到后排，最后成了"放牛生"。要是在以前，教师遇上这样的学生，谈话可能是最常见的教育模式，但是面对这种屡教屡改、屡改屡犯的学生，再有耐心的班主任也可能不愿意再谈了。德育学分制实施后，老师们有了相应的新措施：一是规定课堂失分必须自己弥补回来，二是用些社会工作分散他的精力，让他有事可做。这样，他一直都忙着学专业，参加班级服务、劳动，以找回失去的分。精力完全用在了努力获取德育学分方面去了，哪里还能顾及其他。到了期末，他因为话多而被扣去的分由参加劳动和服务获得的分值补了回来，而且达到了优秀级别。Lw认识到自己也能做好事，也能被别人认同，也可以成功，渐渐也开始习惯先想后说的思维模式，慢慢变得稳重了，有自信了。

案例三

机电部学生李某，刚进校时旷课，夜不归宿去上网，甚至打架斗殴，第一学期德育只得了20分，但班主任和科任老师并没有放弃他，而是抓住他懂得感恩父母的闪光点及时表扬他，并对他平时的不足提出批评，希望他能改正。第二学期，李某变了，夜不归宿、打架斗殴跟他无关，他只是偶尔有迟到、旷课现象或脾气犟起来顶撞老师，到期末德育得了50分，班主任在全班面前表扬了他，给了他一个"进步最快奖"。第三学期，李某像彻底变了个人，总分80分的表现学分他得了65分，课程学分有了很大的进步，没有再因违反纪律被扣分，期末德育得了78分。第四学期，李某把精力放在苦练技能上，因为他深知，只有练好了技能，才能在顶岗实习的时候不被淘汰，才有资本感恩父母、回报社会。在技能大赛时，他被评为"技能之星"，德育也获得了4分的加分，期末德育得了92分。李某被优先推荐到了宜宾五粮液公司实习，因表现优秀，技能过硬，实习期未满就被该企业正式聘用。

三、德育学分制管理与操作模式日臻成熟

从2004年全校推广德育学分制管理以来，宜宾商职校的学生品牌逐渐形成，毕业生都以良好的职业精神受到用人单位的好评，甚至出现6个岗位争抢1个我校毕业生的局面。在2008年全球金融危机的背景下，我校的毕业生仍然供不应求，德育学分制的作用不可低估。

1. 德育学分制管理操作模式的主要思路

坚持以培养学生"学会做事先要学会做人"的综合职业能力为本位，以提高学生的市场就业能力为前提，以"厚德、强技、健体、创业"为培育目标，以德育学分管理为手段，以学分制软件为平台，引导学生科学设计职业生涯，德智双修，和谐发展，从而实现中等职业学校培养高素质劳动者的办学目标。

学生家长参加优秀学生表彰会

2. 德育学分制的管理操作模式

（1）德育学分制的分类。

德育学分包括基本德育学分模块及奖罚学分模块两大部分。基本德育学分模块部分又包含课程类学分及表现类学分。

课程类学分包括国防教育（军训）、入学教育（开学教育）、班会课教育（安全教育、法制教育、健康教育）、劳动教育课、感恩教育等方面的学分。

表现类学分包括公共道德、自尊自爱、文明礼貌、行为习惯、遵章守纪等方面的学分。

奖罚学分模块包括根据学生在各类活动中的表现而给予的奖励或扣除的学分。

（2）德育学分制的操作模式。

课程类学分以学期为单位分项考核。如国防教育（军训）在新生入学第一学期进行，学生必须军训合格才能获得相应的学分，入学教育（开学教育）在每学期的第一周进行。

表现类学分由各专业部根据《德育学分制原则意见》的各项内容、班科建设情况及专业特点等制订各专业部的德育学分制运行机制和实施细则，各班根据专业部实施细则制订本班相应的具体考核办法。各专业部专人管理学分，各班以周为单位进行考核，每周班会课对本周加减学分的学生进行汇总公布，并录入学分管理系统中。

奖罚学分模块项目包括：对参加专业部、学校、市级以上各类集体活动、竞赛等的表现突出者，学校可给予一些奖励学分。学生受到校级以上处分或有影响学校声誉的行为将受到扣分。

奖励学分由学生本人提出申请或由学校相关部门提出加分依据，报教育处，由学校考核小组认定、审批，并在全校公布（或周会上宣布），专业部收到加学分决定后记入学生的德育学分档案。奖励学分的条件包括：

①学生为班级提供非任务性服务或做好事的。

②学生在学期中有明显进步的。

③学生在集体活动中表现出色的。

④学生参加青年志愿者服务并表现出色的。

⑤学生参加社会实践表现出色的。

⑥学生参加公益劳动表现出色的。

⑦学生担任社会工作或专业部及校学生会、团委工作并表现出色的。

⑧学生参加各类竞赛活动获奖的。

⑨寝室卫生情况优良，被评为"文明寝室"的寝室成员的。

⑩在全校大会上受表扬（主要指好人好事）的，撤销处分获得进步加分。

⑪为学校争得较大荣誉或有特殊贡献者。

⑫每学期第12周为学校德育周，学生应积极参加德育周系列活动，获取相应加分。学校将对某方面表现突出的学生进行考核认定，为其发放德育证书。

减学分由学校相关部门提供依据，报教育处，由学校考核小组认定、审批，专业部收到减学分决定后记入学生的德育学分档案。罚减学分的条件包括：

①受到全校通报批评及纪律处分者。

②寝室卫生状况极差，经两次教育仍未改正者。

③对有偷窃、敲诈、勒索、赌博等不良行为、造成不良影响者，除给予纪律处分外，另根据情况每次扣除相应学分。

④对无端生事、打架斗殴、不服从管教、造成不良影响者，除给予纪律处分外，根据情况每次扣相应学分。

⑤对严重违反道德规范及有其他不文明行为者，根据情况每次扣相应学分。

⑥对考试作弊者给予 0 分处理及相应纪律处分外，另扣相应的德育学分。

⑦其他由学校考核小组认定应减分的。

（3）预警机制。

预警机制是指在学生德育学分不及格时或有重大过错时，学校为学生及时指出并通报给学生家长，创设机会让学生限期改正的一种纠错机制。预警机制既警醒了学生本人，又给学生留下了改正的空间，还对其他学生起到了警示作用。德育学分的初衷不是为了考核，而是为了促进学生不断加强自我管理、自我教育、朝着良性方向发展。德育学分预警机制的优势就在于能随时反映出学生在某时某个方面或者某些方面存在的不足之处，及时地提醒学生并限时让学生改正，及时将学生存在的问题反馈给家长，调动学生家长参与学校德育管理的积极性和主动性。

四、德育学分制的管理与操作模式解决了中职教育发展过程中亟待解决的几个问题

教育改革发展的主题是坚持以人为本、全面实施素质教育，其核心是解决培养什么人、怎样培养人的重大问题，重点是面向全体学生，促进学生全面发展，着力培养学生服务社会的责任感、勇于探索的创新精神和善于解决问题的实践能力。四川省宜宾市商业职业中等专业学校的德育学分制管理与操作模式由于解决了中职教育发展过程中亟待解决的几个问题，收到了显著成效。

1. 强化了中职德育的针对性和实效性

中职学校德育工作的重点是在学生的思想品德教育中，如何将职业理想、职业道德、行为习惯养成与常规管理有机结合起来，把务虚的东西转变为务实，把定性的东西转变为量化考核。德育学分制是把德育工作放在首位，全面推进素质教育，坚持育人为本的德育评价体系。实施德育学分制，分阶段为学生确定不同的德育目

学生在形体课训练中

标，使德育评价更加细化、量化、优化，针对性和实效性更加突出。在实践操作中，教师要尽可能把抽象的德育要求、隐性的道德指标显性化，把学生的日常行为、社会实践量化，具体化为学生看得见、感受得到的德育学分，以帮助学生树立实现德育目标的信心，找准努力方向，从而实现自我教育和自我提高。

2. 根除了学校德育"重结果，轻过程""重惩戒，轻激励"的弊端

德育学分制以学生综合职业能力、全面素质的提高为核心培养目标，强调学生德育素质的培养，关注学生的形成性评价，注重对学生在校学习期间各方面的表现进行记载，做到"每日一登记，每周一小结，每月一考核"，改变了传统的学校德育"重结果，轻过程"的滞后管理，同时辅之以奖惩学分、终身荣誉学分，不放弃一个学生，创设机会让学生自我纠错。德育学分制以"先成人再成才"为基本出发点，强调中职德育应"以人为本，关心人、理解人、发展人、成就人"，充分尊重学生的个性，培养学生"自我教

育，自我管理，自我服务，自我提高"的能力，使学生顺利实现成人、成才、成功。

3. 解决了学校德育与社会需要脱节的问题

德育学分制坚持把学生的行为表现和遵纪守法教育相结合，以培养符合行业需求的技能型人才为德育目标，突出职业道德和诚信教育，强调行为规范与行业岗位规范的结合，较好地解决了学校德育与社会需要脱节的问题。学校努力探索企业文化与校园文化结合的新模式，以"一日常规"、行业专家讲座、技能大赛、职业生涯设计比赛为着力点，培养学生的职业精神，使学生在文明、和谐的校园氛围中养成良好的行为习惯和职业道德，树立正确的择业观和价值观，增强社会责任感、使命感。

4. 学生的德育素养得以迅速提高

德育学分制注重完善对学生德育发展情况的评价，变单一的学习成绩评价为综合评价，充分发挥德育学分的激励作用，为促进职业学校学生提高自我管理、自我教育能力奠定了坚实的基础，使学生的德育素养迅速提高。

（1）学生违纪率逐年下降。

曾几何时，学校的学生迟到旷课是平常事，即便是实施德育学分制的第一年，学生违纪率也高达30%。学校通过不断地组织召开教师、学生、家长座谈会，大力宣传德育学分制的重要意义和优越性，使师生的观念发生了重大改变，全校上下齐抓共管，处处育人、时时育人、事事育人，学生的违纪事件明显减少，违纪率逐年下降。

2005—2010年实施德育学分制后的学生违纪率统计

时间　　内容	2005年	2006年	2007年	2008年	2009年	2010年
学生违纪率	29.5%	16.1%	11.4%	8.6%	3.7%	3.5%

（2）德育学分合格率逐年提高。

从客观效果看，德育学分制重过程，重激励，让学生找回了自信。即便是学习上有困难的学生也能找到实现自身价值的形式和渠道，无论是抽样调查还是全校普查，现在各班德育学分及格率都大幅度提高，合格率均在90%以上。

2005—2010 年德育学分合格率统计

时间 内容	2005 年	2006 年	2007 年	2008 年	2009 年	2010 年
德育学分 合格率	66.6％	81.3％	89.5％	91.4％	96.2％	96.8％

（3）学生的认同度越来越高。

德育学分与三种资格挂钩，学生为获得三种资格就必须对德育学分足够重视。只有获得相应学分才能得到推荐实习资格和毕业资格，这使得学生对自己的德育学分极为看重，他们积极主动地去争取德育学分，以此弥补自己学历学分的不足。六年的德育学分制管理实践使学生由最初的抵触转变为积极获取德育学分。

2005—2010 年学生对德育学分制的认同度统计

时间 内容	2005 年	2006 年	2007 年	2008 年	2009 年	2010 年
学生对德育学 分制的认同度	60.7％	73.8％	81.2％	87.1％	94.4％	95.6％

（4）家长的认可度越来越高。

相当一部分家长让子女选择就读职校是出于无奈，要么是孩子的成绩达不到普高的要求，要么是自己无力管教孩子，让老师来管教。学校实施德育学分制管理后，家长惊喜地看到自己孩子的变化："更体贴父母了，对人有礼貌了，不说脏话了，也不打架了，作业也能按时完成了，甚至还破天荒地得到了奖学金。"开家长会时有位家长动情地说："原来我都羞于对别人说自己的孩子在哪个学校读书，看到孩子的变化，我在朋友面前腰都能挺直了。是德育学分制挽救了我的孩子，我对德育学分制举双手赞成。"

2005—2010 年家长对德育学分制的认可度统计

时间 内容	2005 年	2006 年	2007 年	2008 年	2009 年	2010 年
家长对德育学 分制的认同度	72.2％	79.1％	85.4％	94.5％	99.2％	99.3％

（5）企业（用人单位）对学生的满意度越来越高。

学校自 2004 年实行德育学分制管理以来，几届毕业学生的综合素质都受到用人单位的一致好评。究其原因，在于学校着力使企业文化与校园文化相融合，全力打造品牌，把行业规范、岗位职责与常规管理相结合，把获取德育学分与树立职业理想、遵守职业道德、设计职业生涯、打造职业精神相结合，让学生在校就能适应企业的要求，养成遵规守纪、爱岗敬业、吃苦耐劳的优秀品质。

2005—2010 年实施德育学分制后用人单位对学生的素养的满意度统计

时间 内容	2005 年	2006 年	2007 年	2008 年	2009 年	2010 年
用人单位对学生德育素养的满意度	63.3％	78.5％	88.7％	92.6％	98.2％	98.5％

反思拓展

开放式、复合型、模块管理是学校学分制管理的主要特点，从结构分类看，学校的学分主要由人文德育学分、学历课程学分、技能证书学分、艺体素质学分、综合实践学分、顶岗实习学分等模块组成，促进学生德智双修、和谐发展。其中，德育学分管理与操作模式是学分制的重要组成部分，具有自己的特色，但这一模式还需从以下方面加以完善：

1. 继续研究新情况，解决新问题，将德育学分制管理融入以服务为宗旨的育人活动全过程

围绕《国家中长期教育改革和发展规划纲要（2010—2020）》《中等职业教育改革创新行动计划》的战略部署，坚持育人为本，德育为先，将德育学分制管理融入以服务为宗旨，以就业为导向，教产结合，校企一体的素质教育体系之中。我们将继续着力于开发紧密联系学校和学生实际的德育精品课程和教材，着力研究新形势下德育管理的新途径、新机制和新方法，不断增强中等职业教育服务经济社会发展的针对性和实效性，培养一批又一批具有良好职业道德、必要的文化知识、熟练的职业技能的高素质劳动者和技能型人才。

2. 继续坚持德育为先的教育方针，始终将其作为贯穿学校教育的主线

为了促使职校生自觉接受学习、坚持学习，我校的学分制自始至终都将贯穿"德育为先，能力为重"的管理指导思想，把学生的人生观、价值观、言行表现、学习态度、生活习惯以及遵章守纪、争先创优、团队精神、艺体表现、劳动表现等全面地列入学分制的量化评价管理体系之中。

为了达到教育、约束、激励、培养的目的，学校经过多年德育学分制管理的实践，不断修正量化的方式方法，不断完善管理的过程、环节、平台，使学生、家长、社会逐渐认可了德育学分制管理，使德育学分制相对于单纯甚至空洞的传统德育更显优越。我们没有孤立地设立德育学分制，而是把德育学分密切地与课程学分、技能学分、实习学分等有机地联系起来，使学生感受成功的喜悦。

3. 加强学校德育目标与企业要求的吻合度

学校的学分制管理与操作模式虽取得了一定的成绩，但我们将继续致力于学分制管理改革创新的探索与深化，发现新情况，解决新问题；要进一步研究德育量化管理与评价的科学性和合理性，使德育的定性评价指标有机地转化为定量的评价指标体系，并使之更加具体，更符合德育工作的需要；使学校纪律与企业制度、企业文化相结合，将企业文化有机地隔入我校德育学分制管理中，培养学生的综合素质，使之实现从学生到技术人才的转变、从学生到员工的转变。

专家点评

德育学分制是手段，目的在于通过量化管理更好地育人。宜宾市商职校的德育学分制在设计思路和操作上突出了育人的理念，体现了德育为先的思想。

宜宾市商职校的学分制管理，由人文德育学分、学历课程学分、技能证书学分、艺体素质学分、综合实践学分、顶岗实习学分等模块构成。从上述学分制的组成部分中可以看出，德育学分最难设计、最难实施。在卿琳校长的带领下，宜宾市商职校推出德育学分制，不但在设计上体现了"以人为本"，而且在操作方法上也有突破。

德育学分制解决了智育与德育"两张皮"的难题，涵盖学生在校期间德育的全部表现，建立"三级预警"以促进学生自我管理、自我教育，与就

业、创业、对口升学挂钩以引起学生重视，采用学生自我教育、自我管理以及分段考核、分组考核相结合的方法引导学生规划职业生涯，找出自身素质与社会、职业要求之间的差距，恢复自信，德智双修，和谐发展。

宜宾市商职校德育学分制的设计和操作蕴涵着一个既简单、又深刻的理念：通过引导学生努力获取德育学分，调动学生规范行为、提升素质的主动性。有目标才有动力。德育学分制设计了许多具体、贴近中职学生的项目，以学生能够完成的任务驱动学生去获取学分。学生在完成任务、获取学分的过程中，一次次品尝成功的喜悦。而这些体验和感悟的累积会引导学生将获取学分的主动转变为提高素质的自觉。更何况，这些任务均指向学校预定的德育目标，所以完成任务、获取学分的过程，其实就是德育的过程。

正因为宜宾市商职校的德育学分制把德育要求与学生特点相结合，把学会做人与学会做事相结合，使德育不再虚无缥缈，使德育贴近了社会、贴近了职业、贴近了中职学生。德育学分制实施的效果在实践中得到体现，用人单位对学生综合素质的满意度也越来越高。以卿琳校长为首的宜宾市商职校德育团队敢于"啃硬骨头"，对破解德育量化管理的难题做出了具有创新性的探索。

（点评：蒋乃平　杜爱玲）

创新德育理念，提升育人水平

——山东省烟台信息工程学校

名校／名校长简介

山东省烟台信息工程学校位于山东省莱州市，是首批国家级重点中等职业学校、山东省重点普通中专，其前身是山东省莱州师范学校。2010 年 4 月，经省教育厅批准，莱州师范学校改办为中等职业学校。转轨以来，学校坚持传承创新、科学发展，建立起以现代服务业为特色的专业体系，现有信息技术、电子技术、烹饪、餐旅服务、商贸、服装等八大类 16 个专业，教职工 260 多人，在校生 4200 多人。

学校占地 180 亩，建有高标准的教学楼、科技实验楼、图书楼、培训楼和综合实训中心，拥有设施一流的多媒体室、电子电工实验室、微机室、语音教室和各类实训室，每个专业都成立了创业工作室。

学校以"办学生、家长、社会满意的特色学校、育身心健康、德才兼备的技能人才"为目标，大力实施教育教学创新，秉承以"教为主导，学为主体，德为主线，做为基础，会为核心"的教学理念，积极推行"做中学"的教学模式，取得了一系列成绩：在 2009 年全国中等职业学校技能大赛中，学校的学生获两项全国二等奖、两项山东省一等奖；2010 年，学校获烟台市职业学校技能大赛团体一等奖。学校坚持"健康为本，德育为先，技能为重，人人成才"的育人原则，通过文化育人、教学育人、活动育人、环境育人、制度育人"五育并举"，着力构建系统的育人体系，德育工作取得显著成效，在 2009 年和 2010 年的全国中职学校文明风采竞赛中均取得优异成绩，2010 年被评为全国中等职业学校德育工作先进集体。学校的办学水平得到上级和社会的广泛认可，毕业生广受用人单位欢迎，就业率达 100%，学校被评为全国中等职业学校就业百强学校。

核心管理思想

实现从计划经济体制下的中等师范教育到市场经济体制下的中等职业教育的成功转型，首先需要的是办学思想和教育理念的转变。为此学校党委把更新观念、建立科学的办学思想和理念作为首要任务，围绕"以服务为宗旨，以就业为导向，以质量为核心"的职业教育办学方针和"办让学生、家长、社会满意的特色学校"的办学目标，积极探索和实践。目前，学校已形成了符合职业教育规律、体现鲜明特色的教育观、学生观和工作观，为学校的快速发展和教育教学的改革创新奠定了坚实的思想基础。与普通教育相比，抓好德育工作对于职业教育显得尤其重要。学校围绕"培养身心健康、德才兼备的技能型人才"的育人目标，大力探索与实践，形成了自己的育人原则和育人措施，并以此为依据，积极进行德育创新，取得了突出成效。

一、育人原则

在认真分析、研究职业教育规律和特点的基础上，学校逐步形成了"健康为本，德育为先，技能为重，人人成才"的育人原则。

健康为本，就是要树立安全第一、健康首位的意识，促进学生身心健康。

学校教育，育人为本；德智体美，德育为先。职业教育要把学生的综合职业素养教育放在首位，使学生形成良好的思想品德和行为习惯。

职业教育重视技能培养，致力于为社会培养具有精湛的专业技能、适应社会需求的技能型人才。

学生参加全市合唱比赛

树立职教无差生、人人都是特长生的观念；强调学习就有收获、人人都

263

能成才，尊重每个学生的个性特点，因材施教；挖掘每个学生的闪光点，实施多元化评价。

二、育人措施

根据育人原则，学校研究、确定了"五育并举"的育人措施，这些措施环环相扣，构建起一套较为完整的育人体系。

（1）文化育人。征集并提炼出包括校训、学风、学生座右铭和学习观、教师观在内的校园文化理念，引导学生形成正确的人生观、世界观和价值观；完善文化育人的阵地建设，创办校报、校刊，开通校园网，成立校园电视台、广播站，加强对学生的文化引领和舆论导向；定期举行"读好书、诵美文"活动，读书笔记展评及摄影、征文、演讲比赛，提高了德育实效，提升了学生的综合素质。

（2）教学育人。学校强调要以德育为主线，将职业技能和岗位意识的培养渗透到每堂课中，实现教学内容与岗位职业意识的结合；抓好课堂管理和学风建设，实现教学过程与职业品质养成的结合；抓好考风考纪建设，教育学生诚实做人、诚信做事，实现教学考核与职业精神培养的结合。

（3）活动育人。开展序列化德育活动，以培养学生的综合职业素养为主线，将德育内容分解为爱国与民族精神教育、文明礼仪教育、法制安全教育、职业意识教育等 12 个主题，每月一个主题，使学生在活动中感悟、体验，实现思想的升华。

（4）环境育人，构建全方位的心灵熏陶体系。在教师中开展有关学生观、工作观的讨论，在学生中开展有关学习观、教师观的讨论和"我的形象我设计""魅力中专生评选"等活动，打造良好的人文环境；在建筑和自然景观中加入名言警句、名人事迹、名人雕塑等，以高雅的文化熏陶学生心灵，使每一面墙壁都说话、每一个角落都育人。

（5）制度育人。教育就是习惯的培养，而习惯的养成则要靠制度的规范。学校建立了包括纪律检查、宿舍管理、卫生管理、公物管理、文化评比等一系列较为全面的学生德育管理制度，实行学生综合职业素养等级制和德育学分制，不断探索新制度，构建学生自我管理的体系。

三、德育创新

在贯彻育人原则和落实育人措施的过程中，学校注重通过德育创新转变

育人方法，提升德育实效。其中学校在学生观、班前会制度和文明风采竞赛等方面进行了大胆的探索，初步树立了自己的德育品牌。

（1）学校的学生观。学生观决定着教育者的教育观和教育方法。在充分研究讨论的基础上，学校确立了自己的学生观，即"学生是孩子，需要关爱和教育；学生是顾客，需要尊重和服务；学生是朋友，需要理解与合作；学生都有特长，需要因材施教"。

（2）班前会制度。为贯彻德育为先的育人原则，实现学校文化和企业文化的融合，学校首创了班前会制度。每天上午第一节课定为 20 分钟的班前会，内容是点评昨天的学习和行为规范情况、明确当天的目标要求、进行主题演讲、组织励志宣誓等。在班主任的指导下，学生轮流主持班前会，自我组织、自我点评、自我教育，天天受教育，天天有进步。班前会制度是一项大胆的创新，架起了师生沟通的桥梁，拓展了德育空间，对提高学校德育水平起到了重要作用。

（3）文明风采竞赛的组织。为使德育的内容更加丰富、德育活动的效果更加明显，学校从文明风采竞赛入手，将竞赛与教学、主题教育活动与社会实践相结合，取得了突出的德育实效。2009 年，学校获文明风采竞赛全国组织奖第二名，2010 年，学校被评为全国德育工作先进集体，学生在全国文明风采竞赛中获得 9 个一等奖，学校获得全国优秀组织奖及山东省特殊贡献奖。

实践应用

一、践行学生观

蝴蝶在蜕变的过程中，要经过作茧、破茧、化蝶的痛苦轮回，才能实现生命的飞跃，学校学生观的确立与践行同样也经历了这样一个艰难的历程。

"学生观"是教师进行教育实践的基础，贯穿于教育过程的始终。它直接影响到教师教育观念的形成，教育、教学方法的选择与教育目标的确定，

法制安全知识竞赛

并且最终决定着教育质量的高低以及教育的成败。因此，对教育工作者来说，树立正确的学生观是很必要的。学校在广泛讨论的基础上，形成了具有鲜明职教特色的学生观：学生是孩子，他们需要关爱和教育；学生是顾客，他们需要尊重和服务；学生是朋友，他们需要理解和合作；学生都有特长，要发挥他们的特长、因材施教。

（一）破茧

近年来，学校坚持传承创新、科学发展，教育教学都取得显著成绩，但学校领导班子清醒地认识到，学校的工作还存在一些不尽如人意的方面，与家长、学生、用人单位的期望还有一定的差距。校党委审时度势，查找学校工作中存在的问题和隐患，认识到目前教职工还没有真正树立起正确的学生观，只有认清形势、转变观念、深刻反思、查找问题、积极整改、强化责任、创新管理，才能真正实现"办社会、家长、学生满意的特色学校"的目标。

2010 年 1 月起，烟台信息工程学校在全校范围内以学习实践科学发展观为统领，以"转变教育观念，树立正确的学生观"为主题，按照"抓学习、提素质，查问题、找根源，明方向、大整改，重实践、树典型"的工作思路，精心组织，全面开展，突出重点，注重实效，使教职工树立起正确的学生观，做到对学生管如严父、爱如慈母、亲如朋友，具备感恩、关爱、宽容、乐观四种心态，增强学习、责任、敬业、服务、创新五种意识。学校此举致力于打造一支爱校如家、爱岗敬业、勤于奉献、精于育人的教职工队伍。

为了确保将全新的学生观落到实处，学校周密部署，制订了严格的活动措施：

（1）加强组织领导，分解、落实责任。为了开展好本次活动，学校成立由校长任组长的活动领导小组和常务副校长任组长的活动工作小组。各部、处、室按照学校的统一部署，高度重视，周密安排，精心组织，结合实际，制订切实可行的实施方案，严格按照确定的方法步骤开展活动，确保不走过场，不流于形式。各部处室负责人对本部门的教育活动负总责，亲自抓，分解责任，层层落实。

（2）做好舆论引导，营造良好氛围。活动工作小组通过学校网站、宣传栏、校报校刊等媒介，大力宣传本次教育活动的情况和教育活动的新思路、新进展。各部、处、室也采用各种宣传方式，展示本部门开展教育活动的新

举措、新成效。

（3）强化督导检查，确保收到实效。督导室对各部、处、室活动开展情况，特别是整改落实情况进行督查，并记入期末考核。每阶段活动结束及全部活动结束后，各部、处、室要及时向活动领导小组提交专题书面总结报告。

（4）严格考核奖惩，创树优秀典型。活动工作小组组织开展好总结评比工作，学校召开总结表彰大会，对在本次主题教育实践活动中表现突出的个人、处室、专业部进行表彰，并记入期末考核，优秀的文章将在《烟信风采》上刊登。

（二）嬗变

由于教师长期受师道尊严观念的影响，活动在开展之初引起了一些教师的非议："学生是顾客，老师为学生服务，老师的权威谁来维护？""把学生当朋友，学生还知道天高地厚吗？""学生有特长，说话是特长，打架是特长？不可思议！"

很多教师认为学校领导也就是说说，刮过这阵风就好了，他们没有想到，这次树立正确学生观的活动开展得认真而有序，不是走过场，而是要取得实效。为了扭转教师头脑中传统的学生观念，使其树立正确的学生观，学校开展了一系列活动：（1）开展全员、全程、全面的帮扶学生活动。教职工个人和部、处、室认真按《帮扶学生实施方案》的要求，创造性地开展工作，开展"爱心帮扶"典型事例征集和交流活动。（2）开展"体验学生生活"活动。每位教师与学生一起生活一天，深入教室、宿舍、食堂及其他学生活动场所等，了解学生的思想和实际，帮助学生解决困难。（3）开展"寻找学生的闪光点"活动。活动要求教师对所帮扶的学生"说一句鼓励的话，打一个报喜的电话，发一份进步的喜报"。

"学校领导真是理想主义，我们职校的学生有多高的水平，要把课堂交给他们，能行吗？""学生犯了错误不轻易通知家长，不能因为学生违纪而随便开除学生，这样的话，班主任还怎么当啊？""跟学生吃住在一起，体验学生的生活，我们老师都上了几十年学，学生生活还用体验吗？这不是自己折腾自己吗？"新的学生观每向前推进一步，都要面对巨大的压力和阻力。从蓄势待发到破茧而出，全新的学生观在阵痛中实现蝶变。

（三）蝶变与飞跃

如果不是那一次烈火焚烧，凤凰何能重生，如果不是那一次"作茧自缚"，又哪来的破茧成蝶！

辛老师在校工作多年，勤勤恳恳，兢兢业业，他的敬业精神有目共睹，但是在一次学生调查中，他的考评成绩并不理想。经过了解得知，原来学生嫌他的课程太枯燥。他想不通：学生的评价就这么有说服力吗？适逢学校推行课堂教学改革，改革也是建立在落实正确学生观的基础之上的，本着"教为主导、学为主体、德为主线、会为核心"的原则，学生的参与度成为评价教师的教学水平的标准之一。辛老师逐渐认识到："看来我真的需要重新学习了。"

通过活动，教师们深刻地体会到，学生确实是孩子，他们需要关爱和教育；学生确实是朋友，他们需要理解和合作。张磊遇事总是习惯用拳头解决问题，班主任总是头疼于他的屡教不改，而现在班主任与他真正像朋友一样的谈话让他受宠若惊，老师对他的尊重与信任，促使他成为正义感、责任感极强的纪律班长、文明进步之星。

王升先校长在山东省
"文明风采"竞赛表彰大会上做典型交流

学校开展的树立正确学生观的活动取得了实效：

1. 教职工的教育观念有了较大转变

时至今日，全校教职工对学生观已经耳熟能详，他们怀着认可的态度践行学生观。

正因为观念上有了转变，很多教职工在工作中始终将学生的利益放在首位，以学生的需要为第一选择，以学生的利益为第一追求，以学生的满意为第一标准。学校涌现出一批工作细致、耐心的班主任，他们处处关心学生，常常与学生同吃同住，他们每天早来晚走，认真检查学生的生活、纪律和学习情况，把学生当成自己的孩子，耐心教导。

2. 教职工的工作作风有了较大转变

一是教职工的服务意识和敬业奉献精神明显增强。关心、帮助学生的教师多了，耐心教育学生的班主任多了，细心服务的职工多了，抱怨的少了。

二是教职工的自律意识和纪律观念明显增强。迟到、早退等现象不见了，教师的仪容仪表更加规范，言行更加文明，教风更加严谨。全校教职工心往一处想，劲往一处使，全身心扑在教育教学工作上，2010 年的技能大赛成绩就是最好的佐证。

3. 教职工的业务能力普遍得到提高

通过这次的研讨实践活动，绝大多数教师认识到，每个学生都有才能，经过教育和训练都能成才，因而要认真对待学生间的差异，因材施教，启发帮助学生，设计最适合学生学习成长的方法，尽可能让每一位学生都有机会锻炼和展示自己。用心钻研教育教学方法的多了，潜心研究学生的多了，努力提高服务质量的多了，教育教学水平有了大幅度提高。

二、班前会模式的探索

班前会制度是学校为贯彻德育为先、人人成才的育人原则和落实制度的育人措施而进行的一次全新探索。每天上午 8：00—8：20，班主任组织本班学生召开班前会，主要是总结前一天的工作，布置当天的任务，并根据学生的实际情况进行相关的主题教育。班前会制度的实行使学校的德育工作呈现崭新的面貌。

（一）实行班前会制度的必要性

（1）班前会制度是落实育人为本、德育为先理念的需要。职业教育的特点决定了职业学校必须把德育工作放在首位。长期以来，职业学校德育工作的主渠道是借鉴普通教育、已实行了几十年的每周一次的主题班会。随着信息技术的发展，社会思想多元化，职业学校的德育工作更加复杂，仅靠主题班会这种单一的形式已无法满足德育工作的需要。要实现职业教育的育人目标，就必须对现行的德育模式进行大的改革和突破。班前会制度的实施，与主题班会形成互补，使主题班会无法完成的德育内容更加细化、更加深入、更具成效。

（2）班前会制度是实现校企文化融合的需要。班前会本身是企业的一种管理模式，每天上班后，企业的班组、车间往往要召开班前会，由班组长、车间负责人等对前一天的生产经营情况进行总结，对当天的生产经营任务作出安排，班前会制度是企业制度文化的重要组成部

校企合作联欢会

分。对职业学校而言，适时引入企业的管理经验非常必要。为了更好地贯彻以就业为导向的职业教育办学方针，学校始终把实现学校教育与企业需求的紧密对接作为努力的方向。班前会制度的实行可以促进校园文化和企业文化的对接，使学生提前体验职场氛围，了解企业的管理模式，提高职业意识。

（3）班前会制度是提升学生综合职业素养的需要。培养具有良好综合职业素养的高素质劳动者是社会、企业对职业教育的根本要求。学生的综合职业素养包括职业意识、卫生习惯、守纪意识、文明素质等，这些素养的形成需要长期的教育，班前会制度适应了这一需要，对学生每天进行教育，实现了德育工作常规化。学生良好的思想品质、行为习惯在反思、点评、教育和践行中不断形成、巩固和内化，学生的综合职业素养也逐步提高。

（二）班前会的内容与程序

学校和企业有着本质的区别，这就决定了学校的班前会必须有职业教育的特色，而不能照搬企业模式。学校班前会的主要内容有：

（1）通报当天班级的出勤情况。班前会开始，主持人首先通报当天班级的出勤情况。这一项目的目的是让学生了解班级信息，增进同学间的关注，同时有利于教师适时作出调整。例如，如果某课代表当天因病请假，班主任和学习委员就可以及时做出应对，安排相关学生替代其工作，保证教学的顺利进行。

（2）点评前一天本班学生的行为规范情况。培养学生的卫生习惯、守纪意识、劳动品质、文明行为是中职学校德育工作的重要内容。学校以宿舍、教室、仪表、队操、学风"五达标"为基础，注重学生良好行为规范的养成教育，每天班前会都要点评前一天班级和学生"五达标"情况，对优秀的小组、宿舍和学生进行表扬，及时纠正存在的问题，让学生"三省其身"，以"每天进步1％"的理念不断完善自我、提高素质。

（3）点评前一天的学习情况。为体现技能为重的育人原则，班前会要对班级学生前一天的学习情况进行点评，让学生总结自己每天在专业技能方面有哪些新收获，在学风方面有哪些不足，并联系职业岗位的需求分析自身努力的方向，牢固树立提高专业技能的意识。

（4）进行主题教育。班前会的主要目的是加强德育，因此，各班级在每一次班前会时都要根据本班学生存在的主要问题确定一个主题，通过讨论、交流、一分钟主题演讲等方式使学生提高认识。如某班级近期发生了打架的事件，第二天或今后一个阶段的班前会就可以"做文明学生，创和谐班级"

为主题进行教育，使学生认识到打架的危害，防止同类事件的再次发生。

（5）传达布置当天的主要工作和任务。班前会不仅是进行思想品德教育的重要渠道，也是一个增进师生之间和学生之间沟通的桥梁。在班前会上，班主任要通报学校、专业部和本班级的主要工作、学习任务和活动安排，使学生明确当天的目标和各自的任务，并为完成任务、实现目标做好准备，这也是落实"目标导向"管理措施的具体体现。

（6）唱励志歌曲或进行励志宣誓。班前会是德育会、沟通会，也是动员会。班前会结束时，全班同学或齐唱校歌、班歌，或进行励志宣誓，凝聚班级合力，以昂扬的情绪开始一天的学习和工作。

在具体的实施中，各班级可以根据实际情况对以上内容和程序进行调整。例如，有的班级根据需要，将唱励志歌曲或进行励志宣誓放在班前会的开头，以营造教育的气氛；有的幼教班级联系本专业特点将一分钟主题演讲改为讲故事；有的班级在点评前一天的学习情况时加入了才艺或专业技能展示等。

（三）班前会的组织原则

班前会的宗旨是加强对学生的思想品德教育，使学生树立职业岗位意识，提升综合素质。因此在班前会的组织上必须坚持教师为主导、学生为主体、实效为核心的基本原则。

（1）教师为主导。要求班主任老师发挥"导演"的作用，指导学生确定班前会的教育主题，引导学生扮演好自己的"角色"，在班前会的进行中，适时对学生的发言进行点评，掌控班前会向预定的目标前进。

（2）学生为主体。以"做中学"教学模式来组织班前会，充分发挥学生的主体作用，调动学生的积极性，让学生当主角。学生轮流主持班前会，班干部、组长、宿舍长和相关学生对工作、学习等情况进行自我点评，提出改进措施，从而实现自我管理、自我教育的目的。学校要求每次班前会参与发言和相关活动的学生不少于班级学生数的二分之一，让学生人人都参与、人人受锻炼。

（3）实效为核心。学校强调班前会要以解决学生的德育实际问题为主要目标，每次或每个阶段的班前会只解决1—2个重点问题，针对问题分析原因，提出措施，抓好督导和落实，实现让学生天天受教育、天天有进步的目标。

班前会是学校德育工作的新探索，对提升学校育人水平起到了积极的推动作用。在班前会的推动下，学生的综合职业素养明显提升，组织能力、沟通能力、表达能力都有大幅度的提高。在 2010 年 10 月举行的"光华杯"全国创业大赛中，我校学生张进在设计、演讲、答辩等多个环节中脱颖而出，获得金奖。

三、"文明风采"大赛，展示烟信学生风采的舞台

中等职业学校的"文明风采"竞赛活动，是教育部为加强中等职业学校德育工作，挖掘中职学生特长，张扬学生个性，激发学生学习的热情，增强学生的自信心和成就感，在全国中职学校开展的一项重要工作，也是新形势下加强中职学生思想道德教育工作的有效途径，是加强中职学校校园文化建设的有效载体，是具有深远意义的中职学生德育实践活动。

烟台信息工程学校以"办学生、家长、社会满意的特色学校，育身心健康、德才兼备的技能人才"为目标，坚持"健康为本、德育为先、技能为重、人人成才"的育人原则，着力构建系统的育人体系，德育工作取得了显著成效。2010 年，学校被评为全国中等职业学校德育工作先进集体，2009 年学校首次参加全国中职学校"文明风采"竞赛，有 45 件作品获奖，其中 2 件作品获全国一等奖，动漫作品《食殇》在颁奖大会上展播，学校获全国组织奖；2010 年，在全国竞赛中学校有 126 件作品获奖，其中 9 件作品获全国一等奖，学校获全国优秀组织奖。

（一）序曲：高度重视，精心做好竞赛的组织工作

在竞赛的组织上，学校做到了"三个到位"：

（1）思想认识到位。全国中职学校"文明风采"竞赛以"弘扬民族精神，树立职业理想"为主题，内容涵盖了民族精神教育、理想信念教育、职业素养教育、道德品质教育、文明行为教育等各个层面，体现了鲜明的职业教育特色，参赛作品有征文、设计、摄影、动漫、展示等多种形式。可以说，"文明风采"竞赛起到了整合德育内容、规范德育形式、展示德育绩效的作用，指明了中职学校德育工作的方向，确定了中职学校德育工作

烟台市职业学校
"主题班会"现场会在烟信召开

的主线，搭建了展现中职学校德育成果的舞台。组织好竞赛对提升中职学校德育工作水平具有重要的促进作用，因此，学校把组织"文明风采"竞赛作为年度工作重点，制订了周密的参赛方案，提出了明确的参赛目标，并将指标层层分解到项目组、专业部、班级和辅导教师，要求每名学生每个项目都要提交1—2件作品，形成了人人关心竞赛、人人参与竞赛的浓厚氛围。

（2）评选的组织管理到位。学校成立了以分管校长为主任的"文明风采"竞赛组委会，组织相关专业教师、学生分别成立了项目、专业部、班级三级评委会，建立对参赛作品的"三评三改"制度。首先是班级评改，每名学生都要展示自己的作品，阐述自己的创意和作品内涵，师生共同评选出优秀作品，经指导教师辅导、学生修改后报送专业部评委会；其次是专业部评改，专业部评委会对班级初选出的学生作品进行评选，确定优秀作品，提出修改意见，辅导教师指导学生修改、完善后报项目评委会；最后是项目评委会评改，征文、设计、动漫、摄影、展示等各项目评委会对各专业部推选的作品分专题进行评审，确定优秀作品，辅导教师指导学生进行再一次修改、完善后参加全省复赛。这样，既促进了全员参与，又保证了作品质量。

（3）考核激励到位。学校制订了"文明风采"竞赛考核办法，调动教师、学生参与竞赛的积极性。将教师辅导学生参加"文明风采"竞赛的情况纳入教师的年度考核，将辅导学生参赛作为评选优秀教师的必备条件，将学生参赛的成绩计入德育学分，作为对学生进行综合评价的重要依据，设立"建功立业"奖，对获得优异成绩的学生给予奖励。每次"文明风采"竞赛成绩公布后，学校都召开总结表彰大会，对在各级评选中胜出的优秀学生和辅导教师进行表彰，让参与竞赛、争创佳绩成为全校师生的行动，让学生在竞赛中收获快乐、体验成功。

（二）交响曲：创新模式，将竞赛与学校教育教学工作有机融合

学校将竞赛纳入常规工作，做到了"三个融合"：

（1）将竞赛与学校德育体系相融合。"文明风采"竞赛赋予了德育工作新的内涵。学校针对中职学生的实际特点，围绕学生综合职业素养培养这条主线，分析"文明风采"竞赛的项目设置，将学校德育内容分解为行为规范、文明诚信、职业规划、集体意识等12个主题，每月一个主题，对学生进行系统化教育。学校在组织主题教育时以动漫、征文、演讲、摄影、设计等活动形式为载体，这些形式与"文明风采"竞赛的五个模块完全吻合，使竞赛与学校常规德育活动融为一体。在第七届"文明风采"竞赛中获得一等奖的征文《沐浴春风，感恩飞扬》和《我的理想不是梦》等四件职业生涯设计作品就是分别从学校组织的"文明诚信""职业生涯规划"等主题教育中推选出来的优秀作品。"文明风采"竞赛促进了德育创新。为实现以竞赛促提高的目的，学校不断进行德育探索和创新。

（2）将竞赛与教学工作融合。"文明风采"竞赛的指向虽然是德育工作，但竞赛的准备、组织和实施是一项系统工程。例如，竞赛作品的设计、制作要求学生掌握写作、摄影、设计、动漫制作等各类专业知识和技能。为此，学校坚持以赛促教，以赛促学，实现了"文明风采"竞赛与教学工作的结合。一是依据竞赛内容优化课程内容，例如，学校结合竞赛要求的征文、演讲、设计等作品形式，将应用文、演讲稿的写作作为语文课的重点内容和基本技能，要求每个学生都能掌握。二是依据竞赛的要求推进课堂教学改革，坚持"教为主导，学为主体，德为主线，做为基础，会为核心"的课堂教学原则，大力推行"任务引领，小组合作"的"做中学"教学模式。例如，计算机专业的学生在学习 flash 动漫制作时，教师提出任务，学生自己设计，自己制作，专业技能水平大大提高，在 2011 年的竞赛中，学校学生制作的动漫作品有五件在全国获奖。三是依据竞赛的形式组织好各类课外活动。学校成立了艺术团、广播站、电视台等学生社团和摄影、摄像等兴趣小组，提升学生的综合素质。可以说，每次"文明风采"竞赛的准备过程，都是推动学校教学工作全面提升的过程。

（3）将竞赛与社会实践活动相融合。社会是一所大学，蕴涵着丰富的育人元素，为此学校大力开展各种形式的社会实践活动。一是组织校内社会实践，建立了电脑艺术设计、服装加工、商贸等 6 个专业工作室，让学生体验真实的工作环境和工作程序。二是组织学生定期到企业进行职场体验，到社区进行志愿服务，让学生在实践中感悟、提高。酒店管理专业学生葛庆军原本是抱着"进职业学校就是混个文凭"的想法进入学校的，在职场体验期间，他看到了学校往届毕业生取得的优异成绩，对自己的发展增强了信心。他努力提升职业素质，学习专业技能，认真规划职业生涯，综合素养有了很大提高，在本届"文明风采"竞赛中，他荣获了职业生涯设计全国一等奖。三是在假期开展系统的社会实践活动，组织学生深入社会，使其饱览祖国的大好河山，了解民风民俗，记录社会的进步与发展，体验劳动的艰辛和喜悦，在社会大舞台上发现美、知荣辱、受教育。每次社会实践活动，学校都要求学生结合自己的专业特点和兴趣爱好，用征文、摄影等方式记录自己的感想、心得和收获，为"文明风采"竞赛积累素材。例如，我校学生杨开丽在进行社会实践时，看到海鸥在水云间展翅翱翔，她产生了灵感，觉得自己正像这海鸥，在社会实践中磨砺羽翼，为开创美好人生积累经验，于是她拿起相机拍下了获得"职业和生活中的美"摄影类全国一等奖的作品《海鸥飞处》。

（三）咏叹调：感受成功，竞赛使学校育人水平迈上新台阶

通过组织参加"文明风采"竞赛，学校的育人水平实现了"三个明显提升"：

（1）学生的职业素养明显提升。通过参加竞赛与接受教育，学生的精神面貌焕然一新。例如，过去学生中染发、烫发等问题比较严重，学校通过检查、扣分等方式进行管理收效甚微，自从学校围绕"文明风采"竞赛的"职业与生活中的美"开展"魅力中专生评选""我的形象我设计"等活动以来，学生的审美观发生了很大转变，每个专业的学生都根据自己的职业特点设计了本专业学生的仪表形象，全校评选出"十佳发式"。现在，全校学生达到了"不染发、不烫发、不戴首饰"的要求，男生达到"前不遮眉、后不盖领、侧不掩耳"的规范，女生达到"前不遮眉、后不披肩"的仪表规范。开展职业生涯设计活动以来，学生的职业意识、创业意识、表达能力、沟通能力明显提高。良好的思想品行、突出的专业技能、较强的沟通能力、强烈的团队精神，使学校学生得到用人单位的高度评价。齐鲁软件园，青岛软件园，解放军四总部的宾馆，烟台、威海等地的许多大中型企业都在学校设立了订单班，毕业生供不应求。

（2）学生的技能水平明显提升。借助"文明风采"竞赛，学校形成了人人练技能、层层搞竞赛的浓厚氛围，学生的学习积极性大大提高。例如，信息技术专业的刘伟同学曾想退学，在班级组织的一次"文明风采"竞赛flash动漫创意比赛中，她的创意得到了老师的好评，这激发了她的创造热情，她开始积极学习专业知识和技能。有时候为了熟练地掌握一项动漫制作技术，她会忘记了吃饭。最终，她参与创意、设计、制作的两幅动漫作品《水，生命之本》《心愿》分别

运动会剪影

获得全国一等奖和二等奖。现在，她已打消了退学的念头，并为自己确定了"打好基础，继续深造，做一名优秀设计人才"的人生目标。"文明风采"竞赛拉动了学生整体技能水平的提升。在 2009 年的全国职业学校技能大赛中，烟信学生获得热菜烹饪和果蔬雕刻两项国家二等奖。在 2010 年的烟台职业院校技能大赛中，烟信学生获影视后期制作、现代物流、中餐热菜、果蔬雕刻、面点制作等多个第一名，学校获烟台市团体一等奖。

（3）教师的综合能力明显提升。每次"文明风采"竞赛的准备和辅导过程，都是对师资队伍水平的一次全面提升过程，教师进修的紧迫感和积极性明显提高。过去，很多教师对占用假期时间外出进修和到企业实践有抵触心理，现在，为更好地辅导学生，只要有进修机会，教师就积极报名，近两年来学校 70％以上的教师到高校和企业进修过，教师队伍的综合素质明显提升。2010 年，学校教师有 50 人次在烟台市级及以上的比赛中获奖，其中 1 人获全国说课比赛一等奖，1 人获全省技能比赛一等奖，3 人的课被评为全省优质课，5 人获"省优秀辅导教师"称号。

反思拓展

美国教育家哈·曼说："那些不设法勾起学生求知欲望的教学，如同锤打着一块冰冷的生铁。"因此，在当今经济、社会转型的历史时期，传统的单一性的中职生德育的形式要改革，形式要多样化、趣味化，才能吸引学生，感化学生，达到教育的目的。

一、中职学生的现状给德育工作敲响警钟

学校通过对 2009 级、2010 级约 3000 名学生进行问卷调查发现，当代中职生有以下特点：

（1）作为应试教育的失败者，对学习缺乏兴趣和信心。中职生中 90％以上是被基础教育淘汰的，10％—20％的学生根本没有参加中考，即使参加中考学生，其成绩 96％在六百分以下，多数在 200—400 分之间（山东省高中录取分数在 680 分左右）。

（2）家庭教育缺失、畸形或不科学。对学生父母文化程度的调查显示，14％的父亲的文化程度是小学，60％的是初中，高中及以上仅占 26％，40％的母亲的文化程度是小学，35％的是初中，23％是高中。由于父母文化素质

低，很多家庭教育不科学。43％的学生来自离婚或父母出外打工家庭，家庭教育处于缺位状态，16％父母极其溺爱孩子。

（3）道德素质偏低。调查还显示，目前的在校中职生中，80％的学生的业余爱好是上网，其中50％的学生沉溺于网络游戏，20％的学生整天上网看电影。16岁男生中至少30％抽烟，70％以上的学生爱讲粗话。

以上种种情形给中职德育工作提出了十分严肃而紧迫的问题：用什么样的德育来丰富他们的生活？用什么样的创新教育方法来教育他们？用什么样的方式探索出一条适应当前德育的新路？我们认为，学校的德育工作应进行相应的改革。

1. 学校德育工作要变传统的灌输式说教为适应学生身心发展规律的教育

中职学校的学生的逻辑思维已趋向成熟，传统的德育单纯地向学生灌输道德知识和规范，容易使他们对所受教育与外界现实的矛盾感到不解，从而导致其对学校的道德教育产生反感甚至排斥。

中职学校的教师经常会遇到这样的问题，某同学第一天拿手机被通报，第二天又因为顶撞纪检而扣分，在痛定思痛之后第三天又未将胸卡戴在指定位置。作为教师，我们都相信他不是故意的，他确实想改好，那就是教师的教育方式有问题，过分关注他的错误，所以学校提出"特长生"的概念，平时爱说话的学生表达能力强，让他去参加演讲比赛或是在学生会中搞外联，爱打架的学生重感情，讲义气，做事情易冲动，让他负责一个团队合作的项目，当"头儿"，让他自己体验，要想实现英雄梦就要学会合作与忍耐……

学校道德教育方法要具有科学性，也要适应学生生理和心理发展的特点和规律。

2. 学校德育工作要从一成不变发展为顺应时代特征，与时俱进

在德育工作中，总是有一些故事让人难以忘怀，感动了一代又一代人，成为学校德育课本中的经典内容，而学生的评价却往往是这样的："老师，那是你们那个年代的事情，我们是90后，怎么能用一个标准来衡量呢？"师生之间的代沟阻碍了彼此的沟通。为什么对上一代人极为有效的方法，对下一代则可能收效甚微？为什么一些德育方法在某个时期有效而在另一个时期又不那么有效？当今社会，新生事物层出不穷，青少年又活泼好动，喜欢创新和变化，老一套的管理模式对他们的作用十分有限。

学校道德教育的内容和方法要充分考虑学生的个性心理特征。大家可能都注意过，少儿节目主持人在和小朋友交谈的时候，一般是蹲下来。职业学校的学生其实也需要我们蹲下来，用他们能接受的方式和他们平等对话。当然这里的"蹲"是指教学态度和教学观念，不是用我们成年人的观点去说教他，而是站在他们的角度去观察世界和看问题，直到达到知识或情感态度观念的共鸣，教师最终起到的就是引领和提升作用。

学校提倡教师讲课不超过 15 分钟，学校德育活动的组织由学生进行，校广播站、电视台都是学生展示自己的舞台，演讲比赛、技能展演都由学生组织，学生的能力、道德意识就是在这样的过程中发展和提高的。

3. 学校德育工作要变忽视道德的内化过程为注重内化过程

所谓道德内化，是指学生把一定社会的思想、政治、道德要求转化为自身的需要。通俗地说，就是学生对德育的要求入耳、入脑、入心，进而将德育要求变成自己的行动。有这样一种说法：你说了他听了，他会记住 10％；你说了他听了还看了，他会记住 50％；你说了他听了他看了他还做了，他会记住 90％。现在的职业学校的学生并不是没有道德认知，而是"知情脱离"或"知行脱节"。德育方法要有成效，就必须抓住本质，有针对性。例如，我们请上网成瘾的学生讲述沉迷网络的得失，让学生共同来分析解决上网成瘾的问题；请事业有成的学生回校作报告，以此来启示学生，让学生"心临其境"，形成接受教育的最佳心理状态，只有这样才能真正启开他们的情感之门，使他们达到言行一致的要求。

4. 学校德育工作要变他律为注重学生自律

传统的德育往往采取带有一定强制性的方法来进行道德行为准则的养成教育，这对学生言行举止的养成在短期内确实有效，但就长期效果来看效果并不理想。进入社会、走上工作岗位之后，很多在校循规蹈矩的学生没有了学校规章制度的严格监管，离开了老师的耳提面命，就降低了道德的标准，随波逐流甚至误入歧途。究其原因，传统的学校德育模式是他律，未达到让学生自律的效果。

在传统的德育中，学校设置的一些活动一般都是由教师来布置、组织、安排，甚至还预设了效果，致使学生缺乏主动性和自我教育的机会。学校的道德教育要注重发展学生的自我教育能力，促进他们的自我道德完善。如学校成立义工社团，结对社区、福利院、聋哑学校，让学生在活动中感受到助人的愉悦，体验被人重视甚至依赖的满足感。在寒、暑假期，组织学生参与社会实践活动，让他们了解社会工作的复杂性，理解父母为培养自己所付出劳动的艰辛，珍惜现有的条件和机会。每天早晨的班前会由学生主持，总结前一天的得失，广泛开展批评与自我批评，大张旗鼓地表扬模范标兵……此类活动可以成为学生自我约束、自我组织、自我管理、自我教育的手段，促进学生自律意识的形成。

5. 学校德育工作要强调反复性

道德品质的养成不是一蹴而就的，而是一个长期、反复、复杂的过程，是一个由平时一点一滴的量的积累、而后发生质的变化和突破、最后达到道德品质的提高和升华的过程，这也是中西方思想家、教育家所揭示的道德养成教育的一个客观规律。

学生对学校道德教育的内容和方法要经过反复认知、反复体验，才能真正从心灵深处产生道德感应，直至形成道德信念。但需要注意的是，不能使这种教育成为一种简单的重复，而应该使每一次的教育都能结合新的情况充实新的内容，这样才能让学生有新的体会，才能让学生在学习生活中逐渐产生强烈的感受，从而产生一定的审美情趣或心理满足感。

总之，中等职业学校学生的职业道德教育是一个系统复杂的工程，寓思想教育于活动之中是一条教育规律。苏霍姆林斯基说："能够促使人去进行自我教育的教育，才是真正的教育。"要让学生在活动中充分发挥主体作用，促使学生自己管理、激励、教育、完善自己，达到自律的效果。作为德育的主阵地，学校要长期抓、反复抓德育，创新多种形式，丰富多种内容，为把学生培养成为社会主义的合格建设者和接班人而不懈努力。

专家点评

落实"德育为先"，首先要抓队伍建设。抓德育队伍建设，关键在于引导全体教职工树立正确的学生观，对于职业学校尤为如此。

提到"观"，总觉得既抽象、难懂，又绕嘴、难以落实，只能"务虚"，难以"务实"。烟台信息工程学校提出的学生观是："学生是孩子，他们需要关爱和教育；学生是顾客，他们需要尊重和服务；学生是朋友，他们需要理解和合作；学生都有特长，要发挥他们的特长，因材施教。"这一学生观让人感到亲切易懂，既具有鲜明的职教色彩，又具有极强的操作导向作用。如此阐述"观"，大概会让一些学者不屑，却能让一线德育工作者叫好。希望这种来自一线的表述方式，能对理论界有些启迪。

引导全校教职工树立正确的学生观并非易事。烟台信息工程学校通过加强组织领导，分解落实责任，做好舆论引导，营造良好氛围，强化督导检查，确保收到实效，严格考核奖惩，树立优秀典型，开展全员帮扶学生、体验学生生活、寻找学生闪光点等活动，做了大量耐心细致的工作。教职工的教育观念、工作作风有了转变，业务能力也因此有所提高。

在教职工树立正确学生观的基础上，学校全面实施文化育人、教学育人、活动育人、环境育人、制度育人，取得了明显实效，更在组织班前会、德育实践活动方面推出了两个德育工作亮点。

班前会是企业的一种管理模式，是企业制度文化的重要组成部分。学校为了让学生提前体验职场氛围，了解企业的管理模式，每天早晨安排20分钟由学生在班主任指导下组织班前会，总结前一天的情况，布置当天的任务，并进行主题教育。班前会调动了学生的积极性，发挥了学生的主体作用，不但使学生的组织能力、沟通能力、表达能力等综合职业素养明显提高，而且为学生自主管理、自我教育搭建了常规平台。

烟台信息工程学校以全国中等职业学校"文明风采"竞赛为基础，全方位开展德育实践活动，做到思想认识、组织管理、考核激励到位，竞赛与学校德育体系、教学工作、社会实践活动相融合。学生的提高，是在参与活动的过程中完成的。例如，学校围绕"文明风采"竞赛中的"职业与生活中的美"摄影比赛，开展了"魅力中专生评选"和"我的形象我设计"等活动，长期难以解决的怪发型、戴首饰等问题迎刃而解。通过开展德育实践活动，学校的学习风气有所好转，学生的职业素养和教师的综合素质明显提升。

两个德育工作亮点的推出，是德育工作者树立正确学生观的硕果。正确学生观的确立，也为今后进一步加强和改进德育工作奠定了扎实的基础。

（点评：蒋乃平　杜爱玲）

创新德育模式，让德育回归生活

——河南省巩义市第二职业中专

名校／名校长简介

巩义市第二职业中专是河南省省级重点中等职业学校，创办于1984年，位于诗圣杜甫故里、全国百强县巩义市小关镇，校园占地50亩。学校现有教职工94人，其中高、中级职称40人，在校生1260人，开设有北大青鸟IT特色班、会计电算化、计算机应用、市场营销、机电技术、数控、模具、电子商务等专业。严谨与创新相结合是二职专一贯的办学思想，长期以来，学校始终坚持外树形象提高办学品牌、内强素质提高教育质量、坚持以就业为主导的职业教育取向，形成了培训、就业、升学三位一体的人才培养模式，服务社会，服务经济发展，赢得了社会各界的广泛赞扬，被誉为"人才成长的摇篮"，多次受到省、市、县级奖励。学校先后被评为巩义市十佳学校、郑州市教育工作先进单位、郑州市依法治理工作示范学校、河南省教学工作示范学校、河南省优秀农村劳动力培训基地等。近年来，学校深入贯彻全国及河南省职教工作会议的精神，努力办人民满意的职业教育，对每一个学生负责，提出了把学校办成"环境优美，整洁卫生；师生文明，和谐稳定；教风严谨，校风严明；特色突出，河南闻名"的职教名校的总体目标，学校招生、就业、高考、实训基地建设等工作驶入了良性发展的快车道。

校长刘自强，男，生于 1971 年，汉族，中共党员，中学高级教师，1992 年 7 月天津师范大学外语系毕业，大学本科学历，在读硕士。

刘自强同志有多篇论文获奖及发表，是巩义市骨干教师、郑州市优质课教研室教师、全国优秀辅导教师，曾先后被评为巩义市优秀教师、优秀教育工作者、区教育系统"四好"干部、好党员等。2009 年 12 月，他所主管的巩义市电教馆被评为河南省省级电教工作先进单位，刘自强同志也被郑州市教育局评为电教工作先进教育工作者。

巩义市二职专在开展德育工作的过程中，强调以养成教育为核心的做人教育、以荣辱观教育为核心的思想道德教育、以技能教育为核心的成才教育、以社会实践为核心的职业道德教育、以赏识教育为核心的感恩教育，"以学生发展为本，力求人人成才"，全面促进了学校各项工作的开展。

核心管理思想

教育部在《面向21世纪深化职业教育教学改革的原则意见》中明确提出中职的培养目标为"培养与21世纪我国社会主义现代化建设要求相适应的，德智体全面发展，具有综合职业能力，在生产、服务、技术和管理第一线工作的高素质劳动者和中初级专门人才。"而高素质劳动者和中初级专门人才首先应是一个合格的公民。因此，中职德育工作越来越受到国家和社会的重视，甚至被视为中小学义务教育的拓展和延伸，赋予其与义务教育同等重要的地位，从而为职业教育再上新台阶提供了良好的发展环境。另外，中职学校教育环境宽松，为加强德育工作提供了可行性。然而，从当前的职业教育环境来看，职业教育体系中的重要环节——中职德育仍然存在一些问题和待改进之处，存在与中职教育整体发展的速度不相匹配、与社会对中职教育的要求有一定差距的问题。职教工作者只有对中职学校德育的现状有足够的认识，才能有的放矢地确立与时俱进的中职生德育新目标，从而实现中职学校德育模式的飞跃。

由于深受应试教育、中职学校办学性质和当前社会对中职教育的期望和要求的影响，一些中职学校不同程度地忽视了德育工作，这对中职学生的身心健康、全面发展非常不利。

许多人认为中职学生就是学习不好、思想品德存在问题的"差等生"，长期以来形成的偏见对中职学生的思想道德品质培养具有不良影响，甚至将其中一些可以通过关心引导教育成优秀人才的中职生推向了社会的对立面，产生了极为严重的后果。与此同时，中职生一般都离家住校，父母的管教相对少了，他们又处于半成人状态，缺乏是非善恶观念，加之自控能力又差，易受一些社会不良风气的影响，他们的价值观呈多元化趋向，拜金主义、享乐主义等消极情绪存在于一些学生的头脑中。

当前，学校的德育目标过于空泛，不能反映德育工作的实际需要，可行性不强，脱离学生的生活实际和认知水平，导致德育效果不甚理想。而德育目标是德育工作的前提，确定德育目标是进行德育工作的首要和根本问题。新形势下，学校对德育的目标进行了进一步的思考，进而制订了与时俱进的德育目标指导学校的德育实践，以减少德育工作的盲目性。

学生在运动会中

学校德育目标主要包括以下几方面内容：

第一，以养成教育为核心的做人教育。教育学生如何做人的问题应该引起学校的重视。只有使学生懂得应该做一个什么样的人、如何做人，他们才能成长为有理想、有道德、有文化、有纪律的一代新人，才能担起社会主义现代化建设的历史重任。

第二，以荣辱观教育为核心的思想道德教育。学校把社会主义荣辱观教育放到教育工作的重要位置，作为中职生思想政治教育的一个重要内容，教育范围全方位覆盖，教育形式鲜活多样，切实增强了教育效果。

第三，以技能教育为核心的成才教育。当今社会需要的是复合型、通用型、技能型人才，学校本着"以学生发展为本，力求人人成才"的办学指导思想，对学生进行教育，纠正学生长久形成的偏见；加强各种能力的培养，促进学生成才和全面发展，使学生能够发展成为应用型和技术型的中、初级人才，最终实现职业教育的可持续发展。

第四，以社会实践为核心的职业道德教育。学校坚持职业技能教育与德育紧密结合、相互促进的原则，以某一职业的职业道德规范为切入点，充分依托专业技能实习基地，为学生接触社会和将来从事职业创造条件。

第五，以赏识教育为核心的感恩教育。中职学生在小学或初中时，由于学习成绩较差或行为习惯不太好，与其他同学相比，得到老师的爱会少些，因而他们缺乏自信，自卑感较强，自控能力差。教师在与学生交流时（课上或课下），应多加以鼓励，多给予表扬，增强学生的自信心，让学生感受到老师的爱，进而学会爱他人；在广大学生中深入开展以"孝敬父母、尊重师长、关心他人、学会感恩、知恩图报"为主要内容的感恩教育，使学生对他人、对社会、对自然常怀感激之心。

中等职业学校的德育是对学生进行思想、政治、道德、法律和心理健康教育的工作。它是中等职业学校教育工作的重要组成部分，与智育、体育、美育等相互联系，对学生健康成长具有重要的导向、动力和保证作用。因此，学校坚持德育为首、全面发展的办学宗旨，将德育作为一切工作的出发点，坚持科学发展观，与时俱进，不断创新德育方法，改变过去单一的德育内容和培养途径，"以学生发展为本，力求人人成才"，树立"以人为本，立德育人"的德育新理念，坚持

沙袋活动室

贴近实际、贴近生活、贴近未成年人的德育原则，关注中职生的心理健康教育，构建德育新体系，以适应德育本身的发展要求，逐步形成了既具传统特色又有现代气息的行之有效的德育管理模式，全面促进了学校各项工作的顺利开展。

实践应用

一、中职学校德育工作的现状分析

（一）制约中职学校德育工作的因素

制约中职学校德育工作的客观因素有：

目前，学校教育深受应试教育的影响，本末倒置，只看重学生的考试分数，只要学生的考试分数高，就一好百好，不注重学生的思想品德和行为习惯养成、做人做事方面的教育，中职学校教育也难逃其害——重点教育学生掌握专业技能和对口升学，即片面追求就业率和升学率而忽略对学生的思想道德教育。一方面强调培养学生的基础知识和专业技能，却在不同程度上忽视了对中职学生的思想品德教育，使思想品德教育普遍成为中职学校的"软肋"。由于学校把智育当"硬件"来强抓，把德育当"软件"看待，结果"软肋"真的软了，"硬件"也没有真正地"硬"起来。再加上中小学片面追求升学率的应试教育导致了学生素质的两极分化，进入了中职学校的学生大多素质低下，他们把许多不良行为带进校园。例如，上课进进出出，吃东西，不守纪律，碰到老师熟视无睹，公然顶撞老师，不服管教，乱扔垃圾，说脏话，破坏公物，旷课，逃学，聚众斗殴，违反规章制度等现象较普遍，

这给中职学校的德育工作增加了难度。

受传统教学模式的影响，长期以来，学校在进行德育时总是一味地采用一些"口号式""文件式"的空洞理论说教，形式单一，内容枯燥，没有可行的教学、实践措施，无法充分调动学生学习、参与的积极性和主动性，导致学生对所谓的德育活动很难提起兴趣，甚至反感，思想品德教育不能起到应有的唤醒、激活个体道德潜能的作用，其结果只能是低效或者无效的。

近年来，高考扩招，"普高热"持续升温，就业难的问题使"读书无用论"日益盛行，这些因素导致广大中职学校普遍出现招生压力大、生源紧张的问题。为吸引生源，维持自身生存，学校本着学生是"上帝"的观念，对入校的中职生的一些违纪行为往往采取宽松处理的措施，主观上放松了对他们的教育和约束，客观上对中职生改掉不良思想和习惯、形成良好的思想品德产生了负面影响。

而制约中职学校德育工作的主观因素主要表现在以下几个方面：

一是中职学生的心理素质。和一般高中生比较，作为经过中考分流而进入中职学校学习的职校学生大多是曾在基础教育中经常被忽视的弱势群体，在人们的心目中属于学习成绩较差的学生，不少学生是出于无奈才就读于职技类学校。学生自己本身就缺乏自信，加上社会对职业教育的偏见和歧视，造成了学生强烈的自卑感，

学生在军训中刻苦训练

他们一般都或多或少地存在一些问题：（1）学习目标不明确，方法不恰当，学习习惯不良，认知能力水平较低，学习动力不足，缺乏上进心，而且自身潜力开发、自我价值实现意识模糊。（2）厌学情绪明显。部分学生学习成绩比较差，有的学生从接受教育开始，学习成绩就在班级中垫底，这些学生对自己丧失了信心，有的学生学习目的不明确，缺乏应有的学习动机，对学习厌倦，在课堂上无所事事，便扰乱课堂秩序，影响其他同学。（3）一定程度上存在人际交往困难。在人际交往中，他们也想与优秀学生交朋友，但由于自己各方面都不如优秀学生，他们认为自己与优秀学生不是同一层次，再有部分优生的确看不起差生，于是他们只好找与自己同一层次的差生交朋友，久而久之，其行为习惯不仅不能好转，反而越来越差。（4）缺乏责任感、使

命感。许多学生认为自己来职校读书，是家长的意愿，是为了向父母交差，是为了能少听父母的唠叨，再加上他们认为自己现在年龄还小，还不适合去闯荡社会，只有在学校里"混"日子，因而缺乏理想，缺乏责任感、使命感。

二是中职学生家庭教育的缺失。现在大多数学生是独生子女，他们在家庭中享受着祖父母、父母多方面的关心呵护，长辈的过分溺爱让他们成了家中的小皇帝、小公主。在家里，他们什么事都不干，衣来伸手，饭来张口；在学校里，他们也只关心自己。而且，相对普高而言，在职技校学生家庭中的单亲家庭、问题家庭的比例较高。相当一部分学生得不到充分的亲情关怀，得不到必要的、正确的家庭教育，道德观念和行为处于无人指引、放任自流的失控状态。

（二）中职学校德育工作的有利因素

毋庸置疑，我国现阶段的初、高中教育，学分仍然是衡量一个学生学习成绩和能力的主要依据，考试、升学以学分为主，掌握知识仍是第一位的。相比之下，在中职教育中，学分固然重要，但个人素质、能力更是评价学生的标准。中职学校宽松的教育环境，为加强德育工作提供了可能，主要表现在以下三个方面：

（1）中职学校功课压力相对较轻，加强德育有时间保证。在初、高中，学生的功课繁重，学习占去了大部分时间，而中职学校功课压力相对较轻，学生自由支配的时间较多，课余时间有丰富的文体活动，这为学生提高综合素质提供了更广阔的空间。

（2）中职学校的学制设置和学生所处的年龄段，迫切要求中职生提高自身的综合素质。目前，中职学校学生在校时间通常为两到三年，而高中生在进入社会之前，有大学四年甚至更长的时间来丰富、完善自我。相比而言，中职生的在校时间非常短。要在这么短的时间改变中职生原先已有的不良习惯，为其踏入社会奠定基础，这就迫切需要中职学校在教学管理中加大德育的力度。另外，从年龄来看，中职生大多为16—18岁，正是形成正确的人生观和价值观的最佳时期，形成良好的个性和性格就显得尤其重要。

（3）中职学校的机构设置也为加强德育提供了条件。一般来说，中职学校的学生管理方面的师资力量最强，特别是班主任都是由经验丰富、责任心强的教师担任。学校还设有管理学生日常行为的保卫科、政教处、团委、学生会等组织机构，分别从不同的方面对学生进行管理引导，这也为加强德育提供了组织上的保证。

二、树立"以人为本，立德育人"的德育新模式

中等职业学校德育是对学生进行思想、政治、道德、法律和心理健康的教育。它是中等职业学校教育工作的重要组成部分，与智育、体育、美育等相互联系。学校在长期的德育实践中逐步形成了既具传统特色又有现代气息的行之有效的德育管理模式，全面促进了学校各项工作的顺利开展。

（一）以学生行为习惯养成教育为核心，开创德育工作的新局面

1. 健全德育系统，加大常规管理力度

中学德育工作的基本任务是把全体学生培养成为热爱祖国，具有社会公德、文明行为习惯的，遵纪守法的公民。教师工作的最终目的，无非是培养学生具有各种良好的习惯。不言而喻，养成教育是学校教育的一个重要内容，而这一任务的落实，需要建立和健全组织机构。因此，学校成立了由校长任组长、分管校长任副组长、各处室负责人为组员的德育领导小组，建立了校长——各处室——教研组——班级的纵向管理模式，形成了校、处、组、班四级管理网络，明确了各级的德育管理职责。德育领导小组、分管校长、学生处、班主任、生活班主任垂直联系，并横向沟通各处室、各年级组、各教研组、团委、工会、学生会、家长委员会，从组织系统上做到上下左右联系紧密、信息畅通、步调一致，确保学校德育工作的顺利开展。领导小组分工明确，职责分明，定期召开工作例会，广泛听取各方面的意见和建议，积极探索新形势下学校德育工作的新思路、新办法、新途径，并努力挖掘德育资源，积极调动各方面的教育力量，认真细致地开展工作，为德育工作卓有成效的开展创设了良好的条件。

新时期，学校需要树立新的育人理念，与时俱进，不断创新，以顺应学生发展的特点。因此，根据学校的实际情况，我们首先确立了"以德育人"的德育指导思想，狠抓《教育法》《职业教育法》《义务教育法》《未成年人保护法》《预防未成年人犯罪法》的贯彻落实，先后制订了《巩义市第二职业中专教师职业道德规范要求》《关

学生在庆五一会演中表演节目

于爱护学生，严禁体罚与变相体罚的规定》《巩义市第二职业中专教师"五条禁令""十不准"》等规定。学校坚决杜绝体罚、变相体罚、辱骂、歧视、驱赶学生，无故使学生中途停学、退学、放假等现象。学校坚决不随便放弃一个学生，不随意开除一个学生，要求教师做到爱事业、爱学生，以身立教，为学生做出表率。

教育必须以人为本，这是现代教育的基本价值观。因此，我们在学校的德育工作中，尊重学生的个性特点，遵循青少年的个性发展规律，着眼于学生良好思想道德与行为习惯的养成。一部分中职学生在家长的埋怨、责骂中，在老师的指责、冷淡中度过了三年的初中生活，当"望子成龙，望女成凤"成为一句空话，当老师的耐心帮助、细心关切成为一种奢侈的时候，学生也就失去了自信。学校要求每一位教师树立以人为本的德育新理念，尊重学生的主体地位，尊重学生的人格，尊重学生的基本权利，让每一位学生得到真切的人文关怀，让每一位学生得到应有的尊重，让每一位学生的个性得到充分发展，让每一位学生在同一片蓝天下健康成长。所有这些都为学校德育工作的有效开展，尤其是养成教育的顺利实施，在组织上、观念上做好了充分准备。

2. 加强制度建设，形成管理新模式

制订各类条例规范学生的行为是德育的重要手段。养成教育重在"教养"，要从点点滴滴做起，良好的道德品质和行为习惯不是一次教育就可以形成。多年来，学校认真贯彻落实中学生日常行为规范、中学生思想品德和日常基础文明要求，结合学生的特点，形成了学生良好行为习惯养成教育工作的管理模式，具体包括以下几个方面：

（1）扎实有效地开展了"两操两课"，上操、自习、卫生、行为规范、节约用电等10项检查，做到了检查内容全面细致，量化标准切实可行，检查要求严格合理，评比尺度公正统一，检查时间定活搭配，成绩公布及时，有效地抑制了学生违纪违规现象的发生，保证了学校教学秩序、活动秩序、生活秩序的正常。

（2）制订实施了《巩义市第二职业中专学生违纪处罚规定》《巩义市第二职业中专校园"八荣八耻"》《班级百分考评实施细则》《巩义市第二职业中专学生胸卡佩戴制》《巩义市第二职业中专校园文明监督员制度》及《巩义市第二职业中专学生会工作制度》。在校门口、校内活动区及班级内设置了监督岗，实行检查情况每日通报制，并将检查结果纳入班级百分考评和创建优秀班集体的考核工作中。检查及时纠正学生平时的不良行为习惯，合理引导学生逐步改掉坏习惯，养成好习惯，有效地扼制了校园的不文明行为。学生的精神风貌得到了较大改观。

（3）加强了寄宿生及双休日管理工作。学校先后制订了《巩义市第二职业中专寄宿生"六不"规范》《巩义市第二职业中专宿舍安全卫生管理制度》等多项规章制度。政教处、班主任深入学生宿舍，熄灯前对学生逐一点名登记，熄灯后逐舍检查纪律，安排专职寝室管理员在校区、舍区巡视。学生的星期五下午两节课后放假，寄宿生星期日下午 13：00 后回校，学校组织青年教师护校队，在小关镇派出所民警的配合下，在学校周围至汽车站值班巡逻，护送学生放学、回校，消除安全隐患，确保学生学习、生活正常有序。

做好后进生的跟踪管理工作是德育工作的重中之重。不能否认，学校确实有一小部分学生思想素质低、行为表现差。为转化这一小部分学生，学校做了如下工作：在坚持正面教育的原则下，学生处牵头，班主任配合，为每一位后进生建了一份"后进生跟踪档案"，由校领导、教师党员、班主任、骨干教师组成"一帮一"行动小组，实施"一帮一"行动计划，定期让后进生汇报思想表现；教师定期与学生交流思想，表扬其优点，指出其不足，明确要求，使其树立信心，明确今后的努力方向；定期组织后进生学习规章，召开座谈会，开展社会实践、心理疏导等活动，让后进生明辨是非曲直，纠正错误行为，参加实践历练，深切感受到老师的关心爱护，从而不断取得进步；采取定期召开家长座谈会、家长交流会等，加强与后进生家长之间的沟通联系，消除家庭给学生造成的负面影响，取得学生家长在教育子女问题上的支持和配合，形成家庭学校齐抓共管的良好局面。几年来的实践告诉我们，每位后进学生都是要求上进的，只是他们在进程上稍慢些；每位后进生都是可以转化的，只是他们需要我们付出更多的爱。

3. 以家庭德育和社会德育为双翼，带动德育工作的开展

杜威有句名言："教育即生活。"德育——尤其是养成教育，主要不是形成一种知识体系，而是要形成一种信念以及与此相应的行为方式、生活方式。要使外部的教育要求转化为学生的内在品德，从根本上说，只能在活动中实现。学生的健康成长和全面发展离不开学校、家庭和社会的密切联系和共同配合，以学校德育为主干，优化整合各种教育资源，是学校德育管理中的一项重要内容。学校主要从以下五方面开展工作：

（1）成立家长委员会，制订办学计划，接待家长来访，开好家长会，办好家长学校。

（2）发挥"警校共建"优势，举办法制教育座谈会、报告会、主题班

会，组织法律知识竞赛、"法在我心中"征文比赛，观看法制教育录像等，强化对学生的法制教育，增强学生的法制观念，让学生知法、懂法、守法。

（3）加强德育基地建设，组织学生向老红军了解历史，参加镇敬老院的爱心活动，瞻仰"勿忘国耻"碑，祭扫烈士墓等，促使学生在德育实践活动中得到教育和锻炼。

（4）加强社团组织、学生会建设，办好文学社、书法协会、"校园之声"广播站、青少年法制学校，增强学生的自理、自律、自我管理的能力。

（5）重视关心下一代工作委员会的工作，发挥社区、居民委员会和村民委员会在青少年教育工作中的作用。

4. 以丰富多彩的德育活动为平台，注重寓教于乐，使学生在参与中逐步成长

丰富多彩的德育实践活动则是育人的载体。学校遵循青少年身心发展的规律，精心设计和组织内容鲜活、形式新颖、吸引力强、贴近生活的实践活动，注重寓教于乐，满足不同年龄段的学生的兴趣爱好，使学生在自觉参与中行为表现得到历练，思想感情得到陶冶，精神生活得到充实，道德境界得到升华。每学期、每学年，由学生处牵头，在德育领导小组的统一协调和部署下，学校在各种法定节日、传统节日、历史人物诞辰和逝世纪念日、重大历史事件纪念日做好各种形式的主题宣传教育活动；抓住一年级新生入学教育和军训、入团和18岁成人仪式等重要契机，加强学生的纪律和法制观念教育，提高学生的道德素质；认真组织学生的各级各类评先评优竞赛活动，让每一位学生在活动中获得成功，在成功中增强信心，从榜样中受到鼓励；认真组织学生参加"文明一条街"、争做"文明使者"、献爱心捐款等社会实践活动，让学生在自觉参与中锻炼，在自我锻炼中提高，在自我提高中逐步养成良好的行为习惯。

5. 以强化班级管理为突破口，努力打造一支素质高、业务能力强、会管理的教职工队伍

教师是人类灵魂的工程师，其职责是传道、授业、解惑，教师不仅要教给学生知识和技能，更重要的是要教会学生如何做人，引导学生养成良好的行为习惯。教师的教育观念、知识水平、业务能力、思想品质和心理素质都直接影响着人才培养的质量和教育的效果。因此教师不能仅仅是"教书"，更要"育人"，并要做到身体力行。学校教职工队伍素质的高低决定着学校德育工作的成败。苏联教育家马卡连柯认为："从口袋里掏出揉皱了的脏手巾的教师，已经失去了当教师的资格。"这句话并非对教师要求苛刻。教师的一言一行直接影响着学生，马卡连柯只是提醒教师的一言一行、一举一动都应该体现自己的精神风貌和文化素质，都应成为学生的表率。所以，一个好的教师，应注意服饰打扮，保持良好的风度，举止言谈要得体。要求学生做到的，教师自己先做到，注意细节，处处做学生的榜样。教师要平等地对待学生，尊重和爱护学生，不把自己的意愿强加于学生，只有这样，才能创造出一个和谐的育人环境。相反，教师总是居高临下，经常训人，教师的威望就会下降。教师要引导学生形成良好的行为习惯，使他们团结互助、互帮互学、积极向上，用集体的凝聚力促进良好学风的形成，使每一位班级成员感受到集体的温暖，激发学习的动力，产生竞争的意识，培养良好的道德情操。

学校每个班级成立了班级德育小组，德育小组由一名领导、班主任和若干科任教师组成，由领导或班主任任组长，全面负责指导班级的教育管理工作。开学初，学生科将包班教师安排到各班级，由包班领导或班主任根据本班学生德智体等方面的表现分类搭配，教师采用抽签的方法确定指导对象，导师与学生形成"亲情"小组，全面了解学生的各方面表现，以培养学生的自律意识为核心，以"导"为主，以"控"为辅，"导控"结合，努力提高德育工作的实效，促进学生的健康成长。德育导师制的实施可以改变过去班级由班主任一人来管、学生只跟班主任熟的局面，充分调动任课教师的积极性，从而实现全员育人。

6. 全力推进道德课堂建设，逐渐形成社会企业大课堂、教室中课堂和心理咨询室小课堂组成的"三维立体"德育工作模式

职业学校的职业道德教育是实践性非常强的教育，职业道德课不是仅凭专任教师在课堂上讲授就可以让学生领会的。由于现行德育仅停留在课堂理论教育的层面，并且对专业知识和企事业单位的实际运作了解甚少，职业道德教育成效不大。职业学校很有必要改革职业道德课：一是采用政治理论素养较强的专业教师上课，紧贴企事业单位实际，结合企业要求上课。如我们学校请"北大青鸟"、神州数码及竹林松大电子有限公司的管理人员对学生进行行业职业道德的培训，并结合一些行业标准，通过讨论案例开展课堂教学。二是采用学生顶岗实习的方法，让学生通过实习、实训，转化就业观念，培养良好的职业操守。三是职业道德课专任教师改革教法，采用实例教学、角色扮演、讨论辩论等，加强与专业教师的合作，有计划地组织一些实践活动，深入企事业单位参观。同时，把培养职业精神、敬业精神与开展就业指导、创业指导结合起来，以职业道德课促进德育工作的开展，培养出有职业精神的专业技能型人才。

现代的中职学生生活在一个信息来源广泛的多元世界里，他们很容易受外界环境影响而出现各种心理问题，因此，中职学校教职人员应加强心理健康教育。学校相继成立了"青少年心理咨询室"和"沙袋活动室"，安排专业心理教师专职负责，及时疏通学生的不良情绪，加强与学生的心理沟通，拉近师生的距离，帮助学生树立健康向上的人生观和世界观。

7. 发挥本土德育资源优势，努力提高德育水平

德育工作包括政治教育、思想教育、道德教育和心理品质教育四部分。凡是教育中有利于学生政治教育、思想教育、道德教育、个性心理教育的资源，都属于德育资源。一定的地理区域由于历史成因、地理环境、风土人情、经济发展等方面的差异，可利用的德育资源也不尽相同，这些不同于其他地域的德育资源就是本土化德育资源。把握本土德育资源的意义就在于从学校德育工作的实际出发，充分利用本土的德育资源，就地取材，因地制宜，充分挖掘利用本土的、洋溢着乡土气息的材料来对学生进行教育，使本土的良好道德、传统习惯转化为受教育者的品德。例如，德育课教师可以摆脱传统教材的束缚，以人为本，一方面，精选本地古代文化名人杜甫等大家的文章供学生"选学"，引导学生了解并学习如"人民艺术家"常香玉、"人民的忠诚卫士"任长霞、焦裕禄等典型人物的先进事迹，定期组织学生观看有教育意义的影片；另一方面，组织学生到学校所在地区的各类道德基地进行实地学习，拓宽学生的知识视野，让德育课反映地方风貌，增强针对性。通过灵活调整教育形式和内容，逐步形成爱国主义教育、法制教育、职业道德教育和心理健康教育等内容多样、形式灵活的德育体系，提高学生的参与积极性和学习热情，从而起到潜移默化的教育作用。

8. 努力创建良好的校园环境，培养中职学生良好的思想品德

良好的校园氛围有利于学生健康成长，是强化思想道德教育的潜在课堂。首先，学校要注重确立校训、校风等学校文化，发挥学校文化对中职学生的教育影响作用；其次，要严肃校规校纪，对违纪严重的学生加强帮助教育，对情节严重者严肃处理，防止在广大中职学生中造成不良影响和错误导向。只有这样才能创造优良的校风、学风和班风，才能弘扬正气，顺利地实施德育。

面对富有个性的中职学生，学校在管理中首先应该给予学生心灵上的呵护、生活上的关心、学习上的帮助和精神上的支持，而不应该只是严格的制度约束。因为他们早已"习惯了"后者，但他们真正需要的却是前者。能让学生感到可信、亲切、愉快、有用的德育，才是贴近中职生的德育。要充分

肯定和尊重学生在德育中的主体地位，坚持教育与自我教育相结合的原则，相信和依靠学生在自我教育中的自觉性和积极性，并保护和发挥好学生自我教育的能动性和创造性。

9. 德育必须同文化学习、实训实习有机结合起来

学校应注重学生的学习，不要再为了学校的"发展"而去"教育"学生。文化课教学应结合课程特点，充分发掘德育因素，有机地渗透德育内容；专业课教学应结合职业特点和专业技术发展的需要，对学生进行职业理想、职业意识、职业道德与创业精神教育。学校应经常性地组织开展专业技能竞赛活动，通过活动促进学生更好地掌握专业技能，增强职业意识，提高职业能力。

实训实习既是强化学生职业技能、提高其全面素质和综合职业能力的重要教学环节，也是对学生进行劳动观念、职业意识、敬业精神、职业纪律、职业责任感教育和促进学生职业道德行为习惯养成的重要途径。在学生实习的过程中，教师应与实习单位共同加强对学生进行思想政治教育、品德教育、纪律教育、法制教育和相关岗位的职业道德规范教育及其养成训练，要相信人人有才，要帮助人人成才，特别是要从学生的强项智能去引导，使他们有成就感，从而达到自我悦纳、自我肯定、自我实现。

10. 培养运用网络从事德育工作的专业队伍

中职学校应积极挖掘互联网在德育工作中的独特作用。中职学校的网络管理绝不是单纯的技术性管理，而是融思想政治工作和网络技术于一身的新型管理。这就要求从事德育工作的干部和教师不能对网络一无所知，他们不但要学习网络知识、了解网络、运用网络，而且要学会把德育和网络技术结合起来，解决网络时代德育工作面临的挑战和问题。为此，一是需要学校对德育工作者进行系统的网络知识培训和教育；二是需要德育工作者从网络上搜集信息，摸准学生的思想脉搏，有针对性地开展工作；三是需要运用网上的正面材料，对学生进行形势教育；四是需要将中职传统的宣传工作阵地，如报刊、学报和教学科研成果等资料，特别是"两课"的教育成果，及时地移植到网络上来，加强正面宣传的广度和深度。

11. 开展课题研究，促进学生素质的发展

2009年6月，学校申报的《中职生的思想道德教育和行为养成教育研究》课题通过专家评审，被确定为河南省教育科学研究规划课题。该课题由校长直接负责，德育校长、政教处主任任组长，学生处、团委、教研组负责人及全校班主任组成研究小组，以《构建中职学校的和谐师生关系的研究》

等五个子课题为支撑，以培养学生具有正确的道德认识、健康积极的道德情感、坚强的道德意志和良好的道德行为习惯为目标，旨在帮助学生提高生活质量，培养学生处理社会生活的基本能力，为学生提供"生活通行证"，促使学生学会做人。课题做到了"三个结合"，即课题研究与德育管理的结合，课题研究与全面育人的结合，课题研究与学生生活的结合。我们对主要研究内容进行目标分解，落实责任，带动全体教师参与课题研究，真正体现了"三个走近"，即让课题走近管理、让课题走近教师、让课题走近学生，通过制度建设、道德教育、氛围营造和行为训练等方式，对学生的知、情、意、行加以引导、规范，使学生的基本伦理道德和基础文明素质得到提升，并外化为良好的行为表现。目前，这个课题研究已有阶段性成果。

（二）建设中职生德育的层次体系

针对目前中职生德育的现状和复杂性，单纯依靠班主任或政教处（学生科）的单一德育模式远远不能适应新的发展要求，需要建立多层次、多结构的德育网络体系，营造浓厚的德育氛围。

首先是学校德育工作立体网络体系的建设。这一德育工作网络体系应该包括"一室五线"："一室"，即学校德育教研室和心理咨询室，它由校长为组长，组织、研究、指导学校德育工作的全面开展和实施，对全校德育工作负总责。"五线"即：（1）校长——政教处——班主任——学生；（2）校长——教务处——科任教师——学生；（3）校长——值周领导——管理员及值日教师——学生；（4）校长——政教处——团委和学生会——学生；（5）校长——总务处——后勤工作人员——学生。这个德育网络对全校师生进行多角度、全方位、立体式的管理，以期收到全员育人的良好氛围和风气，形成学校教职工全员参加、全方位育人、自觉育人的工作格局。

其次是校园文化和校园环境两方面的体系构建。丰富多彩、积极进取、开拓创新的校园文化氛围，对于促进学生健康发展、形成良好的思想品德具有重要的作用。良好的环境和设施是培育学生成长的沃土。优美的环境有利于陶冶学生的情操，美化学生心灵；有利于激励学生奋进，规范学生行为；有利于培养学生的动手能力，启迪学生的智慧；有利于强健学生的体魄，促进学生全面发展。从事中职教育的教师都知道新生的"实力"。他们曾经屡屡失败，他们的心灵饱受压抑，然而他们心底也充满着渴望。当他们走进一所充满生机的校园时，他们似乎看到了自己的希望，就会觉得自己并不比别人逊色，显然，是优美的环境给他们带来了自信和勇气。反之，秩序混乱的学校给他们带来的是一种失落感，无疑会使他们再一次受到打击，给学校以后的教育增加了难度。

学校管理人员要充分利用课余生活这块领地，深入调查了解学生的需要，提供条件，积极引导，可以开办现代实用知识技能培训班，举办各类专业技能的竞赛与展示，组织社会性的技能服务实践活动。整洁、优美的校园是形成德育氛围的不可缺少的条件，它能让人赏心悦目，感受到美的气息，受到良好的熏陶和影响。要积极进行校园环境建设，加强校园环境管理，让每一个学生都参与校园环境建设，培养他们的责任意识，促进学生养成良好的习惯。

（三）中职生德育的三个环节

第一环节是在养成教育中铸就。一个人的思想品德修养是体现在平常的一言一行中的，良好的日常生活行为习惯不仅能促进学生的思想品德修养，更是其品德素质的一个外在表现。在中职生德育工作实践中，可以根据地区实际，请革命前辈进行革命传统教育，带领学生参观爱国主义教育基地，弘扬爱国主义精神，请社会名人做有关奋斗进取的报告，帮助学生树立正确的人生观，也可以用身边熟悉的事例来培养学生的自信心。例如，请本校往届的优秀毕业生做创业教育报告；请社会上身残志坚的先进人物做人生奋斗教育讲座，使学生坚定"我能成功，我要成功，我一定成功"的信念。

第二环节是在传授知识中渗透。教学永远具有教育性，在传授一定知识的同时，总有某种思想、观点、道德精神影响学生。因此在教学中，教师不仅需教授学生掌握科学知识，正确地认识事物，而且还要培养学生正确的观点和信念，进行思想教育。在教学中进行思想教育，有赖于教师不断提高思想政治水平、道德修养和自觉性。

第三环节是在日常生活中培养。首先，要加强生活指导。现在的学生大多数是独生子女，缺乏集体生活的技能、技巧和经验，或者年龄较小，缺乏必要的鉴别力，容易被怀有不良企图的人利用。鉴于以上原因，必须对学生在生活上加强指导，并进行相关的教育，开展有关文明礼貌和沟通交往的专题讲座，培养他们的集体主义精神，使同学之间、师生之间和谐

家长会

相处。其次，进行学习方法指导。中职生入学时知识水平参差不齐，部分学生有学习困难，这很大程度上是因为他们过去没有找到合适的学习方法，或根本就没有自己的学习方法。教师可以从理论和实践两方面对中职生进行学习方法的指导。一方面可以邀请教育教学专家开设讲座，用科学的理论指导、帮助学生找到符合自身特点的学习方法；另一方面可以请一些成绩优秀的学生到各个班级介绍自己的学习经验，使学生们从中借鉴摸索出适合自己的学习方法。第三，开设心理健康教育课。可以根据学校实际开设心理信箱或心理咨询室，随时解决学生成长过程中出现的新问题。

三、建立健全德育评价机制

要构建一个完整的中职生德育体系，必须建立科学的德育评价指标体系，评价体系要坚持"以人为本，以学生的发展为主"，对学生的思想品德行为实行过程性评价，力求运用科学手段对学生的发展情况进行及时的督导和反馈，使道德规范内化为学生的自觉行动，使德育由虚变实。评价主要包括三个方面：

（1）自我评价。自我评价要求学生进行自我反省，不断反思自己的思想行为，做到发扬优点，及时发现、改正不足之处，吸取经验教训，不断进步。

（2）集体评价。分阶段地组织学生进行交流和相互评议，使学生之间取长补短，相互监督与制约，使学生能知晓他人对自己的看法，从他人那里看到自己的进步，促进自我发展。

（3）教师评价。在自评和互评的基础上，学校德育工作者对学生各个阶段的思想行为进行比较客观的评价，充分肯定学生的进步，指出其不足，并进行分析、指导，达到教育学生的效果。中职学习阶段，是中职生的个性、人格趋于定型的时期，是他们从幼稚走向成熟、从自我为中心走向社会化的过渡时期。这一阶段对中职生的成长和其职业生涯的影响是深远的，因此，中职教育任重而道远。

总之，中职德育工作是一个复杂的系统工程，我们要高度重视，常抓不懈，坚持"以人为本，以学生为主体"，要适应职校生身心成长的特点和接受能力，与专业技能教育同步安排部署落实，做到深入浅出、寓教于乐、循序渐进，在内容、形式、手段等方面注重增强吸引力和感染力，必须有特色、有创新，使中职学校德育工作扎实开展，充满活力，并通过引导中职学生树立正确的世界观、价值观，努力培育有理想、有道德、有文化、有纪律，德、智、体、美全面发展的中国特色社会主义事业建设者和接班人，为社会输送大批德才兼备的各类适用型高技能人才。

反思拓展

随着经济的发展，社会对职业学校的教育工作提出了更高的要求，需要职业教育工作者不断更新自身的教育观念、教育方法，提高知识水平。在新时期如何创造性地开展班级、学校的德育工作，是每一位德育工作者必须研究的问题。随着我国教育改革的深化，学校特别是中职学校的德育工作面临新机遇与新挑战。作为一所省重点职业学校，二职专从自身特点出发，根据实际情况，对如何在新形势下扎实有效地开展德育工作、开创中职学校德育工作的新局面做了有益的探索和尝试，形成了具有自身特色的"以人为本，立德育人"的德育新模式：强调德育内容的多元化、层次化；强调德育方式的多样性、实践性；强调德育主体的自我管理和自我培养；强调全员德育，加强师德修养……同时，学校的德育工作还需注意以下几点：

1. 开展德育工作应该先从师德教育开始

俗话说："己身不正，何以正人。"作为教育者，要想让学生成为一个怎样的人，首先自己要先成为一个这样的人。教师是立校之本，而师德则是教育之魂，教书育人是教师的天职。教师在任何时候都不能忘记，自己不单单是为教书而教书的"教书匠"，而应是通过教学活动在学生心灵深处精心施工的工程师。师德不仅是教师个人问题，也是教师群体问题，即师风问题。

首先，要坚持"育人为本，德育为先"。教育要实现以人为本，必须要坚持育人为本，德育为先，促进学生全面发展。育人为本就是要把教育人、培养人作为根本任务，作为立足点、出发点和落脚点；德育为先就是在培养、教育人的过程中始终把对人的理想教育、品德培养、思想政治教育放在育人工作的首要位置。

其次，要转变教育理念，实施差异教育。学生是学习的主人，是发展的主体。长期以来，学校承担着社会道德价值观的维护与传递工作，教师高高在上，师道尊严不可侵犯，好像只有这样学生才能成为一个符合社会道德标准的人。但是，学生绝不是被灌输德育体系的容器。教书育人不可急功近利，需从大处着眼。事实表明，学习成绩与创造力无明显的联系。创造力有早晚、先后之分，个性是创造的前提。把个性多样性作为一种教育财富加以接受，就不会按成绩把学生分为三六九等，教师眼中就会没有差生，只有差

异。德育工作的方式必须想方设法适合每个学生的个性发展，实施有差异的教育，实现有差异的发展。

再次，要以身示范，加强修身。修身、齐家、治国、平天下，这是儒家成才观的精髓。修身、齐家、治学、育桃李应为教师的成长之道，因此，每一个教师都必须自觉地加强自身修养，从各方面严格要求自己。"教育的艺术不在于本领的传授，而在于激励、唤醒、鼓舞。"教师是学校工作的主体，不仅是科学文化知识的传播者，而且是学生思想道德的引导者。教师在传播知识的同时，以自己的言行举止对学生进行潜移默化的影响。因此，教师要坚持以科学的理论武装自己，坚持以先进的教育理念提升自己，坚持以自觉的育人精神引导自我，要充分发挥课堂的主渠道育人功能，从小事做起，从一点一滴做起，把德育工作渗透到教育教学的全过程。

2. 走出单一的德育课程模式，拓展现有的德育内容

德育课程是学校开展德育工作的重要途径之一。综观我国学校德育历史，其实施途径和方式主要以理论性的德育课程为主，兼有实践性的德育课程，辅以任课教师在课堂教学中借助教材蕴涵的德育因素进行的品德教育，这些都属于显性德育课程，因为灌输的成分较大，教学内容与手段相对滞后，削弱了德育的实效。其实，德育课程可分为显性课程与隐性课程。为了能更好地适应新时代的德育工作要求，除了发挥显性德育课程的作用外，教师更要关注以往被忽视的隐性德育课程，走出单一的德育课程模式，拓展现有的德育内容。

20 世纪 60 年代，欧美的课程专家经过研究发现，学生除了在课堂和教材中学习知识外，还受学校的集体生活、制度特征、学校氛围的影响。美国教育社会学家杰克逊在专著《课堂生活》中，首次提出了隐性课程的概念。他把这种通过隐蔽的、潜在的、渗透的方式对学生的态度、动机、价值观等产生影响的因素称为隐性课程。隐性德育课程以间接的、内隐的、不明确的方式作为内化学生思想品德的中介，强调对学生施加潜移默化、润物无声的影响，使学生的思想品德得到升华。例如，校园的规划布局、建筑构造、生态环境等无不包含着隐性的德育内容。优雅整洁、布局合理、富有内涵的校园环境会使学生自觉地产生归属感、认同感和使命感；经常性地开展高质量的学术和文化活动，能及时地给学生们带来新鲜的学术空气，激发他们攀登科学高峰的信心和勇气；学校的校风、学风，小至一个班级的班风是否积极向上，对学生而言是至关重要的，而学校的制度则起着引导、规范和调整学生的行为的作用。严明理性的校纪校规，科学民主的教学管理制度，既有刚性的指令导向，又有柔性的舆论导向，提倡什么，反对什么，具有鲜明的立场。这些制度规范往往体现了学校决策者的管理思想和理念，从而对学生的思想品德产生影响。

隐性德育课程以"桃李不言，下自成蹊"的方式，对学生的思想品德修养发挥着润物无声的作用。它传递给学生一定的价值观和判断力，为学生提供了利于内化的情感体验与感悟的现实情境，从而提升他们的道德情感，同时具有一种内驱力，制约着学生的思想和言行，使学生不知不觉地接受正确的价值观，并将其内化为自觉的行为，增强自律意识，使他律与自律有机结合起来，从而达到自我管理的境界。

3. 利用网络资源拓展德育空间

网络普及化时代，怎样利用网络带来的益处、避免网络带来的害处已是关系教育成败的重大课题。面对网络危害，有的学校主张让学生自觉远离网络，这是一种被动应付，学校只有用智慧和创造性的劳动去占领网络阵地、兴利除弊，教育才能与时俱进。

互联网正快速地渗透到社会生活的每一个角落。据调查，目前我国经常上网的人超过 5 千万，其中 80％是青少年学生，热衷网上聊天、网络游戏的学生又占青少年学生的 70％。网络教育专家陶宏开教授为此做过一个涉及 35 个城市的调查，他认为，"沉迷网络使青少年精神空虚、道德缺失，这已经成为严重的社会问题"。

网络，已经深入学生的思想、生活、学习和情感领域，并正在影响着他们的学习模式、生活态度和价值取向。二职专是以计算机专业为主专业的职业学校，学生不仅有扎实的计算机专业理论知识，而且专业技能娴熟，因此，阻止他们上网或放任他们上网都是不正确的，而寻找正确引导他们上网、充分利用网络优势促进他们全面发展的方法，不仅对学生的健康成长有益，而且是新时期学校教育与时俱进的有益探索。学校在全体教师中开展网络时代做好学校德育工作的研究和讨论，在改变教育思想与观念、更新教育模式方面取得了共识：要运用生动活泼的网络教育手段吸引、教育学生，引导学生正确上网，使学生学会甄别、筛选和利用信息。要加强网络道德教育，提升学生的自控力。要改变单一、封闭、说教式的教育形式，探索多样、开放的教育模式，使德育更加贴近现实、贴近生活、贴近未成年人的实际。进一步完善校园网络建设，优化校园网站。现在，学校的德育工作在新观念的统领下，已显现了新的生机，以前沉迷网络游戏的学生戒除了网瘾，健康的学习氛围把学生带进了专业学习、专业创造的新天地。另外，学校利用网络开展思想品德教育的尝试，也收到了意想不到的效果。学生在教师的引导下主动上网，收集表现真、善、美的内容，制作成 flash 动漫等小节目，并配上自己的心得语录，既锻炼了专业技能，又陶冶了情操。

4. 拓宽管理渠道，优化育人环境，增强德育工作的实效性

德育工作最关键的是要从严要求，实施"看得见的德育工程"，努力提高其实效性。长期以来，学校坚持以"两争两创"为突破口，抓习惯养成教育；制订学生成长细则，将德育的整体要求细化为学生在日常学习与生活中的每一个具体行为标准，让德育工作有章可循，让学生有范可依；制订阶段成长目标规划，在"学校——德育处（学生处）——年级组——班主任"这条主线的基础上，我们成立年级委员会，每个年级设立两名年级德育副主任，分阶段、分年级系统地对学生进行有计划、有目标、有组织的成长教育，让德育增强针对性、实效性。比如，在高一年级阶段，学校注重培养学生的习惯，高二年级阶段，学校侧重于培养学生的能力，高三年级阶段，则主要加强奋斗目标的追求和行动落实。内外结合，重视家庭的作用，加强与学生家长的联系，注意社会的信息反馈，完善"社会、学校、家庭"一体化德育网络。全面启动"净化、绿化、亮化、美化"工程，营造健康向上、生动活泼的校园文化氛围，陶冶学生的情操。关爱贫困学生，举行为贫困学生献爱心活动，既给予他们精神上的鼓励，又给予他们生活上的帮助……

德育即生活，德育工作的内容应该来源于生活，实践于生活，最终又回归于生活。所以，我们要与时俱进，求真务实。开拓中职德育的新局面，还需要让德育回归到生活中去。学校的德育工作是关系到民族兴衰、国家生死存亡的千秋大业，必须调动学校、家庭、社会、学生本人等一切积极因素，齐抓共管，借鉴成功经验，创新工作思路，探索有效途径，虚心向兄弟学校学习，寓德育于学校教学及各项工作之中，寓德育于各项活动之中，只有这样，才能收到事半功倍的效果。

专家点评

脱离学生生活实际和认知水平的德育，很难有实效。中共中央、国务院《关于进一步加强和改进未成年人思想道德建设的若干意见》明确要求德育必须"坚持贴近实际、贴近生活、贴近未成年人的原则"，为我们明确了加强和改进中等职业学校德育工作的方向。

刘自强校长强调"以学生发展为本，力求人人成才"，要求德育工作要

把握好三个重要环节，"在养成教育中铸就，在传授知识中渗透，在日常生活中培养"，通过"看得见的德育"落实"三贴近"，让德育回归生活。

巩义市第二职业中专的德育工作，善于抓重点。学校以养成教育、赏识教育为主要手段，引导学生学会做人、学会感恩，形成"我能成功，我要成功，我一定成功"和热爱祖国的信念；以荣辱观教育为核心，以社会实践为载体，把德育渗透于技能训练之中，加强以职业道德为重点的思想道德教育，引导学生在成才之路上健康成长。

养成教育、感恩教育之所以重要，既在于它是"看得见的德育"，又在于它是提高公民素养不可或缺的手段。各级各类的德育，至少应该让学生成为具有以三个"的"为定语的公民，即热爱社会主义祖国的，具有社会公德、文明行为习惯的，遵纪守法的公民。感谢父母的养育之恩、老师的教育之恩、社会的关爱之恩、军队的保卫之恩、祖国的呵护之恩，既是做人的根本，也是热爱社会主义祖国、回报社会的有效手段。没有规矩，不成方圆，道德是人们行为的准则与规范，遵纪守法就是按规范做人、做事。引导学生养成按规范做人、做事的习惯，是德育的基本职责。

公民素养是职业素养的基础，具有良好素养的公民，职业素养训练就有了坚实的起点。职业素养是从业者在职业活动中表现出来的综合品质，是从业者按职业岗位内在规范和要求养成的作风和行为习惯。职业素养的内涵十分丰富，涵盖职业道德、职业形象、职业安全、职业能力、职业体能、职业审美等诸多方面的观念意识及其相应的作风和行为习惯。就职业道德而言，职业素养更强调职业道德在从业者职业行为中的习惯性表现，即职业作风的养成。

巩义市第二职业中专把德育、智育结合起来，把职业道德培养与技能训练结合起来，把"做人"融于"做事"之中，无疑在"让德育回归生活"的过程中，抓住了职业学校德育工作的特点。

（点评：蒋乃平　杜爱玲）

德育因活动而精彩
——内蒙古赤峰第一职业中专

名校／名校长简介

　　赤峰第一职业中专是一所综合性城市职业学校，成立于 1966 年，是首批国家级重点中等职业学校、内蒙古自治区文明单位、赤峰市的职教名校。

　　学校师资力量雄厚，现有教师 256 人，包括高级教师 90 人，中级教师 130 人；其中，国家级骨干教师 17 人，自治区级骨干教师 5 人，自治区优秀教师和教学能手 10 人，市级骨干教师、学科带头人、教学能手 33 人，赤峰市和红山区名教师 7 人。

　　学校现开设旅游服务、烹饪、机电一体化、工艺美术、艺术幼师、计算机应用等专业。在校学生达 2857 人。学校实训设施完备，拥有烹饪演示室，烹饪样本室，中式烹调实训室，面点实训室，客房服务、餐饮服务实训室，机械加工、数控加工实训室，电子技术、电力维修、自动控制技术实训室，美术喷绘工艺、动漫制作实训室，艺术幼师钢琴、电子琴教室，计算机多媒体教室、计算机网络实训室等 47 个专业实训室。

　　学校始终坚持以服务为宗旨，以就业为导向，紧紧围绕"打造精品专业，培养品牌学生，创建优质特色职业学校"的办学目标，下大力气加强专业建设，以提高学生的岗位技能为中心，持续开展专业建设年活动，办学效益显著提高。在德育工作实践中，学校积极开展各类活动，通过活动增强学生的自信心，创建和谐的师生关系，创造良好的教育机会，丰富学生的校园生活，使学生的思想道德水平得以显著提升。多年来，学校共为社会培养了近万名合格毕业生，涌现出了"烹饪药膳大师""车工状元""纺织明星""十佳青年"等一批技术能手和模范，赢得了良好的社会声誉。

学校曾被共青团中央评为"活跃的中学生活先进学校"，是全国职业技术教育先进单位。学校拥有烹饪、计算机、机电、旅游服务等专业的国家职业技能鉴定资格，是中国职业教育协会城市分会常务理事成员单位，烹饪专业是自治区精品专业。学校多次被评为赤峰市职业教育专业建设先进单位、赤峰市文化建设示范单位、平安建设示范学校、红山区教育管理优秀学校、赤峰市"诚信学校"；校长姚志泉是赤峰市"诚信校长"、红山区名校长。

2011年，学校迁入了占地约13.3万平方米、总建筑面积近6万平方米的新校区。赤峰第一职业中专的发展前景将更加辉煌灿烂。

核心管理思想

赤峰一职的德育工作在开展过程中面临一些问题：

（1）社会、家庭、学校的一致性教育还没有完全形成，使学校德育的实效性大打折扣。学校对学生的要求是细致、严格、科学的，但目前家庭、社会教育与学校教育并不协调一致，学生在校内接受的教育和在社会环境、家庭中接受的教育存在差异甚至冲突，这影响了学校教育的实际效果。

（2）家庭教育往往注重学生的学习成绩而忽略对孩子品德的教育与熏陶，认为学习好胜过一切，因而孩子的品德教育出现空白，甚至有的家长说："在家里，我对孩子都不要求，学校管那么多干吗？"

（3）学生的心理健康问题要引起高度关注。我校学生生源质量低，成长环境不健康的学生所占比例较大，多数学生存在心理健康问题。目前，学校专职心理教师匮乏，社会和家庭又无法兼顾他们，单纯的学校教育已不可能解决所有问题，一旦这些学生的心理问题长期得不到解决，他们会很快转变为"问题学生"。

（4）受现行学校分数教育的负面影响，学生在校期间获得的有关道德教育的时间和深度均不够，同时，社会为学校德育提供的具有时代性、针对性、切合学生实际、受学生欢迎的德育素材不多，德育工作开展起来比较空洞乏味。

上述学生的表现和德育工作的现状，对学校德育工作提出了严峻的挑战，要求学校教育工作者必须更新观念、创新方法，根据新时期青少年学生的思想和行为特点，有针对性地开展德育工作。

学校应该为德育创设一个良好的内外部环境，为学生营造一个和谐的成长氛围，让道德教育回归学生的真

2009 级幼师专业教师、
幼儿园园长开展"校企衔接交流会"

实生活。

一所学校追求的育人目标应该这样定位：招进来的学生不一定是优秀的，但走出去的学生应该是优秀的。因此，学校应该注重教育的多样性和培养目标的多样化，使学生学会做人、学会求知、学会共处、学有所成，为社会输送更多合格人才。赤峰第一职业中专的办学理念强调"以人为本"，德育工作就以此为出发点去规划和设计，提出了"享受工作、享受学习、享受人生"的育人理念。

职业学校的学生，相对于动脑来说，更乐于动手。无论是技能掌握，还是品德养成，都不能靠单方面的灌输和一相情愿的说教，要靠潜移默化的影响，靠润物无声的教育活动。让学生通过活动认识自己，发现自己，让自己的表现感动自己，借以提高自己的学习兴趣，通过活动找到自信心，通过活动享受学习过程，享受校园生活，进而享受人生。

实践应用

一、针对学校和学生的实际，制订明确的德育工作目标

1. 帮助学生塑造良好的心理品格

中学阶段的学生，世界观正在形成，行为习惯正在养成。学校除了要让学生具备健康的体魄外，更应该让学生拥有健康的心理，能适应多变的社会，适应日益增强的竞争压力，使学生真正成为一个有健康人格的人、一个对社会有起码的人文关怀的人。

2. 培养学生积极向上的人生态度

态度决定一切，人生态度决定了学生在面对困难、面对挫折时具有的心态和采取的行动。面对现实，学校希望给学生创设一个健康向上的学习氛围，让每个学生拥有积极进取的人生态度，不断地为自己确立新的奋斗方向和目标，用勤奋和智慧创造精彩的人生，做到享受工作、享受学习、享受人生。

3. 教学生掌握适合自己的职业技能

择业非常重要。行行出状元，但是择业要实事求是，职业教育就是要为学生提供更宽泛的学习与择业的机会。海阔凭鱼跃，天高任鸟飞。是雄鹰就插上翅膀在蓝天翱翔，没有必要学习潜水的技术，是蛟龙就到中流击水，乘

风破浪，无需与兔子赛跑。无论如何，安身立命于天地之间必须有一技之长。

二、针对德育目标设计学生活动，真正做到寓教于乐

1. 以丰富多彩的活动带动学生管理和班级建设，通过活动增强学生的自信心和自豪感

职业学校的学生普遍学习习惯差，平时课业负担轻，多数学生甚至没有书面作业任务。以前，为了避免学生出现不应有的事故，学校选择了"看学生"的方式。学生大部分时间被限制在班级里，学校在班级管理上除了获得尽可能低的学生安全事故率之外，在学生的成长方面几乎没有什么作为。后来学校发现，把学生局限在班级里，看似天下太平，事实上潜伏着很多问题，学生一旦逃离教师视线便如获得解放一般，无所顾忌地释放自己的多余能量：打架、谈恋爱、通宵上网等。

可是班级偶尔举办一次活动，学生却能投入很大的热情，他们在活动中的表现也往往让教师意外。

实践中，学校越来越清楚地认识到，班级活动是实现班级管理目标的桥梁，是促进优秀班集体建设的中介。如教学中的唱歌、弹琴、讲故事比赛，课外组织的跳绳、球类比赛等，都有利于培养学生的成就感和荣誉感，有利于培养师生之间、同学之间的友谊，使学生建立良好的集体主义观念，最大限度地发挥学生的主观能动性和潜在的创造性，使他们的情感得到升华。

2010年6月，学校组织机电专业和幼师专业的部分学生参加了红山区中小学"红歌大家唱"的比赛。唱歌对于幼师专业的学生来说很容易，况且他们平时就没少进行发声练习，音准方面也自胜一筹，而对于担当男声部成员的机电专业的学生却有难度，他们平时没少听流行音乐，唱红歌却是头一回，况且平时都是拿手机随走随唱，完全跟着感觉走，可如今却要在大庭广众之下和别人和着一个拍子唱歌。但是在先后近两个月的训练中，四十几个学生在班主任林博文老师的带领下硬是没有一个请假的。大家精神抖擞地走上舞台，在众多学校中脱颖而出，得了一个特金奖。每次和机电专业的学生谈及此事，他们的脸上都无一例外地绽放出得意的笑容，并且昂首挺胸地说："获奖是必须的。"平时的苦口婆心竟然比不上一次大合唱带给学生的震撼和教育。

活动中，学生在集体中相互碰撞、交流思想。在活动中，学习成绩不再

是唯一的评价标准，学生有了一个默认的多元评价标准，当然也就有了多元的努力方向。无论哪一个方向都能把学生引向集体的成功，而不只是个体的辉煌，这样，学生乐于共同努力，并在共同努力后获得的成果中分享成功和喜悦。这就是我们追求的"享受学习，享受人生"。

在"人川杯"中学生文明礼仪大赛活动中，2009级幼师全体师生出谋划策，广集思路，"展礼仪风采，做文明学生；立先锋形象，树楷模新风"。面对400多道知识问答复习题，班主任老师给了三位选手充足的信心和适当的压力。他们利用晚自习时间自己背，再互相背，然后抽查背，最后竟拿了190分的最高分。演讲稿由教师经过反复推敲书写整理并指导学生读熟背会。才艺展示环节除了7名管乐队的同学因参加红山区运动会开幕式缺席之外，其他15名同学排练了歌伴舞《母亲》，他们反反复复地排练了一个多月，取得了预赛第一名的好成绩。决赛时因为过于紧张，有两名同学自我介绍时忘记了台词，屈居第二。在这次活动中，学生体会到了老师认真的做事态度，自己的专业水平得到了提高，增强了自信心，感受到了团队合作的力量。

我们从以上的活动案例中得到了启示，在学生管理和班级建设中开展了常态化活动。

（1）学生管理活动化。以制度建设为突破口，彻底改变校规班规的指令性，在学生中广泛开展"我为学校、班级献良计"活动，让学生亲自参与班级管理，让学生真正在活动中找到归属感和对各种规定的认同感。学校和班级充分考虑学生的"良计"，尊重学生的意见，使得各种制度和规定都能得到有效的贯彻执行。在座谈中，

幼师专业的汇报演出

韩雪同学深情地说："以前觉得到职高来很没面子，现在我觉得很自信，也很骄傲，这里就是我的第二个家，学校和班级没有抛弃我，我觉得我们的心在一起。"学生的肺腑之言让我们深受触动，也更坚定了我们的信心。针对职高学生问题多的现实，我们又推出了"学生问题大讨论"活动。学生出现打架、喝酒、吸烟等问题后，学校不是光采取高压式训斥、处分等简单老套的办法，而是组织学生就一个现实或预设的问题广泛开展讨论，让学生畅所欲言、感同身受、从思想深处去剖析问题实质。比如，前段时间学校发生了

一起因为谈女朋友两男生动刀扎伤人的事件。事件发生后，学校在全校范围内展开了针对此事的大讨论，辩论会、恳谈会、交心会、主题研讨会，形式多样，丰富多彩。学校又适时邀请市里知名心理学教师举办现场讲座。通过系列活动，全校所有学生都得到了一次非常深刻的教育。之后，学生打架和早恋的现象明显减少。这充分说明了活动教育的魅力。

（2）班级建设活动化。班级是学生学习和生活的具体场所，它既是有形的物质实体，也是宝贵的教育资源。因此从新生入学开始，班主任老师就会带领学生布置班级，为的是让学生用自己的手将班级建设起来，让学生珍视自己的劳动，也因此珍视这个班级。学校要求班主任在班级布置上下大工夫，充分鼓励各班开展管理创新工作，确定特色建设的总体思想、建设目标、具体措施，召开班级管理理论研讨、经验交流会，出台了《先进班级评比办法》《班级文化建设实施方案》等规章制度。学校鼓励和提倡富有个性化的班级布置，如制作班旗、班徽，制作班级网页，每学期都组织班级文化建设评比活动。学校成立评委会，开展班级文化建设评比活动，将评比结果作为先进班级评比、优秀班主任评选的必备条件，并对班级文化建设先进班级进行奖励，实行一票否决制。

在班级文化建设上，梁丽华老师把班集体精心营造为温暖的"家"，以书写班谱的形式与学生进行心灵交流，达到师生沟通的目的；姚春华老师以日记形式记录学生的奋斗历程，使全班学生士气高涨；陶建新老师与学生亦师亦友，他针对学生底子薄、基础差的实际，创设了"严厉＋赏识"的班级管理理念，引导学生争创一流，使一个中等偏下的班集体不断进步；王丙建老师和学生建立起了良好的师生关系，与学生换位思考，以情、以爱、以理感染、感化、感召学生。

学校着重开展了"特色班级建设"活动。每个班级都提出了自己的特色，并以特色为突破口带动班集体建设和学生的发展。2010 级平面设计班成为"雷锋班"，学生真正地理解了雷锋精神，并把"奉献"和"关爱"确立为班级口号，内化为自己的行动，班级和谐，师生关系融洽，学风浓厚。2008 级计算机班成为"比尔·盖茨班"，学生以名人为榜样，钻研计算机技术，学名人创业奋斗的精神，班级建设蒸蒸日上。2009 级幼师（2）班成为"明星班"，班级女生多，教师抓住她们追捧明星的心理，引导学生学习明星内在的才艺和其执著追求理想的信念，教育学生根据自身的特长学一技之长，使学生个个都增长了才艺，为今后从事幼师专业打下了扎实的基础，班级也呈现一派欣欣向荣的景象。

以此为契机，学校在建设特色班级活动上，根据各个班级的特点开展了特色班级评比、命名活动，并授予牌匾，如命名"国旗班"（负责学校每周一和大型活动的升旗仪式）、"篮球班"（班级男生篮球队较强，在学校比赛中屡次争先）、"读书班"（班级同学酷爱读书，经常举办读书交流活动，经常有文章见诸报端）、"雷锋班"（班级同学以做好事为荣、为乐，很多同学做了好事不留姓名）、"艺术班"（班级同学几乎每人都有艺术特长，人才济济）。这些班级，从某一方面带动了学校活动的开展，为全校树立了标杆或榜样，起到了示范和引领作用。

职业学校与普通学校不同，班级布置露突出专业特色，所以在形式上要更灵活，更有职业氛围，更贴近生活。当硬环境建设妥当后，接下来就是着力打造班级软环境了。硬环境要整洁、干净，让人看起来舒心、愉悦、没有压抑感，而好的软环境则能让学生积极向上。为了打造班级软环境，老师们想了很多办法，主题班会是其中较常用且卓有成效的方法。

2010年4月，赤峰一职专2008级幼师（1）班举行了一次职业生涯规划主题班会。在班会中，学生谈了自己的职业理想，并根据自己对职业生涯规划的理解设计了自己的职业蓝图。因为学生的规划还很稚嫩，学校已经在培养专业的职业规划教师，帮助学生设计自己的未来职业理想并一步一步地去实现。道理听起来似乎很简单，但未来几年的事情对于这些学生来说又似乎太遥远了，有的学生甚至不以为然。但是当赵秀婷同学讲完她的经历后，其他学生对职业的理解却顿时变得现实了很多。赵秀婷是山东人，在班级中她的年龄最大。在进入这所学校之前，她已经在很多省市打过工，家庭并不富裕的她，很小就开始在外面挣钱，她的经历对于同班那些娇小姐来说本身就是传奇。她的职业规划很简单，入学前她去幼儿园打工，结果发现自己欠缺的太多，于是自己找到了这个学校，希望来充充电，将来还是回到山东老家当一名幼儿教师。她的表述只有平实的语言，却让其他学生感同身受。原来，平时什么事都做得井井有条的她竟有如此非凡的经历，她竟如此珍惜现在的学习机会，这对其他学生而言是一种心灵上的触动。在班会后与学生的交流中，我们发现，学生身边的例子对他们更有说服力，也更容易被他们接受。

总之，学生在活动中充分展示自己的才艺，彰显自己的个性，增强了自信，变得阳光了，对自己的前途也充满了期待。学生管理活动化和班级建设

活动化真正将活动变成了教育的载体，并且使教育充满生机，尤其是迎合了职高学生的特性，使枯燥的管理充满乐趣，易于被学生接受，并使学生从中得到多方面的锻炼。

2. 通过活动向学生传递爱心，创建和谐的师生关系，创造良好的教育机会

好教师的标准是什么？首先是热爱学生，感到跟孩子交往是一种乐趣，相信每个学生都能成为一个好人，善于跟他们交朋友，关心学生的快乐和悲伤，感悟学生的心灵，时刻不忘记自己也曾是个学生。学生不仅需要尊重，而且需要爱护。他们把老师看得很神圣，教师的一个细微的眼神、一声轻轻的问候、一个真诚的微笑，都能给学生一分喜悦、一缕阳光、一丝温暖。现在的学生对生硬的谈话教育普遍存在抵触情绪，教育效果显然不会很好，尤其是对毛病成堆、纪律懒散的职高学生，收效更是微乎其微。

（1）让学生在活动中充分展示自己，以便寻找学生的情感触动点，融洽师生关系，进而使学生真正接受教师的教育。

案例一

马智义同学是 2008 级幼师（1）班的学生，家在元宝山农村，他家庭条件特殊，父母离异 7 年，现又重新结合，父亲脾气暴躁，母亲封建迷信，他从小没有感受过家庭的温暖，性格孤僻，沉默寡言。2009 年 10 月，正是甲流高发期，26 日晚上，他突然发高烧，班主任王老师和值班领导汇报完情况后，就亲自带他去了第二附属

学生参加清明节扫墓活动

医院发热门诊，到医院时他已烧到了 39 度，因高烧无力地躺在床上，王老师跑前跑后，为他交费、取药，精心地看护着他，同病室患者的家属及大夫、护士都误认为王老师就是他的妈妈，后来得知王老师只是他的班主任时，都非常惊讶，有的说："现在学校还有这样的教师？"值夜班的护士说："老师，把孩子交给我，你就回家吧，我替你看着你还不放心吗？"王老师谢过护士，一直陪他输完液，她打车到家已经快夜里 12 点了。第二天一早，王老师又给他的家长打了电话。家长很是感激。这之后，班里陆续又有几名学生发烧，这引起了其他学生的一阵恐慌，很多同学想请假回家。针对这种情况，王老师从网上下载了抗"甲流"的一些宣传资料，利用周一第八节课

开了一个"甲流来临，如何面对"的临时班会。在班会上，马智义同学讲述了王老师带他看病的经过及输了三天液后现已康复的感受，在讲述过程中，他的眼睛红了，同学们也深受感动。这时王老师讲解了抗"甲流"的相关常识及注意事项，打消了学生的恐惧心理。通过班会，学生们知道了"甲流"并不可怕，知道了如何面对它，更重要的是王老师和马智义同学在情感上有了沟通，为以后的教育工作做了铺垫。

案例二

"一个人的成功不取决于他个头的高矮，而是靠他的真才实学。""拿破仑就是一个地地道道的矮个子，可他却成为一代伟人，个子矮丝毫未影响他的个人魅力。""甭说外国的，咱中国的伟人——邓小平也是矮个子，可他却带领中国人改革开放，缔造了奇迹。""姜浩伟同学的美术学得多棒呀！将来他一定会大有作为。""这朵希望之星的鲜花就应该献给姜浩伟同学！"2009级美术（2）班的教室里响起了热烈的掌声，原来他们正在召开主题教育班会。他们班的姜浩伟同学今年已18岁，可身高才刚过一米，不光他本人极度自卑，班里有些同学也对他说三道四。对此，班主任专门开展了"自信与成才"主题大讨论活动。通过活动，姜浩伟同学变得开朗了，也自信了，还主动担任班级的生活委员，成为老师的好助手。其他同学也注意规范自己的言行，懂得了许多做人的道理，班级不仅师生关系融洽，而且到处洋溢温馨的气氛。

（2）传递爱心、以爱为本是取得一切教育成果的核心。学校开展了教师为学生献爱心活动。

案例一

开学两个多月了，家住天山的李娜同学和家住通辽的张春爽同学的学习积极性有些下降，两个人有时在一起哭泣，班主任张老师通过和她们交谈得知，她们因家较远，周末回不去，两个人非常想家。于是，张老师热情地邀请她俩和几名同学一起到自己家做客。她们在张老师家吃着涮羊肉，看着电视，和张老师的儿子玩得非常开心。第二天，张老师接到了李娜写给他的一个纸条："老师，涮羊肉在家常吃，但这次是最香的一次；您住在新城，路途那么远，天天还能那么早就来到班级，太辛苦了，以后我再也不迟到了。谢谢您，老师！"张老师也回了她一个纸条："理解万岁！当你们接到大学录取通知书时，老师还请你们，努力吧！"

案例二

当孩子们头痛感冒时，2008级机电班班主任林老师都会叮嘱他们多喝些热水、记得吃药。姚朦朦同学在周记里写道："老师就像妈妈一样关心照顾着我们，我们有什么理由不好好学习，还让老师生气呢？"良好的师生关系促使学生在有困难时第一时间就会想到老师，如没有了生活费，路费不够等，当然孩子们也很讲信用，每次还钱时还不忘让家长来电话表示感谢。

案例三

2009级旅游（1）班的林立超同学身患白血病，急需换肾治疗。在献爱心活动中，没有命令，没有号召，所有的学生都拿出自己的积蓄，无一例外。老师带头行动，有的学生还利用假日捡废品卖钱捐给林立超同学。整个校园洋溢着温馨和爱意，身处其中的每一个学生都经受了一次爱的洗礼。活动中，学生不仅向林立超奉献了爱心，更懂得了关爱他人。

（3）教师转变观念，改变做法，走下讲台和学生一同成长。学校大部分学生的家庭环境都不太好，学生在家庭中得到的真正的关爱并不多，加上学习不好，在小学和初中时也大多得到的是冷眼。这些学生已经受到太多的训斥、责怪和打骂，到职高后，对批评和说教已相当反感，因此，这就要求教师从讲台上走下来，走近学生，和他们一同感受、一同进步，避免说教，在具体的活动中一点一滴去引导、帮助他们。

案例一

2010级烹饪（1）班的学生经常讲脏话，班级气氛不融洽。怎么办？班主任邱老师心平气和。一次，在训斥学生时他"无意间"说出了一句脏话，引得学生哄堂大笑，邱老师更是显得无地自容。接下来，邱老师坦诚地向学生承认错误，并谈了自己的真实感受。一下子，学生的话匣子被打开了，每个学生都找到了自己的毛病。邱老师真诚地请学生帮他改正缺点，这时，有的学生就提出让老师也帮他改。至此，一场"我们向脏话挑战"的活动轰轰烈烈地开展起来了。活动效果非常显著，困扰邱老师一个多月的难题就被一场恰当的活动攻破了。

案例二

2010级机电（2）班全班36人，只有3名女生，学校要进行踢毽子比赛，这下可难坏了全班同学。班主任林老师费尽口舌让男生练习，但收效甚微。林老师有股韧劲儿，不服输，自己一次只能踢两三下，但他一直坚持练习，学生深受触动，决心和老师一起练习。于是，课间、体活课、课间操，时时可见林老师和他的 36 名弟子踢毽子的身影，一场练习踢毽子的活动热火朝天地开展起来。到比赛时，班主任林老师竟然一次踢了 86 下，学生中有 15 人一次踢了超过 100 下，班级在年级中夺冠。更为可贵的是，在以后的专业学习中无论遇到什么困难，只要老师一句"毽子都踢 100 下了，还怕啥"，大家便信心百倍，困难迎刃而解。一次活动收到了如此效果，又一次真正见证了活动育人的魅力。

案例三

第一学期刚开学不久，2010 级幼师（1）班班主任薛老师发现一到下课学生就三五成群，不知在议论什么。她一上前，孩子们脸上的笑容立刻就会僵硬，他们不再言语。"到底什么事这么神秘？"满腹疑惑的薛老师把班长请到办公室。"老师，我们都在聊偷菜的事，咱班的 QQ 群里就你没开农场了，很好玩的。"薛老师知道"偷菜"是当前比较流行的一种网络游戏，但她目前尚属游戏盲。"怎么个好玩法？"没想到薛老师的一句话触动了班长的兴奋神经，他拿出手机用了不到 5 分钟就帮薛老师申请了农场，教会了她如何买种子、翻地、种菜、浇水、锄草、收获，如何买菜逛商店，如何偷菜，整个过程一气呵成，言语简明扼要，比她在课堂上讲话精彩多了。

就这样，薛老师也"迷"上了农民的工作，每天辛勤地"耕耘"。有一天晚上，她一直偷到了凌晨两点，那丰收的感觉太棒了。因为没休息好，第二天上课她有些头晕，可依然挂念着王静还有一个小时就要成熟的一大片火龙果和自己昨天晚上种下的大白菜。薛老师终于感受到网络游戏的魅力和魔力，也终于明白了为什么有的学生对网络游戏达到了痴迷的程度。肩负学校和家长重托，责任告诉她：不仅不能被学生拉下水，还要把孩子们带上岸。经过一番思考，薛老师决定在安全教育课上组织学生进行讨论。一上课，她郑重地在黑板上写下了本节课的主题"拯救网瘾班主任"，看到学生面面相觑，一头雾水，薛老师说："老师现在也上网聊天了，也开了农场，周六还偷了赵娟娟农场里的香蕉，那一地的香蕉，好有成就感呀！"赵娟娟这时答话："老师，小心我们一齐轰炸你的农场！"同学们笑了。薛老师继续说："我现在已经上瘾了，一天到晚脑海里都是菜场的景象。"这时，班长说道："怎么样，好玩吧，现在几级了？"看到学生们兴致高涨，薛老师抛出了第一个问题："偷菜游戏为什么会让我们上瘾？"大家七嘴八舌说出了"菜可种、可偷，只要你勤快就会有收获，可以卖掉换成金币去逛商店消费，还可以做好事，帮助别人锄草、杀虫，也可获经验值和金币……"学生总结了八九

条。接下来，薛老师向大家"坦白"了自己这几天沉迷于网络，甚至玩到凌晨两点的"犯罪"事实，交代了因玩游戏没写教案就去给学生上无准备之课的"违法"行为。这时教室里出奇安静，看到大家若有所思的表情，薛老师抛出了第二个问题："偷菜游戏已经影响了老师的工作，请同学们建言献策，帮助老师。""老师，网络是虚拟的，那些金币没有用的。""网络游戏诱惑很大，我们应该齐心协力拒绝诱惑。""老师，我以后不想玩了，让我来监督你吧！"大家你一言我一语地争先发言。

薛老师看到时机已到，拿出中午买好的糖块放到讲桌上，对大家说："老师的自制力也很差，如果你们还玩的话，我恐怕很难控制住自己，只有咱们班同学共同远离网络游戏，那才是对我最大的帮助和支持。为了感谢大家对我的帮助，能做到与我一起远离网络游戏的同学，我会奖励一块巧克力，能做到的同学请举手。"那齐刷刷举起的手和清澈的眼神告诉薛老师：薛老师的目的达到了。现在薛老师又学起了琵琶，和学生们一起互相督促着练琴，现在他们的闲谈不再是偷菜与种菜，而是乐曲和专业知识的交流。

3. 利用活动丰富学生的校园生活，鼓励学生有理想、有追求

学校应最大限度地创设有利于学生身心健康发展的教育环境，并使这样的环境具有相对的稳定性，同时注重校园文化建设，丰富学生的课余文化生活，通过广播、电视、报刊等新闻媒介，讴歌英雄、弘扬正义，对广大师生进行教育。

几年来，学校通过举办艺术节、科技节、体育节等具有时代特色的文娱活动，给学生搭建展示自我的平台。学校组建了合唱团、军乐队、民乐队、舞蹈队、模特队、身体素质训练队等，还专门制订了学生参加各级比赛的奖励办法。学校每年举办一次大型艺术体育节，平时经常组织小型体育竞赛，如篮球、排球、足球、跳绳、踢毽子、登山等活动。

学校还利用传统节日组织学生开展丰富多彩的活动，如清明节祭扫烈士墓活动、"五四"青年节成人仪式活动、教师节的各类庆祝活动、各种具有针对性的主题班（团）会活动等，有意识地对学生进行爱国主义教育、革命传统教育和诚实守信教育以及尊师爱生教育。

——学校与赤峰市元宝山区马林镇中学多次举行联谊活动。

——近几年参加赤峰市红山区中小学"构建和谐红山"文艺会演，铜管乐合奏、民乐合奏以及大合唱分别获得一等奖。

——参加赤峰市第三届中小学、幼儿园艺术节，合唱荣获一等奖。

——参加赤峰市红山区庆祝第 25 个教师节文艺演出,合唱荣获一等奖。

——参加赤峰市"庆七一""迎国庆"文艺演出,铜管乐合奏获得一等奖。

——参加红山区第二届"中小学生风采大赛",荣获集体二等奖。

——2011 年,学校参加红山区中小学生运动会,获得高中组第二名。

——参加赤峰市中学生运动会,获得高中乙组第二名。

丰富多彩的艺术体育活动,营造了良好的校园艺术教育氛围,丰富了校园文化生活,开拓了学生的视野,培养了一批又一批艺术人才。2000 年至 2010 年,学校共为全国艺术体育类高等院校输送了 1000 多名大学生,中国音乐学院、中央美术学院、首都师范大学、中央民族大学、鲁迅美术学院、北京服装学院、北京电影学院、四川音乐学院等艺术体育类重点高校都有赤峰第一职业中专的毕业生。

另外,学校还经常举办以弘扬社会主义时代精神为主题的报告会、座谈会、演讲比赛、征文比赛、汇报表演和展出活动,使社会主导文化和时代精神深入人心。

在清明节南山烈士陵园扫墓活动中,学生的献词表达了对烈士的哀思,表达了向烈士学习的决心;他们的合唱感染了在场的每一个人,当誓言响

学生参加红山区"红歌大家唱"比赛

起时,所有班级的学生庄严地举起了右手和老师一起宣誓。豪迈的誓言响彻整个烈士陵园的上空,鲜花寄托着每一位学生的哀思,沉默中凝聚了多少奋发图强的志愿。活动的感染和熏陶胜过所有的说教,烈士的大爱让每一位在场的学生真正体验了爱的真谛。相信在今后的生活中,学生能够珍惜爱,会更好地理解老师的爱。教育在无声中沉淀,在静默中升华。

日常活动中,教师非常注重利用班会课对学生进行教育。在学雷锋活动中,教师把《一辈子与三小时》的故事讲给全体学生听,告诉学生:无论经济如何发展,无论时空如何变化,那些决定人类向前发展的基本要素不会变,那些人类任何时候都在追求的美好事物不会变。教师要求学生把这个故事讲给朋友听,讲给家人听,讲给认识的人听,以使更多的人受益,但受教育更大更深的首先是这些学生。

4. 通过活动办好家长学校，提高家长的教育能力，构建学校、家庭共同参与的大教育

很多家长生于六、七十年代，他们经历过国有铁饭碗，也经历过下岗，他们对铁饭碗情有独钟，很难随时代而改变，并且一些职业的偏见根深蒂固，如不能干伺候人的活，服务员没有前途，给别人带孩子太累。这些意识被孩子在成长中慢慢地吸收并成为孩子职业意识的一部分。所以，要想改变孩子的观念，就要从改变家长的观念着手。

2011 年 6 月，学校美术专业和幼师专业分别举办了学生作品（技能）展示会暨家长座谈会，通过展示学生在校的学习成果让家长认识孩子将来所从事的职业，并通过展示会后的座谈，让家长深入了解学生的职业前景，坚定对学生的信心，在家庭教育方面认同和配合学校的教育工作，从而达到家校合一。学校至今已经有两个专业先后举办过三届类似的家长会，不仅取得了良好的教育成果，还为学校树立了良好的口碑，进一步促进了招生工作。

我们从以上成功的家长座谈会中深受启发，大张旗鼓地开展起了家校互动活动。

（1）班级设置家校联系卡。学校规定每个班级都要设置家校联系卡，而且联系卡的样式可以依据本班实际制订。通过家校联系卡，家长和老师随时保持联系，互通信息，真实地掌握学生在学校和家庭中的表现，有针对性地开展对学生的教育，填补了教育真空，及时把握了教育时机，避免了一些教育失误。

（2）开设家长培训班。学校每学期定期开办家长培训班。家长培训班非常受家长欢迎，在这里，家长可以了解最新的国家政策和就业信息，了解学校的教育动态，学习青年学生成长的一些心理的知识，掌握一些科学、正确的教育孩子的方法。

（3）设置开放课堂。开放课堂的设置是学校全体教职员工努力的成果，经过几年的实践应用，它已绽放出了光彩。学校每学期开展一至两周的课堂开放活动，活动面向所有家长，学校的所有班级全部参加。通过设置开放课堂，让家长直接走进自己孩子的课堂，真切了解自己的孩子在学什么，在做什么。家长和孩子变得有话可说了，家长更多地理解了孩子，孩子也变得能听进父母的话了。家长和孩子一起进行职业设计，坚定了孩子的职业信念。

（4）召开家长、教师和学生联谊会。学校每学期定期召开一次家长、教师和学生联谊会。联谊会以班级或专业组为单位召开，学校领导全部分到专业组，全员参加。联谊会让家长、教师和学生充分接触，充分了解，彼此走近了对方，理解了对方，建立了深厚的感情。有了情感，一切教育就都变得顺利、温馨和美好了。

5. 通过活动全面提升学生的素质，让常规教育和专题教育齐头并进

如果说以人为本应成为学校一切工作的原则，那么，学校教育尤其是职业教育更应以生为本。一切教育要回归学生本位，敢于面对学生，一切从学生实际出发，求真务实，剔除形式主义，扎实而全面地提升学生的素质。

（1）强化学生道德和法律意识。学校制度文化是校园文化的重要部分。教育与管理互为表里，没有明确的规章制度，教育的要求就会苍白无力。实践证明，严格的校纪可以促进良好的校风、教风、学风的形成。为此，学校狠抓各种规章制度的落实，经常利用班会、团会、年级大会和校会等形式对学生进行基础道德教育和法制教育。基础道德教育重在养成和训练，学校经常组织学生观看禁烟、禁毒图片及《预防未成年人犯罪法》等资料片，聘请校外法制辅导员定期给学生进行普法宣传，加强学生的法律意识，强化学生的人格修养。同时，教师抓住一些发生在学生身边的案例，及时地开展"我在成长"沙龙活动，让学生在自我辩论中明晰道理，引以为戒，不走弯路，健康成长。

（2）加强心理健康教育，促进学生身心健康发展。学校以校本教材《生存的快乐》一书为基础教材，把心理健康教育的重点放在对全体学生进行心理疏导的问题上，建立立体交叉的心理健康三级疏导网络，加大对班主任及任课教师心理辅导操作知识的培训，对全校学生进行心理健康状况的调查，开展多种形式的专题讲座，创设良好的心理教育氛围。

（3）安全教育警钟长鸣，常抓不懈。一方面，通过建立较为完善的安全管理制度，使管理触及每个层面，责任到人，尽力消除可能存在的安全隐患；另一方面，在广大师生中经常开展校园安全系列讲座，包括防火、交通、用电、防洪等，编写《校园安全歌》，宣传禁毒知识，组织开展校园逃生演练活动等。

（4）加强日常管理。学校制订了《赤峰一职学生行为规范》《赤峰一职学生一日生活准则》，分别制订了男、女学生形象标准，将行为规范和生活准则的要求落实到学生平时的学习和活动中；以德育处为主体，各处室密切配合，随时随地对学生的上课、课间、卫生、衣着、行为进行检查，一旦发现违纪情况，当场批评纠正，并进行登记；继续实行德育考核积分办法，关

注学生的进步和成长；在每周一升旗仪式上总结前一周工作，发放纪律卫生红旗，奖罚分明。同时，实行学校中层以上干部 24 小时值日制，行政人员实行坐班制，分片包干，落实责任，加强了校园管理，严肃了校风校纪，使学生逐渐养成良好的习惯。此外，学校还实行了优秀学生、贫困学生的奖励和补助办法，其目的就是要帮助家庭困难的学生顺利完成学业，激励更多的学生发愤学习。

学校几年来坚持开展的"文明行为标兵"评比活动已成为落实学生行为规范教育的主渠道。评比操作严格而民主。评比贯穿一个学期，利于学生的自我纠正和规范。全校学生都参与评选，每个人既是参选者又是评委，大家在一起互相监督，互相勉励，使活动真正做到了从学生中来再到学生中去，落到了实处，最大限度地发挥

学校定期举办班主任管理经验交流会，图为 2011 年受表彰的优秀班主任

了作用。同时，对评比结果实行动态管理，在公示阶段乃至评定后，根据监督和审查，如学生有新问题出现，可取消其标兵资格，这大大保障了活动的长效性，也真正起到了培养学生良好行为习惯的作用。学校对标兵隆重表彰，大力宣传其事迹，又营造了良好的教育氛围。

6. 着力培养一支素质过硬的德育骨干队伍，实现环境育人

环境是实现育人功能的重要场所。学校优雅、健康、奋发向上的环境与学校各种器物的设置有直接的关系，并且它是人们看得见、摸得着、比较直观而固定的。学校加大投入进行校园设施建设，建设了艺术楼，重新修建了田径场、篮球场，美化了校园，修建了学生餐厅，另外还不断改进教学设施，充实更新专业电化教学设备，建立校园网络，推进了教学手段的现代化，优化了育人环境。校园环境还是无声的课堂，为优化育人环境，树立鲜明的学校形象，形成有文化底蕴的校园氛围，学校从办学观念、学校历史、师生规范、艺术特色、校园标志等方面综合考虑，制订了校训、校标、校旗、校歌、校风、校规等，形成有鲜明特色、统一和谐的校园育人环境。

在抓实硬环境建设的同时，学校着重推进了软环境的构建。软环境的构建也采用开展活动的方式进行。

（1）开展"校园是我家，我爱我家"活动。通过活动，维护好校园建设。每个班级都从学校领到责任区，而且责任区的划分是依据各班学生的兴趣爱好而定的。因此，学生兴趣高，责任心强。篮球场上见不到一根杂草，乒乓球场地里学生自主用粗线划分出了观众和选手的区域，学校的孔子雕塑被擦拭得一尘不染，既保护了学校器材，又培养了学生的主人翁责任感，使学生从中受到了多方面的教育。

（2）开展"校园是我家，我在我家"活动。通过活动，充分有效地利用学校的这些环境设施。篮球场、排球场、足球场上的球类比赛精彩纷呈；雕塑"希望之光"下的朗诵比赛激烈异常；多彩壁墙下的美术作品展，参观的学生络绎不绝；标准国旗台下的升旗仪式更叫人热血沸腾；标准的电化教室里的有关网络的辩论赛扣人心弦。活动使所有的硬件设施物尽其用，学生也乐在其中，收获多多。

（3）开展"校园是我家，我美我家"活动。通过活动，充分调动学生的积极性，展现学生的才艺，增长学生的才干，增强学生的集体意识。校门口橱窗里经常更换的各种学生作品展览总叫人流连忘返；校墙上学生自己的绘画给学校增添了不少风采；教室里各班的特色班级布置更彰显了学生的个性，展示了班级风貌。这是最好的活动教育。

此外，学校还借运动场地对社会开放之机，一方面整合学校体育设施资源，提高场地设施的利用率，服务公共体育，构建亲民便民利民、面向大众的健身服务体系，另一方面利用休息日组织学生积极开展与社会各行业间的体育竞赛活动，如篮球、排球、足球、乒乓球、网球等比赛。

学校领导层的观念影响甚至决定了学校的办学理念，也因此会影响学校围绕这一理念而采取的教育行动。学校领导本着服务教师、服务学生的原则，适时调整领导层在学校日常管理中的职能，由单纯自上而下的"管"转变为积极为一线教师提供教育契机，搭建教育平台，创造育人氛围，为教师解除教育教学中的后顾之忧，使教师能专心教学、专注育人、不为上下层的协调牵扯精力，强化领导干部的服务意识，提高领导干部的综合服务能力。在实践中，学校建立了一支包括学校党政领导班子、德育处主任、年级主任、政治教师、班团队干部、班主任在内的学校德育工作骨干队伍，尤其重点加强班主任、年级主任和德育处队伍建设，对德育工作实行班主任、年级主任和德育处三级管理，学校在考核、评优、评先进、奖励、晋升等方面，向优秀班主任、年级主任倾斜，落实《中小学班主任德育工作规程》，制订相应的政策，鼓励教师当好班主任。

总之，学生管理的活动化，巩固了教育阵地，凸显了特色教育；爱心教育活动化，让我们悟到了教育的真谛；校园生活的活动化，让师生一起走进了探索的乐园；家校联合教育活动化，让我们走出了教育困境；常规专题教育活动化，让我们回归了教育本质；学校环境教育的活动化，让我们优化了教育环境，真正收到教育实效。

学校牢牢把握学生发展和学生技能培养这一教育总纲，充分发展和创新了活动这一教育载体的形式，让活动真正走进了每一位教师和每一个学生的心里。活动教育让师生之间架起了相互沟通理解的桥梁，让师生关系变得温馨和融洽；活动教育让这些职高学生焕发出青春风采，让一职校园充满欢歌笑语，让教育变得如此生机勃勃、魅力无穷。我们有理由坚信：教育会因活动而精彩。活动化教育必将在赤峰第一职业中专的校园里绽放出更加灿烂的光芒。

 反思拓展

一、教育讲究的是"润物细无声"

在教育教学的多年摸索与实践中，学校始终坚信一点：学生是在领悟中成长，而不是在说教中成长的。"教育无痕"，"大教无言"。德育是素质教育的一个重要内容，德育成功与否，直接影响到人的素质的提高及精神文明建设的成果，而职业学校学生的德育尤为重要。职校是学生走向社会、服务大众的前沿阵地，学生的世界观、人生观、职业道德观等还没有完全形成，他们极易受外部环境和他人的思想、行为的影响，而德育在各个方面的渗透使学生今后走上社会成为既具有良好的文化素质、专业知识、职业技能，又具有高尚的社会公德和职业道德的有用人才。德育的内容、形式可以多样化，不只可以在课堂上进行，也可以通过各项活动加以渗透，使德育形式不再枯燥乏味，而是轻松活泼、有趣的，使学生变被动接受为主动、自觉自愿地为他人、为社会贡献力量。

苏联教育家马卡连柯指出："教育了集体、团结了集体、加强了集体以后，集体自身就成为强大的教育力量。"这种教育力量来自于集体，而班级凝聚力又是集体力量的核心，活动又作为一种"黏合剂"增强了班级凝聚

力。当代学生大多为独生子女，从小到大在祖父母、父母的精心呵护下长大，经不起一点挫折，做事首先想到自己的感受，自我表现意识强，以自我为中心。针对学生的这些特点，教师积极利用学校创造的有利条件，经常开展生动活泼、丰富多彩、健康有益的集体活动，激发和培养广大学生热爱集体的意识，使他们增强集体荣誉感。校艺术节期间，在班干部的带动下，每个学生都发挥自己的特长编排了节目，但由于节目时间有限，最后只能选定一个小品代表班级演出。在试演时，学生能站在不同角度仔细分析，诚恳地提出自己的建议，表演的同学耐心接受建议，一遍遍反复修改。这个小品是全班同学的智慧与心血，最终获得校一等奖。这是团结协作的结果，是集体的力量。在活动过程中，学生的个人价值得到实现，每个人都从班级的利益出发，增强了集体意识和班级凝聚力。

二、每项活动都能丰富德育内容

德育的内容包罗万象，小到一言一行，包括衣、食、住、行，大到对民族、对国家的责任感。应从小处着眼，从小事着手，经常化、及时化各项活动，丰富德育的内容。一次扫墓能使学生了解英雄精神，进行爱国主义教育；一回希望工程捐助，能唤起学生的爱心；一个电视节目，能使人开阔眼界，增长知识，增强辨别是非的能力；一次郊游，优美、良好的环

2011 年"学雷锋活动"月，2010 级美术班学生到"七彩堂"儿童画室帮忙装饰画室

境能陶冶人的情操，使学生养成爱护大自然、珍惜他人劳动的良好品德。这些人们喜闻乐见的形式，使学生在轻松、有趣的活动中受到教育，使学生们的生活充满了希望，使学生的许多潜能和真善美的情感被激发出来。这是一种事半功倍、省力、省时、省心、省事的好方法。既然历史赋予了教师德育的责任，教师就应尽力营造良好的德育的环境，让学生从小事做起，从我做起，在学习、生活中磨炼自己，提高自身素质，努力学习，多方面丰富、完善自己，坚毅勇敢，创造丰富多彩的人生。

三、职教德育必须重新审视教育的价值

教育价值的科学定位，不是定在具体的教育目的上，而是定在人的全面发展上、人的整体素质提高上。未来一代是具有高度文化修养与高尚道德的、全面发展的人，良好的道德观念和品行是合格的未来一代的重要标志。因此，要塑造德才兼备的青少年一代，必须把道德教育放在教育的首要位置。传播知识，增强生活及生存能力，只是教育的部分使命，并非全部，教育肩负的更为重要的使命是陶冶人性，铸造健康饱满的人格，培养正确的世界观、人生观、价值观。教育如果不着眼于人的全面发展，培养出来的人将可能有智商没有智慧，有知识没有文化，有文化没有修养，有欲望没有理想，有青春没有热血，这是十分危险的。

四、职教德育要与时俱进，必须推进德育创新

目前，职教学生尽管初步具备了一些现代性的思想素质，如愈来愈鲜明的时代特点、主体意识、竞争意识、效率意识、公平意识，但在科学精神、人文素养、公德意识、心理素质等方面还有欠缺，还有待于完善提高。一个人的素质像冰山一样，浮在水面上的是学历、文凭、专业、知识，真正决定成功的是下面的部分，如责任感、价值观念、毅力和协作精神等。因此，要致力于发现蕴藏在学生身上潜在的创造性品质，培养其坚韧不拔的意志、艰苦奋斗的精神、团结合作的作风以及适应社会生活的能力，更多关注理想信念、道德人格、伦理规范和思维方式的教育，因此德育要与时俱进。德育的根本目的，是构筑精神支柱，发掘创造潜能。青少年是德育主体，不是灌输客体。德育不仅是社会的道德要求，而且是学生自我生存、自我发展的需要。教师要善于将社会道德要求转化为学生的自我要求，使其形成内在的道德认知和自觉的道德行为。任何教育只有转化为学生的自我教育才能真正起到教育的效果。在教育方式的选择上，教师不能居高临下，不能我说你听，要采用"现在时"，要以情感人，以理服人，以诚赢人。学校德育应该通过活动营造高品位的文化氛围，让学生在这种氛围中思考、感悟、熏陶、理解、净化灵魂、升华人格、完善自己。

五、教育的最高境界是让受教育者自觉接受教育

教师的心里应该永远没有"差生"二字。这不是概念的游戏，而是认识

上的跨越。不可否认，由于先天和后天的原因，学生千差万别，学校不能单从某一方面或只是用一把尺子去划分所有学生，从而给他们戴上"优等生""差等生"的帽子，李宁、宋祖英如果当初被逼着去学数理化，恐怕这个世界上就会少了一个体操王子和一名优秀的歌唱家。居里夫人如果改学音乐，科学家的头衔恐怕也就与之无缘了。通过活动可以发现学生自身的优点和特点，使学生变成优等生。

寓教于乐的根本在于调动学生的活动积极性，使他们自觉、主动地投入活动中，受到教育，得到锻炼。在具体操作中，教师要努力做到使活动将趣味性、知识性、科学性、思想性熔于一炉，充分符合学生的兴趣和特点。这样，既适应了素质教育的要求，又拓宽了学生的知识面，丰富了他们的知识储备，发展了他们的个性特长，培养了他们在教育实践中勇于探索、勇于创新的综合能力。

专家点评

《国家中长期教育改革和发展规划纲要（2010—2020年）》强调要不断提高德育工作的吸引力和感染力，增强德育工作的针对性和实效性。纲要把吸引力置于首位，为我们指明了提高德育实效的方向。能吸引学生的德育，才有可能感染学生。如果德育工作停留在"盯、管、灌"的水平上，不仅使德育工作者受累，也很难受到学生的欢迎。寓教于乐无疑是提高德育吸引力的行之有效的途径，对于中职学生这一特殊群体尤其如此。

寓教于乐的方式很多，提高德育吸引力的关键在于，德育工作者具有正确的教育理念。赤峰第一职业中专的可贵之处，在于他们明确提出了"享受工作、享受学习、享受人生"这个贴近社会、贴近职业、贴近中职学生的育人理念。

他们带着学生"玩"的目的很务实，调动学生的活动积极性，使他们自觉、主动地投入活动中受到教育，希望"学生通过活动认识自己，发现自己，让自己的表现感动自己"。让学生恢复自信心，帮助学生品尝到成功的喜悦，是中职德育的重要目标。自信才能自强，自强才会自觉规范自己的行为，才会为实现自己的理想拼搏。

他们带着学生"玩"的内容很丰富，不但很会带着学生"玩"，而且引导学生围绕明确的德育工作目标"玩"。他们认为"进来的学生不一定是优

秀的，但走出去的学生应该是优秀的"，从本地区和学校、专业、学生实际出发，设计出多种多样、丰富多彩的活动，努力做到溶趣味性、知识性、科学性、思想性于一炉，德、智、体、美全面展开，使其充分符合学生的兴趣和发展特点。

他们带着学生"玩"的范围有拓展，围绕班级、校园、家长、社会来开展。例如，通过"我为学校、班级献良计"活动来推进学生管理、班级建设，引导学生从被管理的角色向校园和班级主人的角色转化。又如，通过活动办好家长学校，提高家长的教育能力，构建学校、家庭共同参与的大教育。

他们带着学生"玩"的队伍有提高，教学相长在活动中得以实现。学校制订并落实了激励教师组织、参与活动的措施，使教师在指导学生活动的过程中与学生有了"零距离"的交流，不但能"零距离"地向学生传递爱心，而且能"零距离"地捕捉学生心灵深处的火花，既提供了建立和谐师生关系的环境，又为调整教师的学生观、人才观创造了条件，教师的德育工作水平也因此得以不断提升。

总之，寓教于乐是一门艺术，领导者和一线教师既需要有很高的精神境界，又需要有高超的组织、指导能力，只有这样，才能真正提高德育的吸引力、感染力，才能使"教育因活动而精彩"。

（点评：蒋乃平　杜爱玲）

以严、实、恒精神推进环境育人

——山西省大同市第二高级职业中学校

名校／名校长简介

陈大勇，男，汉族，中共党员，出生于1957年，大学文化，1975年7月参加工作，1981年1月加入中国共产党，2002年5月任大同二职中校长。

在大同二职中任校长期间，陈校长坚持育人以德为先、以人为本、民主决策、依法治校，带领广大教职工以提高办学质量和效益为根本，内强素质，外树形象，努力摆脱办学困境，使职业中专学生招生从无到有，连年翻番，实现了跨越式发展。

在校企合作方面，陈校长积极与大同市知名企业及北京、天津等地的职业学校联合办学，建立和完善了校内实训和企业实习制度，在为当地经济建设培养技能型人才的同时，积极拓展北京、上海、青岛、天津、太原等地的用工市场，实现职业教育和短期培训与劳动力市场的对接，迅速扩大了学校的办学规模，加快了学校发展的步伐。

在德育建设方面，陈校长秉持"为学生的生存与发展奠基"的办学理念，围绕"德育——职业学校之生命""就业——职业学校发展之根本"两大主题，坚持"育人为本，德育为先"，通过"爱的教育"教学生学会做人。

在硬件建设上，陈校长积极争取资金，在2003—2010年累计争取政府投入2000万元，新建近1万平方米的实训楼，改建实训室20个，给所有教室都配置了多媒体教学系统，极大地满足了技能型人才培养的需求。2010年，学校争取到中央、地方投入300万元，建成立足本地区、着眼晋冀蒙、辐射陕甘宁、联通京津沪的产教一体的汽车维修技术培训中心。

在工作中，他密切联系群众，扎实工作，艰苦奋斗，开拓创新，争创一流，为把学校打造成立足大同、辐射晋冀蒙、山西有名、全国出名的一流职业学校而呕心沥血，为学校的稳定发展作出了贡献。2004年，陈校长被评为大同市优秀专业人才、大同市优秀教育工作者；2005年被评为大同市劳动模范；2006年荣获"山西省职业教育先进个人"称号。

核心管理思想

陈大勇校长从教 36 年，先后在大同师范学校、大同市电教馆、大同市教育电视台工作，2002 年 5 月，就任大同二职中校长，全面主持工作。他坚持"服务为宗旨、就业为导向、能力为本位、质量为核心"的职教办学指导思想，确立了"定位、发展、建设、服务"的八字办学方针，秉持"为学生的生存与发展奠基"的办学理念，围绕"德育——职业学校之生命""就业——职业学校发展之根本"这两大工程，面向市场，更新观念，准确定位，抓住机遇，积极探索职业教育创新之路，不断夯实学校基础建设能力，使学校形成了以培养动手能力强、基础知识扎实、社会需要、好就业的实用型人才为目标的多元化、多层次的办学模式。

在多年的教育管理实践中，陈校长认为，职业教育有两条腿——教学和德育，缺失了任一条腿，教育之路都走不远。教学抓的是点，而德育抓的是人，人是有思想的，因此德育更需要思想，而且德育思想是办学的方向。职业学校必须把立德树人作为首要任务，坚持"育人为本，德育为先"，全面实施素质教育，寓德育于职

举办团校学生干部培训班

业教育工作的各个环节之中，促进学生生动活泼、全面健康地发展，成为有理想、有道德、有文化、有纪律的一代新人，成为中国特色社会主义事业的建设者和接班人。

陈校长特别欣赏夏丏尊在《爱的教育》里说过的这么一段话："教育没有情感，没有爱，如同池塘没有水一样。没有水，就不能成为池塘，没有爱，就没有教育。"显然一所学校不谈德育质量，一味地抓教学成绩，其结果无疑是缘木求鱼，本末倒置，即使有些所谓的质量也是劳师动众的产物。

教育学生学会做人，是中等职业教育首要的工作。

陈校长认为职业学校的德育工作要想吸引人、感染人、以情动人，使学生留得住、跟得上，就必须在校园文化建设和软环境建设中实现德育创新，努力开展丰富多彩、积极向上的技能竞赛和娱乐活动，开展特色鲜明、吸引力强的主题教育活动，寓思想道德教育于校园文化活动之中，以优良的校风、教风和学风影响人、感染人。

工作中，陈校长特别重视学习领会上级文件，使学校办学符合国家的方针，使德育实践始终坚持以爱国主义教育为主线，以行为规范的养成教育为基础，把提高学生的综合素质作为学校德育工作的重要目标：一是树立了诚信教育、感恩教育、法纪教育、奉献教育、敬业教育的德育工作理念；二是构建了德育工作的体系和网络；三是正确处理了职业技能与职业素养培养的关系；四是在中职学生中开展"先做人、后做事""做人与做事相结合"教育；五是建立了有亲和力的德育工作队伍；六是高度重视发挥德育工作队伍的作用，尤其是注重发挥班主任队伍的作用；七是注意以学生喜闻乐见的活动为载体，丰富德育工作的内涵。

陈校长还特别重视加强对德育课教学质量、班级德育工作、部门及教师育人质量的考核评比，把德育工作实绩作为对部门及教职工考核的重要内容。他认为德育工作是一个系统工程，是一个逐步完善和发展的过程，因此必须选择有效的工作突破口，从最容易操作和最见实效的方面着手，使学生的专业能力和社会化技能稳步提高，并具有良好的道德品质。

陈校长认为职业学校德育思想的执行需要稳定和延续性，是一个学校打造出自己德育品牌的关键。德育思想其实也是一种文化，它积淀的时间越长，则其底蕴越深，底蕴越深则影响越大，影响越大则传承越久，如是下去，德育内容将最终回归到继续积淀并继续传承的动态且良性循环的轨道上来。

实践应用

王虎成出生在大同南郊区一个普通的农民家庭，2002年6月，16岁的他考入大同二职中学习计算机专业，19岁时他顺利毕业。2009年8月，刚刚满23岁的王虎成就成立了有50万注册资金的大同市佳艺装饰设计公司，拥有了自己的公司，成为一名年轻的创业者。其实，在大同二职中毕业的学

生中，像王虎成这样的成功的案例比比皆是。罗飞霞，女，来自国家级贫困县——天镇县的一个偏僻小山村，2007年她初中毕业，成绩并不理想，进入大同二职中烹饪专业学习，是当时班里唯一的女生。2010年，当她站在山西省第四届中职院校技能大赛的舞台上的时候，她的命运就发生了改变。凭着在竞赛中获得的中式面点二等奖，她顺利敲开了大同市云冈国际酒店的大门，如今她在酒店面点房工作，月薪4500元，实现了人生的跨越。2011年5月，大同二职中尚未毕业的学生被多家企业提前预订，前来咨询报名的学生家长更是络绎不绝。一个名不见经传的小学校，如何走出办学的困境？世俗眼光中的"差生"怎样顺利走向成功的彼岸，成为令人羡慕的白领？这一切源于陈大勇校长领导下的大同市二职中全体师生的共同努力。

大同市二职中是大同市教育局直属的全日制高级职业中学，1989年建校，1999年学校被山西省政府评为山西省重点职业中学，2000年晋升为大同市第二职业中专学校，2002年以来先后被山西省教育厅确定为"半工半读试点单位"，被大同市劳动和社会保障局确定为大同市首批农村劳动力转移就业技能培训、失业人员就业培训的定点培训机构，被山西省交管局确定为山西省机动车维修检测技术人员培训机构。

在陈大勇校长上任之前，学校是另一番情景。1999年，大同二职中的拳头专业停办，招生人数锐减，为维持发展，学校办起了初中教育。2002年，陈大勇校长上任后，带领全校师生励精图治，团结奋斗，强化管理，负重前行，内强素质，外树形象，努力摆脱办学困境。学校德育工作更是取得了喜人的成绩，先后被评为山西省德育示范学校、山西省现代教育技术实验校、山西省文明学校、山西省德育工作先进集体、大同市文明学校、大同市绿化红旗单位等，培养了近6000名毕业生。二职中采取的主要措施有：

一、领导与保障

1. 健全领导机制，为德育工作提供组织保障

德育是实施素质教育的灵魂与核心，为了全面贯彻教育方针，把德育落实在教学、管理、服务各个环节之中，陈大勇校长建立了由自己挂帅、党支部、政教处、团委牵头，专业组、年级组、教研组、班主任、学生会和班团干部层层负责的德育网络，学校先后聘请了十余位校外辅导员，成立了家长委员会，加强学校、家庭、社会的联系，创设育人的环境，形成了多层次的教育格局，即以学校为主体的"学校——家庭——社会"相结合的管理网

络。校内建立"学校——专业组——班级"的三级管理职能。加强班主任的管理职能，突出专业组的协调职能，强化学校的宏观监控职能。实行全员班主任工作制，共同管理教育学生。同时，学校还聘请大同市公安局经文保支队李俊同志为法制副校长，聘请66043部队主任范德义为国防副校长。

学校把德育工作放在一切工作的重中之重，将德育工作列入重要议事日程，每学期都要召开多次会议研究德育工作，确立了"严管理、重考核、创特色"的总体思路和"教师为主、全员参与；教学为主，全面渗透；学校为主，全方配合"的工作原则，并在此指导下，制订了德育工作整体规划，开展科学、生动、有序、有效的德育工作。

为使学校德育工作再上新台阶，陈大勇校长在经费上舍得投入，有计划、有步骤地增加图书馆、阅览室、电教资料室中德育类图书、音像资料，使之达到资料总量的30％以上，建立心理咨询室、绿色网络俱乐部。同时，他利用有限的经费逐年加大校园文化建设的力度，先后在校园内设置了宣传橱窗24个及校训牌、大幅彩画、展板，楼内悬挂英模先进人物画像、学校奋斗目标牌、学生规范制度等，室内统一悬挂行为规范、学生守则、职业道德规范。学校的生均德育经费远远超过了省定标准。为提高班主任的工作积极性，学校在国家规定的班主任津贴的基础上予以增加，从而使班主任更有效地展开工作。同时，尽可能为从事德育工作的有关人员提供外出参观学习、参加社会实践的机会。几年来，组织校中层以上领导、有关教师先后赴德国、奥地利、韩国等地，中央职教科研院所、北京电子科技职业学院及天津纺织工业学校等联办单位，怀仁一中、四中、大同一中、左云综合技校等十几所学校参观取经，学人之长，补己之短，取得了满意的效果。

2. 注重制度建设，使德育工作规范发展

为使德育工作规范发展，陈大勇校长以《中小学教师职业道德规范》为依据，建立了《大同市二职中教学人员考核细则》《大同市二职中中层以上领导考核细则》《大同市二职中行政教辅人员考核细则》《大同市二职中班级工作考核细则》等多项严格的考核制度，使上到校处领导，下到普通群众，都置于各项制度的监督之下，工作有计划，中途有检查，年终有总结。学校还将德育考核与教职工晋级、职称评聘、年终评优挂钩，调动广大教职工的积极性，奖勤罚懒，促进工作，形成了德育管理的整体效应，保证了德育工作有章可循。

在规范教师队伍的同时，陈校长还制订和完善了《学校德育工作细则》

《二职中学生守则》《学生奖励条例》《综合素质评价方案》《学生内务管理条例》《学生在校一日生活常规》《卫生管理规定》《纪律考核条例》《卫生检查考核评分标准》《纪律考核检查评分标准》等多项规章制度，帮助学生建立是非观念，使学校的工作走上了制度化、规范化的轨道。

二、队伍建设

1. 进行校本培训，强化队伍建设

德育工作的落实，关键要有一支政治素质高，具有奉献、敬业、开拓精神的工作队伍。教育工作者的精神风貌和人格魅力对学生的影响是非常深远的，为此学校逐步探索、不断完善管理，坚持教书育人、服务育人、环境育人、全员育人，注重德育队伍建设，尤其是班主任队伍建设。

在德育领导班子建设上，陈大勇校长坚持落实"校长负责制"，充分发挥党政协作的作用。重大事情由党政集体商定，教职工大会讨论通过，最后形成决议。注重理论水平和业务素质的培养，坚持正人先正己，定期召开民主生活会，查漏补缺，共同提高。在培养青年干部方面，坚持择优用人，用人不疑，委以重任。目前，各处室

重温入党誓词

负责人均能独当一面，积极、主动、创造性地开展德育工作，形成了团结奋进、开拓进取、爱岗敬业、廉洁创新的德育工作氛围。

大同二职中的班主任队伍是一支年富力强、充满朝气的队伍，其中90％是年青教师，他们素质好，知识面宽，工作热情高。近年来，陈大勇校长充分依托大同市"百千万名师工程"评选，制订《师德师风考核制度》，利用公开课、示范课、教改实验课、教学能手比赛等形式，提高班主任德育工作水平，使德育工作领域涌现出一大批先进分子，其中省级学科带头人1名，省级教学能手3名，省级骨干教师2名，市级教学标兵4名，市级教学能手9名，骨干教师27名。优秀德育工作者和优秀班主任在晋级、评定职称、评选先进等方面会得到优先考虑。同时，积极开展以"责任与礼仪"为主题的校本培训，间周安排政治理论及业务学习，系统提高德育工作者的水平。政治理论以十七大报告、先进性教育和科学发展观为重点，业务学习以金正昆

的《教师礼仪》、魏书生的《如何当好班主任》、于丹的《〈论语〉心得》和《〈庄子〉心得》以及当代教育理念、先进教学经验为主要内容，给每个班主任订阅《德育报》，赠送或推荐大量书籍，使班主任逐步由过去的经验型向科学型过渡。同时以"研"代培，使班主任以极大的热情和务实的态度投入课题研究。现在，班主任已成为学校的一支善学习、勤钻研、肯耕耘、能奉献的教师队伍，涌现出孟慧军等一大批省、市优秀班主任，为我校德育工作和学校各项工作的顺利开展作出了突出的贡献。

2. 转变教师的德育观念

以"崇德、修术"为主题积极开展师德师风建设，组织全体教职工认真学习《公民道德建设实施纲要》《中小学德育工作规程》和《中共中央国务院关于进一步加强和改进未成年人思想道德建设的若干意见》等法规文件精神，深入贯彻胡锦涛总书记在全国优秀教师代表座谈会上讲话的精神，积极开展向模范教师学习的活动，弘扬"学为人师，行为世范"的职业道德，通过板报、座谈会、讨论会等形式进行培训，使教师们转变教育观念，增强实施德育工作的自觉性和责任感，使全体教职工树立了"德育为先""德育有为"的观念，使他们认识到学校是未成年人思想道德建设的主要阵地，加强德育工作是学生全面发展和健康成长的保证。同时，学校还大力倡导尊重教育与关爱教育，要求全体教师在教育教学工作中尊重教育规律，尊重学生的人格、个性，关爱学生。学校把师德师风纳入教师的考核体系，作为教师年度考核、职务聘任和年度评优等的重要依据。以上措施收到了良好的效果。2008年11月13日，大同二职中教师封志佩在本市一家银行的自动取款机上取钱时，自动取款机多"吐"出4500元，他当即将此情况报告该银行，并如数奉还机器多"吐"出的现金，《大同日报》《大同晚报》、大同市教育电视台对此事做了专门报道。

3. 争取强大外援，寻求有效途径

学校教育、家庭教育、社会教育是培养人才的三个方面，为此，我校在抓好学校教育的同时，还积极采取有力措施，争取家庭的配合、社会的支持，以实现齐抓共管，形成有效的教育合力。陈大勇校长及时成立了学校、班级两级家长委员会，修订了《大同市第二高级职业中学校家长委员会工作条例》《大同市第二高级职业中学校家长委员会工作实施纲要》，定期召开家长会，建立家长联系卡和班主任家访制，使家庭教育成为学校教育的重要补充。几年来，学校通过召开家长座谈会、家长学校、致家长一封信的形式，

宣传德育观念，帮助家长树立正确的质量观和人才观，得到了家长的认同和支持。陈校长还鼓励社会各界有识之士关心、参与、支持学校的职业教育，共同为教育事业作出更大的贡献。学校现在已同大同市互联网协会、兴同幼师、华航大同分校等结成了友好单位。2007年，学校被市总工会、市教育局评为"三育人"先进集体。

三、目标与落实

向管理要质量，以质量求生存，这不仅是企业兴旺的秘诀，也是职业学校生存的保障。几年来，陈大勇校长以发挥省德育示范学校的辐射作用为出发点，结合学校实际，在全校范围内实施了"用健全的制度规范人，用正确的思想引导人，用丰富的活动塑造人，用优良的环境陶冶人"的全方位德育方案，取得了可喜成果。学生的德育合格率100%，学生无一人犯罪，学校的德育工作受到各级领导的一致好评。

1. 德育内容系列化，提高工作的针对性和实效性

首先，持之以恒地对学生进行文明礼仪教育，为形成良好的校风奠定基础。针对职高新生行为习惯、礼仪规范差这一实际，学校在职高一年级专门开设了文明礼仪教育课，帮助学生迅速适应学校的严格管理，同时还开设了素质教育课、职业指导课，促使学生将礼仪规范由学校要求转化为内在的品质。为巩固礼仪教育成果，学校在学生会建立了文明礼仪示范队，每天清晨，文明礼仪示范队轮流在大门口迎接全校师生到校。统一的着装、端庄的仪表、礼貌的用语，既起到礼仪示范的作用，又规范了其他学生的仪表仪容。职高二年级的学生经过两年的严格规范训练，其纪律、出勤、清洁卫生、广播操、文明用语、文明举止等方面均令人满意。除此之外，学校还举办各种活动，寓教于乐，使文明素养渗透到学生的心灵深处。学校还组织有关部门利用校会、班团会、队会，积极宣传礼仪的有关内容，及时地报道各班的好人好事及每周的纪律、清洁、出勤、广播操、流动红旗的评比，规范了校园管理。学校鼓励学生积极参加各种社会实践，宣传文明礼仪行为规范，展示现代职中学生文明守纪的风采。

其次，在狠抓爱国主义和民族精神教育等常规教育的落实的同时，以升旗仪式、各类英雄人物、先进人物为载体，并以重大纪念日为契机，举行知识竞赛、读书活动、书画比赛、艺术节等，对师生进行潜移默化的教育。2005年3月，全校师生为尿毒症晚期的976班的学生李晓川捐款3202元。

2008 年 5 月，四川省汶川等地区发生特大地震灾害，陈校长在师生中进行广泛宣传，全校为灾区捐款 41783 元。在积极组织捐款的同时，学校还把抗震救灾优秀学生和先进集体的感人事迹作为生动教材，通过主题班会、征文等多种形式进行宣传，引导学生学习灾区中小学生坚强、勇敢、互助、感恩的精神品

学校举行 18 岁成人宣誓仪式

质，弘扬中华民族的美德。2008 年，大同市红十字协会、文明办授予学校"博爱奉献优秀集体"荣誉称号。

第三，抓好遵纪守法和安全教育，进一步提高了学生的法制观念。陈大勇校长先后组织有关部门、班主任和全校同学认真学习《预防未成年人犯罪法》《未成年人保护法》《学生伤害处理办法》的有关内容，通过多渠道、采用学生乐于接受的形式经常性地开展教育活动，对学生进行安全法制教育，使学生懂得遵纪守法的道理，不断增强法制意识，从小树立纪律和法制观念。教师 24 小时值班，定期进行安全检查，及时发现隐患。同时，学校投入大量资金配备了消火栓、监控器、应急灯等设施设备，积极组织学生参加人身保险，防患于未然。此外还请了人武部、宣传部、公安、交警队、消防队等有关部门的领导进行国防教育，交通法规、消防安全教育，使学生增强法制意识。每年 3 月，学校都会聘请市消防中队来校宣传消防知识并进行消防演习。每年新学期开学，学校都要进行为期三周的军训，使学生尽快适应紧张、严谨的校园生活。每年 9 月，学生到德育基地进行为期 1 周的驻训，体验真正军营生活，在与战士们的共同生活中寻找差距，寻求提高。

第四，注重对学习有困难的学生和行为有偏差的学生的帮教工作。一方面，利用一月左右的时间梳理初中学段的主要课程，查漏补缺，利用一切可以利用的现代化教学手段，最大限度地激发学生的学习热情，扭转学生的厌学情绪，尽可能使其学有所得；另一方面，建立行为偏差生档案，以班为单位，班主任与任课教师互相配合，使学生每日的行为始终处于老师的监督、教育之下。学校的帮教生转化率达 90% 以上，连续多年未发生违法事件。

第五，深入开展国情教育，培养学生节约资源的意识，建设节约型校园。我们引导学生从身边的小事做起，节约每一粒粮食、每一张纸，倡导学

生崇尚节俭、合理消费，让学生形成文明、节约的行为习惯，共同创建节约型校园。

第六，由政教处牵头，狠抓远离毒品的教育的落实。每年 6 月 26 日的国际禁毒日，学校都积极开展禁毒宣传，制作宣传展板，帮助学生识别毒品，认清危害，构筑拒毒心理防线，避免悲剧的发生。德育课教师组织讲座，用课堂教学的主渠道加强宣传，进一步增强了学生远离毒品的意识。

第七，认真开展社会主义荣辱观教育。2006 年 5 月中旬至 7 月中旬，全校开展了以学习实践"八荣八耻"为主要内容的社会主义荣辱观主题教育活动。活动以"知荣明辱、爱党爱国"为主题，坚持党建带团建，以理论学习为基础，以主题实践活动为载体，并根据学生的不同活动场所，制订了荣辱观教室篇、宿舍篇、食堂篇、校园篇，规范学生在不同场所的行为。6 月，全市荣辱观万人现场会在大同二职中召开，市委领导亲临现场，扎实推进荣辱观教育，活动取得了良好的效果。

第八，利用各种机会对学生进行艰苦奋斗、集体主义教育。学生利用课余时间清扫垃圾，平整校园，种树栽花。建校劳动中，学生不怕苦、不怕累、团结友爱、互相帮助，组与组、班与班、年级与年级之间展开竞赛，班级凝聚力得到了加强，校园面貌也焕然一新。学校重视劳动教育，多次参加全市公益劳动，在"爱我大同，美化古城"活动中，承包了迎宾路、解放南路、大庆路三条大街的绿化任务。在"文明进社区"青年志愿者活动中，学生到公交总站、居民小区多次开展服务活动，为社会积极作贡献。

2. 以活动为载体，推动校园文化健康发展

陈大勇校长认为重大节日是重要的教育契机，因此他要求有关部门以重大节日、纪念日、班团校会等为主线，做到班团周周有活动，学校月月有活动。日讲评、国旗下演讲、周四电影伴青春成长、校运会、红五月歌咏比赛、校园文体节、迎新卡拉 OK 大赛等主题活动已成为学生校园生活不可或缺的一部分，收到了很好的效果。大同二职中的升旗仪式特别隆重，学校建立了班级轮流升旗制度，每周由一个班的学生组成护旗队并担任升旗手，每一位学生都参与升旗，感受庄严与神圣，增强班级凝聚力和荣誉感。通过在"国旗下演讲"的形式，师生同台抒发感言，树立爱国主义和集体主义观念。

寓教于乐，积极开展第二课堂活动。陈大勇校长多方物色人才，先后组建了声乐队、军乐队、绘画组、书法组、广播站、通讯报道组、篮球队、健美操队、体育运动队等兴趣小组，在设备、经费、场地、指导教师方面给予

保证。学生社团异彩纷呈，青春风铃校园广播站、街舞队、军乐队、体育队等社团常年活动，关注学生的思想动态，丰富了学生的课余文化生活，形成了厚重的校园文化积淀。学校体育队从 2008 年开始，连续三年在市运会上取得中专组团体第一的骄人成绩，有 145 人次取得名次，其中贺剑等 24 名同学包揽 37 项赛事的冠军，35 人次破 18 项市运会记录。

3. 以课程改革为契机，将教书育人落到实处

陈大勇校长认为，在实施德育的过程中，应该充分利用课堂教学的主渠道，以各科教材为载体，使德育内容分层次、分阶段，有机、有序地渗透到课堂教学中去。学校制订了《大同市第二高级职业中学校课堂教学渗透德育的实施方案》，做到"三定四有"。结合专业特点及学生实际，制订出以"诚信、敬业"为重点的三段式的职业道德教育方案（高一年级开展爱职中、爱专业、学好技能、贡献社会的教育，心理健康教育以及择业观和职业人格的教育，高二年级开展素质教育和成才教育，高三年级开展就业、创业的思想指导和就业技巧等方面的教育），帮助学生树立竞争意识、创新意识、创业意识，为顺利就业铺平道路。

为使德育渗透工作有效落实，陈大勇校长要求在评课、听课以及教案的检查评比中都必须体现思想教育，并将思想教育列为优质课、优秀教案、年终评先的重要条件。近几年，各任课教师认真落实本学科的德育任务和要求，寓德育于各科教学的内容和过程中，实现教书育人的目标。在 2007 年的全市德育渗透赛活动中，大同二职中参赛的两位教师全部获奖，还有部分同志撰写的有关如何在课堂中渗透德育的论文被收入省级以上论文集。2008年，我校 3 名教师参加"北方投资杯"青年教师素质展示大赛，获团体优秀奖，1 人获一等奖，2 人获个人优秀奖，学校德育工作进入了良性循环、健康发展的"快车道"。

4. 实施环境育人，拓展教育空间

育人环境是对学生潜移默化地进行教育的阵地。陈大勇校长十分重视育人环境的建设和改善。现在的二职中，校门大气美观，校园整洁优美；各种花草树木使校园四季常青；板报、名人像、格言等都成为校园的一道靓丽的风景线。良好的校园环境为学生营造了一个良好的学习氛围，学生在这个环境中能够健康、全面地发展。学校还建立了荣誉室、校医室、阅览室、广播室、宣传栏、教室黑板报、宣传橱窗等育人阵地，陶冶学生情操，塑造学生灵魂，使校园文化向着健康、高雅的方向发展。此外，学校还优化精神环

境，实施情感育人，加强与后进生、学习有困难学生和单亲家庭学生的情感联络。学校要求教师要用科学的方法、适当的方式教育学生，缩短与学生的距离，以美好的人格力量影响学生，成为建设良好校风的载体。还根据职高学生的特点，把大同市革命烈士陵园、大同煤矿展览馆（"万人坑"）、大同干休所、大同博物馆作为学校的德育基地，每年都充分利用这些德育基地开展活动。每学期都组织学生进行丰富的社会实践活动，如到大同博物馆、大同二电厂、大同齿轮厂参观，进行"爱我家乡，美化环境"的教育。2007年，学校荣获"山西省中学生暑期'四个一'社会实践活动优秀组织奖"。学校与市武警支队结成共建对子，组织学生深入军营，参观部队荣誉展览，请老红军、老八路来校做报告，让学

2010 年校园歌手大赛

生了解我党我军发展壮大的光辉历史和革命优良传统。大同二职中每年都积极参加市里组织的社会实践活动，以使学生开阔视野、锤炼思想。2008 年 6 月，学校组织 500 名学生参加奥运安保志愿活动及大同市奥运火炬传递工作，展示了学校风采，受到组织者及沿途群众的一致好评。

5. 积极资助家庭经济困难的学生，让爱心在校园传递

国家对家庭经济困难学生的资助新政策出台后，学校紧紧抓住这一时机，大力宣传国家政策，及时足额以银行卡形式发放助学金，确保国家政策的严格落实。自开展国家助学金工作以来，学校认真核实每位学生的申请，翔实核对信息，核对受助学生的人数，从未有过弄虚作假，套取财政专项资金或挤占、挪用、滞留国家助学金的情况。2007—2008 学年第一学期，学校资助 629 名贫困学生；第二学期资助 588 名贫困学生；2008—2009 学年第一学期资助 809 名贫困学生；2009 年秋季资助 702 人，共计 52.65 万元；2010 年春季资助 690 人，共计 51.75 万元；2010 年秋季资助 519 人，共计 38.925 万元。与此同时，学校还及时出台配套措施，从 2006 年起按学费收入的 5% 建立贫困生专项基金，通过奖学金、困难补助、学费减免等形式对贫困生进行资助，对来自贫困家庭的学生实行零学费就读，另有数百名学生享受部分减免学费的优惠，两年累计减免学费和其他费用 91.07 万元，发放奖学金、困难补助金 14.7 万元。同时，学校积极申请社会资助，2007 年 12

月，大同市红十字会捐助大同二职中 20 名家庭困难学生共计 10000 元，真正把党和政府的关心落实到每一个贫困学生身上，帮助他们实现求学梦。

四、科研与创新

陈大勇校长十分重视开展德育科研活动，树立了向德育科研要效益的观念。他要求大家自觉学习理论并将理论运用于德育实践，针对新形势下的学生特点进行分析研究，撰写高质量的德育课题报告和论文，形成德育工作特色。

（1）科研引领德育工作。首先在全体干部教师中倡导德育科研，鼓励大家在实践的过程中总结、提升。两年来，学校的德育研究产生了一些好的经验材料、论文、教育案例，同时，已形成了一系列优秀案例、论文等。这些科研成果已在全校进行了推广和再实践。刚起步的德育科研工作已吸引了全校教师的参与，正引领着学校德育工作向着科学化的方向迈进。

（2）推进现代信息技术手段与德育工作的整合。随着学校电教设备的配置和校园网的建立，信息技术手段对我校德育工作的辅助作用越来越大。"校园网"已成为学校德育工作运行的电子模板，7 个版块的设立使工作布置、德育资源共享、工作交流、师生沟通、心理咨询、团队工作有了便捷而人性化的平台。各版块以直观、大容量的信息为主，提高教育效果，取得了现代信息技术手段与德育工作整合的极佳效果。

（3）重视经验交流。通过每周一次的班主任研讨会，针对新时期学生工作的新特点，学生生理、心理发展的新变化，摸索工作的新思路、新方法、新对策。学校组织班主任交流学习，开展阶段性的座谈交流、主题班会、德育示范课交流、切磋性交流、考察性交流、结对子互补性交流，收到了一举多得的效果。

五、打造德育品牌，形成德育特色

陈大勇校长认为，德育工作是一个系统工程，是一个逐步完善和发展的过程，因此必须选择有效的工作突破口，从最容易操作和见实效的方面着手。学校在突出学生的日常行为规范养成教育、心理健康教育及网络德育的基础上，确定了三个较现实的着力点，并且取得了显著的成效。

1. 认真开展心理健康教育，促进学生健康成长

让每一个人都能够幸福地度过一生，是职业学校不断推进道德教育的出

发点和归宿。针对学生在学习、生活、升学、择业中的常见心理问题，陈大勇校长在 2003 年就力主学校开展心理咨询辅导，在学校设立了心理咨询室，开办了心理咨询信箱。两名教师获得国家二级心理咨询师资格证书，编写出校本心理健康教育教材，2006 年，咨询室被评为"山西省优秀心理辅导中心"。学校组织专职心理辅导教师解决学生的心理困惑，教学生学会分析心理困惑，使学生的心理矛盾得到正确疏导，从而培养他们坚韧不拔的意志和艰苦奋斗的精神，增强他们承受挫折、战胜困难、适应社会生活的能力。学校还创办了《心理导航报》，针对心理健康教育方面的问题为学生答疑解惑。各班选了心理委员，制订了心理委员职责，并建立了班级心理委员负责制。学校组织了心理健康社团——"砺心社"，使心理健康教育更直接、更有效。2008 年，学校又将心理健康教育纳入课程，系统地对学生进行心理健康指导，使心理健康教育由点到面全面铺开，效果显著。班主任、任课教师树立"转变一个差生比培养一个优生更光荣"的观念，建立"问题学生"帮教制，采取承包帮教、协助帮教、跟踪帮教及心理咨询、心理矫正等方式，帮助学生解除心理障碍、化解心理压力，使其最终成长为一个人格完善的人。

2. 落实养成教育，夯实德育基础

养成教育是职业学校德育工作的基础工程，陈大勇校长始终把学生的行为规范养成教育作为培养高尚的道德情操、文明的行为习惯的基础工作来抓，通过对学生进行有目的、有计划、有组织的教育训练活动，使学生人人举止文明、个个行为规范。

首先，抓好"严"字，分层推进。为确保行为规范养成教育的实效，学校结合各年级学生行为规范的具体特点，分层次、分阶段、有侧重地制订养成教育的训练要求和评分标准，还特别强化对学生一日生活常规的严格考核，制订并实施了中层以上干部、政教人员、教务人员、值班人员、生活教师考勤制度和班主任周查一次宿舍制度，并建立了立体网络监控机制。同时，加强学生的自律组织建设，充分发挥学生的自我管理作用，规范学生的言行。我们还在全校学生中开展了爱校教育活动，树立了"二职中是我家，环境靠大家，爱校如家"的意识，并通过学生会让学生管理学生，启动了班干部培训工程，设立了文明礼仪岗和文明监督岗。文明礼仪岗在校门口执勤，检查学生的仪容着装、行为规范等的落实情况；文明监督岗在教学楼各层执勤，检查学生的日常行为、环境保洁，通过自治，力争做到要求明确、责任明确、制度明确。通过严格的管理和有序的引导，我校学生的自主意识

大大增强，养成了良好的行为习惯，全校掀起了争创文明班级，争当文明学生的热潮。

其次，突出"实"字，量化考核。在贯彻落实德育工作条例时，始终做到公平、公开、公正，严格按照制度和条例对班级和个人进行考评，每周将学生考核结果反馈到班主任手中，协助班主任及时了解学生的情况，有针对性地处理问题。班级考核结果直接与班主任津贴，优秀班主任、先进班集体的评选挂钩，同时，学校也建立了值班人员、生活老师考评制度，严格规范责任人员行为，每月公布班级量化考核结果，促进班级工作顺利进行。学校现在基本做到"三有三杜绝"，即学生形象有标准、待人接物有礼貌、行为举止有规矩，校园内杜绝痰迹、杜绝纸屑杂物、杜绝胡写乱画。校园环境整洁，教学工作有序，赢得了社会的好评、家长的赞扬、学生的认可，全校的文明建设上了一个新台阶。

第三，坚持"恒"字，常抓不懈。良好的行为习惯的培养，要靠常抓不懈、持之以恒。学校几年来始终坚持以主题月（三月文明礼貌月、四月文体月、五月技艺月、六月纪律月、七八月社会实践月、九月尊师重教月、十月艺术月、十一月安全法制月、十二月健康月）活动为主线，宿舍比作息、食堂比爱惜、校园比秩序，将德育工作贯穿于整学年的学校管理工作中，确保月月有主题、周周有安排，大大提高了德育工作的针对性、实效性。

3. 创建网络绿色通道，开辟校园德育新阵地

在校园网站的管理上，陈大勇校长要求规范上网内容，充分发挥其思想道德教育的功能，加强网上正面宣传，为广大中职学生创造良好的网络文化氛围；教育学生自觉遵守网络法规及有关规定，文明上网、依法上网；要求有关部门密切关注网上动态，了解学生的思想状况，加强与学生的沟通与交流，对上网成瘾的学生要及时发现，热情帮教。学校开办"绿色网

学生赵宇在第四届山西省
职业技能大赛中获烹饪一等奖

络俱乐部"，在2009年德育示范校验收过程中受到省专家组的一致好评。此后，学校不断进行创新，充分发挥校园网络的优势，用丰富的德育内容，将网络转化为培养学生健康成长的前沿阵地。一是通过网络对学生进行日常教

育和管理；二是利用网络建立个人德育板报；三是利用网络多媒体技术定期对学生进行思想品德教育；四是建立辅导员信箱，解决学生的思想问题；五是让学生在教师监控下在学校机房绿色上网；六是教育学生自觉遵守互联网道德规范，抵制不健康网络信息的侵蚀；七是积极联系公安等部门，加强网络监督管理力度，搞好学校、家庭和社会三个环节的配合，让学生在健康、文明的环境中成长，最终让网络充满生命活力，让学校成为生命的乐园。

"树人育人"是教育事业永远的主题。近几年，大同二职中在陈大勇校长的带领下，德育工作已取得较大成绩。学生懂文明，讲礼貌，遵规守纪，校园干净整洁，学校没有发生过一起严重违法事件和伤亡事件，犯罪率为零。学校今后将认真总结经验，提高认识，不断探索德育规律，以强烈的政治责任感和工作责任心，大胆创新，锐意进取，为创建全国德育示范学校而奋斗，努力谱写德育工作的新篇章！

反思拓展

"吾日三省吾身。"反思是教师以自己的职业活动为思考对象，对自己的职业的行为以及由此产生的结果进行审视和分析的过程。德育反思会促使教师形成自我反思的意识和自我监控的能力，能够有效地促进学校的发展和教师专业化水平的提升。德育反思有助于研究、反省、思考、探索和解决自己在教育理念、教育行为等方面存在的问题，从而不断地更新教育观念，改善教育行为，提升教育水平，促进学校发展。在学校德育工作中，要想进一步增强对德育工作重要性的认识、准确把握学校德育工作的现状，需要从以下几方面积极寻求符合学校实际的德育工作思路和方法：

一、德育工作必须戒骄戒躁，要循序渐进、形成合力

培养人良好的品德是德育的本质和目的，是素质教育的首要任务。在人与人交往的过程中，客观的交往关系和社会关系会不断向人们提出新的要求，这些要求与人们目前所达到的道德水平、道德境界之间的矛盾，就成为推动人们进行自觉道德活动的动力。矫正一个不良习惯不是三天两日的事，需要我们做持久的工作。有些教师比较性急，总想三下五除二就解决问题，其实高压之下，学生暂时按老师的要求做了，那也只能称为行为，不能算习惯，如果想起来就管管，想不起来就算了，习惯是养不成的。"习惯成自然"

是需要时间的。我们的工作必须一竿子插到底，切不可"前紧后松""一曝十寒""三天打鱼，两天晒网"，只有不怕反复，持之以恒地对学生进行规范训练才能收到实效。因此，作为德育双主体的教育者和受教育者，可以通过自身的德育反思，提高自身的素质能力并产生互动影响，以实现共同进步、共同发展。作为德育主阵地的学校，通过构建德育反思体系，可以实现德育的循序渐进、螺旋上升、前后衔接、协调一致、形成合力。

二、德育工作必须有高品质的载体，寓教于乐

德育途径是教育者从事德育工作、开展德育活动所凭借或创设的空间、领域或载体，是实施德育的渠道。从具体类别看，学校德育途径有课程类，如专门的德育课程和各科教学；有实践类，如党、团、队、学生会、社团等；有环境类，如学校、家庭、社区的文化氛围；有管理类，如学校、年级、班级德育管理、家长学校和社区教育委员会等；有传媒类，如校园广播、校刊等。作为教育实施者的教师，在深入研究和认识德育途径之间的联系以及德育内容与德育整体的联系的基础上，将各条德育途径横向贯通，纵向衔接，并不断进行德育反思，可以形成教育合力，增强育人效果。德育方法的整体性体现在德育途径的整体性中。如果教育者经过德育反思，使用不同的教育方法使学生理解、掌握德育内容，并促进学生将道德认识和谐地转化为道德实践能力，将有利于增强德育工作的针对性、主动性、科学性和实效性。每一次成功的活动，都是对学生进行心灵洗礼的过程。

三、德育工作必须整章建制，要有章可循、违章必究

德育工作是学校的首要工作。一要在德育领导班子建设上坚持"校长负责制"，充分发挥党政协作的作用，重大事情党政集体商定，教职工大会讨论通过，最后形成决议贯彻实施。注重理论水平和业务素质的培养，坚持正人先正己，定期召开民主生活会，查漏补缺，共同提高。二要强化学校常规教育制度管理，充分发挥三个工作实体的教育管理作用，即以政教主任为核心的德育管理实体，以专业组组长为核心的专业管理实体，以班主任为核心的班级工作实体，逐步形成纵横交织的过程管理模式。政教处要分工明确，任务清晰，管理到位，要组织好学生会、团委干部和值周生检查组，全面、公正、客观地进行德育管理；各年级组要充分发挥年级组的实体作用，把握年组德育工作侧重点，增强级部管理的活力；各班级要重视优良班集体建

设，形成良好的班风、学风。三要营造"全员育人"意识，强化全员育人机制。实施爱心工程，落实责任教师制度，即要求每一位非班主任教师除了正常的课堂教学任务外，还分别承包任课班内高中低不同层次的 3 名学生，承担和扮演起四种角色：父母——生活上体贴关怀；良师——学习上鼓励指导；益友——平等相处，促膝谈心；心理医生——多沟通引导。研究学生存在的问题，写教育札记，研究教育方法，总结教育规律，提高教育能力，有效实施教育，把全员育人做到实处。四要实施教师首遇制，即教师对要帮助的学生或确定要教育的学生在遇到的第一时间内努力解决他们的问题，并及时与相关老师沟通，真正践行师德规范，为学生的健康成长创设良好的"德育场"。大同二职中在规范教师队伍的同时，还制订和完善了《学校德育工作细则》等 100 多项规章制度，将德育考核与教职工晋级、职称评聘、年终评优挂钩，调动广大教职工的积极性，奖勤罚懒，促进工作，形成了德育管理的整体效应，保证了德育工作有章可循，使学校的德育工作走上了制度化、规范化的轨道。

四、要舍得投入，满足德育工作的需要

学校德育经费投入的范围，包括对学生进行德育的教学、管理和日常德育活动两部分。教学、管理经费投入包括德育课教学、德育专职教师的培训提高、社会考察与调研、有关教研室的业务条件建设和图书资料购置、德育科研。日常德育活动经费投入包括对学生的日常思想教育、假期和课余时间组织的学生社会实践、大型德育活动以及用于学生和德育队伍表彰奖励等所需的经费。学校应把建设适应学生全面发展的现代化德育设施、设备和活动场所、基地纳入总体建设规划，并从基本建设费和设备费中给予保证。

五、德育反思的方式必须与时俱进，必须持之以恒、坚持不懈

学校成立了以校长为首的德育工作领导小组。德育工作领导小组在制订和实施学校德育、体育、美育工作计划时，在统筹规划和领导学生德育的各项活动，探索改进德育工作的内容、途径和方法时，在对教育工作队伍聘任、培养、考核时，在举办家长学校、开展社区活动时，时时会遇到新情况、新问题，因此，必须积极主动地进行德育反思，以校正德育发展方向，做到"科学执政"。同时，要对德育反思的方式进行创新：一是学校领导要记好"反思本"。中层以上干部每人要备一本"反思本"，根据教育效果，结

合理论学习和同事的评价，把教育过程中的得失上升到理论层面，进行深刻的反思，写出反思心得，提高自己的反思能力。二是部门定好"回顾日"。每周五，学校各部门集体回顾本周的教育情况时，要虚心听取教师和学生的意见，要及时记录，为部门反思提供资料。三是班主任做好班级反思。班主任需要不断进行德育反思，依据不断变化的学生和班集体实际，修改培养措施，校正培养目标，开展班级活动，进行常规教育。四是教师写好"教后记"。教师每完成一次教育，将教育过程中达到预先设计的教育目标、引起教育共振效应的做法，教育中临时应变得当的措施，某些教育思想方法的渗透与应用，对教育学、心理学中一些基本原理使用的感触，教育方法上的改革和创新等，详细得当地记录下来，供以后教育学生时参考使用。即使是成功的教育也难免有疏漏失误之处，对它们进行系统的回顾、梳理，并对其作深刻的反思、探究和剖析，使之成为今后开展工作的第一手借鉴资料，就会使自己的教育理论不断升华，教育水平不断提高。

总之，德育反思是一种隐性的教育资源，教师只有对自己的教育有了反思能力，才能促使自己的内在品质有所提升。学校德育工作只有不断反思才能与时俱进，探索出新的有效德育途径，驶向成功彼岸。

专家点评

坚持德育为先，需要通过加强对德育的领导与管理予以落实。

加强对德育的领导与管理，要求一校之长能真正认识德育的重要性。《中等职业学校德育大纲》规定学校实行校长负责的德育工作管理体制，明确了校长在中等职业学校德育工作中的地位和作用。大同二职的陈大勇校长，认为德育是实施素质教育的灵魂与核心，秉持"为学生的生存与发展奠基"的办学理念，把德育作为学校的基础建设工程来抓，以诚信教育、感恩教育、法纪教育、奉献教育、敬业教育为重点，以心理健康、养成教育、网络绿色通道为特色，从领导理念上保证了"德育为先"的落实。

加强对德育的领导与管理，要求学校建立配套的管理、激励制度。学校既制订了与教职工晋级、职称评聘、年终评优挂钩的德育考核制度，又制订了从综合素质评价、学生奖励到生活常规、纪律考核以及家长委员会工作实施纲要等百余项规章制度，奠定了德育工作制度化、规范化的基础，实现了用健全的制度规范人。

加强对德育的领导与管理，要求形成整体合力，有一支懂理论、善实践的教师队伍。学校建立了"学校——家庭——社会"相结合的管理网络，建立了"学校——专业组——班级"的三级管理体制，通过理论培训、内外交流、科研创新、表彰激励等多种方式，引导教师树立正确的观念，掌握科学的方法，使德育工作队伍素质不断提高，实现用正确的思想引导人。

加强对德育的领导与管理，要求做好德育内容系列化工作。学校梳理出分阶段、分层次、分对象的德育内容，拓展教育资源，开展学生喜闻乐见的德育实践活动，实现用丰富的活动塑造人。

加强对德育的领导与管理，要求在人、财、物上舍得投入。学校在校园文化建设上，在德育活动开展、德育工作队伍培训等方面，都给予了人、财、物的保证，使环境育人、活动育人有了物质、经费保障。

善于反思，也是大同二职德育工作的重要特色。通过反思、提炼、升华德育工作的成功经验，诊断、发现德育工作存在的问题，是德育工作创新的源泉。希望干部的"反思本"、部门的"回顾日"、教师的"教后记"，能使大同二职的德育工作发挥更大的作用。

（点评：蒋乃平　杜爱玲）

培养具有『城市化意识』的新人
——广东省佛山市顺德区陈村职业技术学校

名校／名校长简介

　　彭志斌，男，1957 年出生，广东省佛山市顺德区陈村职业技术学校校长，大学本科毕业，中学数学高级教师。彭志斌同志从事教育工作 34 年，其中担任校长职务 17 年，他勇于开拓创新，先后参与创办了两所中等职业学校和一所普通中学，对学校管理，特别是中等职业学校的管理有一定的研究，开创性地提出中职教育的新理念——"城市化意识"教育，这一理念影响辐射到全省乃至全国。"城市化意识"教育主要包括教学生"学会做人，学会做事，学会发展，学会创新"，推广精细德育，走出了一条德育工作的新路，培育了社会需要的新人。

　　近年来，彭志斌同志主持了 6 项国家级科研课题、1 项省级德育重点课题和 1 项市级立项课题，主编了 2 本科研专著和 4 部教材，独立撰写多篇论文发表在国家级、省级刊物上。彭志斌同志现任广东省教育学会中小学德育专业委员会第三届理事会理事、佛山市职业教育学会常务理事、广东省教育厅中等职业学校评估专家组成员（担任组长），并被聘为广东省中职教材编写委员会副主任、西安电子科技大学出版社中职系列教材专家评审委员会主任、广东技术师范学院职业规划研究所兼职研究员。2001 年以来，彭志斌同志先后被评为顺德区教书育人优秀教师、顺德区优秀校长、顺德区优秀党员、佛山市先进教育工作者、佛山市名校长、全国创新型校长。

核心管理思想

联合国 21 世纪教育委员会提出的"学会求知、学会做事、学会共处、学会做人"成为近年来上百个国家教育发展的借鉴思想。作为一个三十多年来奋斗在教育第一线的中职学校管理者，彭志斌校长对这"四个学会"深表认同，但结合中国教育的现实，结合中职学校的实际，彭校长认为"学会做人、学会做事、学会发展、学会创新"更贴近现代社会发展的需要，更应该成为现代中国教育的培养目标。

"学会做人"是核心，也是教育的终极目的。人，从本质上讲是社会的人，只有学会了做人才能立足于社会，才能成就事业，才能最终实现自己的人生价值。做一个爱国、爱集体、爱家乡的人，做一个勇于追求真理的人，做一个有人格、诚实守信、遵纪守法的人，做一个善良、文明礼貌、谦虚谨慎的人，做一个宽人律己、负责任的人……只有这样，才能真正成为社会主义现代化建设事业的接班人。

"学会做事"是根本。学会做事，也就是要学会在一定环境中工作、生活，善于应付各种可能出现的情况。学会做事的能力，不仅指要学会实际动手操作的技能，更重要的是指要具备一种综合的能力。它强调的是人的整体能力的培养，这种能力能应对各种情况，它比学历更重要。学会用科学的态度和方法做事，学会勤勤恳恳、认真细致、持之以恒地做事，学会分清轻重缓急做事……只有这样，才能真正成为社会主义现代化建设事业的建设者。

"学会发展"是关键。社会环境总是不断发展变化的，要学会适应环境以求生存，改造环境以求发展。一个人要立足于社会，要实现有价值的生存和发展，就必须充分开发潜能，发展个性，提高素质，增强自主性、能动性。

"学会创新"是倡导。一个社会没有创新就没有发展。当今世界，科技创新能力成为国家和地区竞争力的决定性因素，因此，增强民族创新能力是关系中华民族兴衰存亡的大事，而教育在培育民族创新精神和创造性人才方面肩负着特殊的使命。培养学生的创新精神，开拓学生的创新思维，发展学生的创新能力，是今天教育所面临的迫切任务。

学会做人、学会做事、学会发展、学会创新这四者不是各自孤立的，而是辩证统一的。学会做人可以获得学会做事的机会，学会做事可以提供学会做人的舞台；学会做人可以指导学

"城市化意识"礼仪授带仪式

会做事，学会做事可以体现学会做人。在发展中创新，在创新中发展，学会发展和学会创新两者相辅相成、相互促进。"四个学会"中，前二者是基础，后二者是提升，四者之间有一个逐层提升的关系。

在学会做人、学会做事、学会发展、学会创新的教育思想支撑下，面对当前城市化的快速推进，学校提出了"城市化意识教育"的中职德育新理念。

提到城市化，人们首先想到的是物质层面上的城市化，如城市户口、城市空间、城市建筑、城市环境等方面，而忽略了一个问题，那就是精神层面上的城市化。其实，城市化的内涵除了人口的城市化、非农产业的集中、生活空间的转变外，更为重要的是观念意识的转变，也就是城市的思想、城市的观念、城市的意识、城市的生活方式的转变。

一般而言，物质层面上的转变可以很快实现，而精神层面上的转变却是一个缓慢的嬗变过程，有时甚至要经过几代人的努力才可以达到。如何寻找一种有效的途径和方法来提升人的意识，从而缩短精神层面转变的时间进程，并尽量使之和物质层面的转变进程相一致呢？学校教育应是这一转变过程的最直接、最有效的途径。

从某种意义上说，乡镇中等职业技术教育是学生由乡村走向城市的教育通道，因此，教育一批批由乡村走向城市的农民子弟、培训一批批城市劳动大军就成为职业教育不可推卸的责任。在乡镇中等职业技术学校开展"城市化意识教育"，是为培养具有"高素质、高品位、高度文明、高尚道德"的现代城市新人而实施的特色教育。

"城市化意识"必然包括做人、做事意识和发展、创新意识。学会做人、学会做事、学会发展、学会创新是"城市化意识"教育的内核，"城市化意

识教育"是"四个学会"富含时代特征的表述。

实践应用

一、走新路，育新人——对职校德育工作的探索

彭志斌校长从事教育 34 年，担任校长 17 年，千回百转之中，他好像总跟职业教育有不解之缘。从在广东省乐昌市中等职业学校担任副校长开始，他中途调转几个中学，最终，从 2001 年 7 月起扎根佛山市顺德区陈村职业技术学校，担任校长至今。

作为一名教师，最大的幸福莫过于看到学生的成长；而作为一名校长，最大的幸福莫过于看到学校的发展。校长，是学校发展的引路人，有什么样的校长，就有什么样的学校。彭校长想，既然政府和人民相信自己，委自己以重任，那自己就必须尽最大的努力把学校办好。

2001 年 7 月，经过竞聘，彭志斌被聘任为陈村职业技术学校校长。中职教育在当时还处在发展的初始阶段，各方面都不能与普通中学同日而语。当时的佛山市顺德区陈村职业技术学校建校才 8 年，学生不足 1000 人。怎样才能把这样一所镇属职业学校办好，使它真正为陈村经济发展服务，真正成为让陈村人民满意的教育呢？这是彭校长心头思索的问题。

二、"城市化意识"教育理念的诞生

意识决定态度，态度决定行为。彭校长受到社会经济发展的触动，提出了"城市化意识"教育的办学理念。

（一）社会蓬勃发展的态势

城市化是人类社会发展的一条客观规律，从农业社会走向工业社会，从乡村文明走向城市文明，是人类社会发展的大趋势。从某种意义上说，人类文明史也是一部城市发展史和城市化进程史。身处珠三角腹地，彭校长亲身感受到了中国经济的飞速发展，感受到了城市化的进程。进入 21 世纪，我国城市化进入了发展的快车道，至 2008 年底，我国城镇人口突破 6 亿，城镇化率达到 45.7%，形成建制城市 655 座，其中百万人口以上特大城市 118 座，超大城市 39 座，千万人口以上的超大城市 4 个。与 2000 年相比，我国城镇人口增加了 1.48 亿，城镇化率提高了 9.46 个百分点，年均提高 3.78

个百分点，城市化发展异常迅猛。

但什么是真正意义上的城市化呢？彭志斌校长认为，高楼大厦、大型超市和人口的集中居住还不是真正意义上的城市化，城市化还必须有人的观念、意识的转变，人的综合素质的提高。一般而言，城市的规划、建设随着经济的发展是可以得到快速实现的，但人的意识观念的转变却是一个缓慢的嬗变过程，有时甚至要经过几代人的努力才可以达到。

（二）中职教育的必然走向

职业教育是密切联系社会发展实际的教育。社会的城市化，必然要求职业教育与之相匹配。中职教育直接担负着向生产一线输出合格技术人才的职责，担负着培养大批城市公民的职责。中职教育要服务经济社会，要走可持续发展之路，就必须适应社会城市化的发展。

陈村职校地处珠江三角洲，是一所镇属中等职业学校，同时也是镇属成人文化技术学校。彭校长认为，城市化进程反映在教育上主要有两大任务：其一，大量农村劳动力向城镇转移，需要教育对他们进行培训，乡镇职业教育和成人教育必须承担起农村劳动力转移的教育培训任务；其二，从农业社会走向工业社会，人的意识也必须从乡村文明走向城市文明，城市化进程不但要实现劳动力的转移，还要改变人的思想观念和生活方式。在这一转化的历程中，中职教育和成人教育必须承担起培养城市新一代公民的任务。

（三）中外文明的巨大反差

顺德区组织校长到英国去培训学习六周。英国是老牌的工业化国家，早在1851年城市人口就超过乡村，在世界上率先实现了城市化。在这里，彭校长原先从国内媒体了解到的英国的绅士文化、文明程度得到了很好的验证。中国是一个有着五千多年历史的文明古国，而国人的不文明行为却随处可见，如随地吐痰、乱抛垃圾、大声喧哗、插队……

偶尔表现得文明有礼并不难，难的是长期保持，更难的是所有人都这么做并形成一种习惯。彭校长开始思考怎样才能培养即将走入社会的生产、管理第一线的技术工人成为高素质的城市新人。

（四）学校德育的有效依托

彭志斌校长从事教育工作30多年，经历过的学校德育概括起来可以划分为以下三个阶段：一是20世纪80年代，中小学德育搞警校挂钩活动；二是20世纪90年代初，中小学德育搞后进生帮带；三是20世纪90年代末，中小学德育提出开展心理辅导工作。这些形式都是适应于当时的需要而产生的，当时都起到了很好的作用，但这几种形式的德育针对的都是个别学生而不是全体学生，所起的作用是矫正缺陷而不是培养素质。

然而，进入了 21 世纪之后，德育工作遇到的最大难点就是既要为学生思想、品德的全面发展打好基础，又要针对学生的实际需要，解决现实存在的问题。从某种意义上讲，德育工作机制既要标准化，又要个性化。因此，一方面要以思想道德建设的基本要求作为基础道德教育的基本内容，另一方面又要针对社会发展和学生普

千人义工宣誓大会

遍存在的各种问题，明确教育的针对性，同时在教育过程中要提出并努力达成阶段性的行为养成目标。随着城市化进程的加快，如何培养现代城市人，是我们亟待解决的迫切问题。学校德育，尤其是中职学校的德育，就更应适应社会需要进行改革创新。

综合以上种种因素，彭校长在 2001 年提出了"城市化意识"教育的职教新理念，在全面推进城市化的进程中，培养学生成为"高素质、高品位、高度文明、高尚道德"的现代城市新人，并逐步构建以"城市化意识"为核心的学生文明素质培养新模式。

《中等职业教育改革创新行动计划（2010—2012）》指出：遵循中等职业学校学生身心发展的特点和规律，拓展德育途径，丰富德育内容，创新德育载体，改进德育工作的方式、方法，增强德育工作的针对性、实效性、时代性和吸引力。现在看来，我校创立的德育新模式就是在经济发达的乡镇地区由农村文明向城市文明转型的过程中产生的，是中职学校培养学生城市文明素质的一种现实选择。

三、德育模式的形成——以"城市化意识"为核心的学生文明素质培养

（一）调查研究——准确定位

有了"城市化意识教育"的理念，但在现实中到底该如何去做呢？彭校长召集学校行政和骨干教师进行研讨，当时大家都觉得这个理念是符合时代

发展要求的，但同时也觉得有点空、有点泛，对到底如何落实到学校的实际工作之中还有点迷茫。经过激烈的争论，校领导最后决定求同存异，先开展调研。学校成立了调查小组，深入村委居委对城市化进程中的农转居的居民人数、就业状况、教育要求等进行调查了解，深入村民、居民中对他们的生存状态（含基本情况、工作和学习情况、家庭和业余生活、思想观念、生活习惯等五大方面 84 个小题）进行调查访谈，共发放问卷 1524 份，收回有效问卷 1306 份；在校内外对中职生的职业理想、学习状况、就业状况、不良行为习惯等进行抽样调查。通过全面深入的调查，我们对"城市化"进程中的中职学校的教育对象和教育内容进行了准确的定位与定性，在此基础上，论证"城市化意识"教育的具体教育内容、所应采取的干预性措施和手段。

（二）宣传发动——广而告之

一种理念要贯彻，一种教育要实施，其首要条件是必须让受众知晓、理解并认同。宣传是开展"城市化意识"教育的有效途径。因而，彭校长通过行政会议进行了统一部署，分校外和校内两方面的宣传，并使之常态化。会后，各部门分头推进，借助校会、讲座、报纸、橱窗、广播、网络等各种途径大力宣传"城市化意识"教育，并通过学部研讨、班级研讨等形式，使"城市化意识"教育深入每一个师生的心中。广泛利用一切媒介，如家长会、报告会、网络、报纸等，不断辐射到社会各类人群中去。今天的陈村，可以毫不夸张地说，上至政府下至村民，都不同程度地了解、认同了"城市化意识"教育。

（三）制订标准——行有准绳

"城市化意识"貌似是一个泛而空的概念。到底哪些意识是城市化意识呢？彭校长认为它应是与"小农意识"相对的一种"市民意识"，应是相对于"农业文明"的一种"工业文明""城市文明"。具体到中职学生，应进行哪些方面、哪种程度的文明意识教育呢？一般性的日常文明素养要具备，中职特色的职业文明素养也要具备。在调查研究的基础上，学校确定了"城市化意识"所应具备的文明素养，有针对性地制订了《陈村职校学生文明礼仪规范标准》，对待人礼仪、会议姿态、卫生保洁、入校下车推行、自行车摆放、课桌凳整齐、校服穿着、工具归位等一系列细节都制订规范标准及相应的检查标准，每个学生对照标准自查自纠，并定期进行自评、他评，最后，这些评价纳入学校的德育考评中去。

（四）强化训练——养成习惯

衡量学生是否具备一种文明素养，不是看其能否偶尔的表现，而要看其能否长期保持，看其能否形成一种自然流露出来的习惯。强化训练是养成习惯的有效途径。

1. 日常行为训练

人的素质体现在日常行为中。仪容仪表、举止言谈、待人接物等无一不体现出一个人的素养。"重细节，养品行"，是我们的德育共识。因此，经过研讨，学校以抓"开口问好"为突破口，以争当班级"文明标兵"为依托，以轮换值班的形式，让学生佩戴绶带迎接教师上下课、上下班，训练学生文明用语，进而延伸到会议姿态、卫生保洁、入校下车推行、自行车摆放、校服穿着等方面，引导学生掌握现代城市的文明礼仪（含仪态仪表、交谈交往、行为规范、家庭邻里相处、社会公共文明、用餐文明等），构建和谐的人际关系。这样，通过长期训练、长期规范，学生的良好行为逐渐形成定式。今天，当你进入陈村职校时，你会看到一道独特的风景：校门口、过道旁、教室前，站有一个个身佩轮值绶带、面带微笑向师生问好的值班学生。

2. 课堂行为训练

要培养学生的文明素养，不能撇开课堂。而中职学校的课堂则有两类：理论课堂和实训课堂。对此，学校相应拟定了一般理论课堂文明和实训课堂文明，制订了相应的文明细节与标准，如课前准备、上下课礼仪、上课纪律、工具的归位等，并日复一日地进行严格、规范的训练，让学生养成习惯。通过班级课堂评比、课堂文明标兵的评选，进一步促进学生课堂文明行为习惯的养成。现在，无论你何时巡视课室、实训室，都会看到一排排整齐的课桌凳、一本本整洁的记录本……

3. 各项活动训练

活动，既是教育的载体，更是教育的良好途径。一次活动就是一次学习的机会、一次锻炼的机会、一次教育的机会。

一般而言，一个学校的活动可以分为固有的文化传统活动（如法定节假日的相应教育活动）、适时的社会教育活动（如赈灾捐助、时事评述、改革开放三十年、奥运会等）、临时的各项事务活动（如教学开放日、奖教奖学典礼、接受上级的各种检查、承接各级相关会议、迎接各种参观交流活动等）、正常的各项课外活动（如课外兴趣小组、义工服务、艺术节等）。以前，各类活动都是孤立的、零散的，能不能把这些活动梳理一下，贯穿起来，进行科学有序的安排，从而达到教育的高效益呢？

鉴于以上思考，在"城市化意识"教育的理念的指导下，我们结合时令传统、社会时事、教育需求，把一年的德育目标分解为 11 个与生活密切相关的主题：1 月份为"责任、奉献与城市化意识"、2 月份为"安全法纪与城市化意识"、3 月份为"文明礼仪与城市化意识"、4 月份为"创业实践、职业规范与城市化意识"、5 月份为"科技、艺术与城市化意识"、6 月份为"读书、网络与城市化意识"、7—8 月份为"社会实践与城市化意识"、9 月份为"荣辱观与城市化意识"、10 月份为"爱国与城市化意识"、11 月份为"健体与城市化意识"、12 月份为"感恩、励志与城市化意识"。开展主题教育月系列活动，发动全员参与。每次活动都有实施方案，有实践过程，有总结表彰。

如 1 月份开展的"责任、奉献与城市化意识"主题月活动，通过墙报、黑板报、网络等宣传图片和文字使学生认识责任的重要性；利用国旗下的专题讲话让学生明确当前自己的责任所在；举办"责任、奉献"为主题的讲座、征文和演讲，让学生深刻感受责任和奉献的意义。在潜移默化的教

线切割实习

育和引导下，学生的责任意识和奉献精神逐渐形成，并能付诸实际行动。近年来，我校无偿献血的人数逐年增多，占全镇教育系统无偿献血的 80% 以上。

如 4 月份开展的"创业实践、职业规范与城市化意识"主题活动，通过开展职业生涯规划设计、职业生活摄影、"我爱我的专业"征文、"创业之星"征文等比赛活动，进一步强化学生的职业意识、职业理想、职业道德，引导学生努力按照即将从事的职业对从业者的要求提高自身素质。通过举办"增强创业意识，树立创业精神"的校园义卖活动，引导学生从身边的事例中理解"三百六十行，行行出状元"的真谛，在训练自己适应社会、融入社会的能力的同时，深入了解职业、社会，增强创业意识，树立创业精神。

因为活动有一定的时间周期，而且年复一年持续进行，保证了教育时间的长度，保障了教育的强度，也就保证了教育的效度和信度。久而久之，教育就会出成果，学生就会形成习惯性思维、习惯性行为。

四、模式的提升与发展——校园文明、精细文化的形成

（一）课题研究——提升理论水平

1. "城市化意识"教育办学模式的实践研究

在推行"城市化意识"教育的实践过程中，学校也遇到了困惑：这样做是不是科学的？它有理论支撑吗？如何形成一种有效的模式？它的价值到底有多大？我们渴望有一个新的视野、新的高度。

事有凑巧，广东技术师范学院高教职教研究所所长刘合群教授来学校讲学，发现这是一所管理科学、建设优秀的学校，并形象地将学校称为"一片废纸也看不到的学校"。他极其赞赏学校的"城市化意识"教育，认为这是中国职业教育的新理念，建议学校申报课题深入研究，进一步提升理论高度。

因此，学校在 2002 年进行了"城市化意识"教育的课题立项，首先以德育为切入口进行研究，取得了良好成效。为了更好地搞好此项研究，2004 年学校向区申报课题立项，由德育向教学、实训、科技创新、就业创业等多方面进行推广，逐步将理论提升为一种教育模式。2005 年，学校的科研专著《城市化意识教育新理念》由暨南大学出版社出版发行。2007 年，学校德育项目《以"城市化意识"为核心的学生文明素质培养模式研究》获首届广东省中小学德育创新奖评选一等奖。从此，"城市化意识"教育研究迈向深入……

2. 精细德育：职校生文明行为养成模式的研究

在实践"城市化意识"教育的过程中，我们意识到，德育，应是"城市化意识"教育的主阵地，而学生文明行为的养成则是最终目的。期间，我们注意到了"精细化管理"理念，深入了解其内涵之后，认同它"规范学校日常管理，明确管理目标，细化管理单元，改进管理方式，确保管理高效准确到位，提升学校工作的效率和管理水平，形成带动学校良性发展的健康机制"的理念，因而决定在我校引入"精细化管理"，并将其和"城市化意识"教育相融合，移植到德育管理之中。

其时，学校邀请到了广东省中小学德育研究与指导中心研究部主任李季教授来我校开展德育讲座，指导德育工作。交流之后，学校开展"精细德育"的想法得到了他的高度认同，他大力支持学校开展德育科研，建议将"小细节，大德育"的理念纳入"城市化意识"教育之中。

经过思考研究，2009年3月，学校决定申报"精细德育：职校生文明行为养成教育模式研究"的科研课题，该课题当年被批准为广东省2009年德育实验研究重点课题，成为顺德区中职学校中唯一的省级德育重点课题。该课题于2009年开题，2010年3月22日，全镇举行了"精细德育"的研讨活动，2010年9月9日，学校召开了中期研究研讨会。截至目前，"精细德育：职校生文明行为养成教育模式研究"一直在深入推进之中。

（二）积累沉淀——打造文化

一般来说，学校的发展可以分为规模发展、内涵发展、特色发展和文化发展四个阶段，规模是基础，内涵是核心，特色是优势，文化是价值观。一个学校发展的最高阶段是文化发展，也就是具有自己独特的文化理念，具有学校的教育传统。学校在2004年以前可以说是致力于规模发展，2005年至今可以说是致力于内涵发展和特色发展，今天，我们的目标是向着文化发展的方向努力。

校园文化是经过长期积累与发展而逐渐形成的校园特定环境中的群体文化，它从产生之日起，就是一种有目的、有意识的追求。陈村职校办学历史只有十几年，但校园文化建设却一直是工作重点。在"城市化意识"教育理念和"精细德育"的实践中，学校追求、打造文明、精细的校园文化内核。

1. 校园物质文化

校园物质文化是校园文化的固化有形载体，是学校在发展过程中积累的物化形式存在的总称。在校园文化建设中，物质文化建设既是推进校园文化建设的必要前提和条件，又是校园文化建设的重要途径和载体。积极向上的物质文化能使学生在不知不觉中自然而然地受到熏陶、感染或启示，"桃李不言，下自成蹊"，这种影响要比被动接受的教育更为深刻。

随着学校的不断发展，校园物质文化景观内容也应有所扩展，内涵结构也应相应变化。因此，学校的校园物质文化建设紧紧围绕"城市化意识"教育的办学理念，为着"培养高素质、高品位、高度文明、具有高尚道德的现代城市新人"的办学目标，突出"中职"的特点，建设独具特色的校园物质文化：校园环境的建设体现"城

校运会团体操表演

市化"，如环境的绿化、美化、净化，功能区域的规划、校道的命名等；教学环境的布置体现"雅致化"；室、场环境的建设体现"规范化"；橱窗、板报的设计体现"教育化"……处处体现精心、精细，文明、优雅，发挥潜移默化的教育作用。

2. 校园管理文化

校园管理文化是校园文化建设的保障系统。校园管理文化的核心是学校的管理机制和规章制度，由此形成的校风、教风、学风，是校园文化的长期积淀和集中体现。

学校实行精细化管理，构建起四纵十二横（4 个学部纵向负责本学部的教师管理和学生管理，12 个教研组横向负责各学科的教学、教研工作）的"网络型"管理构架。各职能部门划分有序，职、权、责明确，管理渠道畅通，信息交流反馈迅速准确，部门配合协调，工作职责落实，考核评估准确，确保了学校各项工作的高效、有序运转。学校逐年制订并不断完善各项规章制度，形成了完备的学校行政、教育教学、教师管理和学生管理制度，发挥了规范制约、整合协调、激励导向的功能。

在具体的日常管理中，学校以"城市化意识"教育为导向，以"精细"为理念，以"校园环境精雅化、管理制度精细化、教师品质精良化、课堂教学精致化、活动设计精心化、岗位实践精准化、家校合作精密化、人才培养精品化"为目标，实行"岗位责任明晰化""常规管理制度化""行为举止规范化""考核奖励数据化""城市化意识习惯化""德育渗透全员化"，并实施 15 项"文明行为养成"监测细节，从考勤、卫生、仪表、两操、上课、实训、集队、言谈、举止、交往、礼仪等方面进行详细监测记录，及时评估、督导，逐步提升学生的文明素质，使学生养成文明的行为习惯。这些措施在日复一日、年复一年的推行中，逐渐沉淀积累为一种文明的、精细的校园文化。

3. 校园精神文化

校园精神文化是校园文化的核心和灵魂，是校园文化建设的最高要求。良好的校园精神文化，有利于形成浓厚的教育、学习氛围，能在教育难以直接达到或不能充分发挥效用的地方产生影响，成为教育的有益补充。

如何塑造校园精神文化呢？

其一是构建科学有效的精神文化阵地。首先是在醒目的位置标示学校的办学思想（立志、立德、立业）、办学目标（学校有特色、专业有特点、学生有特长）、校训（严、明、正、强）、领导作风（秉正、民主、团结、创新）、教风（严谨、求实、敬业、爱生）、学风（勤学、好问、善思　求精）、工作口号（高感情的工作关系、高效率的工作作风）、校徽、校歌等，悬挂标语、名人画像、名人名言等。其次是利用校园广播、网络、报纸《五色土》、专刊《花之韵》、橱窗、板报等设置专题，适时宣传学校的文化主题，如"'城市化意识'教育""精细德育""创新教育"等。

其二是开展丰富多彩的校园文化活动。首先是开展课外社团活动，如学校有文学社、摄影社、足球队、舞蹈队、管乐队、三棋兴趣社等60多个社团。其次是组织"千人义工团"活动，在一定时期内力争使经过规范注册的志愿者数量达到1000人，要求在册志愿者学生在校三年里参加义工活动不少于100个小时。目前，学校在

升国旗仪式

社区建设、环境保护、大型活动、社会公益等领域已形成了一批服务项目。第三是举办大型校园文化活动，如学校一年一度的"校园科技文化艺术节"涵盖了文娱竞赛、科技创新大赛、田径运动会等。通过活动营造积极向上的文化氛围，打造精细、创新的文化。

五、模式的效果与影响

（一）诞生了一批论文、专著和科研成果

在大量实践的基础上，陈村职校的教师撰写了一大批"城市化意识"教育的调查报告、案例、经验总结、论文等。其中，调查分析报告有5篇，各方面各层次的论文共有51篇（国家级、省级发表论文有多篇）。2005年，学校出版了科研专著《城市化意识教育新理念》；2007年，学校"以'城市化意识'为核心的学生文明素质培养模式研究"项目获首届广东省中小学德育创新奖评选一等奖。

（二）在社会上产生了很好的反响，在省内乃至全国都有较高的知名度

由于"城市化意识"教育取得了很好的成效，彭志斌校长先后应邀在全省中职校长培训班、广东省职教学会年会、全国首届青少年创意大赛校长论

坛、湛江师范学院分别作了有关"城市化意识"教育的专题发言；林家祥副校长在佛山市职业技术教育学会学生工作课题研究交流会上作"以'城市化意识'为核心的学生文明素质培养"的专题发言，在广东省职业技术教育学会学生工作指导委员会年会上作"中职德育要注重在细处育人"的主题发言。2006 年 4 月 28 日，《南方日报》对陈村职校的"城市化意识"教育作《风物长宜放眼量》的专版报道；《中国教育报》《中国政协报》《珠江商报》《顺德教育》等媒体都先后对陈村职校的"城市化意识"教育理念作了专题报道。

（三）学生的文明素质有了显著提高

开展"城市化意识"教育以后，学生的文明素质有了显著提高。教育部职成司副司长王继平到学校视察时评价学校"城市化意识"教育的经验很有价值。首都师范大学副校长王万良教授称赞："你们学校的德育工作很有特色。"教育部高职高专办学水平评估专家、广东省中等职业教育指导委员会委员刘合群教授评价我校是"一片废纸也看不到的学校"。省教育厅副厅长李小鲁、叶小山、贵州省人大常委会副主任司徒桂美、湖北省教育厅半工半读工作考察团、广东省教育厅关心下一代工作委员会、广东省知识产权局、广东省科协青少年科技中心以及市、区教育局等各级领导在对陈村职校考察督导的过程中，都对学校的学生的素质给予充分肯定和高度赞扬。近年来，有 100 多所学校慕名而来参观交流。

（四）学校得到了快速高质的发展

自 2001 年开展"城市化意识"教育以来，学校就走上了发展的快车道，2002 年被评为"省重"，2004 年被评为国家重点，2006 年成为全国百所半工半读试点院校，2007 年成为广东省首批中小学知识产权教育试点学校，2008年再次通过国家重点评审的复查。2001 年以来，学校有 7 年被评为顺德区先进学校，先后被评为佛山市绿色学校、佛山市无偿献血先进单位、佛山市教师继续教育先进单位、佛山市中小学思想道德教育工作先进单位、佛山市师德建设先进集体、佛山市安全文明校园、全国中小学信息技术创新应用示范学校、全国创新型学校，2005 年、2008 年学校团委两次被评为广东省"五四红旗团委"，2009 年被评为全国"五四红旗团委"，并被评定为全国团建创新试点单位。

（五）学校的招生与就业形势出现了喜人的转变

以前，职校生在人们的心目中是差生的代名词，家长想尽一切办法不让子女读职校。而职校生就业情况也不好，一是工资待遇低，二是学生找企业单位难。学校开展"城市化意识"教育之后，教育质量稳步提升，社会声誉日益提高，毕业生一次性就业率达 100%。学生的就业问题发生了根本性的变化：一是由学校找上门变为企业找上门；二是由企业定工资变为学校定最低工资线；三是由企业挑学生变为学生选企业，毕业生出现供不应求的现象。学校招生工作进展顺利，甚至有些考上普高的学生也转而选择职校，学校的就业与招生呈现良性循环的态势。

反思拓展

实践"城市化意识"教育 10 年来，陈村职校取得了显著的办学成效：学生的文明素质有了显著提高，学校得到了快速的发展，教育教学内涵不断丰富，社会声誉不断提高，招生与就业形势出现了喜人的转变。但成功的路从来不会是一帆风顺的。一路走来，挥洒汗水和智慧，我们有成功，有欢欣，有坎坷，也有苦涩。回首总结，拾起如下点滴：

一、实施"城市化意识"教育，使学校德育有依托

一直以来，我国中小学德育普遍趋同，"培养社会主义事业的建设者和接班人"的德育目标过于空泛，"农民工"是不是社会主义建设者？中等职业教育能否培养"农民工"式的建设者？当前的德育内容大而无当、宽而无边，德育工作无纲领，呈现零敲碎打、散乱无序的局面，道德灌输苍白无力，道德评价滞后呆板。如何改变这种状况？德育应有时代感和针对性，德育工作要有实实在在的依托，这样的德育才有实质的内容，才会得到切实的落实。

今天，随着经济建设的快速推进，物质层面的城市化进展迅速：城市人口骤增，高楼林立，街道拥堵……但人的观念却未能跟上城市化的脚步，放眼四周：仪容不整、乱扔乱吐的现象仍时有所见；乱贴乱倒、乱搭乱建的问题仍时有发生；粗言秽语、杂音噪音仍时有耳闻；毁坏设施、践踏绿茵的现象仍时可目睹……面对城市化物质进程和精神进程如此不同步的状况，面对国内外有关中国人不文明的种种指责，我们的教育该做点什么？我们的学校德育又该怎样做呢？

面对城市化进程，在乡镇中等职业技术学校开展"城市化意识"教育，

是时代的需要，是发展的需要。而"城市化意识"教育的开展，使中职学校的德育有了实实在在的依托，有了鲜明的时代特征和有效的针对性，使培养具有"高素质、高品位、高度文明、高尚道德"的现代城市新人成为具体而实在的德育目标，推动着德育工作不断向前发展。

二、开展"城市化意识"教育，让城市化进程更顺畅

城市，是社会经济、政治、科技、文化、教育的中心。从某种意义上说，人类文明史也是一部城市发展史和城市化进程史。中国的城市和发达国家相比，起步晚，历史短。建国后几十年，由于种种原因，城市化进程一直非常缓慢。改革开放 30 年来的经济快速增长促使城市化进程加快。目前，全国已初步形成珠江三角洲城市群、长江三角洲城市群和环渤海城市群，中小城市进入发展最快的时期，据预测，到 21 世纪中叶，中国城市将会达到800 个左右。

当今，城市化在全国各地都吹响了号角，但城市化不是一蹴而就的，在当代中国城市化、现代化的进程中，只有实现了文化转型才能实现真正意义上的城市化和现代化。要推进城市化，要使农民顺利地转变为居民，就必须面对农民"上岸"所带来的固有问题，面对农民"上岸"的文化转型。这期间，农村乡镇中等职业教育就要肩负起广大农村劳动力的转岗培训任务，同时，还必须肩负起下一代乃至几代农民子弟的职业教育与培训任务，必须肩负起新型的高素质城市居民的教育培养这一新的历史责任。

广东省顺德区处于改革开放的前沿阵地珠三角地区，学校开展的"城市化意识"教育是顺应时代发展、顺应社会需求的，它以独特的方式助推城市化进程，促进社会的和谐与稳定。城市化，在全国具有普遍性，那么，"城市化意识"教育也就具有普遍意义，而"以'城市化意识'为核心的学生文明素质培养模式"则成为可资借鉴、可供推广的一种德育模式。

三、界定外延，让"城市化意识"教育内涵明确

实施"城市化意识教育"，首先面临的问题就是"城市化意识"到底包含哪些意识，"城市化意识"教育又是指哪些方面的教育。这个问题不解决，"城市化意识"教育就是一句空话，会落入空泛、无当的泥淖。

经过讨论、碰撞，我们认为，"城市化意识"就中职教育而言，它涵盖了文明意识、规范意识、发展意识和创新意识。文明与野蛮、黑暗、落后相

对，文明意识是每一个现代城市人所应具备的基本素养，也是中小学生都应养成的一种基本素质；规范与混乱、无序相对，社会行为规范是每一个社会人都应遵循的，而职业行为规范则是一个职业人所应遵守的，中职生与普通中学生相比更应培养职业规范意识；发展意识是在信息爆炸时代个人所应具备的一项关键素质，作为一个社会的人就要有适应环境、改造环境以求实现有价值的生存和发展的意识；创新意识则是一种积极的、富有成果的表现形式，是人们进行创造活动的出发点和内在动力，它是决定一个国家、民族创新能力的最直接的精神力量，它是科技时代创新型人才所应具有的素养。

有了明确的内涵与外延界定，"城市化意识"教育开展的指向性就会进一步确定。由此，我校制订了一系列言行规范标准，并制订相应的检查标准，使文明意识、规范意识有了具体的内容。而发展意识与创新意识则在日常教育教学中、在专门的创新教育课与发明创新活动中去培养。

四、确定途径，使"城市化意识"教育落到实处

一种意识的养成，一种素养的具备，不是看偶尔的表现，而要看能否长期保持，看能否形成一种自然流露出来的习惯。强化训练是养成习惯的有效的途径。"城市化意识"要形成，"城市化意识"教育要落到实处，强化训练就是最直接而有效的途径。

根据研讨，学校把强化训练分为日常行为训练、课堂行为训练和各项活动训练。针对课堂，学校相应拟定了一般理论课堂文明和实训课堂文明，制订了相应的文明细节与标准，让学生养成习惯，形成自觉的行为。

而活动，既是教育的载体，更是教育的良好途径。一次机会，是一次学习的机会、一次锻炼的机会、一次教育的机会。学校把活动分类，以"城市化意识"教育为宗旨，科学有序地安排实施，以最大限度地发挥活动的作用。

五、期待拓展，盼"城市化意识"教育辐射到全社会

学校的教育资源是有限的，学校的教育时间也是有限的，因而"城市化意识"教育的影响也是极其有限的。个别的力量太渺小，个别的呼声太微弱。只有全社会的人都行动起来，提高自身素养，规范自我行为，善于发展，勇于创新，我们国家才能迎来真正的城市化时代。

令人振奋的是，我国从 20 世纪 80 年代就开始了创建文明城市活动。

1996 年，党的十四届六中全会做出了《中共中央关于加强社会主义精神文明建设若干重要问题的决议》，明确提出，要以提高市民素质和城市文明程度为目标，开展创建文明城市活动，建成一批具有示范作用的文明城市和文明城区。1997 年，中央精神文明建设指导委员会成立。1999 年和 2002 年，中央文明委分两批共表彰创建文明城市工作先进城市（区）121 个。从 2002 年起，中央文明委组织专家开始研制《全国文明城市测评体系（试行）》，2004 年 9 月，测评体系正式颁布试行。2003 年 8 月，中央文明委下发《中央精神文明建设指导委员会关于评选表彰全国文明城市、文明村镇、文明单位的暂行办法》，文明城市创建活动进一步走上规范化、系统化、制度化的轨道。评选引起的冲击波，激励着所有城市奋发进取、创造更美好的明天……

创建文明城市，国家在行动，社会在行动。毫无疑问，为社会、为国家培养建设者和接班人的教育要行动起来。密切联系社会经济实际的职业教育是促进经济、社会发展和劳动就业的重要途径，面对社会城市化进程，它更应行动起来，大力开展"城市化意识"教育，为培养"高素质、高品位、高度文明、具有高尚道德"的现代城市新人而努力奋斗！

反思，是为了更好的前行；拓展，是为了明天的精彩。我校的"城市化意识"教育实践如果能给中职学校或教育界同仁提供一点借鉴，那将是我们最大的期盼！

专 家 点 评

一所镇属职业学校的校长，能在城市化进程的大背景下审视职教德育，不但提出一些让人眼前一亮的新鲜观点，而且能将这些观点付之于实践，令人钦佩。能跳出教育的圈子，从社会学的角度思考职教德育，提出和总结了不少极具推广价值的对策和经验，发人深省。其实，地处改革开放前沿、城市化进程领先的珠三角，出现彭志斌这样既高瞻远瞩、又能干务实的校长，实属必然。

城市化是现代化的重要标志，是农业文明向工业文明过渡的产物，是不以人的意志为转移的必然趋势。在现阶段以及今后相当长的时期内，职业教育是我国农村劳动力向城市有序转移的中介。各国国情有别，城市化的道路不同。对于我国而言，职业教育在城市化进程中肩负重任。

工业文明促进了职业分化和职业演变，为从业者选择职业和生涯发展提供了更多可能，也对从业者职业的素养提出了新要求。在工业文明的大背景下，职教德育不但要满足经济社会发展的需求，而且要满足从业者职业生涯发展的需求。职教德育必须满足这两种需求，才能担负起在农村劳动力向城市有序转移过程中应负的重任，才能提高吸引力、感染力和针对性、实效性。

陈村经验强调"学会做人、学会做事、学会发展、学会创新"，彭志斌校长认为前两者是基础，后两者是提升。以此为据，通过对农转居人口和中职在校生、毕业生的基本情况、工作和学习情况、家庭和业余生活、思想观念、生活习惯的调研，提出了"城市化意识"教育的德育新内容。陈村经验的可贵之处，不仅在于学校注重中职学生精神层面上的城市化，丰富了德育内容，而且在于它制订了工业文明下的城市文明所要求的日常文明素养、职业文明素养规范，实施了相应习惯养成的训练，打造了涵盖物质、管理、精神三方面的校园文化，通过内涵改革促进了学校发展。

换一种视角看职业教育，就会感悟到职业教育对经济社会发展和受教育者的职业发展的不可替代的作用。职业教育被许多人所鄙薄，它更需要有激情、善思考、能务实的职教人。事实证明，职业教育是藏龙卧虎之地，众多有志之士满腔热情地投身职业教育，是职业教育几经波折仍能腾飞的重要原因。希望佛山市顺德区陈村职业技术学校的同仁能在彭志斌校长的带领下深入用人单位，通过调研和职业分析，把握工业文明大背景下的学校主专业对应职业的岗位职业素养、行业职业素养的具体内涵，制订职业素养训练方案，找准校园文化与企业文化的对接点，使"城市化意识"教育在校企深层次合作中发挥更大作用。

（点评：蒋乃平　杜爱玲）

『成长树』伴学生茁壮成长
——河北省保定市职教中心

名校／名校长简介

王蕙同志，保定市职教中心校长，中国共产党党员，硕士研究生学历，中学高级教师，从事教育工作三十余年。她提出"专业技能是根本，职业道德是灵魂"的人才培养方向，把以德育人作为职业教育的重要内容。

王校长围绕塑造学生健全人格、服务学生终身发展和就业，大力开展了具有职业教育特色的德育工作。她组织教师编写《成长树——保定市职教中心高素质实用型劳动者成长手册》，明确了学生德育工作的具体目标和操作步骤，构建了特色鲜明的德育课程体系，以社会公德和传统美德为主要内容，丰富了道德教育的内涵，使学生的职业纪律、团队精神、社会责任意识得到加强，大力倡导多种主题的教育活动，以活动为载体，为学生提供了展示才华的平台。

王蕙校长曾获"河北省职业教育先进个人""保定市职业教育先进个人""十佳巾帼明星""保定市新世纪学术和技术带头人"等荣誉称号。学校也先后荣获"全国中小学德育工作先进集体""全国百所特色学校""河北省职业教育教学改革先进单位"

"共青团基层组织建设和基层工作试点单位",2010 年,学校被评为全国中等职业学校先进德育工作单位。成绩的取得离不开王蕙和她带领的全体教职员工的努力,离不开她的先进的育人理念和一套行之有效的德育管理体制。

核心管理思想

人才培养模式的创新是人才培养体制改革的核心环节。2009 年，学校本着"为社会培养高素质的实用型劳动者"的育人目标，在教育改革和创新过程中，加强了对培养学生的职业理想、职业道德、职业技能等方面的研究。

经过大量的企业调研，总结和提炼学生实习中出现的一些问题和现象，征求用人单位的反馈意见和建议，结合现代企业用人标准和学生的素质现状，学校对职业学校的德育工作有了深层次的思考，找到问题的症结所在那就是多数学生不具备基本的职业能力，从观念到行动很难实现由"学生"到"员工"的社会角色的转换，难以适应工作岗位的要求。

基于以上背景，为了解决这一问题，学校集思广益，编写了《成长树——保定市职教中心高素质实用型劳动者成长手册》一书，以"成长树"的形式将高素质实用型劳动者的培养分为道德修养和专业技能两部分。其中道德修养部分要求学生在毕业时应具备"六种意识"，即规则意识、责任意识、礼仪意识、服从意识等，并将其自觉地贯穿于

学生参与建党 90 周年纪念活动

生活和工作中，顺利完成由"学生"向"员工"的角色转换，成为符合社会需求的合格的"职业人"，为终身发展服务。

道德修养的六种意识中，每个意识都由高到低分成三个层次，类似"金字塔"结构，每个层级相应有明确具体的要求，教育者在实施教育的过程中，必须强化每层次的意识中的前两项要求。第三项要求更多地关注学生的终身发展。

责任意识——对自己的言行负责；对自己的任务负责；对自己的未来负责。

规则意识——遵守国家的法律法规；遵守校规、校纪；慎独自律。

礼仪意识——言谈举止、仪容仪表不影响他人，不妨碍他人；言谈举止、仪容仪表能体现对他人的尊重；言谈举止、仪容仪表能体现良好的个人修养。

服从意识——有顺从父母的意识（非原则问题上）；服从班干部、老师的教育（管理）；必要时进行恰当有效的沟通。

和谐相处意识——有适应陌生人、新环境的能力；诚实守信，有大局意识、合作能力；有抗挫折的能力。

做事态度——主动、认真；吃苦耐劳；手脑并用。

学校在"六种意识"的实施过程中，注意了以下环节：

一是全校教职员工达成共识，熟知"六种意识"的全部内容，并将其渗透于学校的每一个教育教学环节中。

二是对学生道德的培养以"告知、提醒、教育、评价"等更为人文的教育形式为主。

（1）告知。由班主任利用班会课，按照规则、责任、礼仪、服从、和谐相处、做事态度的顺序，逐一进行讲解，使所有学生都了解其具体内容（新生入学后一个月内进行，含军训时间）。

（2）提醒。学校所有教育者都有提醒的义务，尤其是专业部长、班主任、任课教师，真正做到全员育人。要充满爱心地关注学生的言谈举止，适时地给予学生温馨提示，既包括对某一方面做得不到位的学生的提醒，也包括对学生良好表现的肯定。

（3）教育。可以在课堂教学中恰当渗透。课堂教学中要有意识地渗透教育，包括在教学内容和教案中的渗透，还包括课堂中出现一些临时性问题及突发事件时的渗透，教师在每节课后要有教育教学追记或教育教学反思，具体内容包括发现学生的行为不符合道德修养中的哪种意识中的哪一项要求，采取了怎样的措施对学生进行教育，达到了怎样的效果等。

也可以在值周工作中进行渗透教育。值周工作是最有职业特色的教育模式，能将"六种意识"的落实贯穿始终。具体过程及方法见下表：

值周工作阶段		应渗透的意识
动员和培训阶段		规则意识（遵守校规校纪）、责任意识（对自己的任务负责）
岗位分工阶段		服从意识（服从老师、班干部的领导）
具体实施阶段	环境卫生的维护阶段	责任意识、和谐相处、做事态度
	礼仪工作	礼仪意识
	各项临时性工作	礼仪意识、和谐相处
总结阶段		做事态度（事前认真思考、事后善于总结）

还可以在系列活动中进行渗透教育。学校及专业部设计、开展的各项系列活动要有计划性、目的性，各部门之间为达到教育的统一性，更应相互协调，避免开展的活动重复、撞车，出现为了活动而活动的问题。

（4）评价。可以小组成员进行互评，主要是学生之间的互评。在值周、系列活动等结束后，组织学生及时进行组内互评，利用每月最后一个班会对每位学生一个月的表现进行组内评价，对学生的符合道德修养的表现给予肯定，对不足之处提出改进建议，督促其不断完善提高。

也可以请家长对学生的表现给予评价。首先通过告知书的形式让每位家长知晓学校的人才培养方案，协助学校对学生进行相应教育，并关注学生在家的表现，每学期按学校对学生道德修养培养的要求给予评价（学校将引导家长以赏识、鼓励为主，更多地关注学生的进步）。

还可以请任课教师进行评价。为使每个学生都能在教师的关注下成长，可要求任课教师以"学生成长顾问"的身份在每班承包几个学生，重点关注其成长（具体由各专业部根据教师任课情况布置落实）。

还可以请班主任评价。班主任综合学生互评、家长评价、任课教师评价以及自己对每位学生的关注、了解给出其学期考核结果。

"六种意识"的实施在学生成长手册中详细记录。学生成长档案人手一册，由班主任保存，及时将组内互评、家长评价、任课教师评价和班主任评价记录其中，有力地促进学生的成长。

实践应用

学校有了德育工作目标和重点，基层的德育工作者一定要围绕学校德育工作的目标和重点而开展工作，并将其一点一滴、切切实实地贯彻落实下去，最终达到培养高素质实用型劳动者的目标。

"六种意识"对学生来说，说教的成分更多一点，听起来很简单，但要想做好却有一定的难度。我们知道，90后的学生们最不能接受的教育方法就是空洞的说教。所以，学校必须绕开这条路而另辟蹊径。学校的德育工作者在工作中将"六种意识"逐一进行讲解，在学生都了解并理解其具体内容的基础上，将其蕴涵、渗透在班

学生参与媒体节目，与节目主持人在一起

级平时工作的小事中，进行艺术化的处理，让学生在轻松、快乐的氛围中接受潜移默化的影响和教育，无形中逐渐提高综合素质和内在修养，循序渐进，习惯成自然，将"六种意识"转化为内在的心理品质。到那时，学生拥有"六种意识"并能自觉地贯穿于生活和工作中就是水到渠成的事了。

在实践中，周周故事会、知识竞赛、班级管理企业化、对标《弟子规》等活动都在培养学生的"六种意识"方面发挥了很好的作用。这些小举措使学生在快乐中成长，在成长中升华。以下是学校班主任在工作中经历的感人案例。

一、周周故事会

以下是学校教师开展"周周故事会"活动的案例：

"同学们好，今天由我来给大家讲一个郑板桥《六尺巷》的故事。郑板桥在外为官，家里给他来了一封信，说邻居筑墙，想多占郑家三尺，两家为此闹得不可开交，家里让郑板桥回家处理。郑板桥随即回信一封：'千里捎书只为墙，让他三尺又何妨？长城万里今犹在，不见当年秦始皇。'家里听从他的话，主动让出三尺，邻居很感动，也让出三尺，于是留下'六尺巷'的佳话。同学们，我的故事讲完了，下面就请大家讨论一下，从这个故事中

我们能得到什么启示呢?"学生开始了热烈的讨论,你一言,我一语,有的学生说做人要宽容大度,不斤斤计较,还有的学生说化解矛盾要讲究方法,懂得换位思考等。最后,学生达成了共识——人与人之间要和谐相处,并将与这一主题有关的小文章写在周记本上。

周周故事会,就是发动每一个学生利用业余时间、通过各种渠道去搜集一些小故事、小典故,每周两个,每个学生利用班会时间轮流讲给大家听,并带领大家讨论,总结出小故事带给我们的启示,逐条记录下来,随时提醒自己。

在一个个小故事中,学生受到了潜移默化的熏陶,他们搜集小故事的态度也由被动变为主动,故事的类型也有古代的和现代的,有寓言有童话,丰富多彩。渐渐地,学生悄然发生了变化,他们在轻松快乐的氛围中懂得了遵守规则、承担责任、礼仪规范、绝对服从、和谐相处、做事认真,综合素质与内在修养有了一个质的飞跃。有的同学在周记中写道:"原来,我是一个以自我为中心的人,做事从不考虑别人的感受,我不快乐,也不能给别人带来快乐。自从有了周周故事会,我每周都能从那一个个小故事中受到很多启发,也试着改变,我发现,原来与他人和谐相处是如此重要。感谢周周故事会,感谢老师的良苦用心。"看来,周周故事会在对学生"六种意识"的培养方面还是起到了很好的作用的。

二、知识竞赛

学校也很注重在活动中渗透德育,以下是这方面的案例:

教学和德育不分家,二者是相辅相成的,在教学的每一个环节中都可以渗透德育,加强对学生"六种意识"的培养。我在教学工作中担任的是统计课的教学任务,在讲完第一章后,我计划组织一次知识竞赛,一是为充分借助小组合作学习的优势,促进每个学生的学习,二是知识竞赛可以很好地向学生渗透"六种意识"。于是,全班同学自由结组,共分为了五组,在讲清要求、规则,经过充分的准备之后,知识竞赛开始了。

必答题,抢答题……比赛在顺利地进行着,学生情绪高涨,每个组都摩拳擦掌,跃跃欲试,力争取得好成绩。可就在这时,发生了一个小插曲。由于我一时疏忽,第三组在回答问题时,我并没有听出其中的错误,而是判断为完全正确,为他们加了分。这时,第四组的学生对加分提出异议,第三组也并没有反对,于是,我把第三组刚刚到手的分数扣了回去。按说,事情到这就已经结束了，但第三组的学生很不高兴，第四组的学生也不示弱，两个组的一场"战争"一触即发。这时，我灵机一动，突然意识到对学生进行"六种意识"教育的绝好机会来了。于是，我说："'六种意识'中有做事态度这一项，我首先要向同学们道歉，如果刚才我听得认真一点，这件事就不会发生了。所以，我要为我刚才的

学生在拓展训练中

疏忽承担责任，这就是'六种意识'中的责任意识。"听到这里，两组同学的情绪已经缓和了很多，我抓住机会，继续说道："比赛是有规则的，我们都要遵守规则，第四组的同学提出异议是正确的，第三组的同学也应宽容大度，欣然接受，这是你们的责任，也是你们诚实守信的表现。"这时，教室里突然响起了一阵热烈的掌声。此时，我知道，一场矛盾已被巧妙化解，并且每一个学生都接受了一次"六种意识"的教育与培养。

比赛结束后，每个组的学生在做总结发言时，都提到了这一小小的插曲，她们的总结深刻、中肯。我知道，"六种意识"的教育又一次取得了成效。

是比赛，就会有规则，每个学生就要团结协作，承担属于自己的责任，就要服从裁判的判罚，就要以一种认真的态度去对待。所以，知识竞赛可以作为加强对学生"六种意识"培养的载体。

三、班级管理企业化

以下是学校对"班级管理企业化"操作的具体设想：

职业学校的班级管理、班主任工作必须要有职教特色。职业学校的大部分学生毕业即面临就业，他们应对社会、对企业有更多的了解。班主任应给他们更多指导。

那么，我们应以怎样的方式来做好这项工作呢？我认为可以尝试在班级管理体系上采用一种全新的方式——班级管理企业化，即改变传统的班干部任免方式、班委会的组成形式等，完全仿照企业的运作模式，在班级管理中设总经理（班长）一名，下设学习部、纪检部、后勤保障部（负责卫生、内务管理等）、财务部、企划部（负责宣传、班级大事的组织与协调等）、人事

部、文体部，每个部设部长一名，干事若干名。采用层层聘任制，由班主任聘任总经理，总经理聘任各部部长，各部部长聘任各部干事，将班里每一个学生都聘任到各部当中去。各部成立后，要在部长的带领下明确人员分工，制订各部门职责权限及各项规章制度，之后各部门协调配合，在总经理的带领下全面开展各项班级工作。

以上这一管理体系，几乎把班里所有的大事小情都涵盖了进来，学生在开展班级工作的过程中，既了解到了一些企业的管理体制和基本的工作流程，又在亲身体验的过程中锻炼了规则意识、责任意识、礼仪意识、服从意识、和谐相处和认真做事的态度，对"六种意识"的培养起到很大的促进作用。

四、对标管理

中职生是一个特定群体，基本上属于中考失利的学生，他们或学习基础较差，或学习习惯不好，行为习惯差，或理想道德意识淡化，对自己没有过高的要求，没有明确的奋斗方向……俗话说："治标必先固本。"没有良好的职业道德素养作根基，即使我们培养出来的学生拥有出色的专业技能，也很难赢得企业青睐、适应企业管理，更谈不上终身发展。

学校借鉴企业管理文化，以对标管理为抓手，打造具有职业特色的德育工作体系，通过各项工作、各种活动全面贯彻"六种意识"。对标管理是借鉴企业的一种管理模式，是个体或团体之间，甚至是内部与外部之间通过寻找差距、学习最佳的成功案例和运行方法，促使自己不断持续发展的学习过程。

具有企业文化特质的对标管理与"六种意识"的培养有效融合，为每个学生设立了对应的榜样目标（将身边触手可及的优秀个体作为自己模仿、接近的目标）、奋斗目标（个体针对自身现状，为自己制订的不断升级的阶梯状的、切实可行的目标），学生通过不断接近学习目标、超越奋斗目标实现自身的成长，同时培养职业精神及职业素养。

在对标管理的实施过程中，学校注重发挥学生的主体作用，教师作为引导者则主要发挥协助、监督的作用。对应"六种意识"由低到高的三个层级，教师引导学生结合自身现状确定自己当前所处的层级，同时确定下一阶段学生应追求的高一层级目标，通过形式多样的活动大力营造层级竞争的氛围，辅之以《成长对标指南》，进行阶段性评价总结，实现个体的不断提升。

"对标管理"的具体实施过程包括以下几个步骤：

第一，制订对标计划。结合学校的育人目标及"六种意识"的培养目标，教师需要协助学生完成一份客观实际且切实可行的对标计划。

第二，建立对标团队。以班级为单位建立对标团队，进行"六种意识"的学习和培训，使每位团队成员能够领会"六种意识"中每一层级的要求。同时创建若干"对标团组"，由组长负责对标的实施过程，这不仅能够激发小组长的责任心，更能提高团队对标的实施效率。

第三，明确自身定位。教师帮助学生根据家长评价、教师评价、团队成员之间的评价信息进行自我分析，找到与他人的差距及自身改进的切入点，明确自身定位。

第四，持续对标管理。教师在帮助学生减少与自身奋斗目标及榜样目标的差距时，需要时常用衡量的标准来监测实施的有效性。另外，由于榜样目标本身也会不断进步，所以对标管理是一个只要开始就没有结束的过程，是一个需要师生合作持续精进的过程。

在军校广场进行环保志愿者活动

各班每周会定期在教师的指导下开展"对标管理一周盘点"活动，由各对标团组组长组织团队内成员在回顾、交流、分享过程中发现差距、分析原因、思考总结，不断提高解决问题的能力。同时，按照"抓两头带中间"的原则，积极选树不同类型的先进典型，将完成较好的团队、团组以及成员树立为"对标标杆"，通过校园网、校园广播、宣传栏等渠道进行宣传报道，营造"对标先进、赶超先进"的浓厚氛围，以实现对个体、团体未来目标任务的完成起到强有力的推动作用。

每年为高一新生量身打造的"新生的引路人"巡讲活动，已经成为学校实施对标管理的品牌活动。学校将对标管理过程中涌现出来的优秀学生组建成"新生的引路人"报告团，为新生介绍职校学习生活中的团队、团组以及个人的成长经历、成功经验。来自身边的榜样以其平实的语言、真实的案例重新点燃了高一新生的信心，使新生的入学教育达到了事半功倍的效果。

在对标管理的实践过程中我们不断改进完善，总结出以下几点：

（1）"对标团队"一定要有指导教师参与，关注每个成员的成长，并及时给予肯定、评价，帮助这些曾经"失败"的学生看到自己的进步。

（2）企业文化要与学校教育相互融合。对标管理旨在引导，要以学生乐于接受的形式针对"六种意识"设计活动载体，使学生成为活动主体，最终将"六种意识"培养内化为学生基本的社会技能。

（3）在对标管理的推进过程中，将多元评价纳入对标评价中，制订出具有职业学校特色及适合中职生特点的考核评价体系，以达到更好的激励效果。

在几年的探索过程中，学校将对标管理的实施与分层教学紧密结合，达到了教育教学相得益彰、相互促进的效果，师德建设、学生发展、校风校貌均呈现良好态势。

"三年磨一剑"，从高一到高三，贯穿始终的对标管理将"六种意识"深深根植于学生的思想行为中，对规范的遵守、对细节的重视、对品质的追求，几乎已经成为职教中心学生的"潜意识"，他们不需要约束就能自觉践行。同时，对标管理也帮助学生顺利完成了两个角色的转换：一是由学生到员工的转换；二是由需要工作到工作需要的转换，为其择业、就业做好了准备，增强了学生的核心竞争力。

五、学校践行"六种意识"理念的案例

独具特色的"六种意识"如优质黏合剂，有效促进了学校与企业的无缝对接，为学生顺利择业、有效就业、稳定发展及终身幸福奠基的同时，探索出一条具有中职特色的德育管理的有效途径，让每一位职教中心人在职业教育发展的道路上走得更稳，更坚定！

案例一

小小拔河赛，浓浓师爱情

学生长大之后仍然不能忘怀的教师一定是具有人格魅力的教师，这样的教师对学生的影响是不容忽视的。学生时代的孩子很容易崇拜一个人，如果教师能有幸成为学生崇拜的人，对教师来说是一种很大的荣誉，对学生来说又何尝不是一件益事呢？

在德育工作中，我紧紧围绕我校"成长树"的"六种意识"对学生进行有针对性的系统教育。作为班主任，我更是抓住每一次活动来渗透"六种意识"，并将其落实到对学生的素质教育中。

2010年12月16日下午第三节活动课，我们财经部高一年级的8个班在操场进行了每班15人的拔河比赛。按照比赛规定，先两两进行初赛，胜出的4个班再抽签，进行循环赛，最后按照成绩表彰前四名。当我们班从第一轮胜出时，紧接着便参加了四个班之间的循环赛。我们根本没来得及调整与恢复，便又和下一个班"遭遇"了。可想而知，在力量相当的前提下，我们两个班的拉锯战成为整个赛事过程中最大的亮点：僵持时间长，耐力大，观众空前沸腾！我也顶着寒风，声嘶力竭地喊着号子，并做着手势。再看学生：牙齿紧咬，嘴唇紧闭，眼睛瞪得几乎要鼓出来，脸涨得通红，被拉倒了马上爬起来……绳子上的红结一点一点地向我方挪过来，马上就要赢了，还有五、六厘米的样子，周围掌声已经响起！我们的几名选手以为比赛结束了，便松开了手。可是，就在这关键时刻，对方一鼓作气，以迅雷不及掩耳之势抢过了绳子的红结，局势发生了质变。我们班输了！很遗憾，我们只能与下一个班争夺第三名了。

在争夺第三名的时候，学生问我能否换人，我考虑了一下，说："不能换，得遵守比赛规则。"在下来的两局比赛中，我们很快都输了。学生集体哭了！班长找到我说："老师，这不公平，他们班换人了，我们得找部长评评理！"临班的几个学生也来给我"添油加醋"："他们班赢得不地道，要赖皮，你们班虽然输了，但是光荣！"我谢过后，便对学生说："没什么，只要我们尽力了，咱就是最棒的！我会通过一定的方式将此事反映给部里，好吧？"学生蔫蔫地回到班里，坐着不动，谁都没有回家的意思。我看今天的事不及时点评，还真交代不了了。

我琢磨着，怎样说服学生……望着一张张严肃又略带愤怒的脸，我决定上升一下高度，对我的学生大加赞扬，谁让他们如此可爱，如此可敬！我随手在黑板上画出一棵大树的轮廓，请他们猜这是什么。学生异口同声地说出了"成长树"。我很高兴，意味深长地说："同学们，我们今天的行为就很好地诠释了我们是一棵棵苗壮成长的大树！我们有集体观念，为班级负责，言而有信，具有责任意识；我们比赛不作弊，诚实守信，在规定的位置观看比赛，注意安全，有规则意识；我们尊重老师，不去闹事，没有给他人带来麻烦，讲究程序，有礼仪意识；我们在体委的优化组合下，选出最具实力的赛手，同时接受班主任的建议，按照部里统一要求做事，具有大局意识；我们齐心协力，团结一致，认真对待此事，仔细研究策略，不敷衍，具有正确的做事态度；我们即使是第四名，与第三又有什么本质区别呢？咱们是一个专

业部，咱们是兄弟姐妹，咱们同是职教中心人，我们组织活动的目的是为了让同学们增强体质，培养集体观念，这些目的不都达到了吗？"说完后，我听到了雷鸣般的掌声！我看到了学生朗润的脸庞！我知道，学生对此事看开了，想明白了，我就势鼓劲："今天晚上，全体同学都多吃一个馒头、一碗饭，明天咱们再苗壮成长一大截！让我们的大树枝繁叶茂！"学生们听了非常高兴，在欢呼声中回家了……

小小的拔河比赛，倾注了老师浓浓的关爱。学生进步我快乐，我与学生共成长！职教中心大课堂，六种意识美名扬！

案例二

小小空竹带动学生成长

2010 年 9 月，我带着期盼的心情迎来了班主任生涯的第一届学生。让我非常欣慰的是，我们班分来了一位叫高帅的特长生，他曾在全国的空竹比赛中取得过第一名的好成绩。我利用这一优势，围绕"六种意识"来管理班级。在领导的支持下，学校成立了空竹活动社团，让高帅教班里其他同学，让学生在学习文化技能的同时学习空竹，既强身健体，又丰富了课余生活。在短短的两个多月的时间里，学生的成绩颇为显著。在一年一度的元旦联欢会上，我们全班无一掉队，进行了集体空竹表演。以下就买空竹、学习空竹、管理空竹、表演空竹这条用"六种意识"和爱心串起的主线来介绍这一学期的班主任管理工作。

一、买空竹——培养集体规则意识和责任意识

新生入学，首先要军训，恰逢中秋节就在期间，在军校联办的联欢会上，高帅进行了精彩表演，同学们都很佩服，也很羡慕，我趁此机会鼓励大家回校以后向高帅请教。在军训之余，学生也多多少少地接触到了空竹，有喜欢的，但也有不上心的。

军训结束，又逢"十一"长假。放假回来后，我就在班里动员学生买空竹。当过班主任的都知道，自愿买的东西，很难让全班都买。经过动员以后，52 名学生中，还有 8 名学生不愿意买。我当时没有批评他们，也没有说什么为他们好，让他们锻炼身体之类的话，我单独跟每一个人交谈，告诉他们，这不是个人行为，是集体行为，为了集体的活动需要，我们非常有必要每人都有空竹，而且每一个人都是集体中很重要的一分子，有责任为集体贡献自己的力量。经过考虑，这 8 个人最终也买了。这样，我们 463 班的 52 名学生加上我这个班主任每人都买了自己的空竹。为此事，我还开了一个主

题为"我们是一个整体"的班会。在会上,我代表全班同学向这几位顾全集体利益的同学表示感谢,我看到了八双闪烁着泪花的眼睛。当这52名可爱的学生从四面八方聚拢到463班的时候,我认为最重要的就是让他们每个人都有一种很强的集体规则意识和责任意识,而我就是借买空竹这一事件培养了他们的这两种意识。自此,我们463班就拥有了53个空竹。

二、学习空竹——培养学生坚持到底的做事态度

起初,学生学得很用心,而且很有兴趣,我也和他们一起学习。两位部长为了支持我们的班级活动也加入了我们的行列,这给我们的班级管理带来了很大的动力。

可是,时间久了,新鲜感不见了,一部分人就没有兴趣了,训练的积极性也没有了,但是因为这是集体活动,所以每个人还勉强跟着训练。可是有一天,王山豹同学很气愤地跑过来跟我说不练了,因为空竹擦伤了他的鼻子。我看了看他擦伤的鼻子,发现只是擦破点皮,并无大碍。于是我先让他冷静冷静,给他分析了一下情况,

职业品格培训

并告诉他,跟我们每天训练的范部长也受伤了,可他无半句怨言,只是说自己不小心,有部长给我们做榜样,我们更不能退缩,不过做任何事情都不会一帆风顺,遇到困难是考验的我们时刻,我们要经得住考验……过了一会儿,他又走进训练的队伍。类似的事件还有很多。适逢秋冬季节,开始一个月天气还不算冷,可进入11月中旬以后,天气确实太冷,每天下午第三节课的训练确实太冷了,班里陆陆续续出现发烧输液的学生,我也感冒了,学生又有情绪了。为此,我用了一节班会课的时间来讲这个问题,告诉学生我们不能半途而废,一定要坚持到底,并在日常生活中时刻提醒他们要多穿衣服、多喝水。从训练的第一节课起,我没有因任何事情耽误过一次训练,以身作则,学生很受教育。所以从这件事中,学生深深地体会到:做事一定要有恒心,要坚持到底。职业学校的学生有时很缺乏做事的恒心,当他们真正做成功一件事的时候,他们就找到了丢失已久的自信。

三、管理空竹——培养学生爱护公物的规则意识和以礼待人的礼仪意识

虽然空竹起初是我们班自己的买的,可后来学校给报销了,把钱退给了

学生，这些空竹就成了公物，所以我教育学生要更加爱护它们，就像爱护我们的桌椅板凳一样，养成爱护公物的规则意识。看到他们在空竹上都工工整整地贴上写有自己名字的标签，我心里很欣慰，他们学会了爱护公物。其中也有不小心丢失空竹的，都自己又买来补上了，我教育他们，要做生活的有心人，要克服马马虎虎的习惯。

还有我们表演空竹所需的服装，是借计算机部的。当时衣服拿到手的时候，有部分衣服已经开线，有部分是我们班学生不小心穿开线的，但最后还回去的时候，我告诉学生，要把衣服干干净净、完完整整、整整齐齐地送回去。起初，学生很有怨气，说拿来时就是坏的，就是脏的，凭什么呀。后来，我教育他们，做事要以礼待人，要讲礼仪，要知道感恩。经过我的一番讲解，最后，每个学生都心服口服。看到他们的成长我真的很高兴。

四、表演空竹——培养和谐相处的意识，加强班级的凝聚力

当通知让我们 52 名同学都上台表演，作为 2011 年元旦联欢会的亮点节目展示时，看得出每个学生都很激动，因为这些一直被家长老师认为几乎没有优点的孩子们，终于找到了自信。我们在选重点演员时出现了分歧，因为有些动作大家都做得很好，都愿意作为主力演员，但主力演员只能有一个。这时，我就教育学生，我们要以大局为重，要理智地考虑谁上更好。这时我发现，孩子们不再为自己要表演哪个动作而赌气了，而是很谦虚地推荐动作完成得好的同学。每当这个时候我很欣慰，因为他们学会了和谐相处，学会了以大局为重。

在最后确定了每个动作的表演人员后，一些自认为自己动作还不稳定、不完美的学生，都自己私下里加班加点地练。班里一个叫谢泽豪的同学，演出安排他表演盘丝这个动作，彩排中我发现他的这个动作不稳定，于是我私下里找他谈，可没等我说话，他就跟我保证说："老师，您放心吧，我一定会练好。"他当天晚上回家就一直在练这个动作，练到 12 点。第二天，当家长告诉我这个情况时，我非常感动。是这一活动把我们 53 颗心紧紧连在了一起。所以，我告诉他们，不管怎样，我们不能有一个人掉队，少一个人上场都不是一个完整的 463 班。

通过这一系列的活动，我们班的学生成熟了很多，懂事了很多，班集体的凝聚力增强了很多，所以，我觉得这一学期的付出很值。

现在在我们学校，只要说起 463 班就会说起空竹，空竹已经成为我们班的特色，班里的每一位学生，都有几个自己拿手的动作，并且我们的班级管

理也在以"六种意识"和爱心带动活动的主线上日趋完善。这一切都要感谢领导给予的大力支持，感谢高帅同学的无私奉献，当然也离不开我的精心管理。

案例三

创建和谐的班级

我们班是由25名四川籍学生（四川平武灾区来的学生）和20名保定籍学生组成的。因为来自不同地区，学生具有不同成长背景、不同的生活习惯、不同方言、不同的性格特点……所以接班后，我首先要解决的问题是让两地学生融合在一起，使学生之间相互理解尊重、诚信友爱、和谐相处，组建一个温暖的家，一个充满活力、团结向上、拼搏进取的班集体，营造出和谐、温馨、积极、健康的班级氛围，逐渐引导学生树立积极向上的世界观、人生观、价值观。我希望学生在职教中心不仅学会技能，也学会做人，获得友谊，每一天过得充实、快乐。

我充满信心地走上了新岗位。在开学初，不管是平武还是保定学生都面临同样的问题——适应新环境，尽快融入新环境，尽快与新同学熟悉并快乐相处。我采取的解决办法是迎接新同学、开展新生入学教育、召开主题班会、组织趣味游戏运动会、建立班级QQ群等，让学生尽快适应新学校、新老师、新班级。我分别找保定、平武学生谈话。我对保定学生说："四川的同学不远千里到我们这里上学，我们是主人，主人应该怎样招待客人呢？当汶川地震发生后，我们都想奉献爱心，现在奉献的对象就在眼前，多幸运啊！不是谁都有这个机会的。所以我们要多关心帮助这些同学……""请老师放心吧。"保定学生回答。我对平武学生说："大家来自于四川灾区，这一路走来，我们可以感受到党和国家对我们的关怀、社会对我们的关爱、学校对我们的关心、老师同学对我们的照顾，我们要学会感恩，用实际行动回报关心我们的人，好好学习，与这里的同学友好相处，多交朋友，好不好？""好。"学生回答。

班级工作一天天地开展起来，班级量化成绩一直名列前茅，但渐渐有学生来反映问题："老师，他们老说四川话，我们听不懂。""老师，他们是不是故意不让我们听呀？""老师，某某（保定籍）不让我充电。""老师，您偏心平武学生。""老师，他们在QQ群里骂起来了。"……四川和保定学生相互指责，尽管我四处救火，不停做工作，但收效甚微，双方甚至动起手来……

失望痛苦之余，我开始反思自己的工作，思考问题出在哪里。我自知带这个班责任重大，每天辛苦地工作，全身心地投入工作中，该说的都说了，该做的都做了，为什么没有效果呢？经过了一番思索，我总结出以下几点原因：（1）为了照顾好来自灾区的四川学生，学校为他们分配了条件最好的宿舍，他们没有和本班同学住在一起，而且宿舍相隔较远，久而久之，双方在教室忙着上课，交流少，回到宿舍更是零交流，四川学生生活在一个半封闭的环境里，感觉身在异地，怕受欺负，容易抱团。（2）在学生管理方面，川籍学生实行严格的出入、作息管理制度，教师每天检查，接触多一些，尤其是川籍学生生病时，受到的照顾更多一些，有些保定学生就会觉得老师偏心。（3）社会上有一些面向四川学生的捐赠活动及一些文娱活动，只让四川学生去，还有一些优惠政策只针对四川学生，保定学生心里有些不好受，感觉大家只重视四川学生。这无形中把班级分成了两部分。（4）双方缺乏主动交流，都被动地等待对方来找自己。没有交流，就没有理解，更没有宽容，更不会从对方角度考虑问题。以上因素造成平武学生与保定学生产生隔阂，没有朝我的预定方向发展。那怎么办呢？

首先，我调整工作方式，使班级工作透明公开。以前如果是关于平武学生的事，我会单独和平武学生说；只涉及保定学生的事就只和保定学生说，这样做也无形中把两部分学生分开了，现在一起说，让学生明白这是全班的事。其次，召开以"坦诚相见"为主题的班会，其中一个重要环节是让双方换位思考，让保定学生想一想：你们是主人，尽到了地主之谊没有？向四川同学奉献爱心了没有？假如你是四川同学，不远千里到外地求学，你希望周围的人怎样对待你？希望生活在一个什么样的班集体里？让四川学生想一想：地震发生后，我们得到了社会各界的无数关爱，我们是否该心安理得地接受？是否别人就该迁就我们？用实际行动回报社会是不是一句空话，是不是非要等有了机会才能回报？我们得到的关爱及优惠政策，学校其他同学都没有，如果你是保定同学会怎么想？那你该怎么办？经过换位思考，双方达成共识：首先，各自承认以前的错误，真诚地向对方道歉。其次，表示理解尊重对方，不再为小事斤斤计较，学会相互谦让。第三，团支部书记陈雪提议，以后无论发生什么事，先从自身找原因，而不是先去指责对方。这一提议得到全班同学的赞同。看到学生的表现和进步，我十分激动，在总结时说道："我们班在前进的道路上不小心摔了一跤，这不算什么，从哪里跌倒从哪里爬起来，继续前进，我们不会气馁，不会放弃，因为445班是最棒的！"

第二轮班会主题是"我的家乡美",双方同学介绍自己家乡的美景、风土人情等,增加了解,让四川同学了解保定,热爱保定,把这里当成第二故乡。第四,全班统一管理,统一行动。班里的活动除非特殊要求,否则应全体参与。例如,每天下午第三节课后,全班一起去操场跑步,打篮球、羽毛球等锻炼身体,联欢会、游园等活动都是全体总动员。第五,调整宿舍。这要从军训时说起,军训时分配宿舍,教官直接按班级分,没有按籍贯分,我们当时很担心会有矛盾,事实上两部分学生相安无事,很快熟悉起来。军训归来后,班长和几位同学向我提议——合宿舍。"老师,我们现在熟了,把宿舍合一起吧,不然一分开,我们又陌生了……"我也想趁热打铁,让他们真正融合在一起,于是向部里、学校申请(尽管要担一些风险),很快得到批复,平武、保定学生宿舍可以调整到一起。开始,我也很担心会出问题,所以向教室、宿舍跑得更勤了。事实上,经历了一次风波后,双方都更珍惜相处的机会了,都愿意处好关系(因为保定学生愿意帮助平武学生、奉献爱心,而平武学生来我们这里上学也愿意和保定学生交朋友,加上都是同龄人,很容易相处)。每次评选优秀宿舍,我们男女生五个宿舍都榜上有名。在星级宿舍评选中,我们有四个宿舍是"三星级"宿舍,一个是"两星级"宿舍。

军训中发生的一件事情我至今难忘。张娜(保定)因动作不协调在队列训练时,被教官淘汰下来。在休息时,我听到了一声四川味的普通话:"脚这么迈。"抬头望去,只见刘晓红拽着张娜的胳膊,陈雪蹲着用手摆着张娜的脚,正在教张娜走正步,张娜也满头大汗地练着。训练结束后,我问陈雪为什么这么做,陈雪说:"您不是让我们看《士兵突击》吗,张娜是咱们班的,我们不想丢下她。"听了这话,我的眼眶瞬间湿润了。

通过共同努力,现在我们班分不出谁是四川学生、谁是保定学生,大家相处融洽,真正成为一家人了。每次活动我们的压轴节目就是全班同学手拉手一起唱《朋友》《相亲相爱一家人》。

经历这些事情后,我有以下体会:(1)堵不如导。我们为了照顾好四川学生,对他们格外关注、保护,时间久了,无形中在两部分学生间设置了一道屏障,不利于他们的成长。不如放开,让他们正常交往,学会与人打交道。因为一个人的成功,离不开与人和谐相处。(2)热情交往。人际关系是互动的,不要总是消极地等别人来主动关心自己,而要主动与周围同学交往沟通。当走出故步自封的圈子后,你不仅会对对方有深层的认识,更重要的是对自己也会有新的认识和体验。(3)理解尊重。每个人都有自己的气质、

性格特征、不同的成长背景和生活习惯，所以在交往中，如果能互相理解尊重，大家的关系就容易融洽，就会减少不必要的摩擦。（4）以诚相待。人与人的交往，最重要的就是真诚和善意，这也是做人的基本原则，口是心非、虚伪傲慢的人是难以有朋友的。（5）宽容理解。宽容是一种高尚的人格修养、一种"宰相胸襟"、一种大将风度，要心怀坦荡，宽容他人，做到互谅、互让、互敬。故事《将相和》，就是这种境界的体现。

案例四

感人的特困生评选

在我们班，特困生减免学费、年终优秀的评选等都采取口头推荐的方式，评选气氛每次都是那么令人感动，就是因为心地无私，就是因为善良……

在特困生评选时，很多老师都很头疼，因为这涉及一年的学费，两三千元呢，很多学生也绞尽脑汁地想把名额据为己有。我走进教室，把评选通知告诉学生，然后让他们告诉我听到这个通知以后有什么想法，我们怎么评选出这12个人。学生沉默了，开始思考。十分钟以后，班长站了起来："老师，我不参加这次特困生的评选。"又有一个学生站了起来："我觉得这是一个件好事，国家给了我们这么好的政策，我们应该感谢国家。"这句话换来了同学们的一片掌声。"老师，我们不能把好事变成坏事，不能让这点钱破坏我们的感情。""对，感情无价！""老师，我不参加评选。"……接着，又有十几个家里条件不错的表示不参加评选，结果，我准备了一肚子的道理一句也没有讲出来。最后我告诉他们，想参加评选的上午交一份申请，然后我离开了教室。到中午放学，我们一共交上来十八份申请，而别的班最少的也有二十几份，多的甚至全班一人一份。到了下午的班会，我带着这十八份申请来到教室，请学生自己念自己的申请，并让全班学生进行评选。话音刚落，李鱼站了起来："我给兄弟们说句话，这次评选咱们有什么说什么，而且哪说哪了（liǎo），谁也不许往心里去，为这伤了和气不值得。""对，谁也不许瞎说，谁也不许往心里去。"学生纷纷赞成。这样，十二名特困生很快就在平和的气氛中产生了。我刚要鸣金收兵，张晓鑫站起来，红着脸说："我想说两句。"我很诧异，张晓鑫是刚刚被选下去的，难道他不高兴了？这时，张晓鑫走到讲台前，这个平时一声不吭的男孩子不停地搓着自己的手说："我先解释一下，我不是要争取这个名额，我就是想让老师和同学们明白我为什么写这个申请，我不是给班里添乱。我知道同学们为什么不选我，是因为觉得我平时的穿着不简朴，但是这都是我周六日在市场上卖小商品挣的钱，我家在顺平，父母四十多岁时生的我，现在他们已经很老了，身体也不好，都在家种地，收入很少，我不想这么大了还跟他们要钱，所以就自己周六日摆一个小摊，到现在我的学费都是我自己挣的，我没有跟父母要一分钱。"这番话说完，全班震惊了，包括我在内……我心中五味杂陈，为这个坚强得令我佩服的孩子，也为我自己工作的失职，一年了，我居然不了解学生的生活情况。一阵掌声惊醒了我，学生们开始议论，有的说张晓鑫真棒，有的说自己周末就知道睡懒觉，这时任观博说："老师，我不要这个名额了，我觉得他比我困难，而且比我有志气，我应该让给他。"张晓鑫说："不，我不要，我就是想给老师和同学说说心里话，说完就行了。"就在他俩推让的时候，班长又走到讲台前说："我觉得应该把这个名额给张晓鑫，我们应该鼓励这种自强自立的生活态度。"这时班里的气氛融洽极了，我的心里也暖烘烘的。最后我问学生："那就这么定了，同学们还有什么话要说吗？"一个坐在第一排的小个男生大声说了一句："我有意见！"又是一个惊讶，我们都看着这个腼腆的男孩，他接着说："我觉得应该给班长算特困，我们是一个村的，我了解他家，他妈妈身体不好，总吃药，他爸爸一个人在外打工，他还有一个上学的弟弟，其实他挺困难的，衣服整洁不一定就是有钱，那是班长爱干净，反正我觉得班长应该减免学费。"这时，我们开始用心审视这个一直兢兢业业的班长，是啊，班长平时总是为老师、为同学、为班级操心，有谁真正关心过他呢。这时又有人站起来说要让给班长，我按捺住心里的激动，说："孩子们，不要让了，我去学校争取，我一定给班长再争取一个名额。"下课铃响了，一个学生说："老师，说点什么吧。"我笑了："我还有什么可说的，你们的表现让老师都惭愧，我脑子里想的是你们为这个名额争执不下时的对策。""老师，你太小看我们了。"下课了，我走到办公室，老师们还在为自己班里的争执头疼，有的还把学生叫到了办公室，有的老师埋怨说："弄这个干什么，这不是让班主任为难吗？"但是我却十分感谢这次机会，它让我看到了我的学生最纯真、最善良的一面。我很骄傲，为这些可爱的小伙子们。

其实，很多时候，我们的学生没有在适当的时候受到适当的德育，到了职业高中阶段，很多学生不知道该怎么做，所以作为班主任，我们有义务给他们补上这一课，让他们知道什么事情该怎么做。用心去教育我们的学生吧，他们值得我们为之竭尽全力。

实践证明，周周故事会、知识竞赛、班级管理社会化、对标《弟子规》、星级评选、主题班会等在执行的过程中，都在培养学生的"六种意识"方面取得了很好的效果，但也有很多需要反思和改进的地方。例如，周周故事会如果从始至终总是一成不变的形式，时间久了，学生难免会产生厌烦的情绪，难免会因为缺乏激情而失去兴趣，使活动失去教育的意义。所以，最关键的就是要不断变换形式，使学生处于兴趣盎然的状态，以增强教育效果。在知识竞赛中，要善于抓住每一个瞬间出现的教育机会。在班级管理企业化实践中，班主任要对学生做好培训、引导工作，并且实行动态管理，以达到教育的最佳效果。

反思拓展

《成长树——保定市职教中心高素质实用型劳动者成长手册》是我校教育改革和创新的一项重要成果，其中道德修养部分的"六种意识"是学校德育工作的特色。职业道德是灵魂，专业技能是根本，我们相信，只要引领学生向着这个方向努力，学生就会不断进步与成长，我们的教育就会为学生的顺利就业、有效就业、稳定发展及终身幸福打下良好的基础。

"六种意识"摒弃了以往单一、死板的内容，为我们的教育教学提供了依据。

一、"树"的形式体现了我们培养学生注重过程性

学校以一棵成材的大树的形式作为学生培养的整体模式，有着深刻的内涵。它形象地表明学生的成长是一个持续发展的过程，犹如一棵树一样，学生的成长是由小到大、循序渐进的。这就提示教育者要用发展的观点看学生。进入职业学校的学生在现行的考试体制中是暂时的受挫者，但中考的失利不是终身的失败。学校把道德和专业技能的培养内容放在"成长树"上，就是要教师树立"学生的未来"观。学生将通过三年的职业教育，走上成才的道路，而这一结果要求学校对学生的成长过程进行关注。这种过程性的关注体现在"成长树"实施的具体过程中。

学校期望经过三年的教育使学生毕业时在道德修养上具备六种意识，在技能上掌握各专业的基础理论知识和操作能力（关于这一方面，我们每个专业部都有自己的技能培养具体方案）。每个专业部的手册里对这两方面的要

求都有具体的说明，学生入学后人手一册，学生在这些方面取得的每一个成绩都会被记录在册，并成为学生成长的主要档案。成长册既关注学生的现在，也关注学生的过去，更着眼于学生的未来。保定职教中心强调在学生发展的各个环节关注学生的发展，强调收集并保存学生发展过程中能表明学生发展状况的所有关键资料，对这些资料的呈现和分析，能够帮助学校对学生的发展变化有一个全面正确的认识，并针对学生的优势和不足，给予激励或提出有针对性的改进建议。

二、"树"的形式体现了我们培养学生注重全面性

每一个学生都有自己的优势智力领域，有自己的学习类型和方法。职业学校的学生文化课基础虽然较差，但是职业学校照样是不同智力特征的学生的集合，不应存在所谓的"差生"，每一个学生都可以通过发展自己的优势智力领域而使自己成才。所以，我们学校的"成长树"是把知识与技能、过程与方法、情感、态度、价值观等各个方面综合起来，作为学生成长的内容。我们培养学生注重全面性，不是只看学生的考卷，而是看学生的综合素质。我们把"成长树"上的内容贯穿于学校教育教学的每一个环节，全方位界定了每一名学生在校阶段在具体的道德行为、技能等方面的梯度达标标准。

在道德修养部分的六种意识中，有三个逐渐提高的层次，如责任意识的第一个层次是"对自己的言行负责"。具体要求包括：对自己的过错负责，不找借口，能做到知错、认错、改错，并承担相应责任，接受处罚。对自己的承诺负责，说到做到。第二个层次是"对自己的任务负责"。具体包括：做好自己分内的事，如认真完成作业、认真完成值日、值周等任务。遇事不懈怠、不推脱，以积极阳光的心态去面对。第三个层次是"对自己的未来负责"。具体包括：对自己的安全负责，身心健康，珍爱生命。不做自己不能负责任的事。有正确的是非观，做事有主见。要为未来的美好生活打下良好基础。

层次的界定关注了学生成长的全面性。只要他在某一方面努力了，就可以得到认同。这样，学生就在成就感中一点点进步，进而达到全面的发展。

三、"树"的形式体现了我们培养学生注重差异性

心理学和社会学的研究表明，每个学生都具有不同于他人的先天素质，

都有自己的爱好、长处和不足。学生的差异不仅表现在学业成绩的差异上，还表现在生理特点、心理特征、动机、兴趣、爱好特长等各个方面，这使得每一个学生的发展目标以及发展速度和轨迹都呈现出一定的独特性。"成长树"正是在强调关注学生个体差异的基础上，建立的"因材施教"的评价体系。具体来说，就是关注和理解学生个体发展的需要，尊重和认可学生个性化的价值取向。在"成长树"的实施过程中，保定市职教中心强调道德部分的"六种意识"和技能培养的各个方面在学校教育的各个环节中渗透。其中，在活动中渗透就是根据学生个性化发展需要设定的。比如，有的学生意志品质好，他在运动会、军训中就会表现出吃苦耐劳、服从等精神；有的学生在某一方面有特长，则可以通过学校的社团活动展现出来。所以，"成长树"是依据学生的不同背景和特点，运用不同的评价方法，正确判断每个学生的不同发展潜能，为每个学生制订个性化的发展目标和评价标准，是适合学生发展的具体模式。

通过一学期的活动实践，大部分学生的责任意识、规则意识、和谐相处意识、团队意识增强了，他们爱专业，爱学校，对未来充满信心。

四、"树"的形式体现了我们评价学生注重人本性

评价是学生培养过程中的一个重要环节。传统的教育评价，片面强调和追求学业成绩的精确化和客观化，忽视了学生的主体性和能动性。"成长树"试图改变过去学生一味被动接受评判的状况，以人性化的方式（告知、提醒、教育、评价）进行操作。

"教育"则包括课堂教学恰当渗透：在课堂教学中的每一课时要有意识地进行渗透，包括在教学内容中的渗透，在教师的教案中要有所体现；还包括在课堂上处理出现的一些临时性问题及突发事件中的渗透，教师在每节课后要有教育教学追记或教育教学反思；还包括各项活动的渗透。

这些形式避免了以往枯燥的说教，使学生得到更多的关爱，学生表现出的自然是正面的、积极的行为。

同时，学校对学生的评价方式也呈现多元化，人性化，而且引入了学生之间的评价。在值周、系列活动等结束后，组织学生及时进行组内互评，利用每月最后一次班会对每位学生一个月的表现进行组内评价，对每位学生符合道德修养的表现给予肯定，对不足之处提出改进建议，督促其不断完善提高自己。

这些综合性的评价对学生全面、健康成长起了激励作用。

总之，"成长树"作为我校培养学生的有效模式，将长期实施下去，并将与时俱进，不断完善，使学校为社会培养大批合格人才。

专家点评

具有科学的德育理念可贵，能够把理念转化为教师和学生的认识更可贵。保定市职教中心的成效显著的德育工作，离不开王蕙校长和她的同事们的"两个转化"，即善于把校长的理念转化为教师的认识，善于把教师的认识转化为学生的认识。"转化"源自于教师与社会、与企业、与学生的紧密接触，完成于实践活动之中，渗透于教育、教学的全过程。

综观全文，不难看出保定市职教中心德育工作有以下五个重要特征：

第一，重视学生综合素质的提升，把职业道德视为综合素质的灵魂。

职业教育要重视技能训练，更要摆正德育的位置。《国家中长期教育改革和发展规划纲要（2010—2020年）》强调"坚持德育为先"，要求"全面提高国民素质""全面实施素质教育"，其关键在于"先"和"全面"。保定市职教中心不但强调"综合素质培养"，而且明确提出"职业道德是灵魂"，不但强调职业教育为经济社会发展服务，而且明确提出"服务于学生的终身发展和就业"，体现了职业教育的本质。

从管理角度看，学校德育与智育的管理分工是必要的，但从实施角度看，德育与智育"两层皮"是影响实效的。保定市职教中心编写的《成长树——保定市职教中心高素质实用型劳动者成长手册》，把德育与技能融为一体，把"六种意识"与做合格职业人密切联系起来，对学生综合素质的提升发挥了重要作用。

第二，道德分层，强化起点，抓好提高，明示方向。

不遵循思想道德建设的普遍规律，不适应中职学生身心成长的特点和接受能力，不能从中职学生的思想实际和生活实际出发，习惯于"假大空"，是德育实效不能尽如人意的重要原因。《中共中央国务院关于进一步加强和改进未成年人思想道德建设的若干意见》在谈及未成年人思想道德建设的主要任务时，强调了四个"从……做起"，"八荣八耻"不仅明示了先进的标准，更明确了做人的底线。中共中央的这些要求，应该对我们德育内容和标准的改革有所启迪。

保定市职教中心把"六种意识"的内涵分别由高到低分出三个层次，注重强化起点、明示方向，更特别着力于起点和提高，敢于改变"口号喊得天响，标准抬得天高"的做法，既实事求是，又脚踏实地。

第三，综合素质的培养目标来自于企业，是教师深入企业的结果。

学校教育往往走不出从教育到教育的小圈子。如果教育走不出这个圈子，就很难有所突破，基础教育如此，职业教育更是如此。职教课程开发强调职业分析，即专业课内容和考核标准应来自职业活动的实际需要。职教德育除了与其他类型教育的德育有共性以外，应该有自己的个性，而职教德育的内容和考核标准也应源于职业活动的实际需要。

为了让《成长树——保定市职教中心高素质实用型劳动者成长手册》的内容以企业需要为依据，适应学生将来的工作岗位的要求，符合现代企业的用人标准，促进学生由"学生"到"员工"的社会角色的转换，学校发动教师到企业调研，征求用人单位的反馈意见和建议。这种做法，不但使德育为首的综合素质目标符合职业活动的实际需要，体现了职业教育的特征，而且促进了教师观念的转变。

第四，教师素养在务实的德育过程中得以提升。

德育工作需要直接面对学生的一线教师去落实。想法好，要求不具体，也只是空想。措施好，不便于操作，也难于落实。要求具体、操作方便的"成长树"，是教师不断投入、不断完善、不断提炼的结果，其形成和实施的过程，也是教师队伍建设的过程。在全校教职员工达成共识、熟知所有内容的基础上，通过要求具体的告知、提醒、教育、评价等方式，将"六种意识"渗透于教育教学的全过程，使教师的素养不断得以提升。

第五，引导学生在活动中感悟。

深入浅出，寓教于乐，循序渐进，多用鲜活通俗的语言，多用生动典型的事例，多用学生喜闻乐见的形式，多用疏导、参与、讨论的方法，注重实践教育、体验教育、养成教育，才能提高德育的吸引力、感染力。

从周周故事会、知识竞赛、班级管理企业化、对标《弟子规》、感人的特困生评选等案例中，不难看出教师对校长的德育理念的理解，不难看出学生的成长。

勤于思考、善于两个"转化"的校长，才能带出一支全身心投入德育工作的教师队伍，才能让学生在丰富多彩的活动中潜移默化地得到感悟。对"成长树"的反思实际上反映了学校的德育重在过程、面向全体、注重个性、以人为本等，体现了符合职业教育需要的学生观、人才观，是对以往工作的理性升华。

如果能进一步把握岗位、行业对从业者素质的具体要求，从职业素养的角度进一步做好校企对接，创造出用人单位介入德育工作评价的有效机制，相信保定市职教中心的德育工作会锦上添花，更上一层楼。

（点评：蒋乃平　杜爱玲）